Souvenirs littéraires

Du même auteur aux Editions Grasset

LES MORTICOLES

Léon Daudet

Souvenirs littéraires

présentés par

KLÉBER HAEDENS

Bernard Grasset
PARIS

Léon Daudet / Souvenirs littéraires

Quand Léon Daudet naît le 16 novembre 1867 à Paris, son père Alphonse, l'auteur du Petit Chose, *a vingt-sept ans. Le garçon a donc grandi au soleil des relations paternelles, rencontrant dès l'adolescence Gambetta, Renan, Zola, les frères Goncourt, Hugo (dont il épousera la petite-fille Jeanne). Pour faire bonne mesure, il fréquente Claudel et Schwob à Louis-le-Grand, puis étudie la médecine avec les grands professeurs Charcot et Nicolle — ce qui ne l'empêche pas de rater l'internat. L'année suivante, en 1894, il règle violemment son compte à la médecine des mandarins dans son meilleur roman :* Les Morticoles **! De son œuvre romanesque on citera pour mémoire* Le Voyage de Shakespeare *(1896),* Suzanne *(1896),* Les Deux Etreintes *(1900),* Le Partage de l'enfant *(1905).*

C'est surtout dans la polémique, l'essai, la veine mémorialiste et la critique que Daudet — élu en 1900 à l'académie Goncourt au siège de son père — exerce son talent. La presse fut son école (voir son Bréviaire du journalisme*). Antidreyfusard, membre de la Ligue de la patrie française, influencé par Drumont, il collabore à sa feuille nationaliste et antisémite,* La Libre Parole. *En 1908, il fonde avec Maurras le quotidien monarchiste* L'Action française, *où il incendie et broie ses adversaires au nom de Dieu, du roi, de l'armée, de la patrie. Les métaphores médicales, les adjectifs organiques se bousculent pour créer d'extraordinaires, de monstrueux portraits aussi*

* Cahiers Rouges n° 29.

drôles qu'assassins — ses insinuations frisent parfois l'ignominie. Il met sa peau au bout de ses idées, collectionne les duels ; mais ses analyses peuvent aussi faire preuve d'une étonnante lucidité. Elu député en 1919 à Paris (« Entendons-nous bien, député ROYALISTE, *et au cri de "Vive le Roi !" »), ce formidable tribun transforme l'Assemblée en Chambre d'écho. Il compte parmi les premiers à prôner l'occupation de la Ruhr.*

Réactionnaire en politique, Daudet ferraille à la pointe de l'avant-garde dès qu'il s'agit d'art, de littérature notamment. Ardent défenseur de Picasso, de Debussy, il impose A l'ombre des jeunes filles en fleurs *de Proust au prix Goncourt en 1919 contre* Les Croix de bois *de Dorgelès. En 1922, il publie son essai sur* Le Stupide Dix-Neuvième Siècle. *L'année suivante, c'est le drame, on retrouve son fils Philippe, quatorze ans, mort dans un taxi. Daudet réfute la thèse du suicide, attaque le chauffeur et la police qu'il accuse d'assassinat. Résultat, il écope d'une peine de cinq mois... à la Santé en 1927. Il s'évade douze jours après grâce aux Camelots du Roi et s'exile deux ans et demi en Belgique, où il écrit une suite de chroniques et de méditations esthétiques en quatre volumes,* Courrier des Pays-Bas. *Rentré en France en 1930, il cogne inlassablement sur la Troisième République et ses représentants : Millerand, Barthou, Poincaré et autres « larves parlementaires ». Il s'est alors progressivement détaché de l'antisémitisme, même si à l'approche du Goncourt 1932, il se démène (en vain) pour Céline (à un juré regrettant que* Voyage au bout de la nuit *attaque la patrie, Daudet aurait répondu : « La patrie, je lui dis merde quand il s'agit de littérature ! »). Celui que Mirbeau jugeait « ardent jusqu'à la brutalité, passionné jusqu'à la fureur, inquiet aussi jusqu'à la souffrance » partagera ses dernières années entre le journalisme et la rédaction d'ouvrages divers : deux volumes de ses* Souvenirs *:* La Pluie de sang *(1932) et* Député de Paris *(1933), puis* Magistrats et Policiers *(1935) et* Quand vivait mon père *(1940). Il s'éteint à la lumière de Saint-Rémy-de-Provence le 1er juillet 1942.*

De Fantômes et vivants *à* Vingt-neuf mois d'exil, *Léon Daudet a composé neuf volumes de Mémoires — « prodigieux* Souvenirs *», disait Proust, le comparant ni plus ni moins à Saint-Simon — dans lesquels Kléber Haedens, merveilleux critique des années soixante, l'auteur d'*Adios, *a puisé pour* *composer ces* Souvenirs littéraires. *Débutant vers 1880, s'achevant au début des années trente, ils couvrent cinquante ans de vie artistique et politique française. On passe ainsi des grandes heures du naturalisme et de la décadence « fin de siècle » à l'entre-deux-guerres, dans un pays saigné à blanc qui court sans le savoir vers un autre péril allemand, avec un détour sur les routes empruntées par la bande à Bonnot.*

On l'a dit, Daudet a côtoyé très jeune le gotha : Barbey d'Aurevilly, Hugo, Maupassant, Clemenceau. Ces fréquentations ont formé son goût, allumé son œil, musclé sa plume. L'ex-carabin connaît la valeur du symptôme (physique) et de la dissection (morale) adaptés au portrait. Chez l'éditeur Charpentier, Zola lui apparaît « gras, content, dilaté, bonhomme, affichant les chiffres de ses tirages avec une magnifique impudeur ». Quant au « jeune homme pâle, aux yeux de biche, suçant ou tripotant une moitié de sa moustache brune et tombante, entouré de lainages comme un bibelot chinois », c'est Proust, grippé et moqueur, au restaurant Weber. On croise aussi Barrès, Toulet, Wilde, Huysmans saisis à la pointe de feu...

Daudet raconte également les salons, revit ses duels, ses empoignades avec la police, formule une physiologie du journalisme, dévoile quelques secrets de la discrète académie Goncourt. Pendant son exil en Belgique, il voyage en Angleterre et en Ecosse, contrées shakespeariennes où il se sent chez lui ; ses tableaux britanniques prouvent qu'il fut, aussi, un grand écrivain du voyage.

PRÉFACE

Léon Daudet est un homme si extraordinaire que nous ne pouvons nous faire encore aujourd'hui, plus de vingt-cinq ans après sa mort, qu'une faible idée de son œuvre et de sa vie. Il faudrait allumer un grand feu de mots, à la manière du Rabelais qu'il aimait tant, pour donner la première image de ce qu'il fut. Journaliste, romancier, tribun, polémiste, conférencier, critique, essayiste, biographe, mémorialiste, médecin, député, voyageur, philosophe, etc. Il s'est battu quatorze fois en duel, a vu son fils assassiné, a été jeté en prison, s'est évadé d'une manière à la fois joyeuse et retentissante, a connu l'exil et le retour, les plus grandes joies comme les plus grandes douleurs.

Sur ses contemporains, Léon Daudet a fait une impression étourdissante, comme s'il transportait partout avec lui les fêtes et les flammes. Barrès, le regardant marcher dans la rue à la tête de ses troupes, voit « un homme rayonnant d'audace, de force et de joie, un être venu du fond des âges, couronné de lierre, au milieu des cymbales et des tigres déchaînés ». Bernanos nous le montre dans sa jeunesse « tout étincelant de vie, d'audace, de gourmandise et de génie, avec son teint doré, ses yeux brefs, fulgurants, sa bouche nerveuse, cette voix de cuivre étrangement dominatrice, et tout à coup si caressante, jusqu'au rire pathétique où roule et se prolonge on ne sait quelle plainte secrète »...

De telles images surprennent à notre époque où l'on produit à la machine des séries de petits techniciens pâles et panurgiques. Pierre Dominique n'a pas tort lorsque, dans un précieux Léon Daudet, *il présente son personnage comme un homme du* XVIe *siècle. Il s'agit, dit-il, d'un siècle de langue forte et rude, qui n'est ni fin, ni délicat, ni musqué. « Il pue la sueur et le sang en même temps que les plus puissants des parfums. Il est coloré de couleurs vives. Il attache peu de prix à la durée ouatée de l'existence et vit frénétiquement. » C'est de ce siècle que sort Léon Daudet.*

Parmi toutes les figures de l'inoubliable auteur du Voyage de

Shakespeare, *c'est celle du mémorialiste qui nous retient aujourd'hui. Sa place naturelle se trouve chez les plus grands. Cette proposition nous est agréable, car nous n'avons aucun effort à faire pour la soutenir. Si l'on veut sentir son évidence, il suffit de lire quinze lignes de Léon Daudet.*

Proust aimait comparer l'auteur des Souvenirs *à celui des* Mémoires. *Dans son pastiche du* Journal *des Goncourt il fait dire aux deux frères : « Un jour, un monsieur rendait un immense service à Marcel Proust, qui pour le remercier l'emmenait déjeuner à la campagne. Mais voici qu'en causant, le monsieur, qui n'était autre que Zola, ne voulait absolument pas reconnaître qu'il n'y avait jamais eu en France qu'un écrivain tout à fait grand et dont Saint-Simon seul approchait, et que cet écrivain était Léon. »*

Là-dessus on voit Proust gifler Zola et l'envoyer rouler dix pas plus loin. Sans doute s'agit-il là d'un jeu où la part de gaieté est visible. Mais cette gaieté s'épanouit sur une conviction profonde. Ailleurs Proust qualifie Léon Daudet d'esprit innombrable, « lequel, dit-il, n'est pas qu'un Saint-Simon, mais, entre autres personnages, en est un... ».

La comparaison, dès lors, se développe : « Les ressemblances entre Saint-Simon et Léon Daudet sont nombreuses ; la plus profonde me semble l'alternance, et l'égale réussite, des portraits magnifiquement atroces et des portraits doux, vénérants, nobles ; dans les premiers le tour est elliptique, les mots chargés d'une puissance instable entrent en déflagration d'images irrésistibles, avec une drôlerie immortellement géniale, que la raison ne connaît pas mais dont l'évidence s'impose et s'imposera toujours à quelque chose qui, sans être la raison, est commun à tous les lettrés. »

Alors, comme tous les familiers des Souvenirs, *Proust s'amuse à tirer quelques têtes de l'étonnant album, regarde passer en riant Loucheur, Casimir-Perier, Faguet, Judet, d'Avenel, puis s'arrête et contemple rêveusement le portrait du docteur Potain, brillant pour lui comme un Philippe de Champaigne qu'on ne saurait trouver plus pur, plus austère, plus gravement recueilli.*

Que désirait Léon Daudet quand il commençait à écrire ses Souvenirs *? Simplement, dit-il, fixer les physionomies de quelques grandes personnalités littéraires, politiques et scientifiques, telles qu'elles lui étaient apparues dans sa très heureuse enfance et sa jeunesse. Il n'a pour dessein que de « divertir un moment ». Faible ambition diront nos longues figures en jetant quelque fumée par les naseaux. Le divertissement est l'entreprise la plus noble, la plus nécessaire et, bien entendu, la plus difficile. C'est même pour cela que tant d'esprits courts feignent de la dédaigner.*

Léon Daudet a souvent insisté sur la bonne foi qui lui paraît la première condition de la polémique. « Si vous ne pensez pas fortement ce que vous écrivez, si ce n'est pas votre sincérité et votre réflexion qui parlent, vous n'ébranlez pas l'adversaire et vous perdez votre temps. » S'il a commis des erreurs dans ses Souvenirs, *il les a commises de bonne foi. Son livre n'est d'ailleurs pas un pamphlet. La différence entre le mémorialiste et le polémiste est ici considérable. c'est encore Proust qui l'a le mieux marqué.*

Catholique ardent, Léon Daudet n'en a pas moins une horreur sacrée de ce qu'il appelle « le style aux yeux baissés et aux mains jointes ». Il ne peut absolument pas supporter l'hypocrisie qu'il considère comme un manque d'intelligence. « Dans certaines fonctions, à une certaine hauteur, j'estime qu'il est niais d'être retors. » Il avance, lui, d'un pas libre et hardi, les yeux grands ouverts, le regard luisant comme un coup d'épée et capable de déchirer jusqu'à l'âme un médiocre ou un coquin.

Aussi ce catholique royaliste fait-il sursauter les tartufes et les conservateurs. Les bien-pensants lui donnent envie de s'en aller, « en les laissant à leurs bonnes pensées, qui sont, en général, de médisance et de crétinerie ». Admirateur de la politique étrangère de la Convention, il déclare préférer cent fois un révolutionnaire convaincu à un libéral. Il accorde beaucoup à la sincérité.

Nous recommandons de ne pas s'effarer devant les portraits « magnifiquement atroces ». Léon Daudet a reçu de quelque fée bretonne le don merveilleux de déceler prestement l'existence d'un pleutre, d'un analphabète ou d'un paltoquet. Il l'arrache aussitôt d'une main de fer à ses décorations et à ses broderies pour le traîner avec un rire énorme dans le brasier de ses images. Léautaud rêvait en mesurant à quel point le simple fait d'écrire devait amuser Léon Daudet. Son style « nous excite à vivre », disait Maurras. Il est passé maître dans l'art de « frapper au bon endroit » ; il a « le trait », disait Claudel. Et Proust sentait, « au-delà de la verve inouïe du récit et de la peinture, l'impression mystérieuse d'une espèce d'âge d'or ».

Bien des pages des Souvenirs *ont été écrites à une époque où Léon Daudet, catholique et royaliste, était aussi antisémite. Nous le savons puissamment enclin, non pas à dissimuler ce qu'il pense, mais à faire claquer ses opinions au vent. L'antisémitisme marque donc certains volumes des* Souvenirs.

Au moment où paraît le livre de Drumont qui aura sur lui tant d'influence Léon Daudet ne sait pas ce que c'est qu'un juif. Il a dix-neuf ans. « La France juive... les juifs... cela ne me représentait pas grand-chose. On disait bien : "Un tel est juif... Les

Eugène Manuel sont juifs... Les Hayem sont juifs... Albert Wolff est juif..." Mais ce terme, s'il impliquait une petite distinction, considérée comme religieuse plutôt que comme ethnique, n'avait pas une signification fâcheuse. »

Drumont, la France juive *(1886), la fondation de* la Libre Parole *(1892), tout cela, bientôt compliqué par l'affaire Dreyfus, devait entraîner Léon Daudet dans un courant dont il mettrait longtemps à sortir.*

*Durant ces années menaçantes le jeune Léon est saisi par une fièvre à laquelle ses élans et ses idées lui interdisent d'échapper. Cependant, même au plus fort de la bataille, il sent le danger et précise jusqu'où il va. Dans les premières pages d'*Au temps de Judas, *il écrit sans équivoque : « Persécuter Israël serait impolitique et odieux. » Plus tard, il dira que les juifs ne sont pas responsables du désordre où il voit la France. La maçonnerie non plus ne l'effraye guère. Pour lui, le mal tient dans un seul mot : démocratie. Un point c'est tout.*

Dans Paris vécu *(1930), Léon Daudet déclare avec fermeté qu'il s'est depuis longtemps détaché de l'antisémitisme. « Je ris quand j'apprends que des personnes me croient encore dans le même état moral vis-à-vis des fils de Sem qu'il y a trente ou vingt-cinq ans. » Certaines réflexions, dit-il, l'ont éclairé ainsi que le souvenir de son ami Marcel Schwob qui n'a jamais perdu de son pouvoir. Léon Daudet n'est pas loin de la tendresse lorsqu'il évoque l'auteur du* Livre de Monelle *et saisit l'éclair de son regard bleu.*

« Messieurs, disait Jules Lemaitre, Léon est un lyrique. Nul ne peut en vouloir à un lyrique. » Presque tous ceux qui ont écrit sur Léon Daudet pensent la même chose. Il faut dire que ce lyrique était plus qu'un autre sensible aux dangers qui menaçaient la France et dans la prévision de ces dangers tient toute l'explication de son combat.

Dès 1911 il commence à préparer le livre qu'il intitulera l'Avant-guerre, *créant ainsi une formule qui allait entrer dans le langage, mais passant aux yeux des bons moutons de l'époque pour un énergumène qui exagérait. De même, à partir de 1932, il annoncera en vain, d'une manière pourtant renouvelée et précise, le péril de la guerre hitlérienne. « L'Histoire dira comment, ayant permis la conjonction germano-russe, Barthou fut ainsi l'artisan de la nouvelle conflagration qui jettera en 19... les Allemands et les Russes déferlant sur la Pologne, puis les premiers, rassurés par leur front d'Orient, sur la France. »*

Il faut lire le texte intitulé Hitler et l'hitlérisme *où se trouve exactement décrite l'invasion de la France par une offensive où « la motorisation et l'aviation » jouent le premier rôle, tandis que* la défaite finale de l'Allemagne est annoncée comme un fait « certain » (1935). « Le propre du dictateur, dit Léon Daudet, c'est de s'aveugler sur ses succès et du fait de ses succès. C'est alors qu'on croit dominer le monde qu'on ne domine plus son propre destin. »

La clairvoyance de Léon Daudet se retrouve à chaque page des Souvenirs. Tous les médecins reconnaissent que son tableau des milieux médicaux est, encore aujourd'hui, étonnant de vérité et de vie. Les mœurs et les méthodes sont toujours pareilles et les mêmes hommes semblent se pavaner dans les mêmes décors.

A propos de Charcot, le docteur Saint-Marc écrit : « Quoi qu'il en soit, la postérité a entièrement ratifié le jugement de Daudet. » Sur Potain : « Là encore le jugement de Daudet est remarquable de prescience. » Sur les portraits des autres : « Ils ont été, pour la grande majorité, avalisés par le temps. » Ainsi voyons-nous littéralement revivre, avec leurs grosses têtes, leurs marottes, leurs barbes, leurs diagnostics et leurs couteaux, ces hommes de science illustres et vénérés, dont les œuvres sont tombées en ruine dans un crépuscule d'hôpital.

En littérature, en peinture, en musique, le coup d'œil a la même sûreté. Léon Daudet fait un bruit énorme en faveur de Debussy à la première de Pelléas. Contre Bonnat et les pompiers il défend les impressionnistes. Au début du siècle son choix est vite fait et c'est sans trop de surprise, dans Position politique de l'art d'aujourd'hui, qu'André Breton constate : « M. Léon Daudet, directeur du journal royaliste l'Action française, se plaît à répéter que Picasso est le plus grand peintre vivant. »

La maison d'Alphonse Daudet est un des centres les plus libres et les plus chauds de la vie parisienne. Un médecin vient dîner, c'est Charcot. Un peintre arrive, c'est Renoir. Des écrivains poussent la porte, voici Flaubert, voici Goncourt, voici Tourgueniev, voici Zola. Entre un explorateur, c'est Stanley. Un homme politique, c'est Gambetta. En classe de philosophie, à Louis-le-Grand, Léon Daudet se tourne vers un camarade qui pense aux vieilles légendes françaises, c'est Joseph Bédier. Celui qui rêve, un peu plus loin, c'est Marcel Schwob, et celui qui résiste au professeur, c'est Paul Claudel. Le jour de la distribution des prix, un homme remet à Léon ses récompenses, c'est Renan. Et quand le jeune écrivain se marie pour la première fois, c'est avec Jeanne qui était au pain sec, c'est avec la petite-fille de Victor Hugo.

« La faiblesse de mon enfance et de ma jeunesse, dit Barrès, a été de ne pas connaître d'hommes supérieurs. » Léon Daudet n'aurait pu confier la même plainte. Il a vu de près toutes les illustrations que son époque pouvait lui offrir.

On ne saurait dire que cette entrée dans le monde lui ait monté à la tête. Dans les salons, à l'hôpital, chez les éditeurs, dans les journaux, au théâtre ou au café, comme chez son père, il regarde vivre les hommes sans se laisser impressionner, si peu que ce soit, par leurs dorures.

Un regard et quinze mots lui suffisent pour démasquer un fourbe, tel ce Philippe Burty, critique d'art aux yeux langoureux : « Il était comme une vieille confiseuse embusquée entre des corbeilles de bonbons à la médisance. » Avec Léon Daudet, il n'est pas nécessaire de connaître déjà les gens dont il parle. Un homme parfaitement ignoré de nous entre dans la page et sa voix aussitôt nous frappe, nous sentons son regard sur nos épaules et nous l'entendons respirer.

Cette vitesse, cet entrain, cette explosion des mots ne doivent pas laisser croire à une vision sommaire. Si l'on veut bien examiner de près certains portraits, celui de Charcot par exemple, on les verra plein de nuances. Une des clés du jugement de Léon Daudet est sa faculté de distinguer ce qui sépare chez un homme sa réputation de sa vérité.

Prenons le grand industriel Paul Ménard dont le portrait est si drôle. Voici la réputation : « Il passait pour un homme de bronze, aimable dans le privé, d'une incroyable rigueur en affaires et en politique. » Mais : « La vérité est qu'il était l'irrésolution en personne, sans avis ferme comme sans initiative dans les petites et les grandes circonstances, et d'une variabilité d'humeur incessante. » D'où quelques déceptions comiques quand on allait « consulter Paul ».

Léon Daudet sait que les grands hommes ne sont pas remarquables en tout et tout le temps, et que tel médecin fameux, dont l'esprit éclaire le siècle dans son art, devient un incroyable niais en politique. Il sait aussi que la roue de la vie tourne et que les sympathies ou les antipathies n'y sont pas toujours à la même place.

« Mon père avait raison de dire qu'embarqués avec nos contemporains dans un même bateau, nous voyions se modifier, d'âge en âge, l'opinion que nous nous étions formée sur eux et où l'humeur tient trop de place. C'est qu'aussi les gens bougent, se transforment, s'améliorent ou empirent, et offrent à l'observateur une série de métamorphoses parallèles, et synchroniques à celles de l'observateur lui-même. »

Donc, les gens bougent. L'homme qui les observe se donne lui-même tout entier au mouvement de la vie. Quel est-il ? Il définit ainsi le fond de son caractère : une aspiration naturelle au lyrisme, à la santé et à la bonne humeur. Vieillir ne le contrarie pas outre mesure. « J'ai revu Londres, inchangée, intacte ; je l'ai parcourue dans tous les sens, à pied et en bus, retrouvant le passé et ma jeunesse à chaque tournant de rue et de square, sans mélancolie, vous pouvez m'en croire, car il faut être un pauvre niais, ou une vieille poétesse, pour s'attendrir sur l'écoulement de sa propre vie. »

Ce catholique se méfie de la littérature chaste et les « spiritualistes » font, à ses yeux, figure de « dindons blêmes ». Ce critique fuit, en littérature, « le peuple effrayant des imbéciles à la mode ». Mais cette mode qu'il condamne, il lui suffit de l'inventer pour en faire une mode qui dure. Ainsi, quand il impose Proust, en 1919, au jury Goncourt, quand il donne, la même année, les deux noms nouveaux qui comptent, avec celui du lauréat, Jean Giraudoux et Valery Larbaud, quand un peu plus tard il révèle en fanfare les Nuits *de Paul Morand, quand chez les Dix il vote, d'ailleurs en vain, pour Apollinaire, pour Chardonne, pour Céline...*

A table, son esprit éclate comme son appétit, l'un n'allant pas, selon lui, sans l'autre. On aurait tort de croire qu'il parle tout le temps de politique. « J'ai horreur, dit-il, des discussions politiques dans le privé... » Ce qu'il aime dans la vie ? « Les belles lettres, les belles femmes, les bonnes blagues, le bon vin, le commerce des gens gais et libres. » La qualité qui l'emporte à ses yeux sur toutes les autres ? Celle d'être compatissant et humain.

Léon Daudet a publié de nombreux récits où se retrouvent des scènes et des visages de son passé. La série des « prodigieux Souvenirs *», comme disait Proust, comprend neuf volumes. Le premier,* Fantômes et vivants, *fut écrit à la veille de la Grande Guerre. Le dernier,* Vingt-neuf mois d'exil, *est de 1930. Entre ces deux ouvrages se situent* Devant la douleur, l'Entre-deux-guerres, Salons et journaux, Au temps de Judas, Vers le roi, la Pluie de sang *et* Député de Paris. *C'est dans cette suite incomparable que nous avons choisi les pages qui paraissent ici.*

Ce choix, bien entendu, ne saurait remplacer tout. On espère qu'il fera connaître d'un nombreux public quelques-unes des meilleures pages d'un grand écrivain. On espère aussi qu'il poussera de nombreux lecteurs à explorer plus avant l'œuvre de Léon Daudet. Bien des découvertes restent à faire dans les Souvenirs, *dans* Etudes et milieux littéraires, *dans* Quand vivait mon père, *dans* Paris vécu, *dans* le Courrier des Pays-Bas...

Dès aujourd'hui pourtant les lecteurs de ce volume vont entrer dans le monde des initiés et faire à leur tour un choix dans ce jeu de figures où l'on voit des traits à la Hogarth ou à la Daumier, mais toujours sortis de l'ombre par les étincelles de la gaieté. Charcot ou Potain, Judet ou Faguet, le dîner chez la princesse

Mathilde ou la mort de Victor Hugo, Bruxelles ou Londres, les routes d'Ecosse ou les plages de la mer du Nord, la reprise du Roi s'amuse *ou la sortie du café Weber par un beau crépuscule de mai ?*

Il faut dire que Léon Daudet est un admirable voyageur et qu'aucun écrivain français n'a parlé mieux que lui de l'Angleterre. Son intelligence, sa culture bruissante et réveillée, son goût des hommes extraordinaires, des femmes à reflets bleus, de la friture de la Tamise et du théâtre de Shakespeare le conduisent loin dans l'île secrète. Mais, au fond, où qu'il aille c'est la même chose, les ombres retrouvent leurs sueurs et leurs passions, les villes leurs pierres et leurs feuillages, les paroles gelées se dégèlent, les regards sournois ou brûlants encore une fois se croisent et tout un monde vaincu revient vers nous du fond du temps.

Kléber HAEDENS.

I

FANTÔMES ET VIVANTS

I

Les grands hommes du régime

HUGO ET SES FAMILIERS. CATULLE MENDÈS.
JEAN AICARD. THÉODORE DE BANVILLE.
ROCHEFORT. JULES SIMON. CLEMENCEAU.
L'ÉDITEUR CHARPENTIER ET LE NATURALISME.
HENRI BECQUE. SARAH BERNHARDT. MASSENET. MAUPASSANT

On retrouverait facilement, dans les palmarès de distribution de prix à Louis-le-Grand, celui où Ernest Renan, aux environs de 1880, déprécie la petite fleur incolore et sèche appelée immortelle. L'auteur de la *Vie de Jésus* parlait aux jeunes élèves d'une voix distincte, affectueuse, ses yeux mi-clos dans sa large face d'éléphant sans trompe. Mon père avait été appelé à prendre place à ses côtés, sur l'estrade officielle ; comme je venais chercher mes prix, le vieillard amoureux du doute, me serrant contre sa joue couenneuse, me glissa dans l'oreille : « Nous ferons de vous quelque chose. »

Vers la même époque, Léon Gambetta, large lui-même comme une table de douze couverts et rouge comme quelqu'un qui vient d'avaler de travers un drapeau, dînait à la maison, avenue de l'Observatoire. On lui dit que je travaillais bien. Il m'embrassa longuement, proconsulairement, avec ces mots : « Nous ferons de toi quelque chose. La République est l'amie des travailleurs. »

Elle devait le montrer par la suite, cette brave République des rhéteurs bouffis, notamment à Fourmies, Chalon, Draveil et Narbonne. Cependant ni Renan ni Gambetta n'eurent l'occasion de tenir leurs promesses à mon endroit. La bassesse et l'illogisme des milieux parlementaires devaient faire de moi un ennemi du régime d'assemblée. L'amour de mon pays et le génie de Maurras devaient me parachever en royaliste. Heureux les jeunes gens d'aujourd'hui qui peuvent lire, à dix-huit ans, *l'Enquête sur la monarchie* et *Kiel et Tanger*, qui naissent à la vie intellectuelle et politique débarbouillés de nos sottes erreurs et nuées d'il y a trente ans.

Erreurs et nuées tenaient à notre entourage, à l'ambiance, à l'éducation que l'on nous donnait. Fils de royalistes fervents, mon père ne croyait plus à la possibilité de la monarchie. Au sortir de la terrible guerre de 1870-1871, sa fièvre patriotique lui représentait la Revanche comme réalisable par la République. Plus tard, il déchanta, ainsi qu'en témoignent ses derniers romans. Mais alors il écrivait *les Rois en exil* et se représentait, à la lueur des illusions en vogue, la monarchie telle « qu'une grande vieille chose morte ». Au lycée, à Charlemagne ainsi qu'à Louis-le-Grand, nous avions, parmi nos camarades, des fils d'impérialistes notoires, eux-mêmes napoléoniens entêtés, en dépit de la sanglante leçon toute proche. Un partisan du roi était chose inconnue et nous eût fait l'effet d'une bizarrerie. Ceux qui ne participaient pas à l'entraînement général pour la Constitution de 1875 étaient qualifiés en bloc de réactionnaires. Ainsi appelait-on amicalement ce délicieux romancier que fut Gustave Droz, auteur de *Monsieur, Madame et Bébé* et de *Amour d'une source*, qui dès cette époque détestait cordialement, avec une remarquable perspicacité, la République et ses premiers bénéficiaires. Je me demandais souvent : « Comment un homme de cette valeur et de cette intelligence est-il à ce point arriéré ? » C'était le temps où Paul Déroulède organisait à Vincennes des concours de tir. Le secrétaire de mon père, notre cher et loyal Jules Ebner, m'y conduisait. Patriote pour de bon, celui-là, mais aveugle quant à la République, Déroulède me tint lui aussi, avec une cordialité vraie, le petit discours : « Nous ferons de vous quelque chose. » A la réflexion, cette phrase est de celles qu'il ne faut pas adresser aux tout jeunes gens. Elle sonne à leurs oreilles comme une promesse vaine.

J'étais élevé dans le respect, ou mieux dans la vénération de Hugo. Tous deux poètes, tous deux romantiques, tous deux républicains à la façon de 48, mes grands-parents maternels savaient par cœur *les Châtiments, la Légende des siècles, les Misérables*. Ils eussent mis à la porte quiconque se serait permis la moindre appréciation ironique sur l'*Histoire d'un crime*. Mon père et ma mère étaient dans les mêmes sentiments. La première fois qu'ils me conduisirent aux pieds du vieux maître, dans son petit hôtel moisi de l'avenue d'Eylau, attenant à un triste jardinet, je considérai avec une véritable émotion cet oracle trapu, aux yeux bleus, à la barbe blanche. Il articula distinctement ces mots : « La terre m'appelle », qui me parurent avoir une grande portée, un sens mystérieux. Il ajouta, en me mettant sur le front une main douce et belle, ornée d'une bague que je vois encore et qui me rappela la Confirmation : « Il faut bien travailler et aimer tous ceux qui travaillent. » Il y avait, dans son attitude, une noblesse assez émouvante, jointe, je ne sais encore pourquoi, à quelque chose de burlesque, que j'ai retrouvé depuis à travers son œuvre et qui tenait peut-être à la trop haute idée qu'il avait de son rôle ici-bas. Comment n'eût-il pas perdu un peu le nord devant les délirants hommages dont il était l'objet, depuis mon premier maître Gustave Rivet, aujourd'hui sénateur, jusqu'à Meurice et à Vacquerie !

Le démocrate pouilleux Léon Cladel, fils du Quercy, hirsute, bavard, chevelu jusqu'aux omoplates et toujours de mauvaise humeur, jouait dans cette illustre maison le rôle de paysan du Danube. Il disait à table leurs quatre vérités aux invités, même peu connus de lui, ce qui faillit, à plusieurs reprises, amener des scènes fâcheuses. Une parole de Hugo apaisait les flots irrités. Le vieux poète était indulgent pour Cladel comme pour une de ses propres conceptions : l'homme du peuple, Ursus, qui sort de l'ombre et, d'une voix enflammée, met en accusation les grands de ce monde. Mais l'auteur d'*Ompdrailles* traitait en « grand de ce monde » quiconque avait du linge propre ou le cheveu peigné. Quel intolérable bonhomme ! Je me demande encore, à l'heure actuelle, comment on pouvait le supporter. Depuis, je l'ai lu et j'ai retrouvé dans son style de cailloux et d'ornières sèches, où les crottins se donnent des airs d'escarboucles, les impressions pénibles que me procuraient sa présence et ses emportements intempestifs.

Rodin faisait le buste de Victor Hugo. Il déjeunait avenue d'Eylau, indifférent à tout ce qui n'était pas son puissant modèle. Il était encore très discuté, principalement par les gens qui n'y entendent rien. Les visiteurs faisaient leur cour à Hugo en dépréciant ce buste admirable, auquel ils reprochaient de ne pas signifier tout l'Olympe. Le Vieux, perdu dans son rêve héroïque et libidineux — car il eut jusqu'au bout toutes ses cordes, en lyre solide qu'il était — n'approuvait ni ne désapprouvait. Il mangeait par exemple, de ses cent vingt-huit dents intactes, avec une gloutonnerie tranquille qui donnait une rude idée des estomacs fabriqués en 1802. Puis il s'occupait de ses petits-enfants avec une tendresse réelle et touchante. Il est fâcheux que Catulle Mendès ait mis cette tendresse en mauvais vers à l'occasion du quatre-vingtième anniversaire de l'illustre Siècle-avait-deux-ans. Mendès, sur un sentiment vrai, fait l'effet d'une limace sur un fruit.

Habitué de la demeure glorieuse. Catulle Mendès apportait là cette conversation faussement érudite, cet entrain artificiel, ces hennissements et ces piaffements qui faisaient de lui le plus fatigant des convives, après Cladel. Il voulait avoir l'air tout enthousiasme, tout flamme, tout amour. Soignant sa gloire, il emmenait les jeunes gens dans les coins, leur expliquait Mallarmé, Villiers de l'Isle-Adam et Wagner, leur saisissait le bras, riait avec ébahissement, s'écriait « Hein ! comme c'est cela, est-ce assez cela ! » Il empoignait sa chaise : « Ce meuble est moins réel pour moi qu'un beau vers. » Et il en citait un, de Hugo, de Baudelaire, de Gautier, bien choisi, mais gâté par l'amphigouri, le ton d'exaltation ou de mystère. Il sortait du Parnasse comme du ghetto. Vers 1880 il n'était pas encore hideux. Ses traits d'ancien beau tenaient toujours, mais il exhalait déjà cette odeur de colle et d'éther qui rendait vers la fin son contact répugnant. Plaisanté chez Hugo pour sa fidélité à Wagner, il défendait « l'autre tableau » comme un joueur qui mise « à cheval » et sa loyauté elle-même faisait l'effet d'un calcul, d'un trompe-l'œil. A ses côtés se tenait Blémont, dont je n'ai jamais lu une ligne, à qui je n'ai jamais entendu proférer un son, et cet étrange Jean Aicard, avec son masque de sylvain foudroyé. L'originalité, la seule, de Jean Aicard aura été, au cours de sa sinistre existence de plagiaire, ce contraste d'une âme banale jusqu'au vil et d'un visage presque dantesque. Avec cela, une voix merveilleusement nuancée, pathétiquement timbrée, qui fait de tout poème, même de lui, dit par lui, de toute pièce lue par lui, un chef-d'œuvre momentané. La nature a de ces plaisanteries.

Je me rappelle la scène suivante : Hugo attendait à dîner quelqu'un qui avait de fortes raisons de ne pas désirer rencontrer Aicard. Celui-ci arrive à l'improviste, tout enflammé d'admiration pour lui-même. Le dialogue s'engage :

HUGO, *solennellement.* — Mon cher Aicard... monsieur un tel me fait l'honneur de partager notre repas ce soir.

AICARD, *face ravagée, poil en broussailles et cravate blanche.* — Mon cher maître, je serai très heureux de renouveler connaissance avec lui...

HUGO, *élevant la voix.* — Vous ne me comprenez pas, mon cher Aicard. Monsieur un tel me fait l'honneur de partager notre repas ce soir.

L'accent était tel que l'auteur de *Miette et Noré*, cette fausse *Mireille*, et de *Maurin des Maures*, ce faux *Tartarin*, pâlit, se leva et, chancelant, prit congé. Il avait compris.

Plus loin dans l'existence, j'ai rencontré Aicard et toujours dans des postures comiques. Aucun menton bleu de tournée de province ou de vedette parisienne ne lui est comparable pour les inventions romanesques et même délirantes. Il avait imaginé, afin d'entrer dans la confiance des gens et de les attendrir, une version de sa propre enfance, tragique et douloureuse, qu'il confiait en grand secret à la première personne venue. Il a dû la répéter trente-neuf fois avant de pénétrer enfin à l'Académie, par l'office. Or, on m'a affirmé qu'il n'y avait pas un mot de vrai dans ce roman. La médecine moderne a forgé le terme de mythomanie, qui qualifie ce genre de blague. Mythomane si l'on veut, Aicard aura mené dans l'existence une singulière et fructueuse comédie. Il aura fait croire aux Parisiens gobeurs qu'il était célèbre en Provence et aux gens de son village toulonnais qu'il était célèbre à Paris. Cette imposture à deux compartiments le caractérise tout entier, avec sa double et parfaite ignorance de la langue d'oc et du langage français.

Somnambule et naïf comme un qui a visité, senti, exprimé tous les paysages du vaste monde sans jamais regarder un seul être, Loti répète au sujet d'Aicard, qu'il croit son ami : « C'est un sentimental. » Or je sais, et pertinemment, qu'il n'y eut jamais plus sec et dur, en son privé, que ce tourneur de vers de mirliton.

Théodore de Banville et Mme de Banville étaient des familiers du salon de Victor Hugo. Impossible d'imaginer un vieux ménage plus uni par les douces flammes conjointes de l'esprit et du cœur. Quiconque a lu Banville, connaît Banville. Ailée comme une improvisation de Mercutio, sa causerie, qu'éclairait l'étincelle d'une perpétuelle cigarette, allait de la gourmandise aux passions de l'amour, en passant par Balzac et le Théâtre-Français, ouvrait les portes de la mémoire sur les loges d'artistes célèbres, sur les mots des derniers boulevardiers, combinait les plus jolis dessins à la Fragonard, dans des nuances claires et vives qu'on n'oubliait plus. Le génie de Hugo était la fleur immense et parfumée où se grisait ce papillon diapré de Banville. Avec lui l'anecdote allait vite, déblayée par un rapide chevrotement qui signifiait l'accessoire et l'éliminait. Sur sa face glabre aux lèvres fines, l'ironie et la bonté alternaient. D'une exquise politesse, parlant à toutes les femmes comme à des reines, il écoutait les histoires des autres — chose infiniment rare chez un improvisateur de cette qualité — et il n'était jamais distrait. Sa femme était aussi spirituelle que lui, mais en retrait, avec un tact et un nuancé incomparables. Ils étaient de ceux, les chers anciens, qui font trouver la mort trop cruelle, dont la mémoire demeure liée pour nous aux accents déchirants et si nobles d'Alceste et que l'on voudrait, en grande pompe et grand honneur, aller rechercher sur les sombres bords.

Cependant peu visible, mais présente, et utilisant les lettres pour des fins moins nobles, la politique républicaine dominait chez Victor Hugo par la présence de Lockroy et de son clan. La dépouille du lion était envahie par les poux. Inutile d'ajouter que je ne m'en aperçus que plus tard. Alors le parlementarisme était intact ou presque, et quand on parlait de la République, on voyait Gambetta, la gueule ouverte, le bras levé et, à quelques pas de lui, ironique, Henri Rochefort, la plume à la main.

Rochefort ou l'éternelle jeunesse et cela par amour de la vie. Ni vin ni tabac, c'est entendu, mais le reste à profusion, car chaque soir de cette existence si remplie était un peu un soir de bataille. Lui aussi vénérait Hugo. Les poèmes de Hugo, courts ou longs, bons, sublimes ou mauvais, constituaient la plus grande partie de son bagage mnémonique. Sous son toupet légendaire, ses yeux clairs et joyeux flambaient dès qu'on prononçait le nom sacré, et sa voix brûlée, savoureuse, ponctuée de « oui, oui, oui » cordiaux, contait aussitôt quelque circonstance où le glorieux triton de Guernesey, maintenant au sec, était mêlé. Rochefort aura été un puissant véhicule de la popularité de Hugo. Il a mis, dans l'oreille du lecteur du journal à un sou, ses imprécations les plus fameuses, mêlées à des plaisanteries qui les humanisaient. Il a personnifié, typifié la lutte contre l'Empire, toute verbale, de l'*Histoire d'un crime* et des *Châtiments*. Il a fait de Gavroche une réalité, plus haute que Gavroche. Cette ironie qui manquait totalement à Hugo, Rochefort l'a mise dans le camp Hugo et il a ainsi paré par avance les coups les plus dangereux qui auraient pu venir du camp adverse. Grâce à lui, on ne s'aperçut que plus tard des sottises et du ridicule que masquait la cuirasse romantique. Je suppose que Hugo s'en rendait compte, car il aimait Henri Rochefort à la façon d'un enfant terrible et il riait de bon cœur en l'écoutant.

Comment résister à l'entrain de « l'archer fier », si prompt à démonter les mobiles de la sottise, de la vanité et de l'intérêt, si net dans ses sympathies et antipathies, si parfaitement libre et déluré dans ses appréciations sur les gens et sur les choses ! Rochefort avait horreur de la bêtise et de la lâcheté, ce qui explique qu'il ait été exaspéré successivement par les milieux impérialistes, républicains et socialistes parlementaires, si semblables pour la légèreté, le bavardage et la méconnaissance des intérêts français. On comprend ce qu'était le monde de l'Empire en considérant l'attitude d'un malheureux comme Emile Ollivier, qui trouva le moyen, pendant quarante-deux ans, de se donner des airs avantageux à l'occasion de désastres en partie amenés par lui. Bismarck, paraissant à la cour des Tuileries, y avait fait l'effet d'un balourd sans importance et sans intérêt. Les destinées du pays étaient remises, comme elles le sont aujourd'hui, à de pauvres types purement oratoires, incapables d'un jugement mâle, d'une vue d'ensemble. Ce fut le règne des salonnards. Après eux, après le grand malheur de 1870-1871 — « suite de guignons », dira le stupide Napoléon III — et la déroute non moins malheureuse des beaux et faibles messieurs de l'Assemblée nationale, imbus, sans même s'en rendre compte, de toutes les nuées de leurs adversaires, ce fut le règne des piliers de brasserie mêlés aux avocats, aux ratés de la médecine et des professions libérales. Quelle matière pour un satiriste ! Rochefort ne bouda pas à la tâche. Depuis l'amnistie jusqu'à sa mort, il dépiauta comme des lapins tous les fantoches qui passaient dans son champ visuel, avec leurs portefeuilles, leurs chèques, leurs jetons de présence et leurs airs importants. Il était redouté et haï, mais il s'en fichait, n'ayant par ailleurs, comme il disait, aucun cadavre sous son bureau. Ardemment patriote, très peu démocrate, méprisant les primaires et les exploiteurs de toute catégorie, détestant les juifs, d'instinct et de raison, fuyant les raseurs comme la peste, aimant les tableaux, les femmes et les enfants, il a été comme personne représentatif d'une génération troublée, embrouillée, farcie d'illusions révolutionnaires qui se heurtaient chez lui à un tempérament traditionnel. Son anticléricalisme, fort atténué vers la fin, avait l'air de dater de l'*Encyclopédie.* Ayant grande confiance dans son flair, il ne revenait jamais sur ses opinions touchant les individus, et quand vous lui aviez démontré pendant une heure qu'un tel, étripé par lui, n'était point un aussi complet scélérat qu'il le dépeignait, il concluait en riant : « C'est bien cela... oui, oui... une franche canaille... » Quel amusant vieillard obstiné ! Cependant il n'a pas su faire passer dans ses Mémoires le nerf et le sang de sa causerie. Sans doute a-t-il voulu s'appliquer, s'est-il méfié, pour cette œuvre-là, de sa magnifique improvisation.

Sa rancune était fort curieuse. Elle vivait en lui, à part, à la façon d'un animal domestique susceptible de réveils féroces. Il n'oubliait ni le bien ni le mal et, quand il était en colère, il reniflait et éternuait de côté comme les chats et, je suppose aussi, comme les tigres. Des imbéciles l'ont traité de vaudevilliste, mais il flottait autour de lui une aura presque tragique. Comme tous les gens mêlés à des événements considérables, il déchaînait souvent, par sa seule présence, la tempête. Pourtant il est mort dans son lit, alors que de tranquilles bourgeois périssent, éclatent dans des catastrophes insensées. Le risque ne brûle pas toujours ceux qui le recherchent, ceux qui le saisissent à pleines mains.

La famille de Victor Hugo, j'entends son ascendance, s'est typifiée depuis à mes yeux dans un très singulier et pas désagréable bonhomme, fils d'Abel Hugo, du nom de Léopold Hugo, et qui disait à l'illustre poète : « Oui, mon oncle. » C'était un personnage aux gros yeux globuleux, grisonnant, représentant à lui tout seul une encyclopédie de connaissances inutiles, un peu peintre, un peu sculpteur, un peu mathématicien, un peu métaphysicien. Doux et modeste comme une bête à bon Dieu, il faisait tapisserie avenue d'Eylau, entretenait à voix basse non les invités de qualité, mais les femmes, enfants et amis de ceux-là. Il était d'une grande urbanité d'autrefois, ainsi que le maître de maison lui-même, s'effaçait devant tout le monde et subissait étonnamment les raseurs. A distance, il m'apparaît aujourd'hui, ce brave homme, comme un héréditaire, comme une réduction de « son oncle », comme un carrefour de facilités géniales et de trous béants, de chimères et de notions, notations et inventions verbales, fort analogue, pour l'architecture, à la place royale que fut le cerveau de Hugo. Il n'est pas rare de rencontrer ainsi, en marge des êtres exceptionnels, un consanguin qui aide à les déchiffrer, qui est un peu comme leur carte muette. Mais celui-là était rudement bavard.

Jules Simon, beau parleur et souffreteux, avait une petite voix de tête et un verbiage de bénisseur laïque. Il habitait place de la Madeleine, là où se dresse aujourd'hui sa vaine statue, un appartement haut perché, d'odeur nauséabonde, formé d'une multitude de pièces étroites et basses, faiblement éclairées, tapissées de livres et de souvenirs. Milieu modeste et donnant l'impression d'une grande honnêteté, d'une pureté morale. Il commençait généralement par se plaindre de sa santé, puis passait à des anecdotes contées spirituellement, mais avec détail. Ensuite le ton s'élevait et on percevait les mots de « Dieu, patrie, famille, liberté, révolution » bizarrement associés, comme chez ceux de son siècle, par cet esprit exclusivement oratoire. On peut toujours assembler des mots. La difficulté commence quand il s'agit de faire marcher ensemble les choses représentées par ces mots. On devinait, chez Jules Simon, un entêtement doux et invincible.

Tout d'une pièce au moral, et physiquement cassé en trois solides morceaux, était le papa Victor Schœlcher, l'antiesclavagiste, le deux-décembriste bien connu. Pour s'asseoir, il commençait par poser avec précaution son séant sur un fauteuil, sa longue redingote balayant le sol ; puis il étendait ses jambes en avant. Ensuite il penchait sa grande tête aux pans osseux, comparable à celle d'un vieux cheval. Il disait à Hugo : « Moi aussi j'ai écrit l'histoire de l'attentat de monsieur Bonaparte ; mais, comme je n'ai pas votre talent, elle est demeurée à peu près ignorée. » Il disait à Mendès, qu'il appelait « Monsieur Mennedèsse » : « Je pense que vous n'êtes pas le même que celui qui publie ces affreuses histoires obscènes dans les petits journaux. Cela me ferait trop de peine. » A quoi Mendès, s'ébrouant et piaffant, dans un accès de rire contenu : « Rassurez-vous, monsieur Schœlcher, il n'y a aucun rapport entre ce misérable et votre serviteur. — Ah ! tant mieux, tant mieux... » On découvrait, chez ce débris des temps héroïques de la démocratie, une droiture, une fierté, une verte franchise bien émouvantes. Quel contraste avec les fantoches des deux générations suivantes : avec les Floquet, les Goblet, les Antonin Proust, les Freycinet, les

Lockroy, les Hanotaux, les Leygues, les Doumer, devenus à leur tour aujourd'hui des anciens, mais sans noblesse même dans leurs erreurs, nains d'assemblée, de couloirs, de portefeuilles, pleins de mensonges, de perfidies et de trucs. Il y avait, entre cette clique et les républicains leurs prédécesseurs, plus d'un abîme. Je croirais volontiers que le libéralisme révolutionnaire, qui dégrade les institutions, corrompt les hommes encore plus vite et fait d'eux, en une génération, ces larves inquiètes et profiteuses que nous voyons depuis vingt ans circuler partout. La « bonne République », comme disent les sots, est non en avant, mais en arrière. C'était celle que rêvaient Schœlcher et Simon et qui planait au-dessus des parties de boules, chez les Arnaud de l'Ariège et chez Mme Adam.

Délicieux papa Schœlcher ! Son intérieur était peuplé de bronzes, dons des nègres reconnaissants, de meubles de plein acajou qui semblaient laids il y a trente ans, qui reprendraient aujourd'hui une grosse valeur, et de portraits de Janes Hading. Cette ravissante actrice venait de débuter, extrêmement jeune, dans un rôle d'opérette. Schœlcher, qui n'allait cependant guère au théâtre, s'était trouvé là par hasard et avait reçu le coup de foudre. Mais il n'en conserva pas moins jusqu'au bout sa fidélité à la démocratie.

J'arrive aux deux témoins de la vieillesse de Hugo — comme il disait volontiers — à Paul Meurice et Auguste Vacquerie. Je ne les ai vus qu'au bout de leur long stage auprès de leur idole, mais j'ai gardé d'eux une impression fort nette et que le temps n'a pas effacée.

Paul Meurice, avec sa tête ronde et son poil blanc, donnait l'impression d'un vieux chien de garde qui ne gardait plus. C'était un reflet, un confident de tragédie, un de ces troisièmes plans qui ne jouent de rôle en littérature que par rapport aux protagonistes dans le sillage desquels ils se meuvent.

Vacquerie, infiniment plus savoureux, donnait, à l'adolescent que j'étais, l'impression de l'envieux. De quel ton me dit-il un jour, en me montrant Heredia : « Saluez, jeune homme, saluez la collection Spitzer ! » Cette collection fameuse était d'armures vides et de panoplies. Il avait eu une tape sérieuse à l'Odéon avec son drame poussiéreux *Formosa* et je rapprochais malgré moi ces scènes ennuyeuses et froides de cette voix désagréablement timbrée, de ce profil dur. A quoi correspondait réellement la fidélité de cet écrivain non dénué de talent, dénué de tout ce qui peut plaire — oh ! *Tragaldabas* ! oh ! *les Funérailles de l'honneur* ! — vis-à-vis d'un tempérament aussi amusant mais aussi absorbant que Hugo ! L'explication par l'attraction des contrastes serait ici légèrement sommaire. J'ai entendu dire que Vacquerie, amoureux avant tout de gloire, s'était rendu compte de bonne heure de son incapacité à égaler celle de Hugo et s'était élancé au devant, comme Gribouille, afin de ne pas être absorbé par elle. D'autre part on prétend que leur intimité, traversée par le drame affreux de Villequier, n'alla pas sans secousses et sans alertes. Enfin il y a des cas de la haine où la proximité semble nécessaire, comme pour l'amitié, et qui lui méritent également le nom de fraternelle. On a le choix entre ces deux hypothèses. Ce qui est certain, c'est qu'Auguste Vacquerie, pour lequel la postérité semble maussade, n'était pas un figurant ni un indifférent, loin de là. Le souvenir de son regard aigu, dans sa face de couteau ouvert, me fait encore froid dans le dos. Je répète qu'il était plein d'attentions et de prévenances pour la jeunesse. Il n'y a donc pas, dans cette impression si vive, la moindre rancœur, même inconsciente, d'adolescent dédaigné par un homme célèbre.

La plupart des habitués du salon Hugo se retrouvaient dans la maison voisine, et non moins accueillante, des Dorian et des Ménard-Dorian. L'hospitalité y était large et même fastueuse. Une maîtresse de maison d'une grande allure, toujours empressée envers ses hôtes, un maître de maison en retrait, mais bon partisan, type achevé de protestant du Midi et fanatique sous des dehors timides, une dame âgée d'une exquise délicatesse, femme du Dorian du siège de Paris et belle-mère de Paul Ménard, une jeunesse turbulente, joyeuse et terriblement gâtée dont j'étais, tout contribuait à faire de cette demeure une des oasis de la République. Tout était organisé là en vue de notre amusement : dîners, soirées, bals, soupers, promenades aux environs de Paris. On y faisait de l'excellente musique, qu'on était libre aussi de ne pas écouter. Les littérateurs en vedette, Zola, Daudet, Goncourt se rencontraient là avec la plupart des artistes connus : Rodin, Carrière, Béthune, Renouard, etc., avec de vieux doctrinaires comme Considérant, avec la cohue des hommes politiques du régime, de Georges Périn à Allain-Targé et de Challemel-Lacour à Rochefort. Mais le centre de tous les regards était le directeur de *la Justice*, la promesse du parti radical, Georges Clemenceau, flanqué de ses deux jeunes frères Albert et Paul.

Il n'entre nullement dans mes intentions d'écrire ici un pamphlet. Je veux montrer les choses et les gens dans leur lumière de l'époque, quitte à noter par la suite leurs déformations et leurs dégradations. Je n'atténue rien, mais je ne force rien. Ces pages n'auront aux yeux des lecteurs qu'un mérite : la sincérité dans l'exactitude. Je dirai donc que Clemenceau était alors et de beaucoup le plus intéressant, non seulement de son groupe, mais encore de tout le milieu républicain. D'abord il avait de l'esprit, et il était presque le seul, si j'excepte ce gnome hilare d'Allain-

Targé. Mais Allain-Targé, avec sa trogne rouge et son nez court, riait tellement de tout ce qu'il narrait, en tripotant son énorme barbasse, qu'il amoindrissait par avance l'effet de ses truculentes facéties. Il racontait qu'un jour, étant ministre et ayant reçu des explications confuses d'Antonin Proust au sujet de je ne sais quels comptes d'apothicaire, il lui avait demandé brusquement : « Que penseriez-vous, mon cher Antonin, si j'envoyais chercher les gendarmes ?... Ah, ah, brouff, brouff, oh, oh, hi, hou, brouff... si vous aviez vu sa belle tête ! » Clemenceau a toujours foisonné en férocités de ce style, mais débitées d'un ton âpre et sec, d'une voix rude qui semble mâcher des balles. Ensuite il était élégant de sa personne, très soigné sous son masque mongol aux pommettes saillantes, silhouette de tireur à l'épée et au pistolet auquel on n'en impose pas. Enfin il plaisait par un manque d'affectation, une bonne franquette, qui le mettaient tout de suite de plain-pied avec les jeunes gens. On racontait qu'il avait plus d'une bonne amie à l'Opéra — bien que marié à une insignifiante Américaine qu'il renvoya un beau jour, par lettre de cachet, au-delà des mers —, qu'il pêchait le saumon en compagnie d'Herbert Spencer et de plusieurs animaux anglais, qu'il ne payait jamais ses collaborateurs. Ceux-ci non seulement ne lui en voulaient pas, mais encore avaient pour lui un véritable culte, du juif Mullem à Martel et de Durranc à Geffroy. Dès qu'ils l'apercevaient, leurs yeux brillaient de plaisir. C'était un séduisant gaillard, redouté, détesté par tout le clan opportuniste ; et quant il regardait ses charmantes filles danser le menuet, ses mains dans ses poches, avec son air blagueur, on murmurait alentour : « Quel jeune papa ! Il a l'air de leur frère aîné ! » Je rappelle que ceci se passait sept années avant l'éclatement de la bombe Panama, avant que le ciel de la République se fût assombri. Clemenceau vantait et célébrait un général intelligent, laborieux, dé-mo-crate, du nom de Boulanger, qu'il venait de découvrir.

Blagueur, il aimait à déconcerter. Chercheur, et souvent trouveur d'épigrammes, il n'épargnait rien ni personne et les gens de l'entourage de Ferry passaient, sous sa dent, de mauvais quarts d'heure. Il a toujours profondément méprisé la nature humaine. Il ne donnait pas encore, manifestement au moins, dans la manie anticléricale ; son intelligence semblait au-dessus des misères du parlementarisme. Georges Périn et Paul Ménard, ses deux intimes compagnons, déclaraient que, le jour où il prendrait le pouvoir, on verrait ça. Cette échéance paraissait lointaine et presque paradoxale.

Georges Périn, toujours grave et souvent fastidieux, assistait Clemenceau dans ses duels et l'admirait fidèlement. C'était un homme peu doué, consciencieux, scrupuleux même, qui rêvait de

République honnête et vertueuse, et s'indignait à froid contre les gabegies opportunistes. Il serait tombé foudroyé si on lui avait dit que, plus tard, ses frères radicaux dépasseraient encore en chiffre d'affaires la clique à Ferry. Il était droit, brave et d'une parfaite loyauté. Ses pieds énormes et couverts d'oignons, pour lesquels il exigeait de son bottier des chaussures spéciales, nous étaient un perpétuel sujet de plaisanteries, qu'il supportait avec un bon sourire dans sa face de reître aux larges traits.

Paul Ménard, grand industriel, le plus puissant de France après les Schneider, avait étudié pour être pasteur. La coupe de son visage, son front studieux aux sourcils épais, sa barbe, son allure étaient d'un méthodiste, mais dans ses yeux railleurs brillait parfois la flamme de Lunel. Il passait pour un homme de bronze, aimable dans le privé, d'une incroyable rigueur en affaires et en politique. La vérité est qu'il était l'irrésolution en personne, sans avis ferme comme sans initiative dans les petites et les grandes circonstances, et d'une variabilité d'humeur incessante. Il en résultait un contraste comique, tragique aussi à l'occasion, entre sa réputation et son essence. Quand on « consultait Paul » comme on disait dans le milieu, Paul se prenait le crâne à deux mains, vous écoutait, méditait longuement, puis invariablement vous conseillait d'attendre, de voir venir. Si on le pressait, il s'évadait par la tangente, prétextant un rendez-vous, une promesse antérieure de se taire. Ce manieur d'hommes et de canons se révélait débile, hésitant ainsi qu'une très vieille femme et fuyant les responsabilités. Il m'est arrivé de « consulter Paul ». Ce fut une de mes stupeurs les plus vives, tellement que je me suis demandé souvent depuis si l'absence totale de caractère n'est pas une condition de la haute industrie. J'ai vu de près ce grand patron et la révolution sociale. Leur infirmité m'a semblé égale et leur réservoir de désillusion identique.

Paul Ménard avait néanmoins une passion discrète : l'horreur du catholicisme, du clergé, des moines. Trop craintif pour la manifester, il se contentait d'approuver d'un grand signe de tête, d'un « juste » retentissant, les attaques à la religion, d'ailleurs moins fréquentes qu'on ne le suppose, qui se produisaient à sa table ou dans son salon. Son œil étincelait de colère, quand, sur les routes de son Midi, il rencontrait, comme il disait, « un ratichon », et j'ai compris, par cette rage recuite, à quel point les rancunes huguenotes, ethniquement conservées, sont un facteur important de l'anticléricalisme républicain. Dans le fond, et bien qu'il se dît sceptique, Paul Ménard était un dévot, mais un dévot de l'urne qui s'oppose à la croix, sur les portes des cimetières du Languedoc. C'est dans sa bouche que j'ai entendu, pour la première fois, cette révélation que la haute armée était une « jésuitière ». La haine du sabre était ainsi chez lui une dépendance et une conséquence de la haine effrénée du goupillon.

Edouard Lockroy, le gendre Hugo, homme léger, séduisant, ignorant et habile, d'une fourberie tout italienne, fréquentait assidûment chez les Ménard-Dorian, mais n'y était aimé de personne autre que de moi. J'appris à le connaître plus tard. On s'abstenait donc, en ma présence, de jugements sur son caractère et sur ses actes ; mais je surprenais, dans les regards et les silences à son endroit, des réticences qui m'étonnaient. Clemenceau, Ménard et Périn le considéraient de longue date comme peu sûr, ainsi que je dus m'en rendre compte. Il était plus gai qu'eux, doué d'ironie, fort rancunier quand on l'avait blessé. Privé de culture comme un enfant de la balle qu'il était, il se mêlait aux conversations avec une grande souplesse, éludant les questions précises, glissant sur les noms d'auteurs et les titres d'ouvrages, touche-à-tout et farceur, mûr déjà pour le portefeuille de l'Instruction publique. Il détestait et jalousait Clemenceau, plus vedette, plus brillant que lui et dont on parlait davantage. D'autant plus lui faisait-il fête quand il l'apercevait, avec ce faux empressement, ce mâchonnement, ce tourbillonnement du lorgnon autour de l'index tendu qu'ont connus ses familiers. Lockroy était d'une maigreur squelettique, précocement blanchi, agité d'un tremblement à moitié feint, qui devint réel avec les années, les yeux à fleur de tête, la bouche railleuse, fumant ou tripotant sans cesse un petit cigare qu'on appelait demi-londrès. J'ai vécu dix ans dans son contact, de 1884 à 1894, et il est demeuré pour moi, sur bien des points, une énigme. Quelle était en lui la part du cabotinage et la part de la sincérité ? Bien malin qui pourrait le dire. J'ai connu la place de ses haines, les ressorts de sa cupidité, mais où étaient ses affections ? Son père lui-même, vieux et perclus de rhumatismes, lui était indifférent. Il n'allait presque jamais lui rendre visite dans le cinquième au-dessus de l'entresol de la rue Washington, où l'ancien interprète des romantiques cultivait avec amour des pommes et des poires en espalier.

Le point lumineux, pour ma mémoire, de cette époque et de ce groupe, c'est l'entrée de Victor Hugo qui venait voir danser ses petits-enfants, dans tout l'éclat de l'auréole du grand-père et de leur radieuse jeunesse. Il y avait ce soir-là, chez les Ménard-Dorian, tous les noms de la littérature, de l'art et de la politique républicaine. A l'arrivée de l'auguste vieillard aux yeux bleu profond, ayant déjà la sérénité des heures dernières, on fit la haie, respectueusement. Des boîtes dissimulées dans le plafond s'ouvrirent, laissant pleuvoir des pétales de roses. D'un pas ferme, il s'avança vers la maîtresse de maison, dont j'ai dit la grâce et l'élégance, et lui baisa la main. Un petit orchestre dissimulé joua l'*Hymne à Victor Hugo* de Saint-Saëns. C'était une discrète apothéose, d'un goût parfait. Celui qui avait accompagné et observé le siècle, d'un œil tantôt grossissant et déformant, tantôt implacable comme dans *Choses vues*, s'arrêta alors auprès des uns et des autres, caressant de sa belle main parcheminée les têtes des enfants, mais absorbé par son rêve intérieur. Il était au-delà de cette terre et comme happé déjà par une immortalité que n'expriment point les palmes vertes de l'habit académique. Il s'inclina profondément devant Mme Edmond Adam, dont la beauté, mêlée à la bonté et à la prescience, dégageait un charme grave et doux, puis se retira, nous laissant une image de gloire et de mort. Ce fut, je crois, une de ses dernières sorties.

La nouvelle génération, celle des romanciers dits réalistes, tenait ses assises rue de Grenelle, chez l'éditeur Georges Charpentier. Néanmoins, mes premiers souvenirs littéraires datent de plus loin. Périodiquement, Tourgueniev, Flaubert et Edmond de Goncourt venaient dîner chez mes parents, rue Pavée, au Marais, et leur haute taille m'impressionnait. Je demandais : « Sont-ce des géants ? » Ensuite je me vois arrivant à la librairie du quai du Louvre, avec mon père qui venait s'informer anxieusement du tirage de *Fromont jeune et Risler aîné*. Georges Charpentier s'écria : « Mais ça va plus que bien, plus que très bien. Nous "retirons" tant que nous pouvons. » Georges Charpentier était le meilleur, le plus accueillant et le moins commerçant des hommes. Ses auteurs étaient ses amis. Il avait la mine ouverte, l'âme généreuse et il savait rire de si bon cœur ! Ces qualités, jointes à un flair de vieux Parisien, et l'aménité de sa femme firent de leur intérieur, pendant vingt ans, le rendez-vous de la plupart des journalistes, politiciens, hommes de lettres, peintres, aquafortistes, sculpteurs, comédiens, artistes en tous genres de l'époque. Aucun laisser-aller de bohème. Un ton d'excellente compagnie, mais libre et permettant à chacun de se montrer sous son meilleur jour. Tous ceux que j'ai déjà cités étaient soit des habitués, soit des relations innombrables des Charpentier et se retrouvaient autour de leur table. Mon père et Zola, en plein grand succès, Edmond de Goncourt, en renouveau de célébrité, les collaborateurs des *Soirées de Médan*, Huysmans, Maupassant, Hennique, Céard, Gustave Flaubert échappant à la morne discipline de Croisset, et combien d'autres, faisaient le fond solide de ces réunions, exceptionnellement gaies et bruyantes. Chose frappante, députés et sénateurs étaient petits garçons en face des écrivains, affectaient vis-à-vis d'eux un grand respect. Le régime tenait là ses assises comme chez Hugo, comme chez les Ménard, mais la politique y était plus dédaignée. On était républicain, bien entendu. Les conservateurs passaient en bloc pour des vieilles bêtes, infiniment négligeables et désuètes, d'ailleurs remplies des préjugés les plus stupides, tout au plus bonnes pour la caricature et la brimade.

On ne se doute pas de l'hilarité que soulevait alors, dans ces demeures où devait s'affirmer et se recruter le régime, le simple qualificatif de réactionnaire. On se représentait aussitôt un vieux monsieur chauve, à favoris, à mine de bedeau, qui tournait le dos au progrès, ne lisait rien, ne connaissait rien et voulait ramener la France aux superstitions du Moyen Age. Des royalistes et du roi il n'était jamais question. Je suis parvenu à l'âge de vingt et un ans sans avoir entendu prononcer plus d'une dizaine de fois — je fais bonne mesure — le nom du comte de Chambord et celui du comte de Paris. On parlait davantage de l'empereur, de l'impératrice, de la cour des Tuileries, pour les maudire, en raison de nos récentes catastrophes. Leurs défenseurs, véhéments ou insidieux, ne comptaient pas. Jamais régime n'a eu plus complètement à sa disposition toutes les forces réelles, tout le positif du pays, que la République. Quand mon père parlait de Morny et de son entourage, cela me paraissait loin, loin, à distance d'histoire et sans attaches avec le présent. Mes amis, mes condisciples étaient dans les mêmes sentiments. On m'a affirmé depuis qu'il y avait des « jeunesses royalistes ». C'est possible, mais je ne les ai jamais rencontrées. Elles n'avaient pas pénétré les milieux agissants et vivants dont je vous parle. Je n'ai pas souvenance d'avoir aperçu ni au lycée Charlemagne, ni à Louis-le-Grand, ni à l'Ecole de médecine un seul royaliste, je dis *pas un seul*. Nous lui aurions monté de beaux bateaux !

Georges Charpentier avait eu l'idée originale d'une revue bien illustrée, qui fût comme un reflet des milieux artistiques, alors en pleine effervescence « impressionniste », avec Manet, Monet, Cézanne, Renoir, Sisley, Forain et autres, et qui publiât en même temps des inédits des principaux auteurs de la maison. Ainsi fut fondée *la Vie moderne*, qui eut une courte carrière, mais dont la collection est très intéressante à feuilleter... Charpentier en avait confié la rédaction en chef à Emile Bergerat, gendre de Gautier, brave homme mais brouillon, qui eut des succès au *Figaro* sous la signature *Caliban*, au théâtre de nombreux fours, et d'interminables démêlés avec les directeurs de théâtres, qui accueillaient puis repoussaient ses « ours », notamment avec Porel. Bergerat est un fantaisiste, qui finit par embrouiller tellement l'écheveau de ses paradoxes ou de ses coq-à-l'âne que personne n'y comprend plus rien. D'où la rétivité à peine injuste du public à son endroit. Il appelait mon père « Fonfonse », Charpentier « la vieille Charpente » ou « Zizi » « ma Zozole » et tutoyait indifféremment les académiciens, les préfets, les purotins et les directeurs de journaux. Bien que très gai et bon enfant, sautillant et plein de verve, il flottait autour de lui une atmosphère mélancolique. Parmi cinquante insanités, j'ai lu de lui un jour une page admirable et poignante sur une pauvre femme de sa famille qu'une erreur criminelle fit enfermer à Saint-Lazare pendant quelques jours et qui en mourut. Ce récit pathétique et simple, d'une grandeur vraie, m'a donné l'idée d'un Bergerat-qui-pleure tout différent du Bergerat-qui-rit entrevu pendant mon enfance et ma jeunesse. Le « béberge » de mon père m'est apparu là, en éclair, comme une âme de drame égarée dans la farce, comme une sensibilité qui s'ignore, comme un incompris de lui-même. La mêlée en est si confuse que ni dans le roman ni au théâtre un tel personnage ne réussirait. Il faut se contenter de le regarder manquant sa vie.

C'est un art étrange que la peinture, où toute nouveauté, plus violemment encore qu'en musique, étonne, rebute, irrite non seulement le public, mais la plupart des amateurs, des critiques et des marchands de tableaux. Puis, au bout de quelques années, les choses se tassent, les œuvres contestées ou raillées prennent leur place et leur rang et quelquefois se muent en chefs-d'œuvre. Ce fut le cas de l'*Olympia* de Manet, de la *Femme en blanc*, de Whistler, des premières toiles de Renoir, des Monet, des Sisley du début, des premiers dessins de Forain, des premiers bustes de Rodin. L'œil humain, que surprend désagréablement toute modification dans les lignes ou les contours conventionnels, réagit en général par la rébellion. Les gens croient que l'innovateur — lequel n'est souvent qu'un continuateur incompris — se moque d'eux. Seuls quelques très rares esprits, défendus par un goût naturel, aiguisés par la fréquentation des musées et des belles choses, se soustraient à ce réflexe banal. Généralement, dans les premiers temps, une toile sincère paraît laide, une vision originale paraît inoffensante. Le milieu Charpentier échappait à cette règle et donnait en art des indications justes, que l'avenir a vérifiées. Aujourd'hui ces tableaux alors dédaignés sont hors de prix et il n'est plus un philistin qui ose avouer en public son antipathie pour Renoir, Monet ou Rodin. On ne voit plus, on ne comprend plus la raison de tant de colères.

Alfred Stevens, lui, passait déjà pour un maître. C'était un grand artiste, robuste et bienveillant, d'une éloquence infinie et qui résumait les lois de son art dans des formules saisissantes. Entouré de ses beaux enfants, appuyé sur une compagne digne de lui, il donnait l'impression de la sécurité dans la force. Gai, généreux, loyal, il gagnait énormément d'argent et le dépensait avec la même facilité.

Henry Becque, auteur de *la Parisienne*, de *Michel Pauper*, des *Corbeaux*, large face toujours hilare, la bouche juteuse comme une pêche ouverte, avait une réputation de cruauté qu'il lui fallait soutenir coûte que coûte. Les envieux et les timides lui prêtaient des mots d'auteur, dont quelques-uns seulement étaient authentiques et comme les fruits de longues méditations. Henry Céard, qui le connaissait bien, prétendait qu'il se mettait en bras de chemise pour composer ces traits barbelés. Il possédait le tic insupportable de ponctuer ses laborieuses médisances de « quoi ? hein, quoi ? quoi, quoi ? » retentissants. Avec cela, hein, quoi ? il fournissait le modèle, hein ? quoi, quoi ? d'une invraisemblable candeur. Sa haine de Dumas fils, qui tenait aux causes les plus futiles, l'entraînait à l'admiration de Sardou et cela donne la mesure de ses facultés critiques. Car le théâtre de Dumas fils a vieilli, c'est entendu, et il n'est pas agréable d'assister au *Demi-Monde* ni à *Francillon*, même en se bouchant les oreilles — la seule vision de ces œuvres étant terriblement démodée. Mais Dumas fils a sa place dans l'histoire du théâtre, au lieu que Victorien Sardou — *la Haine* et *la Tosca* mises à part — a fait des pièces pour l'exportation, susceptibles d'être savourées à Honolulu aussi bien qu'à New York ou à Sydney : « Oh ! master Sardou, tout le monde le comprend. C'est précisément pour cela, lady, qu'à Paris nous ne le comprenons plus. » Donc Henry Becque déchirait ses confrères, et pourtant sa conversation était fastidieuse. Il calomniait et il faisait l'effet d'un raseur. Il colportait des anecdotes empoisonnées et les gens fuyaient son approche jusqu'au fin fond du buffet... Arrangez cela. L'ennui serait-il plus fort que la haine, que le caïnisme naturel aux frères humains ?

Jean Richepin, en pleine *Chanson des gueux*, était cambré, piaffant, poilu, jeune et beau. Edmond Haraucourt était jeune et hideux. Il venait de publier un livre de vers obscènes, que recherchaient les vieillards et les collégiens, intitulé *la Légende des sexes*, et qui lui valut depuis pas mal d'embêtements, moins vifs à coup sûr que celui du lecteur. Imaginez un menton de galoche au poil rare, sous un visage mou et grisâtre de batracien aux yeux écarquillés. Se croyant un « superbe laid », comme disaient les romantiques, une gargouille de choix, il vociférait ses vers en bombant le torse, au milieu des dames épouvantées, avec une allure de toréador. Comme il répétait qu'il était un mâle et rude, qu'il ne s'intéressait qu'aux actions mâles, nous l'appelions entre nous « le mâle blanc ». Il endossait déjà l'armure de Leconte de Lisle. Mais ce n'est que longtemps après qu'il a obtenu la conservation du musée de Cluny en flagornant Waldeck-Rousseau, qualifié par lui de Périclès !

Mme Sarah Bernhardt, quand elle ne jouait pas, venait aussi rue de Grenelle. En dépit de la légende, elle était de beaucoup la plus naturelle des comédiennes qu'il m'a été permis d'approcher. Je dirai la même chose de Mounet-Sully, que j'ai vu d'ailleurs de plus près que sa glorieuse partenaire d'*Hernani*. Mme Sarah Bernhardt, dans le monde, est toute grâce et amabilité, sans aucune affectation, même de simplicité. Quant à Mounet-Sully, c'est une âme noble et haut placée, mais c'est aussi un juge très sûr de ce qui sonne juste ou faux en littérature, et il n'a aucun des travers si fréquents chez ceux de son métier. Les deux protagonistes de la tragédie classique et du drame romantique ont échappé aux trivialités du cabotinage.

Je n'en dirai pas autant de Jules Massenet, mélange singulier de puérilisme, de science, d'énervement sexuel et de comédie. On le voyait arriver la mine au vent, l'air inquiet, les cheveux plats, rejetés en arrière, les mains dans les poches de son veston, mâchonnant toujours quelque chose qui finissait en compliment excessif. Incapable d'observation, n'ayant pas le temps de faire un choix, il partait de ce principe que les humains aiment les douceurs et qu'il faut les gaver de sucre jusqu'à l'écœurement. Il n'y manquait point. Quand il avait félicité sur leurs mines et sur leurs travaux toutes les personnes présentes, il se jetait dans un fauteuil et contrefaisait le petit enfant qui a soif et veut du lolo, ou le chien-chien à sa mémère qui désirerait un gâteau sec. On lui servait le lait et le thé, on lui donnait le gâteau. Il marmottait en jetant des miettes et buvottait, riant, contant des fariboles inachevées, inachevables et toujours louangeant. Les vieilles musicophiles accouraient minaudières, empressées, montrant ces architectures dévastées ou branlantes que l'on appelle euphémiquement de beaux restes. Massenet les traitait comme si elles avaient eu vingt ans, les couvrait de fleurs et de couronnes. Néanmoins son œil agile, franchissant le cercle de ces portraits de famille, cherchait la jolie et la jeune pour de bon, modestement demeurée en arrière. Quand il l'avait trouvée, il bondissait vers elle, se jetait à quatre pattes, dansait la pyrrhique, bref se signalait par mille folies, à la stupeur amusée ou hérissée de celle qui devenait aussitôt son point de mire, sa Dulcinée. Le sincère de la chose était une sensualité inflammable d'oiseau-lyre ou de paon qui fait la roue. Ses yeux pâmés et frivoles criaient, imploraient : « Là, tout de suite ! » Mais comme il y a des convenances mondaines et aussi des incompatibilités, comme les maris sont quelquefois là, comme l'existence est faite de traverses, il cherchait, vite résigné, une dérivation dans la musique et contait sa peine au piano. Là il était incomparable.

Ainsi était-il mieux qu'un virtuose. Ainsi a-t-il donné à sa musique cet accent d'un désir fulgurant et bref, souvent contrarié, qu'on prit pour de la sentimentalité et qui fait le charme durable de *Manon*. Mélange de Don Juan et de Leporello, toujours enfant gâté, parfois enfant gâteux, il était porteur d'une frénésie voluptueuse plus forte que ses simulations et que lui-même. En outre raconteur d'histoires fausses et de blagues, où il jouait bien entendu un rôle délicieux. Il avait imaginé tout un récit de fleurs apportées par lui du Midi à mon père, quelques heures avant sa mort, déposées sur la table de la salle à manger et au milieu desquelles aurait, selon lui, expiré Alphonse Daudet. Je dus démentir cette fable ridicule, que Massenet avait confiée à un millier de personnes et qui courait les journaux.

Ses cartes de visite, de dimensions insolites, larges et luisantes comme le bassin d'un barbier, portaient en gros caractère MONSIEUR MASSENET. Il détestait son prénom de Jules. Quand on lui envoyait un roman, il vous remerciait avec des hyperboles chinoises, vous assurait de *sa vénération parfaite*, de son *admiration sans bornes*. Il employait aussi la formule : *J'ouvre votre livre en tremblant de joie*, et le classique : *Pour vous lire, je n'ai pas fermé l'œil de la nuit.*

Un jour qu'une de ses trop belles cantatrices, accompagnée de sa maman, vieille dame presque trop respectable, avait chanté une de ses œuvres, lui assis et se trémoussant au piano comme un chat en folie, je me trouvais dans l'antichambre au moment du départ. Massenet feignait de chercher son chapeau, et poussait, pour changer, des aboiements de petit chien. La nymphe en manteau rose, jeté sur les plus rondes épaules du monde, se retourna vers madame sa mère et gémit avec une intonation que je n'ai jamais oubliée :

« Ce qu'*il* m'embête, mon Dieu, ce qu'*il* m'embête ! » Prenant la plaisanterie au sérieux, elle lança au cher maître son petit sac, comme un os à un roquet, et il le baisait ainsi qu'une relique, toujours en agitant ses lèvres à la façon du bébé qui tète.

Il passait, quoique gagnant infiniment d'argent, pour un avare déterminé. Nul n'a jamais connu le goût ou la couleur de son pot-au-feu. Il faut croire d'ailleurs que sa confiance dans l'efficacité de la flatterie énorme et assenée était légitime, car il a laissé une réputation de charmeur et d'enjôleur. Je n'ai jamais pu démêler s'il était bête ou intelligent. Aucune des personnes par moi consultées là-dessus n'a pu me donner la moindre lueur. Mais quelle courbature que d'avoir ainsi joué le rôle de monsieur gosse jusque dans un âge avancé, que d'avoir distribué à la ronde tant de verres de guimauve et de coquelicot !

D'un dîner chez les Charpentier, qui date de loin, il me reste ce souvenir amusant. Mon père était voisin de table de Gambetta.

Etant fort myope, il piqua si maladroitement de sa fourchette une côtelette d'agneau que le sang, mêlé au jus, jaillit sur le plastron intact du tribun. C'était le temps où l'on reprochait à celui-ci le contraste de son incurie physique et de sa prétendue baignoire d'argent. D'une voix rageuse, avec l'accent du Midi, il murmura en s'écartant : « Fais attention, que diable ! » A quoi Alphonse Daudet, fâché de cette fâcherie, répliqua sur le même ton : « Eh ! tu m'embêtes ! » Dans le fond, leurs natures ne s'accordaient guère et il suffit de lire l'édition complète des *Lettres à un absent* pour s'en convaincre. Ils s'étaient réconciliés, mais le jaillissement d'un peu de sauce eût presque suffi pour les séparer à nouveau.

Bien qu'en dehors des *Soirées de Médan*, où figurait sa *Boule de suif*, il fût peu édité chez Charpentier, Maupassant venait rue de Grenelle. Il était alors de traits réguliers, brun, assez gras, lourd d'esprit comme un campagnard et généralement silencieux. Il ne souffrait pas encore de cette misanthropie, coupée de crises de snobisme, que déchaîna chez lui, quelque temps plus tard, la paralysie générale. Mais déjà il se frottait aux médecins comme à de merveilleux thaumaturges. Il les questionnait longuement dans les embrasures de portes et dans les antichambres. C'était le temps du « document humain ». On disait : « Guy — tout le monde l'appelait Guy — est très consciencieux. Il se renseigne quant à certains cas pathologiques qui seront dans son prochain roman. » Il courait sur lui mainte anecdote scabreuse ou bizarre, et j'ai toujours pensé que son détraquement cérébral avait débuté beaucoup plus tôt qu'on ne l'avait cru. Il canotait, jouait les Hercule, affectait un profond mépris pour ces lettres qui le faisaient vivre et lui donnaient la célébrité. Flaubert, impitoyable bourreau du style et qui passa son existence à se martyriser lui-même dans son sinistre pavillon de torture de Croisset — rien de commun avec le juif Franz Wiener, qui depuis a adopté ce nom —, Flaubert guidait les débuts de Maupassant. Il le soumettait à ces vains exercices d'assouplissement littéraire qui ne sauraient former l'écrivain, car les tempéraments sont plus forts que tout, heureusement. Il le contraignait à remettre « cent fois sur le métier » ces histoires normandes, drues et salées, qui firent la première réputation du pauvre Guy. Il l'adorait expansivement comme il faisait tout, mais lui tourneboulait l'entendement de plus d'une manière, l'exhortait à la chasse aux conjonctions et aux mots répétés, à la pêche de la phrase musicale, à l'effort et au supplice grammatical et syntaxique en vue de la perfection. L'autre était un gobeur, un de ces collégiens prolongés, comme il y en a tant, et qui jettent leur gourme jusqu'aux approches de la quarantaine. Les tours que lui jouait son tréponème furent certainement amplifiés par l'absurde discipline de Flaubert, par l'usage immodéré du fameux « gueuloir ».

Je l'ai vu depuis, ce gueuloir, en compagnie d'un contemporain, au soir d'une pluvieuse journée d'octobre, dans l'humide banlieue de Rouen. En arrivant là nous récitions, non sans rire, avec l'accent fervent de 1885, mainte phrase fameuse de *la Tentation de saint Antoine*, de *Madame Bovary*, de *l'Education sentimentale*. La porte grinça. Un gardien nous introduisit dans la courette où sont les arbres qui entendirent déclamer le bon géant, puis dans son laboratoire de phrases, avec vue sur la Seine et ses bateaux. Une horrible tristesse, vieille de cinquante ans, voltigeait, ainsi qu'une cendre funéraire, sur le petit musée de lettres et billets de Zola, de Bouilhet, de Goncourt, de Maupassant, de mon père, sur le canapé bas..., une tristesse tenant moins à la disparition et à la mort qu'au temps perdu, qu'aux doctrines fausses, qu'aux erreurs rancies. Le fantôme du célèbre écrivain, tourmenté et tourmenteur, était demeuré là, je le jure, courbé sur ses papiers, fumant ses cigarettes, essayant l'effet vocal de ses morceaux d'ironie et de bravoure, raturant, piochant et sarclant, à cent mille lieues du monde des vivants. De vieilles querelles littéraires pendaient au plafond, sous la forme de toiles d'araignées. Je n'ai ressenti impression aussi funèbre que chez Rousseau, aux Charmettes, où flotte encore l'odeur mêlée de la phraséologie anarchique et du vice. Flaubert ou l'école du renfermé...

Maupassant réagissait par ses biceps et par ses anecdotes galantes, à double figuration de bonnes et de dames du monde, à double décor de soupente et de salon. Il n'avait pas encore publié *Sur l'eau*, ce cri déchirant d'une sincérité dévastée par le mal. Quand il avait fini de turlupiner ses chers docteurs, il se réfugiait auprès d'une petite dame blonde dont j'ai oublié le nom et lui contait fleurettes mais quelles fleurettes ! tout bas, avec un air tendu de maniaque.

Ayant su que je me destinais à la médecine et que je fréquentais chez le docteur Charcot, il m'entreprit un certain soir sur l'hydrothérapie, qui lui tenait fort au cœur et lui paraissait destinée à remplacer tout autre remède. Il avait entendu parler d'un certain jet glacé sur la nuque, en usage, je crois, à Divonne, auquel ne résistait aucune névralgie oculaire. Je dus répondre péremptoirement, avec une incompétence parfaite, mais la fierté d'être interrogé, moi, simple étudiant de première année, par le pauvre Guy. On distinguait dès cette époque et à l'œil nu, dans Maupassant, trois personnages : un bon écrivain, un imbécile et un grand malade. Ils ont évolué depuis séparément, les deux premiers ayant tendance à s'absorber dans le troisième. Mais, avec la malveillance naturelle à la jeunesse, c'était surtout l'imbécile qui nous frappait par sa fatuité. Je n'ai nullement été surpris d'apprendre par la suite que les femmes, et les plus sottes et les plus vaines, le faisaient tourner en bourrique. Il appelait par ses prétentions les mauvaises farces et ces taquineries cruelles des salonnards et salonnardes dont on raconte ensuite, en exagérant, qu'elles ont causé la perte de leur victime. Il était prêt pour de charmants bourreaux. Je lui en ai connu de délicieux, mais qui abusèrent de son insupportable affectation de virilité pour le déchiqueter sans merci. Belle série pour un peintre comme Hogarth, ayant le sens de la progression dans le pire, que cette vie à étapes de plus en plus noires, allant du salon au cabanon !

Fils intellectuel de Flaubert et du même tiroir littéraire, Maupassant ne devait rien à Zola, ce qui n'empêcha pas Zola de le colloquer parmi ses disciples, avec une voracité de père Saturne. Il importait de meubler la série d'articles critiques que l'auteur des *Rougon-Macquart* publiait alors au *Figaro* et qui tournaient tous autour de son éthique et de sa personne. C'était chez les Charpentier qu'il fallait voir Zola, gras, content, dilaté, bonhomme, affichant les chiffres de ses tirages avec une magnifique impudeur. Deux traits frappaient ses auditeurs : son front vaste et non encore plissé, qu'il prêtait d'ailleurs généreusement à ses personnages, quand ceux-ci portaient quelque projet de génie, artistique, financier ou social, son front « comme une tour » ; et son nez de chien de chasse, légèrement bifide, qu'il tripotait sans trêve de son petit doigt boudiné. Il était coquet de son pied, chaussé dans les grandes occasions de bottines vernies à élastiques, le cambrait, l'étirait volontiers. Il zézayait en parlant, disait « veuneffe » pour « jeunesse », « f'est une fove finguliève » pour « c'est une chose singulière » et semait son discours de « hein, mon ami ? hein, mon bon ? hein, mon bon ami ? » qui exigeaient l'assentiment de son interlocuteur. Henri Céard, ex-carabin, l'initiait à Claude Bernard et à Darwin, ainsi qu'au déterminisme expérimental. Ayant besoin d'un patron, Zola choisit Claude Bernard et, à distance, cela est d'un joli comique. On ne voit pas bien en effet le rapport qui relie *l'Assommoir* aux *Leçons sur la fièvre* ou *Nana* à la fameuse *Introduction*. Mais l'important était, aux yeux du maître pressé de Médan, que cet amalgame eût l'air de quelque chose, d'une doctrine.

Il déclarait en riant : « Mon prochain livre — il s'agissait de *Pot-Bouille* — va me faire traiter de cochon... hein, mon ami ?... Le fait est qu'il y en a... Mais c'est la faute des petits-bourgeois que je peins. Ce n'est pas la mienne. »

Il se plaisait au contraste des obscénités ou des fécalités qui remplissaient ses livres et de sa propre existence parfaitement tranquille alors et sans débordement. A l'entendre, la chasteté était indispensable à qui veut plonger d'un cœur résolu dans l'égout social et en rapporter d'imposants échantillons. Dès ses débuts il avait déifié la Vérité, l'avait campée, la plume à la main, entre le dépotoir et la morgue et n'entendait pas qu'on le contredît là-dessus. Il ne manquait ni de cordialité ni de rondeur, ni de faconde, ni, à l'occasion, de ressentiment. Capable de dissimulation, il détestait Edmond de Goncourt, qui le lui rendait bien. Leurs natures n'étaient pas faites pour sympathiser. Goncourt était jusqu'au bout de ses doigts nerveux, jusqu'à la pointe de sa moustache blanche, jusqu'au feu noir et mouvant de son regard, un aristo. Il y avait en lui du précurseur. Avant *la France juive*, il méprisait les juifs. Son horreur du parlementarisme était absolue. La démocratie le faisait positivement vomir. Il y avait en lui un admirable et délicat artiste, d'un goût infaillible, passionné pour les estampes rares, les fines silhouettes, la manière abrégée et incisive en tout. Zola, au contraire, s'étalait, expliquait, discutaillait et donnait de plus en plus dans les godants révolutionnaires. Tout en traitant les politiciens de pierrots et de polichinelles — à cause de la clientèle réactionnaire du *Figaro* de Magnard —, il croyait comme eux au nombre, à la quantité, à la phraséologie et à l'argent. Sa conception du monde était sommaire, les rouages délicats ou compliqués le rebutaient et il mettait l'instinct avant tout. C'était une intelligence complètement matérialisée.

« Quel animal, ce Zola ! » répétait volontiers Goncourt, non sans impatience. On entendait, dans la pièce voisine, la voix nerveuse du compteur d'éditions : « Quand j'ai vu arriver le finquantième mille, mon bon, je me suis dit : nous irons bien jusqu'à foifante... Hein, Charpentier, hein ? »

Il interrompait cette scie des tirages pour venir à nous les jeunes et nous féliciter d'être jeunes et de nous comporter en jeunes. Le fait est qu'ayant de seize à dix-neuf ans, nous aurions été embarrassés de faire autrement.

« Léon, quel est ce garçon là-bas qui a un profil intelligent ?... C'est un ami à vous ?

— Oui, monsieur Zola.

— Comment s'appelle-t-il ?

— C'est Georges Hugo, monsieur Zola.

— Ah ! que c'est curieux, comme le monde est petit ! Est-ce qu'il se deftine aussi à la médecine ?

— Non, il va vers la peinture et les lettres.

— Ah ! c'est le jeune Hugo. Comme c'est fingulier, mon ami. Quelle belle chose que la veuneffe !... J'ai été au fond un peu févère pour son grand-père. Bah ! on m'affirme qu'il ne lit plus rien. Il digère sa gloire. Il a de la chance. Comme le monde est petit ! »

A distance, il est difficile de comprendre pourquoi cette « littérature de pontons » — suivant l'expression d'Huysmans — qu'était le naturalisme passionnait alors les esprits. Sans doute y avait-il là une réaction contre les fadeurs de Feuillet, de Feydeau, de Cherbuliez. Mais surtout, au lendemain de la guerre et de la dépression qui suit la défaite, le public cherchait avidement quelque chose d'âpre, de brutal, au besoin de blasphématoire qui lui rendît l'illusion de la force. Le porc fit l'effet d'un sanglier. Très peu d'écrivains et de moralistes — sauf toutefois Barbey d'Aurevilly et Drumont — signalèrent l'accident, comparable à la rupture d'une conduite d'égout, qu'était cette irruption de boue et de purin dans la littérature française. J'ai entendu batailler, pour Zola et ses romans d'épandage, de très braves gens délicats, nuancés, des poètes comme Coppée et Banville, des observateurs ailés de la nature humaine comme Alphonse Daudet. Ceux de ma génération ont tous cru, à un moment donné, qu'un renouveau littéraire était possible dans cette direction. La lecture de Taine, qui disputait à la métaphysique allemande et Spencer la classe de philosophie, fortifiait notre erreur. L'amalgame Taine-Zola, parmi la « veuneffe » cultivée, fut à ce moment un composé intellectuel très fréquent. Si je me reporte à mon état d'esprit de l'époque, je trouvais Drumont bien pudibond et Barbey d'Aurevilly bien cagot. Zola me paraissait un homme d'intelligence moyenne — il n'y avait rien à retenir de ses propos — mais un admirable créateur, un peintre de masses, préoccupé par la physiologie et la clinique et un écrivain injustement calomnié. Période d'incroyable aveuglement dans les milieux par lesquels on affirmait que se relevait la France et d'où toute critique politique, littéraire ou philosophique était au contraire bannie. Quand je reviens par le souvenir à ce chaos, à ces ténèbres, à ces niaiseries monstrueuses, je mesure avec épouvante le mal intellectuel et moral qu'une invasion peut faire à un grand et noble pays. Je le sais, je le sens, je le vois, puisque c'est notre génération à nous autres qui a finalement porté le poids de la catastrophe. Je ne suis en tout cela qu'un témoin, mais, par les relations d'un père célèbre et recherché, un témoin exceptionnellement bien placé. Il m'a fallu franchir vingt autres années pour apprendre, au contact des événements, d'un homme de génie, Charles Maurras, et d'une doctrine, ce que nul ne m'avait enseigné : la structure de mon pays et les conditions de son relèvement.

Voici Médan par une journée chaude de juin, poudrée d'or. Huysmans est là, railleur et décharné, avec son masque de vautour apprivoisable, son ironie familière, ses fins de phrase légèrement traînantes. Jamais personne n'a dit comme lui d'un mauvais confrère : « C'est en vérité un bien déconcertant animal. » Hennique, Céard, Paul Alexis, Frantz Jourdain se mêlent successivement et quelquefois ensemble à la causerie entre le maître de maison, Goncourt et Alphonse Daudet. Mon père, comme d'habitude, anime tout, projette autour de lui sa bonne humeur, sa vision gaie et amplifiante des choses et des gens. Zola, chez lui, est beaucoup plus aimable, plus en train que partout ailleurs. Il a le sens et le goût de l'hospitalité. Il propose un tour en bateau. On le suit, et à voir ces écrivains en pleine renommée ou montant à la renommée, si allègres, confiants et naturels, courbés sur leurs avirons, devisant et chantant, nul ne supposerait qu'un rapide avenir creusera entre eux de tels fossés, les rendra étrangers, sinon hostiles, les uns aux autres.

II

La librairie Lemerre

HEREDIA. BARBEY. LECONTE DE LISLE.
COPPÉE. LÉON CLADEL

Sevré de sa Provence, Alphonse Daudet se donnait l'illusion d'y passer encore quelques minutes chaque semaine en m'emmenant chez Creste et Roudil, qui tenaient rue Turbigo une boutique de comestibles à l'enseigne : *Aux produits du Midi.* On trouvait là de la bonne huile, de la vraie — qui n'a rien de commun avec l'horrible fabrication vendue sous ce nom dans la plupart des épiceries — et, suivant la saison, des primeurs, des pois chiches, des petits artichauts tendres, ou des melons, ou des pêches, alberges, même du menu gibier. Séparé du monde par une cloison de verre, le terrible cacha, fromage frénétique, conservé entre des feuilles de vigne ou de mûrier, concentrait en lui-même ses arômes délectables et redoutés. Les fruits confits d'Apt alternaient sur les étagères avec les calissons d'Aix et les berlingots de Carpentras. A époques espacées, cette gourmandise des amis de la mer, la poutargue des Martigues, conglomérat d'œufs de mulet, plus rare comme saveur immédiate et horizon du goût que le caviar, selon mon humble avis, faisait son apparition. Encouragé par ses compatriotes — étaient-ce les Creste ou les Roudil ? avec les associés on ne sait jamais — mon père emplissait ses poches et les miennes d'une foule de petits paquets. Il ne savait pas répondre : « Non, merci, j'en ai assez. » Moi j'ai appris à le dire, mais avec mécontentement et même colère, ce qui fait sursauter le marchand, tandis que les acheteurs experts savent refuser dans un sourire. Nous rentrions à la maison chargés de provisions inutiles, mais si fiers de nos achats qu'il était impossible de nous gronder.

En revenant, nous passions par les Halles, pavillon du poisson et des coquillages, où il était bien malaisé de résister aux invitations si pittoresques des marchands qui pataugent en galoches dans l'eau et les épluchures : « Vous n'aimez pas les huîtres, eh ! le monsieur qui a un monocle : en voilà des fraîches et puis des belles... Et du bouquet pour votre jeune homme. Regardez-moi si c'est limpide, mon garçon. » De nouveau nous nous laissions faire, comblés cette fois de sacs de papier jaune et gris, d'où montait une odeur de marée. Inutile d'ajouter que souvent on nous colloquait des horreurs, des laissés pour compte de la veille ou de l'avant-veille. On abusait de ma candeur et de la myopie paternelle. Il fallait prendre un fiacre.

En route, on s'arrêtait généralement passage Choiseul, à la librairie d'Alphonse Lemerre. Quel charmant souvenir j'ai gardé de ce bruyant ami du Parnasse, de son robuste visage barbu, de son large rire aux grandes dents et des conversations ou discussions qui se menaient autour de lui, dans cette vaste pièce remplie de livres où montaient, vers l'étage supérieur, des petits escaliers en colimaçon ! Désiré Lemerre, mon vieux camarade, habite encore là, mais je n'y vais jamais, de crainte d'y retrouver trop de chers souvenirs et de me mettre à pleurer, comme un imbécile, devant la fameuse vignette de « l'homme qui bêche ». Il en a creusé des tombes, l'animal, depuis qu'il travaille, infatigable, au seuil de la célèbre maison !

Certains écrivains, et non des moindres, ont eu des démêlés avec leurs éditeurs. Ce cas n'était pas celui de mon père, ami de Charpentier, de Lemerre, de Fasquelle, d'Arthème Fayard, très lié avec Marpon, Flammarion et Dentu. Il n'est pas le mien davantage. Les luttes et divergences politiques n'ont jamais altéré mes affectueux rapports avec Eugène Fasquelle, chez qui j'ai publié dix-neuf volumes, sans autre traité qu'une convention verbale qui dure entre nous depuis vingt-deux ans. Arthème Fayard, vulgarisateur de la bonne littérature, est mon plus ancien condisciple. Nous éprouvons un plaisir mélancolique à parler ensemble de jadis, et j'espère bien que nos fils seront liés aussi durablement que l'ont été leurs pères. Car cela fait au moins, sans nous flatter, une jolie pièce de trente ans, mon cher Arthème...

Donc, on était presque sûr de rencontrer chez Lemerre quelques-uns de ceux que voici :

José Maria de Heredia, pâle et noir, splendide et velu jusqu'aux yeux. Je n'ai jamais entendu bégayer avec autant de force et d'autorité Mariéton lui-même, qui disait de Heredia : « Ce n'est qu'un M... Ma... Mariéton de Cuba », Mariéton n'avait pas sur la dernière syllabe du mot cette puissance explosive. En outre José Maria utilisait ce défaut pour mettre en valeur le trait final et sublime — au sens prosodique — de ses célèbres sonnets, légèrement imités de ceux de Nerval.

Et de ce m.m.m.. arbre mort on fait un Dieu vivant.
Comme une mer im.m.m.mense où fffuyaient des galères.

Quelquefois, c'était le début qu'il faisait attendre, au bord de ses lèvres ourlées et rouges, puis lâchait magnifiquement :

Qu'il soit en.c.c.c.c.courtiné de beb.r.r.rocard ou de serge.

Ces vers trop fameux et qui semblent aujourd'hui, tels de vieux coquillages, avoir perdu leur écho, n'étaient pas encore réunis en volume. Ils jouissaient d'une réputation. Dès que Heredia, naturellement flâneur et fumeur de cigares énormes et exquis, avait composé un sonnet, il le promenait et le récitait par la ville, de sorte que chaque auditeur ou groupe d'auditeurs se croyait ainsi privilégié. La légèreté de son bagage a été pour beaucoup dans sa renommée. Il fut homme non seulement *unius libri*, mais encore *unius libelli*. Ainsi paraissait-il, à la gent irritable des confrères envieux, moins redoutable que s'il eût été à la tête d'une dizaine de volumes ou de pièces en vers. Il lui était beaucoup pardonné, parce qu'il avait peu écrit. Par ailleurs, il traduisait une *Véridique Histoire de la conquête de la Nouvelle-Espagne*, dont il citait volontiers des phrases retentissantes, accompagnées d'un fulgurant regard. Enfin, il avait toujours à l'horizon un *Don Quichotte*, exactement transporté de l'original en français, qui eût été l'image fidèle du chef-d'œuvre de Cervantès. Il est bien malheureux que ce travail n'ait pas vu le jour. Ancien chartiste, érudit autant que poète, grand admirateur de Quicherat, de Morel-Fatio et de Mérimée, Heredia était d'un contact agréable. Mais il manquait totalement de caractère. Barbey d'Aurevilly disait de lui : « C'est un nègre, mossieur... » Après de si brillants débuts et l'apogée académique, la suite de son existence littéraire devint, comme nous le verrons, mélancolique. Le temps de Lemerre fut son beau moment.

Nous aurons ainsi à constater, chemin faisant, les hauts et les bas de bien des réputations littéraires. Tel, qui eut un départ lumineux, rentra dans l'ombre assez vite. Tel, au contraire, peina longtemps et obscurément, puis arriva soudain à la gloire. Il est assez rare qu'un écrivain se maintienne toute sa vie sur la ligne de faîte.

J'ai prononcé le nom de Barbey d'Aurevilly. Le public a été deux fois injuste envers lui : d'abord en ne lui accordant pas la considérable place à laquelle il avait certainement droit ; ensuite en grossissant sa légende de dandy ridicule, au détriment de son singulier génie.

Quoi qu'on ait raconté sur ses origines, Barbey d'Aurevilly, au temps de Lemerre, avait une héroïque noblesse, une allure, un ton et des mots inoubliables. Pauvre et fier comme Artaban, illusionné de la Manche française comme l'autre de la Manche espagnole, mais d'un à-pic extraordinaire dans quelques-uns de ses jugements, ferme en ses opinions et croyances, à une époque où tout vacillait dans l'épaisse sottise démocratique, éloquent et spirituel à la façon d'un Rivarol, aéré comme Chateaubriand, bien plus logique que lui, visionnaire des paysages de son Cotentin comme un vieil aigle, le maître du *Chevalier Des Touches* et de *Une Vieille Maîtresse* inspirait au gamin que j'étais une profonde admiration. Il avait la tête dans les cieux. Il ne ressemblait pas aux autres hommes de lettres. Ses aphorismes, ses condamnations, ses éloges tombaient de haut.

Un jour d'hiver, par un froid sec, mon père l'emmena, de chez Lemerre, jusqu'à un restaurant des Champs-Elysées, encore ouvert et bien chauffé, dont je ne me rappelle plus le nom. Tous deux parlaient vivement de Flaubert, que défendait avec passion Alphonse Daudet, qu'attaquait avec passion Barbey d'Aurevilly. Je marchais à côté d'eux, très attentif et intéressé, car Flaubert, chez nous, était roi.

Une fois installés : « Que prenez-vous ?...

— Du champagne », répondit d'Aurevilly comme il aurait dit : « De l'hydromel ».

Vieux guerrier édenté, au verbe sifflant et irrésistible, il avala coup sur coup quatre, cinq verres de cet argent liquide et mousseux. Puis il se mit à parler, si fort et si bien, que la caissière émue ne le quittait pas du regard. Mon père lui donnait la réplique. Le soir venait. On alluma le gaz et, au bout d'une heure environ, étant derechef altéré, ce démon de Barbey redemanda : « Une seconde bouteille de champagne, madame, je vous prie. » J'étais émerveillé. Il portait ce jour-là, pour cette prouesse improvisée, un grand manteau noir flottant, doublé de blanc, et le fond de son chapeau haut-de-forme était de satin écarlate. Mais qui donc aurait eu envie de rire en entendant de pareils accents !

Sa voix ajoutait au prestige. Il l'enflait, puis la baissait harmonieusement. Il eût fait un orateur consommé. Perpétuellement tourné vers ce qui est grand, généreux et original, il possédait un répertoire d'exploits galants et militaires, où le farouche le disputait au précieux dans un excellent dosage très français. Imaginez une interpolation des *Vies des dames galantes* de Brantôme avec les *Vies des grands capitaines*. Son horreur de la vulgarité s'affirmait, quand il disait à mon père : « Votre Zôla », comme s'il y avait eu sur l'o plusieurs accents circonflexes et dépréciateurs.

Je l'ai montré grand et beau buveur. Un soir, à Champrosay, le domestique, se trompant, versa à la ronde, au lieu de vin blanc, une antique eau-de-vie de prunes, dépouillée certes, mais encore vigoureuse. D'Aurevilly se faisait toujours servir au ras bord.

Avant qu'on n'eût le temps de l'avertir de la méprise, il avait déjà tout englouti d'une lampée, sans nul émoi, comme si cette rasade eût été naturelle.

Il avait en horreur certains contemporains, pour la mollesse de leur style ou la vulgarité de leurs idées. D'où son mot célèbre, au sujet du plus prolixe d'entre eux : « Ses parents, mossieur, vendaient de la porcelaine. Lui, c'est un plat. » Mais il était tout indulgence et bonté envers les petits confrères laborieux et miteux, qui font péniblement leur chemin dans le journalisme. Il citait volontiers Byron et les lakistes, Shakespeare, les Pères de l'Eglise et les grands classiques. Somme toute, une admirable personnalité, un diamant que rien ne pouvait rayer, sinon un autre diamant de même taille et de même clivage. On l'eût vainement cherché parmi ceux de sa génération.

Tout autre était Leconte de Lisle. Il avait certes un beau masque glabre, âpre et railleur sous le monocle, mais il sentait le rond-de-cuir. C'était un fauve de bibliothèque, une sorte de fonctionnaire venu des îles, aigri, mécontent, et qui faisait des mots sur ses chefs. Le peuple de statues qui se pressent dans ses *Poèmes barbares* a conquis, je le sais, de nombreux, d'ardents suffrages. Il m'a toujours laissé insensible, et ce tailleur de marbre, armé de son ciseau et de son marteau, ne m'a jamais été sympathique. Le plus bizarre de sa destinée, c'est qu'il n'ait point lâché en liberté le satiriste et le polémiste qui existaient certainement en lui, et qui se traduisaient par cette définition d'Hugo : « bête comme l'Himalaya », ou de Zola : « le porc épique ». Nous avons, dans ses vers, une partie de sa nature, la contemplative, comparable aux somptueux dessins du givre sur la vitre. Il nous manque la combative, à laquelle ne supplée pas la mémoire de ses habitués. Je le range parmi les très rares vedettes qui ont traversé ce monde sans se livrer, qui ont emporté leur secret psychologique dans la tombe. Il avait l'air de quelqu'un que sa poésie ne délivre pas du tout — en dépit de Gœthe — et qui porte en soi un damné. Mais il est bien certain que nous n'aurons jamais la clef de cette énigme, étouffée sous l'eurythmie.

Je le rencontrais, hors de chez Lemerre ou de la maison paternelle, se promenant dans les allées du Luxembourg, avec ses joues de bébé féroce, sous un de ces vastes et luisants chapeaux tromblons que Mallarmé appelle « un météore ténébreux ». On m'avait appris à le vénérer. Mais je le vénérais avec inquiétude. Il semblait quelqu'un qui déambule en souhaitant la mort et la peste à ses contemporains... et ce visage scellé comme une dalle ! Quant à ses ouvrages, ils me font l'effet d'une grotte de glace où pendent des stalactites en forme de trompe d'éléphant et de bonnet de fakir. Il a trouvé le moyen, l'éminent frappeur de carafes et marteleur d'alexandrins, de congeler *l'Iliade* et *l'Odyssée*. Sous sa traduction, les combats de *l'Iliade* ont l'air de morgues, et les aventures d'Ulysse de chambres de réfrigération à bord d'un paquebot. Il est de ces auteurs impeccables qu'il conviendrait de lire entre deux draps chauds, avec une boule aux pieds. J'ajoute, à ma honte, que, même ainsi muni, je dormirais bien vite.

Particularité qu'il faut noter, Mme Leconte de Lisle, femme d'aspect doux et timide, telle qu'une libellule épouvantée, qui avait dû être gracieuse, accompagnait chez nous son illustre mari. Jamais je ne lui ai entendu dire un seul mot... je le jure... pas un seul. Les vers du maître l'avaient pétrifiée.

On racontait que, faisant partie de l'opposition à l'Empire, il touchait une pension de l'Empire. Mais cela ne suffisait pas à expliquer le malaise qui émanait de lui et qui tenait, je pense, à une prodigieuse faculté de haine sans issue. Elle le rendait semblable à un bourreau en villégiature, qui a oublié son couperet. Il en conservait le reflet dans l'œil.

Quelle différence avec Sully Prudhomme, l'ami des mathématiques et du genre humain ! Je ne l'ai connu qu'empâté, mais d'une grâce charmante, souriant et aimable, confidentiel, tel qu'un chef-d'œuvre dans la pénombre. A contre-jour, il avait l'air peint non par Rembrandt, mais par un très bon élève de Rembrandt. C'était un scrupuleux, qui répétait volontiers : « Je vais y réfléchir... Je vais y penser... J'ai songé à ce que vous m'avez dit... » Sa conscience philosophique, littéraire et même grammaticale, était presque maladive. Il traitait les jeunes gens en hommes faits. Sachant que j'étais un bon élève, il me donna rendez-vous un matin, chez lui, faubourg Saint-Honoré, pour me lire du latin et du français. Je ne comprenais pas tout le latin, qui était de Lucrèce et difficile, mais je répétais : « Oui, monsieur... certainement monsieur », et il avait la gentillesse de ne pas me pousser, de faire comme si j'avais été Turnèbe ou Pic de La Mirandole.

« Vous vous destinez à la médecine, et pourtant vous avez, je le vois, de fortes dispositions littéraires.

— Monsieur, j'aime beaucoup les lettres.

— Il faut cultiver cela. Même en science, les humanités sont utiles. Ecoutez ceci, qui est de Pascal. »

Il atteignit le livre et me lut, en les soulignant avec conviction et lenteur, quelques passages. J'aurais voulu lui montrer que je l'admirais et que je connaissais un grand nombre de vers de lui. Mais il paraissait considérer cette partie de son œuvre comme négligeable. Il était tout occupé de philosophie de l'esthétique et, ayant refermé Pascal, il se lança dans de longues explications, qui me parurent ingénieuses mais arbitraires, et que bientôt je n'écoutai plus du tout. Il me fit promettre de retourner le voir souvent. Ce fut plus tard, à la publication de mon premier livre, suite de dialogues métaphysiques et, pour le coup, fort ennuyeux. Cet excellent Sully Prudhomme avait eu la patience d'en analyser un ligne à ligne et il me proposa ses objections. Que j'étais confus et heureux ! A ce moment, il observait le régime lacté et il buvait à la tasse par petites lampées, comme un chat, en me poursuivant sur mon objectivisme, qui n'était pas de moi, mais bien plutôt de Lachelier et de Boutroux. Son beau visage était devenu cireux et immobile. Son strict et mélodieux lyrisme, comme emprunté à un rêve de Pythagore, était mort en lui. Il ne s'intéressait plus qu'à la sagesse et à sa demi-sœur la science. Son âme donnait l'impression d'une onde pure où se reflétait, par moments, un tableau noir.

François Coppée, amusant, prime-sautier, avec son œil gris de Parisien malicieux, dans un profil de médaille romaine, était l'âme de la librairie Lemerre. Il ne quittait pas plus sa cigarette que Banville la sienne et il parlait un peu comme Banville, en serrant les dents, mais sans déblayer. Son geste favori consistait à tirer ses manchettes. Son timbre de voix accentuait les r, par exemple dans le mot « prrrodigieux », et il riait lui-même, de bon cœur, des inventions comiques qui se succédaient sur le guignol charmant de son imagination. Tant de finesse s'alliait chez lui à la plus naturelle indulgence, à un sens littéraire très sûr. C'était un ami parfait. Je l'ai vu de près, et de plus en plus près, depuis ma prime jeunesse jusqu'à sa mort, car mon père le fréquentait avec délices. Cette petite phrase : « Nous avons Coppée », signifiait que le dîner et la soirée seraient un enchantement. Au temps de Lemerre, on eût bien étonné le poète du *Passant,* de *Severo Torelli* et des *Intimités* en lui annonçant qu'il s'occuperait un jour de politique. Néanmoins son scepticisme n'avait rien de choquant ni de voulu. C'était plutôt le je-m'en-fichisme d'un poète élevé à la dure, et qui jouissait de l'aisance et du succès comme un collégien de ses vacances. Il disait déjà « le grrand Empereur », en parlant de Napoléon ; il aimait les récits de batailles, ce mélange héroïque et familier qu'Hugo a symbolisé dans un chapitre des *Misérables*, sous ce titre : *L'idylle rue Plumel et l'épopée rue Saint-Denis*. Comme Alphonse Daudet, il animait tous les sujets et transmuait volontiers le plomb en or. Les humeurs et la négligence physique de Léon Cladel — il prétendait que ses poux sautaient à travers le passage Choiseul, reconnaissables entre mille — étaient une de ses plaisanteries favorites. Quelqu'un ayant publié un livre intitulé *Léon Cladel et sa kyrielle de chiens,* ce titre devint aussitôt, dans la bouche de Coppée, *Léon Cladel et sa kyrielle de poux.* Il appelait *Ompdrailles* « le tombeau des lecteurs », au lieu de « le tombeau des lutteurs », et *Montauban, tu ne le sauras pas* « Léon, tu nous embêtes et tu ne l'ignoreras pas ». Il avait fait les vers suivants, que je gaze et modifie un peu, à cause des dames :

Cladel vit refuser son roman « Poil du nez »,
Que le Rappel *donna de Ventôse à Frimaire,*
Par Charpentier, Hetzel et Marpon étonnés.

MORALITÉ

Où peut-on être mieux qu'au sein du bon Lemerre !

Les inventions effroyables de Cladel, qu'il appelait « la commère tragique », transportaient de joie François Coppée et il le poussait à les détailler, à les corser, à ajouter d'horribles détails, fœtus bouillis et dépecés, enfants trucidés par des confrères, scélératesses et perversités sans nom :

« Alors vous êtes certain, Cladel, qu'ils avaient étouffé le pauvre petit être dans un tiroir ?...

— Certaing, tout à fait certaing, j'ai vu le tiroir rempli d'os et de sangue... » répondait Cladel, les yeux écarquillés, peignant ses longs cheveux de ses grands doigts aux ongles noirs.

Une autre fois, Cladel racontait qu'un directeur de journal était venu lui proposer une collaboration, « avec de l'or plein un chapeau ».

« Vous êtes sûr, demanda Coppée, que ce n'était pas plein un pot de chambre ? »

D'ailleurs, ce lyrique des petites gens, excellent, simple et savoureux comme le pain, se mettait en quatre pour obliger ses confrères malheureux, placer les manuscrits, obtenir des avances d'argent, des prix académiques, des décorations. Sa conversion fut le parachèvement d'une existence toute de douceur et d'angélique charité. Il fallait le voir donner à un pauvre dans la rue, ou dans sa petite antichambre rue Oudinot. Si naturellement noble et fier, il était de plain-pied avec tout le monde. Il racontait les belles actions d'autrui avec une émotion fraternelle et son œil railleur se mouillait quand il parlait du sublime dévouement de Mlle Read auprès de Barbey d'Aurevilly. Nul plus que lui n'avait horreur du cabotinage. Nul ne chérissait davantage les travers des cabotins, leurs habitudes, leurs manies, cette veine inépuisable de comique.

Arène et Mendès étaient aussi des familiers d'Alphonse

Lemerre et, parmi tant de divergences, Coppée et Mendès demeuraient liés. Quand on signalait à Coppée cette bizarrerie, il répondait : « Que voulez-vous ?... deux vieux chevaux de retour du Parnasse... » Car, dès la quarantaine, il s'étiqueta vieux, malgré la jeunesse de son rire et la persistante fraîcheur de ses sentiments.

Venaient encore assidûment au passage Choiseul : Valade et Mérat, deux poètes inséparables, que l'on appelait Malade et Vérat ; le brave petit André Lemoyne, aimable et sautillant, qui mâchonnait ses vers comme un lapin fait d'une feuille de chou : Léon Dierx, raisonnable, luisant et immobile ainsi qu'une boule d'escalier. Le docteur Cazalis enfin, qui signait Jean Lahor, débordait de confraternité et d'enthousiasme, citait à tout bout de champ du Marc Aurèle et du Confucius, de l'Epictète et du Râmâyana, du Shelley, du Byron et du Keats. Sa conversation était un pot-pourri d'extraits sublimes, coupé de « tonnant, tonnant » de « ft'étonnant », car il zozotait et, tout en s'émerveillant, tripotait les mains, les épaules ou la cravate de son interlocuteur. Il me détachait régulièrement mon bouton de col, puis, satisfait de son travail, courait aussitôt à un autre, en vociférant un fragment de ses Indiens, une stophe de Li-taï-pé ou de Thou-fou. C'était un cher bonhomme, certes, terriblement ennuyeux quand on était pressé, mais sans cesse féru d'une nouvelle marotte, protection des paysages, certificat physiologique de mariage, maison esthétique à l'usage des classes pauvres, et toujours trépidant, et toujours convaincu, et toujours sous vapeur. J'espère, pour ses voisins des Champs-Elysées, qu'il s'est un peu calmé depuis sa mort.

Mendès affichait, vis-à-vis de Dierx, un immense respect, une quasi-vénération. J'ai toujours soupçonné qu'il entrait là-dedans quelque comédie. Il se servait de Dierx pour en écraser d'autres et embêter Villiers de l'Isle-Adam.

Cependant vivait à l'écart, écrivant à *la Liberté* des articles de critique remarquables et remarqués, fréquentant chez quelques amis intimes, dont mon père et Albert Duruy, un homme jeune encore, barbu, mince et solide, à la chevelure de jais, abondante, aplatie et rejetée en arrière, aux yeux brillants, que l'on appelait Edouard Drumont. Nous l'aimions beaucoup. Personnellement, j'éprouvais une vive sympathie pour lui, car il savait parler aux jeunes gens, il avait en toutes choses et en littérature une opinion solidement motivée, et il donnait une impression de rare énergie, de sécurité. Il y a ceux qui diminuent les choses et les gens, les milieux où ils fréquentent, qui sont marqués du signe algébrique « moins ». Edouard Drumont était marqué du signe « plus ». On avait plaisir à le voir arriver et, dès qu'il ouvrait la bouche, à être de son avis. Il faisait des armes avec furie, de la façon la plus dangereuse pour lui comme pour son adversaire, en risque-tout. Mon père disait : « Drumont a raison de s'entraîner, car le livre qu'il est en train de préparer ne sera pas une petite affaire. »

Quel était ce livre ? Je n'interrogeais pas là-dessus, ayant toujours eu horreur des questions indiscrètes. Mais quand nous tirions, Drumont, Alphonse Daudet et moi, dans notre petite salle d'armes du rez-de-chaussée, avenue de l'Observatoire, on ramassait, à chaque séance, une demi-douzaine de fleurets cassés.

A cette époque lointaine, en effet, les règles de l'épée étaient inconnues, les maîtres Ayat et Baudry n'avaient pas encore bouleversé la technique des armes et du duel.

III

Au théâtre

« LES ROIS EN EXIL »

Deux pièces, où la monarchie était en cause, montrent bien l'état des esprits, dans les milieux littéraires, il y a trente ans et l'écart qui sépare ces générations de celles d'aujourd'hui.

La première en date de ces deux pièces : *les Rois en exil.*

Mon père était lié avec Constant Coquelin, plus connu dans l'histoire du théâtre sous le nom de Coquelin aîné. J'ai eu moi-même, comme condisciple à Louis-le-Grand, Jean Coquelin, fils de ce remarquable comédien qui fut en même temps un des piliers de la République, intime de Gambetta et familier de Waldeck-Rousseau. Constant Coquelin était donc une autorité, en marge du gouvernement régulier, bien que son physique claironnant et replet le disposât davantage, semblait-il, aux personnages comiques, où il obtint justement de si prodigieux succès. Il corrigeait ce penchant de sa nature physique par un air grave, posé, redingotard, d'homme d'Etat en disponibilité, qui se distrait en interprétant Molière. Je me hâte d'ajouter que c'était d'ailleurs un excellent homme et son enfantine vanité a laissé partout le meilleur souvenir.

Coquelin aîné s'était engoué d'un poète triste, noir et creux, du nom de Paul Delair. Il avait transmis cette admiration à son fils. Jean Coquelin nous récitait des vers de ce phénomène que protégeait aussi Gambetta, célébrant Beaumarchais et la démocratie...

Dès que, pour lui prêter main-forte,
Un pan de la Bastille morte
Sortait de terre seulement,
J'accourais, battant la cymballe,
Chacun de mes mots faisait balle,
Et c'était un écroulement.

C'était déjà, comme on le voit, du bon Rostand.

Sur les indications de Coquelin aîné, Paul Delair tira donc une pièce des *Rois en exil* d'Alphonse Daudet et lecture en fut faite chez nous, avenue de l'Observatoire, en présence de Gambetta, d'Etienne, du docteur Charcot, d'Edouard Drumont — qui a raconté la scène — et de quelques autres. Ce genre d'épreuve est factice, car la politesse empêche les auditeurs de donner un avis sincère. Le donneraient-ils, que les auteurs ne l'écouteraient pas. En l'occasion, Constant Coquelin, qui lisait d'une voix belliqueuse — comme s'il s'agissait de braver les « chevau-légers » de la droite et de pulvériser les « gens du Seize-Mai » — manifestait une telle admiration que la moindre réticence eût paru sacrilège. *Les Rois en exil* furent reçus au Vaudeville, joués par Dieudonné et Maria Legault dans la perfection... et tombèrent à plat. Les gens des cercles — comme on disait alors — y sifflèrent une phrase malencontreuse et inutile sur « un Bourbon qui courait derrière l'omnibus » et auquel on répondait « complet ». Mais bien plus que la cabale, prévue et dénoncée par la presse républicaine d'alors, le morne ennui que dégageaient la personne et la prose de Paul Delair eurent raison du succès du roman.

Un épisode comique m'est resté de cet effondrement. Le rideau venait de tomber sur le troisième acte, au milieu des « chut » et de quelques coups de sifflet. Constant Coquelin, furieux et désolé, arpentait les coulisses avec sa mine des grands jours, songeant aux dangers qui menaçaient la République, Gambetta et Delair, quand il aperçut un homme brun, moustachu, modestement dissimulé derrière un portant. Pas de doute, c'était un espion, un agent de la droite, posté là pour donner le signal des huées. « Tu vas voir », dit l'illustre comédien à Alphonse Daudet. S'élançant vers l'intrus, comme s'il allait lui fendre le crâne, il lui demanda d'une voix tonnante : « Qui êtes-vous et que faites-vous là ? » légèrement interloqué, le conspirateur répondit néanmoins avec assez de calme : « Monsieur, je viens de la part du restaurant Voisin, savoir combien il y aura de personnes à souper. »

Ledit souper fut morne, est-il besoin de le dire. On se battait les flancs pour réconforter Paul Delair, tel qu'un suicidé tiré de son puits, et Coquelin, comparable à Napoléon le soir de Waterloo. On n'y parvenait pas. Mon père, qui a toujours aimé les situations nettes, avouait : « C'est une veste. Prenons-en la tête tristement. » Les gens des cercles l'emportaient et, derrière eux, c'était la droite qui allait se ruer à l'assaut de la Grande Révolution, sur le cadavre d'un drame en cinq actes.

Le lendemain, dans la cour de Louis-le-Grand, Jean Coquelin m'attendait anxieux : « Eh bien ? » Je répondis : « La chute, la chute complète...

— Ah ! Quel malheur ! »

Le pauvre garçon en avait les larmes aux yeux. Il était écrasé de désappointement et d'horreur. Mais il ressemblait tellement à son papa, portait un désespoir tellement superposable sur des traits identiques, que j'en eus — je l'avoue à ma honte — presque envie de rire. Enfin, je ne croyais pas et je n'ai jamais cru aux cabales.

La reprise du *Roi s'amuse* de Victor Hugo fut, dans son genre, une « tape » de même qualité. L'ancienne interdiction de ce mélodrame en vers faisait qu'on escomptait un triomphe. Les Charpentier m'avaient hébergé dans leur seconde loge. J'avais le cœur battant quand la toile se leva sur ces mots des courtisans de François Ier :

... Et la belle demeure ?
Au cul-de-sac Buci, près de l'hôtel Cossé.

Delibes avait composé, d'après des airs anciens, notamment *la Romanesca*, une musique de scène délicieuse. Les décors étaient profonds, les costumes somptueux. Mais deux rôles, tenus d'une façon grotesque, celui de Saint-Vallier par Maubant et celui de Triboulet par Got, mirent à nu la misère extrême de cette œuvre manquée, en montrèrent à tous la vétusté et la ficelle.

Ce pauvre vieux Maubant eut toujours des intonations de vaudeville. Il disait « médème » pour « madame » et « mouterde » pour « moutarde ». Joignez à cela une solennité extraordinaire et des gestes à contretemps. Le père de Diane de Poitiers avait ainsi l'allure d'un pensionnaire échappé en chemise de Charenton. Pendant sa fameuse tirade, la salle pouffait, en dépit de la vénération due à Hugo, présent, disait-on, au fond d'une baignoire et en l'honneur de qui une immense ovation était projetée. Catulle Mendès, le cheveu en bataille, parcourait les corridors, déclarant qu'il tirerait les oreilles et le nez au misérable osant nier que ce fût là le chef-d'œuvre unique, la merveille des merveilles de la scène française. Vacquerie et Meurice l'approuvaient, moins belliqueusement, le premier en secouant sa tête de cheval vicieux, le second en agitant sa bonne boule blanche, son masque de commère purgée. Sarcey, au premier rang de balcon, était fort occupé à extraire de son nez des boulettes, qu'il rangeait soigneusement sur le velours. Les familiers de l'avenue d'Eylau encombraient l'avant-scène directoriale, où paradait ce mauvais singe de Lockroy, mais, devant la fraîcheur de la salle, devaient, eux aussi, recourir à l'explication par la cabale. Ils le faisaient mollement à cause de la totale invraisemblance. J'entends encore Emile Augier, grand et robuste, visage au nez saillant et taillé dans l'acajou, déclarer haut que « Got était parfait ».

Parfait sans doute, en tant que Giboyer. Cet interprète des bourgeoisies d'Augier, auquel on avait eu la folle idée de recourir, jouait Triboulet avec les inflexions et les mouvements qu'il apportait aux *Effrontés*. Il agitait la tête, esquissait de petits gestes ronds des bras, des trémolos de jambes, bredouillait les alexandrins et, quand il menaçait le vicomte d'Aubusson de lui « briser aux dents son verre et sa chanson », il avait l'air de parler à sa pipe : « Toi, je n'te mènerai plus dans le monde.. » Embarrassé de sa marotte, traînant une patte mal déformée, il laissa à un moment donné ses mollets passer sur le devant et sa bosse glisser dans son derrière, ce qui lui donna une touche invraisemblable. La gaieté des spectateurs le déconcertait, l'irritait. Non seulement le roi déshonorait sa fille, sacreblotte, mais encore le public le blaguait, lui, le père martyr. Aussi sabota-t-il complètement le dernier acte, secouant son sac tragique comme un charbonnier mécontent, et déblayant les vers à la vapeur, avec la hâte visible d'en finir.

C'était le désastre, à un tel point que l'ovation à Hugo n'eut pas lieu. Le vieillard, d'ailleurs retombé en enfance sublime, partit tout simplement au fond d'un fiacre, derrière lequel il y eut de maigres clameurs. Les gens se demandaient comment une si pauvre chose avait pu jadis soulever des colères et des enthousiasmes. Mendès, n'ayant trouvé personne à gifler en l'honneur du Parnasse, alla se saouler au cabaret voisin, en compagnie de sa dernière conquête, une nymphe à tête de mort du plus terrible aspect. Il apparut, cette nuit-là, que le romantisme avait reçu un rude coup. Comme on disait : « Le Roi s'amuse... mais il est le seul... » La vérité est que son théâtre est la partie la plus caduque de l'œuvre d'Hugo. Lyrique et peu scénique, il a construit des drames grandiloquents, mais vides, avec des réminiscences de Shakespeare, sur lesquelles sont plaqués quelques effets contrastés et plats : le brigand, fleur d'héroïque vertu ; le valet amoureux de la Reine ; le bouffon hanté par Pascal et Bossuet ; les vieux de la vieille moisissant dans un burg. La vie est absente de ces enluminures, ainsi que le sens légendaire, historique, psychologique et politique. Il reste, ici et là, un chant mélodieux et noble comme au dernier acte d'*Hernani* mais exécuté par un violon solitaire sur la tombe d'une grande erreur. Nulle part plus que dans ses pièces n'éclate la disproportion formidable entre la capacité intellectuelle et la puissance verbale d'Hugo : des ailes d'aigle, qui soulèvent et meuvent un roitelet.

Vers le même temps avait lieu la fête du quatre-vingtième anniversaire de la naissance du glorieux « Siècle-avait-deux-ans ». Sous la fenêtre de son petit hôtel, ce fut un interminable défilé d'hommes de lettres, d'hommes politiques et de badauds. On distinguait le vieux debout, sous son vaste front, derrière la vitre, tenant son petit Georges par la main. En dépit de la température plutôt aigre, on ouvrit, l'espace d'une minute, et une formidable acclamation monta vers lui. Une délégation des enfants des écoles Ferry fut introduite et récita des vers de l'obscène Mendès, particulièrement qualifié pour exprimer la candeur puérile :

Nous sommes les petits pinsons
Les fauvettes au vol espiègle,
Qui venons chanter nos chansons
A l'aigle.

Ce soir-là, après le repas, le cocher-poète Moore, ayant insisté pour être reçu, fut introduit auprès du maître. Très ému par les libations d'une si belle journée, il voulut réciter son compliment, lui aussi, mais se contenta de projeter sur le tapis, au milieu de l'assistance effarée, trois ou quatre litres d'un vin violet, âcre et repris par le suc gastrique. Ce fut un beau scandale et une terrible odeur. Quelques années plus tard, Moore se vengea de sa déconvenue en tirant un coup de revolver sur Lockroy, à la permanence électorale du XIe arrondissement.

IV

La mort de Victor Hugo

La maladie et la mort de Gambetta avaient laissé la population parisienne indifférente. On s'était seulement intéressé au drame intime et obscur qui avait, par un coup de feu, déterminé l'inflammation intestinale de ce pléthorique. Quelqu'un de son entourage, qui m'a conté la scène maintes fois, étant allé lui rendre visite au Palais-Bourbon, le trouva sur sa chaise percée, abandonné et gémissant : « Je ne peux plus faire mes besoins... Tout le monde me laisse seul... C'est épouvantable. » Sa haute situation causa sa perte. Lannelongue eût opéré un malade moins illustre, moins précieux. Comme il s'agissait de Gambetta, il hésita, s'abstint, et laissa faire la méchante nature. Quand on parlait au professeur Charcot de ce trépas soudain, il soupirait et murmurait : « Ils ont admirablement soigné... sa blessure. » Cela signifiait que, dans sa pensée, on avait peut-être légèrement négligé l'état général. Ce ne fut un mystère pour personne qu'au cours d'une violente discussion avec sa maîtresse, Mme Léonie Léon, qui le menaçait de se tuer, le dictateur — comme disait Rochefort — avait arraché le revolver des mains de la furie, et que la balle était partie, traversant l'abdomen et provoquant l'entérotyphlite, affirmaient les uns, effleurant seulement la peau selon les autres. D'où repos forcé et obstruction. Les lieutenants, Etienne en tête, se partagèrent les dépouilles ; Coquelin aîné pleura de vraies larmes, mon camarade Jean Coquelin aussi. Un crêpe flotta sur le Palais-Bourbon. Mais il n'y eut aucun désespoir ni aucun regret populaire. Quelques mois auparavant, à Belleville, la démocratie avait signifié à son gros fantoche borgne qu'elle portait ailleurs ses nippes et sa confiance. Cependant personne, à l'époque — sauf peut-être Mme Adam —, ne connaissait le fond du sac et cette comédie de la Revanche, la main dans la main de Bismarck, sur laquelle, grâce à Bainville et à de Roux, nous avons aujourd'hui des textes précis et des témoignages indiscutables.

Pour Hugo, ce fut autre chose. Il était vieux, il était aïeul, il était poète, et il avait été exilé. Aux premières nouvelles de sa congestion pulmonaire, la foule se pressa avenue d'Eylau. On voyait sortir le docteur juif Germain Sée très grave, son énorme tête tassée entre ses épaules, Lockroy sautillant, et tous les menus chefs de cabinet que les ministres envoyaient aux nouvelles. La République perdait son grand-père. Mais il y avait circonstance noble et touchante : la douleur vraie des petits-enfants, qui aimaient passionnément leur « papapa », comme ils l'appelaient, et le pleuraient ouvertement, sans aucun souci de protocole ni de vanité. Il leur représentait, outre la gloire, les gâteries et attentions émouvantes de chaque jour, une simplicité de cœur véritable. Hugo fut en apprêt et apparat pour l'histoire ; il ne le fut pas pour les siens. Il n'appliqua pas à son foyer le ton épique, si agaçant, de ses préfaces et manifestes.

J'ai vu de près cette fin illustre, car pendant toute une semaine je suis demeuré aux côtés de Georges Hugo ; la haute et précoce distinction naturelle de mon ami avait horreur de l'intrusion officielle et politique dans son amer chagrin. Il le témoignait hautement. Ce jeune homme beau et fier, vers qui se tournaient alors tous les regards, évitait de sortir de chez lui, afin d'échapper à la curiosité des badauds.

Lockroy n'avait eu qu'une idée, qui a pesé sur toutes ses comédies : ménager son comité électoral du XIe arrondissement. Il recevait les délégations avec un air d'affliction comique, quand on savait ses sentiments vrais pour Hugo. Cette disparition était pour lui une délivrance. Je l'ai entendu faire « ouf ! » non pas une fois, mais vingt fois. C'est qu'aussi un patriarche de génie est un meuble encombrant dans une demeure, avec ses habitudes, ses habitués, et toute sa séquelle de quémandeurs. Néanmoins, il fallait jouer la simagrée du désespoir, en vue des urnes prochaines. Aussi Lockroy, qui se tordait de rire et de satisfaction cynique dans son petit cabinet de travail, son éternel cigare à la bouche, se changeait-il instantanément en fontaine Wallace, dès qu'arrivait un visiteur. Je le vois, ses gros yeux globuleux remplis d'eau à volonté, accompagnant à la chambre mortuaire ses camarades personnels, tels Jules Claretie, et tous les Freycinet et les Floquet de l'époque, puis croisant ses bras maigres sur son ventre creux, et secouant sa bobine déjà blanche comme un qui a perdu la raison d'exister. Ses compères lui serraient les deux mains avec des mines non moins désolées, et lui répétaient avec insistance : « Vous tomberez malade. Sortez un peu, allez à l'air, ménagez-vous. » Mais lui faisait « non, non » de la tête, levait les yeux au ciel, prenait à témoins ses secrétaires, Gustave Ollendorff, juif blond frisé, et Payelle, modèle des fonctionnaires, alors tout neuf, de l'océan de maux qui l'accablait.

Entre-temps, il avait refusé insolemment — toujours à l'intention des anticléricaux du onzième — la visite du cardinal-archevêque de Paris, et il préparait l'apothéose laïque, qui devait dégénérer en mascarade, de l'exposition du corps sous l'Arc de triomphe. L'exploitation politique des cadavres est une tradition républicaine.

Emile Zola, désireux de mêler son nom à tout ce bruit autour d'une couche funèbre, écrivit à Georges Hugo une lettre d'une rare outrecuidance, où sonnait son « moi » comme une fanfare : « *Vous saurez peut-être un jour, monsieur, que, même devant votre grand-père, j'ai réclamé les droits de la critique...* » Cela se terminait, bien entendu, par « *... et l'absolu triomphe du génie littéraire* ». Traduction libre : « Hugo est mort enfin ; vive Zola ! » Hugo disait, au sujet de Zola : « Tant qu'il n'aura pas dépeint complètement un pot de chambre plein, il n'aura rien fait. » Ce vœu devait être comblé. La série des Rougon-Macquart renferme plusieurs de ces choses vues.

Les poètes, Mendès en tête, manifestèrent l'intention de veiller leur maître à tous. J'étais-là. Outre ce juif exalté, Paul Arène, Jean Aicard, Emile Blémont et quelques autres s'installèrent sur des chaises ou dans des fauteuils, autour du lit où reposait pour toujours le grand trouveur d'images et de rythmes. Pendant une heure environ, ces disciples demeurèrent prostrés et muets. Dès l'heure suivante, ils commençaient à bavarder. En effet, quand on ne prie pas, quand on pense que tout est fini avec le souffle et le dernier battement du cœur, il est malaisé de se tourner les pouces en silence autour d'une telle aventure. La mort sans l'Eglise est sans grandeur. Elle a l'air un peu d'une formalité administrative, d'une opération d'arithmétique physiologique, d'une soustraction charnelle : un tel y était. Il n'y est plus. Ça fait moins un. A qui le tour ?... Mendès, à voix très basse mais très appliquée — il avait déjà quelques absinthes ou vermouths dans le coffre — se mit à débiter des anecdotes de sorcellerie : morts soudain réveillés et parlant, communications d'outre-tombe : « Ah ! mais voici, ah ! ah ! mon cher, qui est curieux... La même femme, dans la même robe blanche, quelques années après, apparut à Richard Wagner, tenant le même portrait à la main... Villiers de l'Isle-Adam la vit aussi... N'est-ce pas, ah ! ah ! que cela est tout à fait*e* prodigieux ?... » Emile Blémont tendait l'oreille en pleurant. Aicard, de plus en plus rongé et fatal, se regardait regardant Hugo et comparait.

A cet instant, introduit par Lockroy, qui avait repris son faciès funèbre et branlait le chef avec conviction, apparut Léopold Hugo. Avec son grand front et ses grands yeux, il ressemblait, en doux et en timide, à son « cher oncle » trente années plus tôt. Il tenait à la main un chevalet, une toile et une boîte à couleurs. Il annonça qu'il allait faire le portrait du défunt : « Malheureusement, messieurs, ajouta-t-il d'un air peiné, je manque de coquilles d'or. De sorte que je laisserai le laurier en blanc. » Il s'installa au pied du lit, où le visage d'Hugo lui apparaissait de face, et se mit à le dessiner de profil, avec une application extraordinaire. En dépit ou mieux à cause de la circonstance, une hilarité folle s'empara de tous les assistants. On se mordait les lèvres, on se tordait les doigts, on se pinçait les jambes, on se prenait la tête dans les mains, comme au cours d'une rage de dents. Candide et placide comme la lune, Léopold poursuivait son travail. Il sortait de la toile quelque chose d'effarant, un Jules César ratatiné sans nul rapport avec le « bon oncle » ; Lockroy, les mains dans ses poches, contemplait ironiquement ce chef-d'œuvre insane. L'épreuve devenait trop forte pour les diaphragmes. Un à un, les poètes se levèrent et sortirent dans l'escalier, laissant l'artiste trop inspiré en tête à tête avec son modèle.

« Si nous allions prendre quelque chose », proposa Mendès. Il ajouta mystérieusement : « Le café en face est resté ouvert, malgré l'heure tardive ; or je n'ai aperçu aucun consommateur, ni aucun garçon. Comme s'est étrange ! »

Ce prodige, omis par Virgile parmi ceux qui annoncent la mort des héros, séduisit aussitôt Paul Arène, noctambule et soiffard convaincu. Les autres suivirent le mouvement. On gagna le café, qui n'existe plus, cette partie de l'avenue d'Eylau ayant été depuis couverte de luxueux hôtels. Alors chacun put donner libre cours à un rire trop longtemps contenu. Aicard et Mendès, s'esclaffant devant une glace, rectifiaient le désordre de leurs chevelures, ainsi que deux filles de maison publique, après le départ du client : « Ah ! ma chère, ce qu'on a pu rigoler ! » Le patron, se frottant les yeux, apporta des consommations. Vers l'aube, une mouche étant entrée, attirée par les verres et les bouteilles, Mendès, de plus en plus émerveillé, prétendit que c'était une abeille, très probablement l'âme d'Hugo, qui revenait au milieu de ses fils spirituels. Il était sinistrement, déplorablement saoul, livide et fétide, mais s'obstinait à déclamer des lambeaux des *Châtiments* et de *la Légende des siècles*.

Quand je lus, le surlendemain, dans les feuilles, le récit de cette nuit macabre devenue, sous la plume d'informateurs stylés, une sorte de libation platonicienne, je compris le rôle du mensonge imprimé à travers la société contemporaine.

Sur la place de l'Etoile, les deux nuits suivantes, la profanation devait être pire. Le catafalque reposait sous l'Arc, gardé par des municipaux à cheval et par des sergents de ville. L'intérieur d'un pilier avait été réservé à la famille. Lockroy, éliminant la parenté directe, notamment Georges Hugo, recevait, en habit et cravate blanche, les députés, sénateurs, conseillers municipaux et journalistes qui se bousculaient dans l'étroit escalier. Sa grande préoccupation était que Vacquerie et Meurice, au jour des funérailles et du transfert au Panthéon, ne figurassent point à part, à une place d'honneur. Il les eût voulu mêlés au reste du cortège, confondus dans la foule, car il leur portait une haine solide, dont j'ai su depuis les raisons. Il désirait surtout apparaître comme l'ordonnateur, le grand organisateur d'une cérémonie qui devait être, dans l'esprit des politiciens, le type des solennelles pompes laïques de l'avenir. On répétait : « Le peuple aime les fêtes. Il faut que la démocratie lui donne de belles fêtes. » Celle-ci, comme les autres, dégénéra en chienlit.

Je ne me rappelle plus quel était alors le préfet de police. Car je néglige volontairement, pour ces souvenirs, de consulter les documents de l'époque. Fatalement, ils fausseraient les empreintes de ma mémoire. Toujours est-il que ce préfet, déconcerté sans doute par la nouveauté des circonstances, perdit la tête. Une consigne de mollesse permit aux apaches, qui s'étaient donné rendez-vous là, de mener impunément leur ignoble saturnale. Ils gobelottaient par groupes, avec leurs compagnes débraillées, à quelques pas du catafalque, sous l'œil bienveillant des gardiens de la paix. Une lie de salons, de cercles, et de cabarets de nuit s'était jointe à cette lie du ruisseau. Les messieurs et leurs dames voisinaient avec les poteaux et les gonzesses, leur passaient bouteilles, chantaient avec eux des refrains obscènes, se disputaient, hoquetaient, s'embrassaient, vomissaient. La fraternité des grandes soirées révolutionnaires devait ressembler à cela. Les admirateurs d'Hugo, écœurés, avaient abandonné la place à cette sarabande, qui fut une honte nationale.

Enfin ce fut le jour des funérailles. Il faisait un temps beau et tiède. Une première série de discours furent prononcés place de l'Etoile, avant la levée du corps. Charles Floquet, tête de basochien copiant à la fois Mirabeau et Robespierre, se carra prétentieusement dans la tribune improvisée. Son creux topo commençait par ces mots : « Sous cette voûte toute constellé...e ». L'imbécile faisait sonner les deux *e* de « constellée » comme au Conservatoire. Lockroy rappela, à cette occasion la définition de Gambetta : « Floquet, un dindon qui a une plume de paon dans le derrière. » Le seul convenable fut Augier, très « grand bourgeois », de fière attitude, et lançant d'une voix formidable : « Ce n'est pas un (je ne sais plus quoi)... c'est un sacre ». Puis la musique de la garde républicaine attaqua la marche de Chopin, qui est la moins belle et la plus théâtrale de toutes les compositions symphoniques du même ordre. Lentement, derrière le corbillard des pauvres, qu'avait orgueilleusement revendiqué le poète millionnaire, l'immense défilé se mit en route. Georges Hugo, isolé, marchait en avant. Venaient ensuite pêle-mêle les amis de la famille et familiers de la maison, dont j'étais, les dignitaires du régime, ministres en exercice, poètes, écrivains, journalistes, etc. Les sociétés fermaient le cortège. Il y en avait de baroques, portant des bannières couvertes d'inscriptions grotesques, maçonniques surtout, représentant des groupes de libre pensée de ville et de quartier. Hugo, suivant la formule grandiloquente de son testament spirituel, « refusait l'oraison de toutes les églises, mais demandait une prière à toutes les âmes ». Il eut notamment celle des *Beni-Bouffe toujours* qui faisaient pour la première fois leur apparition et eurent un succès de gaieté considérable.

Non seulement la foule encombrait les trottoirs ; mais encore les fenêtres étaient garnies, sur tout le parcours, de plusieurs rangs de spectateurs. Il y avait du monde jusque sur les toits. On se montrait les gens connus : Naquet, pareil à une araignée de water-closet, carabosse et chevelu, qui marchait de biais, suspendu au bras de son fidèle Lockroy ; Pelletan sans linge, ocreux et crasseux dans une redingote noire élimée ; Claretie portant le nez en berne, combien d'autres... La tourbe des parlementaires se distinguait par cet insigne qu'ils appellent plaisamment leur « baromètre » et par leurs écharpes. Les académiciens, quelques-uns en habit vert, excitaient une curiosité amusée, car on s'imagine volontiers dans le peuple qu'ils sont plus savants que les autres. Mais on les confondait aussi avec les professeurs de faculté, brillants dans leurs robes jaunes, bleues, rouges, ainsi que des cacatoès. Je crois bien qu'Alphonse Daudet, qui suivait à son rang, eut ce jour-là une première vision de *l'Immortel*. Zola avait tenu à accompagner à sa dernière demeure le chef du romantisme, puisqu'il était, lui, le chef du naturalisme, et il quêtait parmi les groupes des compliments sur sa lettre à Georges Hugo : « V'ai cru que ve devais faire cela... Hein, mon ami, hein, n'est-ce pas que j'ai eu raison ? »

Au Panthéon, les discours recommencèrent, encore plus insignifiants qu'à l'Arc de triomphe, quelques-uns tout à fait stupides. Puis au son du très médiocre *Hymne à Victor Hugo* de Saint-Saëns, qui a eu, heureusement pour lui, des inspirations meilleures, on déposa enfin, après tant de pérégrinations, la dépouille du poète en son dernier séjour : une crypte froide, où la gloire est représentée par un écho que fait admirer le gardien. C'est ici la chambre de débarras de l'immortalité républicaine et révolutionnaire. On y gèle, même en été, et la torche symbolique au bout d'une main, qui sort de la tombe de Rousseau, a l'air d'une macabre plaisanterie, comme si l'auteur des *Confessions* ne parvenait pas à donner du feu à l'auteur des *Misérables*.

La cérémonie était achevée. Il faisait grand soif. Nous allâmes boire au café de la Rotonde, place de l'Observatoire, mon père, Zola, Goncourt, Céard et quelques autres. C'est là que l'historien des Rougon-Macquart, après un moment de silence, tint ce propos édifiant : « Me voilà soulagé d'un grand poids. Ce vieux me gênait depuis son anniversaire, là-bas, dans sa petite maison au bout de son avenue. Maintenant il ne me gênera plus. Vous n'aviez pas cette sensation-là, vous, Daudet ? »

Alphonse Daudet, en souriant, répondit que non, qu'il n'avait pas cette sensation-là.

« Ah ! f'est étrange... Comme f'est curieux, mon bon, les différences d'impressions. »

V

Chez la princesse Mathilde

Mon plus violent souvenir de tristesse de bon ton et d'ennui mondain, c'est le salon de la princesse Mathilde. J'ai dîné une fois rue de Berry, et j'y ai été en soirée trois fois. Quatre séances inoubliables ! Comme je me plaignais de ma profonde désillusion à Edmond de Goncourt, il me répliqua avec mélancolie : « Que veux-tu, mon petit, tu vois ça trop tard. C'est un très vieux bateau. Les rats s'en vont. »

La princesse elle-même, à laquelle chacun s'accordait — je ne sais pourquoi — à trouver grand air, était une vieille et lourde dame, au visage impérieux plus qu'impérial, qui avait le tort de se décolleter. On citait d'elle des mots d'une brutalité assez joviale, notamment le cri fameux : « Nous qui avons eu un militaire dans la famille... » En dépit de Taine, Renan et Sainte-Beuve, elle était demeurée épaisse et sommaire. Je l'ai vue ne parlant plus guère, fixant sur ses invités à la ronde des yeux bovins et méfiants. L'infortunée n'avait pas tort, car en moins de dix minutes, à la table de sa salle à manger froide et solennelle, je remarquai le manège très visible du vieil ami de la maison, Claudius Popelin, et d'une jeune personne de l'entourage. Les intimes parlaient de cette aventure avec indignation, comme d'une trahison de Philémon à l'égard de Baucis.

Il s'était formé à ce sujet deux clans d'importance inégale : les popelinistes et les mathildins. Edmond de Goncourt était mathildin. Je crois même qu'en sa qualité de confident de la princesse, il avait fait des remontrances au graveur émancipé, qui aggravait sérieusement son cas avec une gravité toute napoléonienne. Jamais manquement aux usages de cour ne fut aussi sérieusement jugé que celui de ce pauvre bonhomme à prénom romain, et qui avait une tête d'ancien concierge. On racontait que Ganderax, qui a le cœur bon, en pleurait la nuit dans sa barbe noire, et Primoli, que presque tout fait rire et même sourire, en demeura longtemps mélancolique.

Cela est significatif, car Primoli a le sens de la farce. Il m'a fait une fois déjeuner à Armenonville avec une fausse Mathilde Sera, laquelle n'était autre que la comtesse de T... Pendant tout le repas, je parlai de son œuvre à cette femme charmante et ravie d'hilarité contenue, qui me donnait modestement la réplique en baissant les yeux. Au dessert, on s'expliqua au milieu des éclats de rire, et je jure que je n'en menais pas large. Il fallait donc que la fugue à domicile de Popelin fût un vrai scandale, pour désoler ainsi le plus jovial et le plus spirituel des Romains.

A ce même repas, amoureux en cachette et funèbre en apparence, assistaient les trois principaux historiens de Bonaparte : Vandal, Masson et Henry Houssaye. Ce dernier, à la fois bon, bruyant et vide, avalait coup sur coup les verres de champagne, saisissait sa longue barbe de statue grecque à pleines mains et répétait : « ah ! ah ! c'est ça, ah ! » d'un air prodigieusement intéressé, sans écouter néanmoins un seul mot de ce que lui disait sa voisine de table. Inconsistant et sympathique, cervelle d'oiseau et cœur d'or, obsédé, lui le plus pacifique des hommes, par des préoccupations stratégiques et militaires, académisé dans les moelles, tel était et est demeuré jusqu'au bout l'auteur de *1814* et de *Waterloo*, le fils sérieux du frivole Arsène-aux-redoutes. Masson, déjà hargneux et quelque peu timbré, guettait le manège de collégien sentimental de Popelin en reniflant sa soupe avec force. Vandal était sage, maigre, haut et herbivore, comme la girafe du Jardin des Plantes. Il avait le tic de cligner des yeux, ce qui faisait croire à ses interlocuteurs qu'il leur adressait des signes d'intelligence. Edmond de Goncourt, afin de me faire briller, me demanda de conter une farce d'hôpital, que je sabotai et qui n'amusa personne. L'ennui immense pleuvait du plafond sur la table chargée d'aigles, de verreries et de fleurs, sur les convives, qui peinaient pour animer ce cimetière d'une société jadis brillante, sur la maîtresse de maison déjà lointaine, sur les mollets rebondis des larbins. On cherchait, ainsi que dans les cauchemars, des thèmes de discussion courtoise et générale qui tombaient à plat, cependant que l'amoureux Claudius et la vilaine ingrate échangeaient à la dérobée des regards de feu et de salpêtre.

On sortit de la table mortuaire, où la nourriture, je dois l'ajouter, était à la fois exécrable et parée, le poisson, sans goût ni sauce, prenant la forme d'une côtelette, et le rôti baignant sur une eau saumâtre, comme si le bœuf était demeuré toute la nuit assis dans une mare. Aimez-vous le style napoléonien ? Moi, il me rend malade. Chez la princesse Mathilde, tous les fauteuils, par droit de naissance, avaient l'air de sortir de la Malmaison, tous les pieds de table avaient la taille Empire. Les abeilles et les aigles abondaient. Un à un ou deux par deux, les condamnés de la soirée arrivaient, ainsi que des déambulants du purgatoire, prenaient la physionomie assortie au morne des convives mal repus et se réunissaient dans les coins pour chuchoter à voix très basse de peur évidemment de déranger quelque invisible moribond. Le coupable Popelin se décida alors à avoir l'air de se mêler aux groupes. Je regardais sans l'entendre, comme cela m'est arrivé tant de fois, l'excellent Houssaye qui m'expliquait véhémentement, à grand renfort de termes techniques, la bataille d'Iéna, devant un ancien général livide et somnolent, sinon tout à fait endormi, et une petite dame sans poitrine à mine désespérée. Popelin me demanda si je connaissais le Dr Potain. C'est mon maître ; mais je répondis que non, afin de nous éviter à tous deux la fatigue de considérations vaines. Popelin étonné alla en référer à Goncourt, tassé au fond d'une bergère de forme Empire, auprès de quelques ahuris bien peignés, qui remuaient des cartes d'un air las.

Le plus curieux de cette maison diabolique c'est que personne, une fois entré là-dedans, ne s'en allait plus. Conformément au protocole, nul n'osait donner le signal. On parlait de plus en plus bas, comme dans le palais de la Belle au bois dormant. Les valets énormes, de style Empire eux aussi, les plus gros et les plus grands que j'ai vus transportaient des bûches et des candélabres, des plateaux et des meubles, des aigles de plâtre et de bronze, en échangeant des coups d'œil narquois. Ils avaient l'air de remuer ces objets sans raison, pour se donner l'illusion de la vie, tels des déménageurs somnambules.

Enfin, sur le coup de minuit, la princesse Mathilde, quittant une espèce de tapisserie Empire, à laquelle elle travaillait avec des aiguilles Empire, rangea son métier à tête d'aigle, se leva pesamment, salua à la ronde et se retira, comme si elle trouvait cette soirée toute simple et même agréable. Alors cette réunion d'indifférents, se décollant des chaises, canapés et fauteuils Empire, commença à échanger des bonsoirs et des promesses de se revoir bientôt. Popelin avait renoué son flirt enragé. Les gens prenaient congé de lui, avec un air d'affectueux reproche. Il me faisait tellement de peine que j'eus envie de l'embrasser, en lui glissant à l'oreille : « Prenez garde, ça se voit... » Mais il n'eût évidemment pas compris, tout absorbé dans sa méditation libidineuse.

Au vestiaire, il en arriva une bonne. Masson, brutal et sans façon, cherchant son manteau avec fureur, bouscula une fort jolie personne, son ennemie de longue date, qui se mit à l'attraper devant tout le monde comme au pavillon de la marée : « Voulez-vous faire attention, malhonnête, hein ! et ne pas me toucher avec vos pattes sales, hein ! » L'ennemi de Joséphine en demeura tout interloqué, comme un chien de cirque qui a raté son tour. Puis, fumant de rage et pestant, il disparut au milieu des ténèbres.

Plus tard, je suis retourné passer la soirée rue de Berry, une fois notamment en compagnie de Maurice Barrès. Claudius Popelin avait disparu. L'ennui était toujours de même qualité. Ganderax et son abondante barbe semblaient avoir pris plus d'importance. Frédéric Masson avait, chose extraordinaire, grandi et blanchi en se voûtant, comparable à ces « gayants » grotesques des fêtes du Nord qui font peur aux petits enfants. C'était quelques mois avant la mort d'Edmond de Goncourt, retenu à Auteuil par la grippe. La princesse Mathilde n'avait pas changé. Elle semblait encore plus absente que naguère, aussi pétrifiée et ligneuse que les aigles de pierre et de bois qui encombraient toujours ses lugubres salons.

II

DEVANT LA DOULEUR

I

La médecine et Charcot

BROUARDEL. LA SALPÊTRIÈRE

On se représente difficilement aujourd'hui le prestige dont jouissaient la médecine et les médecins dans la société matérialiste d'il y a trente ans. Le « bon docteur » remplaçait le prêtre, disait-on, et la haute influence morale et sociale appartenait aux maîtres des corps, aux dispensateurs des traitements et régimes. Il semblait entendu que les savants étaient des hommes à part, échappant aux passions et aux tares habituelles, toujours désintéressés, souvent héroïques, quelquefois sublimes. Piliers de la République, bénéficiant de toutes les décorations et hautes faveurs du régime, disposant des secrets des familles, de la vertu des femmes et suspendant la menace héréditaire sur la tête des enfants, ceux que j'ai appelés *les morticoles* régnaient à la fois par la ruse et par la terreur. Bientôt la vogue des chirurgiens et de leurs mirifiques opérations, fréquemment inutiles, vint compléter cette tyrannie des bourreaux de la chair malade. Trop gâtés, trop adulés, les uns et les autres, ceux de la drogue et ceux du bistouri, abusèrent de la situation : financièrement, en exploitant leurs clients ou leurs dupes ; intellectuellement, en étendant jusqu'à la philosophie leur fatuité professionnelle, en prétendant réglementer les esprits. Or j'ai connu ce milieu à fond, car j'ai poursuivi pendant sept années, jusqu'à la thèse exclusivement, mes études à la Faculté de médecine. J'ai été externe, puis interne provisoire des hôpitaux. J'ai vécu dans l'intimité des pontifes. Mon jugement, que l'on pourra trouver sévère, sera en tout cas fortement motivé. A la lumière des renseignements qui me sont parvenus depuis lors, je constate que *les Morticoles*, qui furent considérés comme un pamphlet, pèchent par leur excessive indulgence. J'ai soulevé en 1894 un pan du voile. Je vais l'arracher cette fois.

Tout d'abord l'organisation de la Faculté, qui n'a pas changé depuis 1886, est centralisée, c'est-à-dire jacobine, et despotique, c'est-à-dire impériale. En bas, un véritable prolétariat médical, envahi maintenant par les étrangers et métèques, où sévit cruellement la concurrence. En haut, une série de mandarins, créés par les concours à échelons et jet continu, mandarins qui se haïssent au fond, mais s'entendent sur le dos des candidats perpétuels. Entre les deux, un peuple d'élèves, soumis et craintifs, sans volonté comme sans initiative, que le succès ou l'insuccès fera tantôt monter au mandarinat, tantôt rejettera dans la foule anonyme et misérable des court-la-visite et des coupe-le-ventre. Ajoutez à cela les influences politiques et électorales, qui peuplent les chaires et les laboratoires de nullités alliées aux ministres et femmes de ministres et demandez-vous comment un jeune homme de valeur, mais sans appui, ni argent ni bassesse, pourrait traverser ces rangs pressés de fonctionnaires et d'intrigants ?... Ainsi s'explique la déchéance extraordinairement rapide d'une science où nous avons jadis tenu la corde avec les Bichat, les Laennec, les Duchenne de Boulogne, les Morel de Rouen, les Claude Bernard, les Charcot et les Potain ; sans compter le grand Pasteur, qui est à part, mais dont l'Institut est lui aussi, à l'heure actuelle, en complète décomposition. Ce préambule était nécessaire pour vérifier une fois de plus la parole royale : *les institutions corrompent les hommes.*

Je ne m'en doutais guère, au quatrième trimestre de 1885, en prenant mes premières inscriptions entre les mains du sympathique Puppin, secrétaire de l'Ecole. J'avais trois illustres répondants et protecteurs : le professeur Charcot, ami d'Alphonse Daudet, et père de mon camarade Jean Charcot, aujourd'hui explorateur ; le professeur Potain, qui soignait les miens depuis de longues années ; enfin le chirurgien Péan, qui m'avait traité tout petit pour un kyste synovial du genou. Il faut que je vous les présente tous les trois dans leur intimité, avant de vous les montrer à l'œuvre.

Charcot, avec un front trop bas, avait la rectitude du visage d'un Bonaparte replet, et j'imagine que cette presque ressemblance, soigneusement cultivée, influa sur ses manières et sur son destin. Je n'ai pas connu d'homme plus autoritaire, ni qui fît peser sur son entourage un despotisme plus ombrageux. Il suffisait, pour être fixé, de le voir, à sa table, promener un regard circulaire et méfiant sur ses élèves ou de l'entendre leur couper la parole d'un ton bref. Il était gras, complètement rasé, avec une bouche à l'arc méditatif et dur, de larges joues, des cheveux plats rejetés en arrière, un cou de taureau, un corps trapu, des jambes courtes et fortes, à l'aide desquelles il marchait lourdement. Au repos il mâchonnait ou tripotait son lorgnon d'une belle main assez molle et froide. La voix était impérieuse, un peu âpre et sourde, souvent ironique et appuyée ; l'œil d'un feu extraordinaire.

Observateur de génie, pénétrant, avec une sagacité implacable, les rapports du moral et du physique, les maux du début, les tares commençantes et les vices non encore avoués, il ramassait ses observations dans des raccourcis comparables à des dessins d'Ingres, à des ébauches de Forain ou de Goya. Pour faire partir les dames il disait simplement : « La clinique est ouverte », et il commençait à raconter : « ... C'était un de mes plus fameux collègues... oui, un Allemand... Il avait fait un long voyage pour venir m'expliquer son cas. Pas très drôle, le cas. Une inversion sexuelle soudaine et très caractérisée, amenée par la trop longue contemplation d'un petit faune de la Renaissance posé sur sa table de travail... » Il ajoutait avec un bon sourire : « Comme quoi, messieurs, les chefs-d'œuvre ont souvent leur venin... » Puis après un silence : « Très souvent même... »

« Et alors, Charcot, demandait mon père, comment l'avez-vous traité ce malheureux ? »

Le geste des doigts fuselés indiquait que la question était futile : « Peuh.. je lui ai conseillé les femmes, si c'était encore possible... Mais vous savez, un Allemand... à cinquante-cinq ans... et le pays de Winckelmann... »

Son érudition était immense. Il connaissait à fond les poètes, notamment Eschyle, le Dante et Shakespeare, plusieurs philosophes, surtout les Grecs, la peinture européenne, et il admirait Beethoven, en détestant Wagner qu'il trouvait, non sans raison, emphatique et diffus. Sans mansuétude quant à l'humanité, il avait une profonde pitié des animaux, gâtait comme des enfants ses grands et petits chiens et défendait qu'on parlât devant lui de chasse ou de chasseurs. La science dans sa bouche perdait tout caractère livresque ou artificiel, devenait quelque chose de vivant, de pathétique, d'immédiat. Tout absorbé par l'intérêt plastique et par l'enchaînement des causes, il dédaignait l'intervention humaine comme un astronome les mouvements des astres. Le scepticisme de Montaigne était tout à fait son affaire. Non seulement il n'avait aucune croyance, mais encore il manifestait fréquemment des sentiments hostiles au catholicisme, qu'il ne séparait pas de la réaction. Sa sympathie mystique allait, je ne sais trop pourquoi — ni lui non plus, sans doute — au Bouddha !

En politique, il était nul et d'ailleurs absolu dans ses jugements, ami fanatique de Gambetta, républicain de principe, de milieu, d'éducation, considérant que la grande Révolution avait émancipé le peuple et n'accordant de l'intelligence qu'à un seul « noble », le Dr de Sinéty, auteur d'une étude remarquable sur le foie des femelles en lactation. Fils d'artisan, parvenu à la haute culture par un formidable effort, ce clinicien superbe avait, quant à la physique des constitutions et des Etats, des idées de primaire.

Quelle fureur eût été la sienne s'il avait assisté aux progrès du mouvement d'Action française ! Je ris rien que d'y songer.

Il ne supportait pas la contradiction, si minime qu'elle fût. Je me le rappelle déclarant à un médecin connu et d'une platitude dégoûtante qui se permettait, pour une fois, de n'être pas tout à fait de son avis : « Monsieur un tel, posez votre serviette et allez-vous-en... » L'intercession de ses proches obtint à grand-peine la grâce du coupable. Il était malheureusement accessible aux racontars, aux potins que colportaient sur les autres, surtout au moment des concours, les envieux ou les calomniateurs de son clan. Quand il pensait que quelqu'un lui avait manqué ou s'était permis de contester une de ses doctrines médicales, touchant le système nerveux, la grande hystérie, l'aphasie, le foie ou le rein, alors il devenait féroce et mesquin, il mettait tout en œuvre pour briser la carrière de l'imprudent, il n'avait de cesse qu'il ne l'eût réduit à sa merci, contraint à demander l'aman. Ainsi s'était-il rendu odieux à beaucoup de jeunes médecins, qui considérèrent sa disparition comme une délivrance. Quel plaisir, saperlipopette, peut-on éprouver à jouer les tyrans, quand on a une haute situation, de la fortune, une intelligence magnifique et le don inappréciable d'y voir clair !

Travailleur acharné, il lui arrivait de passer une grande partie de ses nuits à piocher un problème anatomo-pathologique, à construire un schéma, ou dessin figuratif comme celui de « la cloche », par exemple, représentant les diverses formes d'aphasie, et qui lui valut trois mois d'insomnie totale. Il n'était jamais satisfait du résultat de son labeur. Il rentrait dans les mêmes filières de pensées à cinq ans d'intervalle, cherchant sans trêve à élucider, à clarifier, à résoudre la nature en ses éléments primordiaux. Quand il habitait le 217 du boulevard Saint-Germain, il y avait derrière son beau jardin, rue Saint-Simon, un maréchal qui battait le fer. Il prétendait, comme Alphonse Daudet, logé alors au 31 rue de Bellechasse, que ce bruit régulier l'encourageait et rythmait sa besogne. Mon père et lui se disaient en plaisantant : « Lequel de nous deux cessera de l'entendre le premier ? » Charcot pensait bien survivre à son malade. Ce fut lui cependant qui partit d'abord et l'auteur de l'*Immortel* murmurait mélancoliquement en bourrant sa petite pipe : « Veinard de Charcot ! Il se repose, lui, au moins. »

La sottise horripilait ce maître et son besoin de domination faisait qu'il était environné de médiocres. La fréquentation des écrivains et des artistes lui était donc un stimulant et un repos. On l'a accusé de cabotinage. Le mot est petit et trivial pour un esprit de cette envergure. Mais il avait l'attitude intellectuelle de ceux qui, ne faisant pas oraison, ne s'offrent jamais le luxe incomparable de sentir leur petitesse et leur débilité devant tous les problèmes posés au bipède raisonnant. Il lui manquait ce parachèvement pascalien de la grandeur ici-bas. Ah ! le drôle de bonhomme pas commode, et quelle lueur diabolique, parfois, au fond de ses prunelles dilatées par tant de spectacles terribles !

Il était généreux et même prodigue, recevait avec magnificence, adorait son fils et sa fille, qui le lui rendaient amplement, et montraient une extraordinaire indulgence pour le tapage de cris, de rires, de chants et de farces dont nous emplissions sa maison. Si celle-ci était l'enfer de la souffrance nerveuse, elle était le paradis de la jeunesse. Quai Malaquais, dans l'hôtel de Chimay, comme boulevard Saint-Germain, nous traversions en galopant ces salons remplis de malades, accablés et inquiets dans des fauteuils, sur des chaises, sur des divans, accompagnés de leur médecin ou d'un infirmier. C'était le temps du mobilier Moyen Age, des cathèdres, des vitraux en couleurs, du cuir travaillé, des recoins sombres, des tapisseries rafistolées, du Louis XI, du Louis XII et du gothique. Les ataxiques et les mélancoliques grinçaient sur des prie-Dieu baroques du XIIIe siècle. Les atrophiques musculaires étendaient leurs membres décharnés sur des griffons, des guivres ou des gargouilles. Imaginez la géhenne dans un bric-à-brac, la cour des miracles pathologiques logée dans un décor de Victor Hugo. Ce spectacle et celui de nos ébats devaient donner une impression de cauchemar aux millionnaires allemands, russes, américains, polonais, anglais et turcs qui venaient chercher dévotement, aux pieds du roi des neurologues, leur ordonnance de bromure, de noix vomique ou d'eau de Lamalou.

Le grand homme, devant la science de qui s'inclinait l'univers civilisé, avait la gaieté féroce et le style volontiers rabelaisien. Parlant de je ne sais plus quel neurasthénique qui lui exposait sa petite affaire : « Je lui ai dit : vous êtes dans la situation d'un homme assis dans la m... et au-dessus duquel luit l'éclair d'un sabre : plonger ou avoir le col coupé. » La consolation, on le voit, était maigre. Ou bien il citait entre ses dents un proverbe anglais ou espagnol : « Les hommes sont entre les mains de Dieu comme les mouches aux mains des enfants. Ils jouent avec jusqu'à ce qu'ils les écrasent. » Ou bien, suivant sa pensée, il fredonnait un petit air, son marteau à choc de caoutchouc pour l'examen des réflexes à la main, devant son client ahuri. Son coup d'œil infaillible lui permettait de conjecturer, dès l'entrée du patient, le mal pour lequel celui-ci venait le consulter. Il prenait les devants : « Vous sentez ceci et cela... oui, et quand vous joignez les pieds, une sorte de vertige... oui, et vous voyez double, surtout au crépuscule... Je ne vous demande pas d'interprétation. Asseyez-vous et retirez vos bottines et votre pantalon. »

Chose singulière, il était timide, et sa brusquerie vis-à-vis des femmes, qu'il affectait de mépriser, tenait beaucoup à cette timidité. Je m'en étais rendu compte à maintes reprises, et j'aurais donné je ne sais quoi pour l'interroger sur sa vie sentimentale et sensuelle, qui est ce que les plus profonds cachent toujours le plus soigneusement. Mais il eût envoyé coucher le petit bonhomme curieux de psychologie que j'étais, si je m'étais permis de lui adresser l'ombre d'une telle question. A certaines heures il avait l'air hanté par un grand rêve, d'où il sortait plein de mécontentement et de fureur, distrait comme un voyageur perdu et prêt à faire de son savoir une vindicte contre les choses et contre les gens. Il disait des doucheurs à la mode : « Ils voient trop de dames nues et belles. Ça leur porte à la tête. » Songez qu'il a vécu, pendant trente ans, dans la situation d'un confesseur, qui ne croit à rien qu'aux satisfactions immédiates de l'activité et de la cessation de l'activité ! C'était un de ses axiomes que la part du songe dans l'être éveillé est bien plus grande encore que celle qu'on reconnaît en constatant qu'elle est immense. Quelle était la part de son mirage à lui ?

Un soir, m'étant attardé à consulter un livre de médecine dans sa vaste bibliothèque, qui faisait le tour de son cabinet de travail, sur une hauteur de deux étages, je fus surpris par son retour inopiné. La curiosité me retint dans le rayon des bouquins, à croppetons et voyant l'homme triste de haut, à travers les barreaux de la galerie. Il se tenait assis sous sa lampe, tassé, voûté, regardant droit devant lui, immobile, avec une expression de visage que je ne lui connaissais pas, à la fois ardente et désespérée. Il avait l'attitude et la mine de celui qui a fait un pacte avec le diable et qui en est au moment du règlement. Il demeura ainsi pendant une bonne heure, puis se leva et, de son pas pesant, alla donner je ne sais quel ordre à son secrétaire, qui devait être alors Gilles de La Tourette. J'en avais les os gelés : « C'est ça, la gloire scientifique ?... Eh bien, vrai, ça n'a pas l'air drôle. »

Cette bibliothèque était remplie d'ouvrages de sorcellerie, de thaumaturges et comme un répertoire de tous les détraquements du cerveau. Il émanait d'elle un prestige malsain, mais elle ne devait pas renfermer de grandes richesses. Charcot lisait couramment l'anglais, l'allemand, l'espagnol et l'italien, puis il savait feuilleter les êtres et il devenait attentif aussitôt que quelqu'un lui apportait, sur un point quelconque, un renseignement précis. Il avait en un mot, dans sa profession, la bonne méthode.

Quand venait la belle saison il partait, avec sa famille, pour sa petite maison de Neuilly-Saint-James, qui était moisie, mais sympathique. On le trouvait là, le dimanche, dans ses cinq mètres de jardin, lisant et commentant sa lecture : « Quel saligaud et quel sommaire saligaud, votre Zola », s'écriait-il, un exemplaire des *Rougon* à la main, en apercevant mon père. Il parlait bien de Balzac, peu de Flaubert et il cherchait toujours la vérité psychologique ou physiologique dans les écrits, *mais celle que les écrivains ont observée et traduite à leur insu.* Il disait à Alphonse Daudet, à propos de *l'Arlésienne* : « Je vous sais gré d'avoir mis un innocent dans la famille d'un homme qui se tue par amour. Ça, c'est bien. » Car il avait certainement plongé plus avant que quiconque dans le mystère de l'hérédité et il est bien dommage que nous n'ayons pas de lui, là-dessus, un ouvrage d'ensemble, que seul il eût pu écrire.

La critique, par la voie du journal, lui était infiniment désagréable. C'est ainsi qu'un éreintement, d'ailleurs incompétent et vieux jeu, d'un grandiloquent serin qui signait Ignotus au *Figaro*, le mit, pendant plusieurs semaines, hors de lui. Autant que je me rappelle cette niaiserie, Ignotus lui reprochait d'être un charlatan et de donner ses hystériques en spectacle ! Je me demandais comment Francis Magnard, si finement circonspect, laissait publier de telles misères, mais, déjà habitué au papier imprimé, je trouvais un peu ridicule que Charcot grommelât, en attachant sa serviette de table avec une cordelette à agrafes que je vois encore : « Ce monsieur Ignotus... Hum... ce monsieur Ignotus... » Je songeais : « Quel gosse susceptible est demeuré dans ce grand savant ! » et j'apprenais ainsi à ne pas croire que les gens sont extraordinaires ou remarquables sur toute la ligne.

Paul Arène était un familier de la maison. Dyspeptique, et pour cause, après vingt-cinq ans d'apéritifs, il usait largement du bicarbonate de soude que lui avait recommandé Charcot et dont il déplissait et vidait les petits paquets blanchâtres dans son verre. Sur quoi le maître, d'un ton de pince-sans-rire : « Si vous n'alliez pas tant au café... — le doigt levé achevait sa phrase —, vous n'auriez pas besoin de cette petite drogue. » Arène commençait par rire et soutenir que le café avait du bon, que c'était une école de littérature et une source d'observations familières. Charcot reprenait : « Si vous n'alliez pas tant au café... » Alors Arène devenait pâle et commençait à se fâcher ; parfois même il pliait sa serviette sur la table et se levait. On s'interposait. Charcot riait, ou, mieux, pouffait de son rire cordial et détendu, et Paul Arène, tout confus, se rasseyait. Il avait emmené en Provence et chez Mistral son illustre ami et sa famille. Mistral avait gardé de cette visite un souvenir enchanté et, quelques mois avant sa mort, il me parlait encore de ce voyage et de la sereine compréhension de Charcot. C'est que ce dernier, quand il ne se buttait pas, ou n'accrochait pas à son orgueil, avait l'intelligence la plus ouverte et la plus ferme, le sentiment de la grandeur, de la beauté. De tels hommes disparaissent sans avoir épuisé toutes les possibilités de leurs riches natures.

Autre intime, le critique d'art Philippe Burty. Imaginez un gros chat au poil frisé, aux yeux langoureux, au miaulement flatteur : « Un maître fourbe », affirmait Goncourt, qui l'avait beaucoup fréquenté. Le fait est que, de sa voix onctueuse et caressante, ce collectionneur de japoneries et de calomnies débinait férocement tous ses contemporains. Il était comme une vieille confiseuse, embusquée entre des corbeilles de bonbons à la médisance. De temps en temps, Charcot lui lançait, à la dérobade, un œil noir, puis, si ses potins l'ennuyaient, se levait et s'en allait en sifflotant. Il lui fallait, à ce dominateur, une tête de Turc, un patito, qui était en général son vieux camarade d'études Lelorrain, aux longs cheveux blancs, à la voix effarée, bredouillante.

De temps en temps apparaissait, telle une frigide et redoutable larve, un avocat ami de Gambetta, svelte, mince et silencieux, redingoté de noir ou de gris, aux yeux de poisson mort, du nom de Waldeck-Rousseau, pour lequel Charcot, dans l'intimité, ne manifestait qu'une sympathie fort médiocre. Même quand ils furent alliés, il le tint à distance et à mépris, d'un silence, d'un regard, d'un tournement du dos. A table, au fumoir, au salon, Waldeck ne proférait pas un son. Nous disions de lui : « Banco, chez Macbeth, est plus gai. » Et justement il rencontrait là un homme à lui, un certain Leguay, qui plus tard eut des ennuis au temps de Panama et d'Arton, à qui je trouvais, d'instinct, une mine atroce d'intermédiaire véreux. Mais Leguay tournait autour de Waldeck immobile, sa cigarette au coin du bec, sans que Waldeck eût l'air d'y faire plus attention qu'un brochet à une vieille perche trop coriace. Ou bien Waldeck allait considérer au mur, en dilatant sa prunelle glauque, un tableau ou une estampe, et restait là collé, les mains à plat sur ses poches, dans cette attitude morne, crevarde, que le dessinateur Renouard a l'air de trouver épatante car il l'a reproduite souvent. Je vous le dis en confiance : Waldeck-Rousseau, le « Périclès » du crapaud Haraucourt, m'a toujours fait l'effet d'un imbécile ; mais il a su faire croire à d'autres imbéciles, c'est-à-dire aux politiciens, ses émules, qu'il était impénétrable. Son succès lui vint de paraître un cadavre original et soigné parmi les bruyants, gesticulants et crasseux fantoches de la troupe à Gambetta : « Oh ! la belle Morgue ! » puis avec un petit *m,* « oh ! la belle morgue !... » Il n'en faut pas plus, en démocratie, pour assurer une fortune politique.

Le mardi soir la somptueuse demeure s'ouvrait aux membres

de l'Institut, aux professeurs de faculté et à leurs familles. C'était un défilé de savants jeunes ou vieux, célèbres ou à peine connus, raides d'ambition, jaunes de rancœur, verts d'espérance ou rouges de colères rentrées, qui venaient faire les sucrés ou les confits devant leur omnipotent protecteur. Celui-ci n'était pas dupe. Il préférait que pour une fois on ne lui parlât ni de concours, ni de compétitions, ni de thèses. Il demandait qu'on fît de la musique, qu'on s'amusât, qu'on eût de l'entrain. Nous nous chargions de réaliser ce vœu, je vous en réponds. Charcot disait à Alphonse Daudet : « Restez un peu après les autres. Nous bavarderons pendant que ces jeunes idiots continueront leurs gambades. » Mais les jeunes idiots, tout en savourant un copieux chocolat de minuit, accompagné de tartines beurrées, écoutaient avec plaisir la causerie toujours si hautement amusante et vivante du clinicien et du romancier. Ce leur était à tous deux un plaisir de constater que leurs remarques, sur deux plans différents, se rencontraient et se complétaient.

« Charcot, vous êtes un devin.

— Pas du tout. Je regarde et je remonte des effets aux causes... voilà tout... Qu'est-ce que c'est encore que cette affaire-là ? »

Il prenait sous la lampe un numéro de *la Revue des Deux Mondes*, ajustait son lorgnon et regardait le titre avec une moue familière : « Parbleu : la Bosnie et l'Herzégovine ! Avez-vous remarqué la quantité d'études sur la Bosnie et l'Herzégovine qui paraissent dans *la Revue des Deux Mondes* ? On peut l'avouer, maintenant que Pailleron est parti, ce recueil est vide.

— Mais Charles Buloz aussi est vide... quoiqu'il ait de bien belles pipes, savamment culottées. Et Pailleron aussi est vide, cher ami... »

Le fait est que l'auteur du *Monde où l'on s'ennuie* était fort ennuyeux lui-même. Très fat, décochant des traits pesants, privés de fraîcheur et de générosité, il promenait ; chez les salonnards ébahis par ses manières, une tête de charcutier blond, déçu, amer et sentimental, que surmontait une petite perruque partielle dite « breton ». Dès qu'il ouvrait la bouche, comme il était riche et abondamment pourvu d'actions de *la Revue* bien pensante *des Deux Mondes*, tous les du Bled et d'Avenel du sommaire criaient « Bravo » et se tordaient de joie. Nous autres, plus indépendants, le considérions comme un triste raseur. Nous étions certainement dans le vrai. J'ajoute que *le Monde où l'on s'ennuie* est une œuvre plate et faussement hardie, où sonne, à coups espacés, comme un glas sous des plaisanteries funèbres et surannées, la prétention infinie de l'auteur. C'est de la satire pour magasins de nouveauté. Un trait peindra Pailleron. Quand il contait une anecdote à table, il en suivait l'effet jusque sur les visages des domestiques, et on sentait qu'il en voulait sauvagement à l'extra qui n'avait pas ri.

Je me trouvais à côté de lui, chez une dame âgée, à la voix blanche, mais amie de l'art dramatique, qui faisait représenter en son hôtel *l'Arlésienne*, où elle tenait, avec une bonne volonté touchante, le rôle de Rose Mamaï. Le beau Pailleron n'écoutait pas un mot du spectacle. Il se campait de profil, de trois quarts, prenait une mise sévère et glacée et plombait les décolletages de ses voisines, qui baissaient les paupières modestement. A un moment, se penchant, il me dit : « Mon modèle est ici... »

Je répondis : « Ah ! », car cela m'était, parbleu, bien égal.

Il ajouta : « Oui, mon modèle de *la Souris.* » Puis après un silence : « Ma pièce qu'on joue en ce moment à la Comédie-Française...

— Alors votre modèle est ici ?

— Elle est ici, oui. Je vous la montrerai. »

Ce fut notre dialogue le plus cordial. Je désirerais beaucoup ne pas retrouver Pailleron en purgatoire.

Je demandais à mon père : « Comment supportes-tu cette barbe ? » Car Pailleron donnait des « dîners d'hommes » et je ne me représente jamais sans horreur ce genre de volupté secrète, également chère à Dumas fils et à quelques autres. O le repas des « vilains bonshommes ! » O le banquet des « Sphénopogones ! » O le plaisir d'être assis entre Hanotaux et Pozzi, ou Clairin dit Jojotte ! Alphonse Daudet me répondait en riant : « Le fait est que ce n'est pas toujours très drôle. Mais n'oublie pas que je prépare *l'Immortel.* » Or Pailleron traitait ses collègues de l'Institut avec une grande parcimonie gastronomique, car il était prodigieusement avare, ce dont se plaignaient ses invités : « C'est dommage, déclarait Francis Magnard, qu'on ne puisse pas manger la vaisselle. Elle est fort belle et très appétissante. »

Le professeur Brouardel, avant et pendant son décanat, fréquentait assidûment chez Charcot. De science faible, mais de grande habileté et même de sournoise ruse, il faisait le pont entre les politiciens et les savants. Ses fonctions de médecin légiste et de pontife de l'hygiène le rendaient redoutable et précieux à tous ceux qui avaient un cadavre sous leurs meubles, c'est-à-dire à presque tout le haut personnel républicain. Blanchisseur du régime, il effaçait si bien les taches de sang, de pus et de boue qu'elles ne reparaissaient que de longues années après. A chaque catastrophe, à chaque suicide, à chaque meurtre, à chaque tournant dangereux, il était là, fidèle au poste, comme Lannelongue, décidé aimable et discret. Il possédait un physique neutre fait pour les décorations et les honneurs, saluait jusqu'à terre les ministres, leur donnait publiquement du « cher maître » et prévenait leurs moindres désirs. Quand on eut besoin, au moment du Panama, que Cornélius Hertz ne revînt pas en France, Brouardel se rendit en Angleterre à Bornemouth, flanqué de l'autorité de Charcot, et décréta, comme dans Molière, à l'aide d'arguments en *us* et *um*, que le commanditaire de Clemenceau était absolument in-trans-portable : diabète et poudre d'escampette. Ce diagnostic, cette ordonnance firent sensation. Brouardel n'avait que peu de culture, il n'avait pas le coup d'œil médical, mais il fut, à la tête de l'école, le plus soumis et le plus diligent des préfets. Le papa Landouzy depuis, malgré sa bonne volonté d'être plat, ne lui est pas allé à la cheville. La médiocrité est un art et n'y excelle point qui s'y adonne.

Médecin et ami du même Clemenceau, le professeur Debove avait la marotte de laver l'estomac de ses infortunés clients. Il leur ingurgitait, à cet effet, un long tube de caoutchouc, aboutissant à une sorte de coupe où se concentrait cette dégoûtation. Ainsi multipliait-il les érosions et ulcérations de la muqueuse, au milieu de terribles nausées. Avec cela, ardent républicain et laïcisateur sans merci. Charcot le traitait comme un domestique, le rudoyait, poussait un rictus satanique aussitôt que l'autre ouvrait, dans sa face obséquieuse, sa bouche molle. Ou bien, il haussait les épaules et soufflait en gonflant ses lèvres : « ... Pouffle ! » Il fallait que la servilité de Debove fût grande et visible pour irriter ainsi le dominateur qu'était le maître de la Salpêtrière. Il eût pu dire, comme je ne sais quel autre augure : « J'aime l'encens, mais de bonne qualité. » Debove brûlait des détritus dans sa cassolette.

Grand, barbu, silencieux, solennel, le professeur Bouchard, derrière ses lunettes d'or à l'allemande, poursuivait ses chimères médico-métaphysiques. Il venait de publier un bizarre roman, *les Maladies par ralentissement de la nutrition*, sorti tout entier de sa riche imagination, ainsi d'ailleurs que ses autres travaux. Ce Lyonnais entêté, ayant avalé ses brumes, en avait fait un corps de doctrines aujourd'hui complètement abandonnées. Il n'y a pas, dans toute son œuvre, une page qui corresponde à une réalité quelconque, à la plus petite observation juste. Il est profondément comique de songer que tant de désastres thérapeutiques, de défaites classées, de bévues célèbres ne l'ont nullement empêché de conquérir la plus haute situation scientifique qui se soit vue depuis Charcot. Assis sur son séant, il trône, et il a — comble d'ironie ! — des élèves qui ont appris et médité, qui propagent, qui imposent les extravagantes fables de leur patron. Ces choses-là ne se voient qu'à la faculté de Paris. Chacun sait qu'il n'y a pas, qu'il n'y a jamais eu de maladies par ralentissement ni par accélération de la nutrition, mais chacun admet leur existence provisoire, au moins jusqu'à la disparition de Bouchard. Après, on verra. Le plus beau, c'est que des régimes compliqués et cruels ont été institués pour parer à cette pathologie lunatique. Des messieurs et des dames du meilleur monde ont été sacrifiés, comme de simples cobayes, à l'impossible vérification des rêveries de l'illustre songe-creux. C'est ça qui donne une fière idée de la candeur humaine !

L'anticlérical type, le Homais pour comices agricoles, était le petit Bourneville, surnommé familièrement « Boubour », directeur du *Progrès médical*. Haut comme une botte, rouge comme une tomate, vindicatif et passionné, il poursuivait d'une haine frénétique les sœurs des hôpitaux. Il avait fondé, sur cette haine, le groupe des infirmières laïques de la Salpêtrière, où se trouvaient d'ailleurs quelques bon sujets. Comment était venue à Boubour cette rage sans merci qui injectait de sang, à la seule vue d'une cornette ou d'une soutane, ses yeux couenneux de cochon malade et donnait des inflexions rauques à son accent bourguignon ? Je l'ignore. Il m'était odieux par son épaisse sottise, son ton péremptoire, son injustice noire et butée et le rôle prépondérant et nocif qu'il jouait dans la presse professionnelle. Je crois bien que, de mon côté, je le dégoûtais profondément par un manque d'hostilité vis-à-vis des choses de la religion qui a fait place, le temps et la raison aidant, à un catholicisme combatif. Le matérialisme médical, politique et littéraire à la fin du XIXe siècle en France était si parfaitement immonde qu'il m'a convaincu, par le contraste, de l'excellence de ceux qu'il persécutait et de la majesté de leur idéal. Les ennemis de Dieu m'ont ramené à Dieu. C'est ce point de vue qui, dès 1894, me dictait, comme un cri de délivrance, la prière finale des *Morticoles*.

Le professeur Damaschino m'a laissé un bon souvenir. Il était riche, aimable et souriant. Il se tenait hors du jeu périlleux des compétitions et des intrigues. La vie l'avait comblé. Il désarmait les hostilités par son savoir-faire. Il esquivait, même chez Charcot, la domestication et la flagornerie. Il avait une belle clientèle et s'exprimait avec une facilité presque élégante. La mort, une mort précoce, est venue mettre ordre à cela.

Autour de Charcot Imperator, comme une garde d'honneur fidèle, soumise, éprouvée se tenaient ses élèves, ses préférés. Leur situation n'était pas commode. Il leur fallait être laborieux, cela va sans dire, zélés dans le service, attentifs. Une certaine initiative, une certaine originalité leur étaient permises, à condition qu'elles n'allassent point contre les opinions et théories du maître. Toute dérogation aux doctrines établies par lui, concernant l'aphasie et la grande hystérie, l'ataxie et la sclérose en plaques par exemple, était considérée comme une trahison et punie comme telle. Il en est résulté un arrêt, une stupeur de vingt ans dans la pathologique nerveuse, qui compense amplement les découvertes de Charcot. Comme Berthelot le chimiste, ce savant orgueilleux s'imaginait que son compartiment avait accompli avec lui tous les progrès dont il était susceptible, que lui-même laisserait un monument inattaquable. Hélas ! le temps — pas celui d'Adrien Hébrard — a tout jeté bas d'un coup de sa faux impitoyable. Les feuillets sont épars. Combien reste-t-il de pages intactes ?

Parmi ceux qui composaient ce qu'on a appelé l'école de la Salpêtrière, le mieux doué semblait être Brissaud. Je dis « semblait », car finalement c'est à Babinski qu'est revenue la palme. Brissaud avait une intelligence merveilleuse, beaucoup de cœur, de l'ironie, et il dégageait une sympathie chaude. Cependant il est demeuré en route, médicalement parlant, et il n'a pas joué le rôle prépondérant que tout semblait lui promettre. Je crois bien que, sous ses airs allants et vigoureux, il était faible et influençable. Il a subi l'abstentionnisme thérapeutique de Charcot, comme il a subi plus tard le dreyfusisme anarcho-huguenot de Paul Reclus, alors que son entrain joyeux le prédestinait aux interventions hardies et géniales, que sa lucide logique eût dû l'immuniser contre la sombre folie du Bordereau. Son visage régulier d'ouvrier en fin, sa forte encolure, ses cheveux plats, sa voix et son sourire viennent souvent visiter ma mémoire comme le « j'aurais pu être » des grandes nostalgies d'amitié ou d'amour. Il était noble, il était brave, il était bon, mais il n'avait pas cette défense des fibres secrètes, cette armure qui fait que l'on ose être soi. Il était toujours un peu son patron ou son ami. Mais quel magnifique tempérament de clinicien, quel coup d'œil, et comme il défasciculait jusqu'au bout le problème tombé dans sa puissante imagination !

On racontait de lui des farces fameuses. Ennemi du directeur de l'hôpital, alors qu'il était interne à la Salpêtrière, il s'injuriait lui-même sur les murs : « *Brissaud est une brute et un ivrogne* », puis courait se plaindre chez ce haut fonctionnaire, l'accusait de favoriser ces outrages. Quand les vieilles gâteuses allaient le matin laver leurs pots à la fontaine, et les disposaient en rangs d'oignons pour les sécher, il démolissait de sa fenêtre, à coups de revolver, « ces fâcheux récipients ». Les visiteurs étrangers, guidés par lui, apprenaient d'extraordinaires détails sur une nouvelle maladie, apparue depuis peu, terriblement contagieuse et dont il leur décrivait minutieusement les sinistres symptômes, de façon à leur donner la chair de poule. Un soir d'hiver rigoureux, où des médecins suédois, russes et allemands, réunis chez Charcot, préparaient je ne sais quel congrès de neurologie, Brissaud nous persuada de cacher les snow-boots qu'ils avaient laissés dans l'antichambre. Ce fut, à la sortie, une longue recherche sans résultat — car nous n'osions plus avouer notre forfait —, pendant laquelle Brissaud proposait à ces doctes personnages, navrés et furetant, les explications les plus saugrenues. C'est pourtant ce mystificateur qui s'est laissé mystifier pour le « v'accuve » de l'absurde Zola. Ces médecins si cultivés, si entraînés à la déduction, ne remontaient des effets aux causes que dans leur art, qu'à leur table de travail, que dans leurs hôpitaux et laboratoires. Ils étaient prodigieusement fermés à toute conception politique, timorés comme de petites filles sur ce terrain-là, et jamais je n'ai entendu l'un d'eux se préoccuper des rapports entre l'Etat, prospère ou non, et sa constitution. Je parlais souvent de cette misère avec mon très cher ami Henry Vivier, aujourd'hui disparu, médecin génial et qui avait été l'élève et l'ami de Brissaud. Lui non plus n'en revenait pas. Il a fallu Charles Maurras pour rappeler l'attention de l'élite sur ce problème de la structure et de l'organisation nationales, qui est cependant le plus important de tous. Car tout le reste, y compris la science et les lettres, en dépend.

Au fond, Brissaud fut un sentimental, un romanesque, prisonnier d'une école et d'un maître qui ne convenaient pas à son tempérament. D'où, vers la fin de sa vie, m'a-t-on raconté, un grand malaise. Chose étrange, il est mort d'une pachyméningite cérébrale, d'une lésion de l'organe qui l'avait toujours occupé et auquel il avait consacré des leçons souvent magnifiques. Tel Trousseau diagnostiquant son propre cancer par la phlébite symptomatique qu'il avait le premier décrite. On dirait que, chez certains médecins, le mal commençant s'impose à leur esprit et que leur cas particulier les tourmente d'abord sourdement, sous l'aspect de l'intérêt scientifique général.

L'aliéniste Féré était sommaire, taciturne et brutal. Imaginez un colosse velu, aux mains larges comme des côtelettes de veau, à l'œil terne, à la parole hésitante. Il ânonnait le syllabaire de la Salpêtrière, sans y changer un mot. Je plains les malheureux déments qui sont depuis tombés sous sa coupe, qu'il a camisolés, gavés, trempés dans l'eau froide ou chaude, nourris de morphine et de bromure, soumis aux exercices fallacieux qui sont d'usage dans les maisons de fous. Ce Huron rempli de lectures riait macabrement dans sa barbe, une barbe d'un mètre, quand le mot de religion était prononcé devant lui et il bredouillait, en l'estropiant, le vers célèbre de Lucrèce sur les maux que peut engendrer la superstition. Lui-même était un joli exemple de primaire, tatoué de connaissances anatomo-pathologiques, de dévot du néant, de servant du matérialisme. Il répétait volontiers que l'amour était une maladie, la foi une lésion grave, le talent une névrose, etc. Ce genre affreux est trop périmé aujourd'hui pour que je m'y étende longuement. Il florissait vers 1887, non seulement dans les salles de garde, mais aussi dans les chaires de faculté. Les maniaques à la Bourneville et à la Féré pondaient, pour les bibliothèques évolutionnistes qui pullulaient à cette époque, des ouvrages pédants et diffus où s'étalait leur fanatisme. Ils aspiraient à réglementer la société, à tyranniser le mariage, la vie de famille, l'éducation des enfants, à mettre la main sur les âmes. J'insiste sur ce délire parce qu'il a passé de leurs têtes obtuses dans celles des politiciens, parce que leurs scories ont été ramassées depuis par les chiffonniers et égoutiers parlementaires. Les lois scolaires que nous fabrique la République ont la trogne furieuse et contractée de ces tourmenteurs munis de diplômes. Elles sont venues au code par ce codex, le plus sot, le plus antihumain, le plus antisocial de tous.

Gilles de La Tourette était laid, à la façon d'une idole papoue sur laquelle seraient implantés des paquets de poils. Il n'était ni bon ni mauvais, ni studieux ni paresseux, ni intelligent ni sot, et il oscillait, avec sa tête ahurie et malicieuse, entre une multitude de qualités et de défauts auxquels il ne s'attardait pas. Il avait la voix éraillée et brûlée, le geste brusque, la démarche falote. Il passait pour un original, abordait un sujet intéressant, le délaissait pour un autre, déconcertait ses maîtres par des bizarreries qui allaient en augmentant et devenaient de moins en moins drôles. Contrairement aux affirmations du professeur Fournier qui y voyait juste en dépit de tous — et de quel œil d'aigle royal ! —, Gilles soutenait que la paralysie générale n'a aucun rapport avec la syphilis. Il gambadait, sautait, dansait quand on appelait son attention sur certaines coïncidences. Il répétait : « C'est mon idée très ferme. » Hélas ! ses idées à lui, le pauvre garçon, devenaient de moins en moins fermes, si bien qu'un jour, à un examen, ayant demandé à un candidat « quelle était la maladie qui faisait saigner, au début, de la narine gauche » et ayant reçu cette réponse : « La fièvre typhoïde, monsieur », il fit non de la tête et, au bout d'un silence de cinq minutes, déclara solennellement : « C'est la fièvre typhoïde, monsieur ; vous êtes nul, je vous refuse. »

Quelque temps avant sa mort, comme je sortais de chez moi, rue de l'Université, Gilles de La Tourette, que j'avais perdu de vue depuis plusieurs années, m'aperçut et, s'approchant, me sauta au cou. J'étais ahuri d'une marque d'affection intempestive que rien dans nos relations antérieures ne justifiait, je vous prie de le croire. Il me dit d'un ton saccadé : « Mon cher Daudet, je vous aime infiniment. Il y a longtemps que j'avais envie de cette formelle réconciliation... » Il était rouge, avec de grosses larmes dans les yeux. Je devinai tout de suite de quoi il s'agissait. Le diagnostic n'était pas difficile... Pauvre diable de Gilles de La Tourette ! C'est bien la seule minute de sa vie où il m'ait été sympathique. Il faillit tout gâcher, en voulant m'accompagner de force dans mes courses. Je ne pouvais plus me décoller de ses protestations haletantes de tendresse et de dévouement.

Les agrégés Marie et Ballet étaient, chacun dans son genre, des hommes ponctuels et raisonnables, assez sympathiques mais privés de génie et même d'originalité. Ils sont demeurés de bons élèves de Charcot, comme ils eussent été, dans d'autres professions, de bons élèves de Bétolaud, de bons employés de Chauchard ou de bons architectes ou de bons commerçants. Il ne leur est jamais venu à la pensée que le foie, le rein, le pédoncule cérébral pouvaient être construits autrement que ne l'avait décrété Charcot, ni se comporter autrement que ne l'avait établi Charcot. Comment supposeraient-ils une seule minute que ces organes osent désobéir quelquefois à Charcot, alors qu'eux-mêmes ont toujours accepté, même après sa mort, ses impérieuses directions ? Aussi les professeurs Marie et Ballet continuent-ils à faire exactement les mêmes diagnostics que Charcot et à rédiger, dans des termes identiques, les ordonnances qu'a rédigées Charcot. Ils semblent s'attendre toujours à ce que le patron, ouvrant la porte de leur cabinet, vienne à eux de son pas appuyé, remuant les mâchoires comme s'il suçait un bonbon amer, et marmonnant : « Dites donc, Marie, dites donc, Ballet, quoi de nouveau ce matin dans le service ?

— Rien Monsieur...

— C'est bon, c'est bon. Je vais faire un tour par là tout de même. »

O souvenir ! C'est mardi matin ; la cloche sonne annonçant l'arrivée du maître. Son service est là qui l'attend au grand complet. Voici le grand Babinski, la mine ouverte, jovial, les mains dans ses poches sous son tablier blanc. Voici Sollier, la calotte en arrière, une petite pèlerine sur les épaules, non moins alerte, non moins heureux de vivre en faisant de bons diagnostics. Ces deux-là sont les plus aigus, les meilleurs observateurs, et ceux qui demain porteront la hache dans le fameux syndrome de la grande hystérie, dans la théorie de la mémoire, dans l'anorexie mentale, dans la technique de la démorphinisation, dans la fréquence des névrites périphériques du tabès, etc. Pour le moment, ils sont des disciples attentifs et respectueux, rien de plus. Gilles de La Tourette, Brissaud, Marie, Ballet se font un devoir d'assister à la leçon sur le malade debout, laquelle est en effet la plus originale, la plus instructive de toutes les cliniques du monde.

Charcot descend de son coupé, que tirent cahin-caha deux vieux chevaux auxquels, dans son amour des bêtes, il jette fréquemment un coup d'œil, il donne une petite tape amicale. Il salue son monde d'un regard circulaire, tend deux doigts à son chef de clinique, un doigt à son interne et c'est tout. Exception faite pour l'illustre étranger qui baragouine quelque compliment incompréhensible. Le grand homme répond par un sourire stéréotypé, une sorte de hihi qui signifie : « Trop aimable, mais je suis pressé. » Il se dirige vers son vestiaire, contigu à une pièce qui sert de laboratoire, de musée, de salon d'attente. Des moelles épinières, des cerveaux plongés dans l'alcool, étiquetés et numérotés, indiquent que le jeu est sérieux et qu'on est prié d'aller rire plus loin. Brièvement le chef de clinique signale ce qui s'est passé d'important dans le service depuis la veille. Charcot, à mi-voix, donne quelques rapides, elliptiques conseils. En route pour la salle du cours, spacieuse, assez mal éclairée, telle que l'ont reproduite bien des photographies et des gravures. Les assistants s'entassent dans le fond. On amène un malade. Quelquefois Charcot le connaît ; souvent il ne le connaît pas. Toujours il l'interroge comme s'il le voyait pour la première fois, et dans cet examen éclate son génie ; car il va tout de suite à l'essentiel, déblayant les symptômes secondaires, écartant ce qui dérouterait tout autre médecin, ce qui ne l'embarrasse pas, lui. Il ne se penche pas vers l'échantillon humain qui lui est soumis ; il lui parle simplement, mais avec clarté, sans enfantillage, et quand il a reconnu, à quelques répliques, l'intelligence, laquelle se trouve, comme la sottise, à tous les niveaux sociaux, il s'en sert, ainsi que d'un levier, pour soulever la difficulté.

Alors il s'adresse à son auditoire, devient aussitôt technique et d'une précision tranchante : « Messieurs, vous savez déjà... J'ai déjà eu l'occasion de vous dire... C'est généralement ainsi que les choses se passent... » Il revient au patient : « Mon ami, tendez la jambe, articulez ce mot, faites ceci ou cela... » L'autre obéit, heureux d'être si bien deviné dans ce qu'il éprouve, flatté de servir la cause de la science, dont le prestige est considérable dans les milieux populaires. Quand il a affaire à un abruti, Charcot sourit imperceptiblement, avec humanité cette fois, et répète la question, jusqu'à ce qu'elle soit complètement saisie. Chemin faisant, il se laisse aller, conte l'anecdote d'un cas similaire, cite un vers de Racine, de Molière, de son cher Shakespeare ou du Dante, rappelle un tableau de Hals ou de Vélasquez, et c'est un merveilleux spectacle que celui de ces concordances artistiques et médicales qui se nouent et se dénouent pittoresquement dans sa grosse tête méditative, éloquente.

Après celui-là, un autre. Le professeur s'amuse, se surprend, se déroute lui-même. Quand il n'y comprend rien, il murmure : « Je n'y comprends rien. » Quand le pronostic est mauvais, il l'indique en latin : « *Pronostic pessimum, exitus letalis,* et j'ajouterai *properatus.* » On devine que le mal l'intéresse plus que celui qui porte le mal. Constater lui importe plus qu'alléger. La recherche des grands secrets de la vie et de la déchéance nerveuse lui fait négliger les petits secrets du traitement approprié. Quand il réfute une erreur, il s'échauffe, son œil brille davantage ou bien il souffle bruyamment, afin de marquer son mépris.

C'est fini. Brouhaha. Charcot, de son même pas, regagne son vestiaire, puis sa voiture, sans se laisser importuner par les questions des profanes. S'il trouve qu'un argument ne mérite pas de réponse, il introduit son petit doigt dans son oreille et la secoue vigoureusement, en dirigeant, vers son interlocuteur ahuri, son rictus bizarre. Les Allemands l'embêtent. Il a une préférence marquée pour les Anglais et pour les Russes. D'ailleurs, il regarde les gens, bien plus qu'il ne les écoute. Ce qui l'amuse, c'est ce qu'on n'exprime pas, c'est la nature du monsieur qui lui parle.

II

Potain. Pasteur. Péan

Le professeur Potain était l'antithèse vivante de Charcot. Il aimait les hommes d'un cœur ardent, infatigable, et il voyait surtout dans son art un moyen de les secourir. Sa bonté raffinée s'étendait, de sa famille et de ses amis, à ses clients, à ses élèves, aux inconnus. Toutes les forces de son intelligence aux antennes innombrables étaient dirigées vers le soulagement des maux souvent désespérés, pour lesquels on l'invoquait de tous les étages de la société, de tous les coins de France et d'Europe. Sa vie de savant, de chercheur, d'expérimentateur hors ligne était dévorée par les appels, les supplications, les larmes d'une multitude d'infortunés, déjà en route pour les sombres bords, dont il était la seule espérance. Chacune de ses journées était occupée : le matin par l'hôpital, l'après-midi par une trentaine de visites qui remplissaient son petit calepin noir, de rendez-vous à son dimicile boulevard Saint-Germain, en face de Charcot ; le soir, par un rassemblement d'observations et de notes prolongé jusqu'à une heure et demie, deux heures de l'aube. Il gagnait ainsi beaucoup d'argent, mais il en distribuait bien davantage, avec un tact, un génie du cœur qui décuplait le prix de ses charités. Avec cela, il était d'une petite santé, d'un physique souffreteux à la fois sublime et ingrat, qui l'apparentait à Pascal et à Erasme. De chaque côté de son grand nez, ses yeux divergents, globuleux et pleins de pitié se conjoignaient pour observer son consultant, pour pénétrer au fond de ses cryptes, dans ses replis les plus secrets. Sa voix basse et douce effleurait le secondaire, résumait le principal, réconfortait, rassurait. Ses oreilles avaient la courbe et l'auscultation. Ses mains, assez fortes, étaient satinées et habiles, écartaient la chemise ou la chemisette avec une adresse de chambrière. Au chevet des agonisants, le Dr Potain devenait immatériel, impalpable, tel qu'une lueur de phare sur les flots. Combien ont disparu, emportant la vision angélique de cette héroïque laideur ! Une mère me disait : « Sa mère a dû pleurer à le regarder quand il était enfant. Mais quelle joie pour elle dans le Ciel, quand elle le voit faire aujourd'hui ! »

La Providence m'a permis d'approcher, pendant plusieurs

années, ce grand maître, de recueillir pieusement ses avis, ses conseils, de les graver dans ma mémoire, Je n'ai perdu aucune de ses paroles si mesurées et toujours d'une parfaite syntaxe, aucun de ses divins sourires, aucune des inflexions sourdes et vives qu'il accentuait parfois d'un frottement de l'index contre sa narine droite, et d'une tape sur sa petite calotte de chef de service. Je vois son tablier, que dépasse le manche du stéthoscope, sa vareuse, le gros crayon bleu dont il dessinait sur les draps les courbes d'une fièvre ou la cadence d'un rythme cardiaque, l'appareil à l'aide duquel il enregistrait le mouvement du pouls, la tension artérielle. Je sens sur mon épaule, l'empreinte affectueuse de ses doigts et, sur ma joue, le baume de son baiser, le soir de la mort de mon père. Son image bénie est de celles vers qui je me tourne aux heures amères ou graves, pour demander un réconfort.

C'était un clinicien extrêmement ferme et qui avait le sentiment de sa valeur. Appelé en même temps que Charcot au chevet d'Alphonse Daudet, souffrant d'une forte bronchite, il recommença l'auscultation que son illustre confrère venait d'achever, sans tenir aucun compte du « mais je suis fixé » de celui-ci. Une autre fois, cinq ou six professeurs notoires discutaient, sur le cas d'un malade, d'une sciatique compliquée. Aucun ne l'avait examiné. On en était au choix du remède. Alors Potain : « Eh bien, messieurs, je demande, moi, à voir cette jambe. » Il se méfiait des théories et des thèses et ne généralisait qu'exceptionnellement. Quand il avait achevé un examen il tombait dans une longue méditation, que nous nous gardions d'interrompre, le regard en introspection, le visage incliné de côté, ainsi que s'il percevait de très loin le confidentiel chuchotement de la nature. Il en oubliait la circonstance, ses obligations, l'heure de son repas. Il sortait de cette rêverie brusquement quelquefois, par un « ah bah ! » retentissant, à l'aide duquel il se raillait de lui-même.

Je me rappelle, à la Charité, un malheureux atteint d'un énorme anévrisme de l'aorte, lequel avait rongé peu à peu la cage thoracique et battait sous la peau. Nous attendions, d'une minute à l'autre, l'issue fatale. M. Potain, chaque jour, passait une grande heure auprès de ce condamné. Il revenait dans l'après-midi s'informer de ses nouvelles. Il souffrait visiblement de son impuissance. Un après-midi, jugeant le moment terrible arrivé, par un beau soleil d'été qui tombait des hautes fenêtres dans la triste salle, il demanda de l'ouate et des bandes, emmaillota lui-même, avec des précautions infinies, le torse tremblant. Il achevait à peine que ce pansement *in extremis* devint rouge comme une écharpe de toréador... et voici le maître qui serre avec amour, contre son épaule trempée de sang, la pauvre tête épouvantée et oscillante, lui fait ainsi franchir le grand passage.

Quand un convalescent bien minable s'apprêtait à quitter le service, M. Potain, au moment du départ, lui glissait un billet de cinq cents francs dans la main. S'il s'agissait d'une femme d'ouvrier, d'une mère de famille, c'était davantage. Cela fait, il se sauvait à grandes enjambées, comme un voleur, sans écouter les remerciements, les balbutiements de la gratitude. Nous devions le suivre à la course. Sa voiture, entrant à l'hôpital, était accompagnée souvent jusqu'au fond des cours par quelque hâve et livide purotin, par une ménagère dépenaillée, auxquels il remettait un des louis dont il avait toujours, à même la poche de son gilet, une ample provision, à tout hasard. Nous nous demandions avec mon cher ami Vaquez, interne dans le même temps que j'étais externe, quelles sommes notre patron distribuait ainsi du 1er janvier au 31 décembre ? C'était sûrement une petite fortune.

La chose se savait, les gens abusaient, car il y a du mauvais monde même parmi les pauvres, mais M. Potain se fichait bien que l'on se fichât de lui. Il se reposait en donnant et répondait aux observations de ses élèves par un « ah bah ! »... Cette fois ironique.

Comme Charcot, il aimait la bonne littérature et la bonne musique, en particulier Beethoven. Fréquemment, il citait les classiques, Racine, Pascal, Saint-Simon et aussi le Chateaubriand des *Mémoires d'outre-tombe* dont la phrase harmonieuse l'enchantait. Son cours à l'hôpital était très suivi, bien qu'il parlât trop bas, avec des sursauts de la voix qui étonnaient ses auditeurs. On ne pouvait apprendre qu'à son école la pathologie du cœur et des vaisseaux, les signes prémonitoires de la tuberculose et de la néphrite interstitielle. Il fallait le voir ausculter avec de longs appuis, des interruptions, des reprises, pour se rendre compte des paysages auditifs, visuels, dans lesquels il se promenait par l'imagination, des perspectives qu'il découvrait, en véritable explorateur de l'organisme. Aucun souffle, aucun frémissement, aucun bruit de galop, si léger fût-il, ne lui échappait. Son ouïe valait celle de tous les Indiens de Fenimore Cooper. Elle décomposait les sons superposés. Elle distinguait l'imperceptible durcissement d'une valvule, le retrait d'un filet de sang. Jugeant le détail, Potain appréciait l'ensemble avec une sagacité incomparable, prévoyait les complications et combinait les remèdes en conséquence. Il est un des très rares médecins qui aient su administrer la digitale et la quinine, de même que l'Anglais Sydenham fut presque le seul à savoir jouer de son opium. Les médicaments sont des arcanes, que pénètrent, après de longues années d'expérience, quelques véritables sorciers. La rédaction d'une ordonnance parfaite exige autant de génie que de bons sens.

Ce méticuleux pouvait être distrait. Il nous racontait qu'un soir de fête de famille, car il adorait la jeunesse, il s'était laissé faire, à l'aide d'un bouchon brûlé, une superbe paire de moustaches. Entre-temps, on l'appelait auprès d'un client. Il montait en voiture sans se rappeler qu'il était grimé et ne comprenait rien à la stupeur du malade et de l'entourage qui le voyaient arriver ainsi transformé. Ce souvenir provoquait son bon rire, joyeux et frais comme celui d'un enfant ou d'un saint.

Une seule fois je l'ai vu se mettre en colère. Il avait, comme garçon de salle à la Charité, un bonhomme broussailleux, barbu, pas bête, débrouillard, gouliâfre et quelque peu pochard, qui s'appelait Ferdinand. L'armoire de Ferdinand, comparable au nid de la huppe, renfermait les objets les plus hétéroclites, de la ficelle, des anchois, de l'eau-de-vie, du sucre, un manuel du parfait infirmier et des vieux boutons. Ayant ponctionné une pleurésie intéressante, M. Potain avait recommandé expressément qu'on lui gardât le liquide. Le pauvre Ferdinand, étant ivre, renversa le flacon dans sa cachette, englua ses trésors et reçut du patron, par-dessus le marché, une avalanche d'injures véhémentes qui se termina par un billet de cinquante francs. En suite de quoi nous dations de là les éphémérides de la Charité : « Monsieur, c'était quinze jours, un mois après le suif à Ferdinand. — Ah ! oui, la perte du liquide pleurétique... sacré diable d'animal ! »

Le service Potain était naturellement très recherché. Les meilleurs de la Faculté sollicitaient l'honneur de faire partie de cette clinique. J'ai connu là l'excellent Foubert, aujourd'hui disparu ; Sapelier, qui s'est fait depuis une belle clientèle ; Paul Delbet, médecin de grande valeur, qu'il ne faut pas confondre avec son cousin, le chirurgien penseur Pierre Delbet, et enfin Henri Vaquez, le maître actuel de la pathologie du cœur et des vaisseaux et le successeur de M. Potain. C'était un milieu agréable et sans morgue, beaucoup plus humain que celui de la Salpêtrière et où le malade n'était pas considéré comme un simple support de la maladie. La merveilleuse bonté du chef rayonnait sur tout le monde, enlevait même à l'hôpital cet aspect rébarbatif et impersonnel, cette odeur fade qui impressionnent tellement les pauvres gens. Des habitués, atteints d'un vulgaire rhumatisme chronique, venaient là faire leur petite saison de villégiature, participer au régal de la double portion, se requinquer dans cette atmosphère familiale. J'en ai vu qui se plaignaient à M. Potain de la trop grande fréquence de la purée de pois cassés. Il répondait avec douceur : « Cela sort un peu de mes attributions. Néanmoins, j'en parlerai à la direction. Il importe en effet de varier les menus. »

Tel était aussi d'Esbach, chef du laboratoire de chimie, et de son inséparable Suchard, chef des travaux anatomo-pathologiques et chargé des autopsies. Esbach était un bon vivant, jovial et robuste, qui avait écrit un *Tartarin à l'Ecole de médecine*, fin lettré et fin gourmet. Suchard était une magnifique intelligence, un de ces esprits clairs et pondérés, qui élucident en cinq minutes les questions les plus embrouillées. Il avait la passion du canotage et, chaque dimanche, remontait la Seine ou la Marne dans une yole construite selon ses plans. Les deux amis, étant célibataires, déjeunaient et dînaient ensemble au café Caron, situé alors au coin de la rue des Saints-Pères et de la rue Jacob. Le premier arrivé au laboratoire de la Charité esquissait au tableau noir un projet de menu que l'autre, en son absence, rectifiait ou complétait. Sur le coup de onze heures, Esbach et Suchard tombaient d'accord et remettaient gravement le résultat de leurs méditations au maître d'hôtel. Ils m'ont invité quelquefois à ces agapes. J'en ai gardé un aussi bon souvenir que du dîner d'agrégation de Babinski, organisé à *la Tour d'argent*, sur les fourneaux du regretté Frédéric, par son incomparable frère, maître indiscutable de tous les gourmands et gloutons de France, Babinski III, dit Ali Bab, auteur de ce glorieux chef-d'œuvre : *Gastronomie pratique*. La perfection du palais buccal est l'apanage des hommes d'esprit. Il fallait entendre Esbach et Suchard dépiauter un imbécile ou un charlatan. C'est de leurs robustes causeries et de leurs définitions sans miséricorde qu'est née dans mon esprit la première idée des *Morticoles*. Ah ! les honnêtes, les loyaux garçons solides dans leur science, dans leurs amitiés, dans leurs antipathies, et auxquels toute vilenie donnait la nausée !

Pendant l'été, M. Potain prenait alors un mois de vacances à Uriage, où il avait loué une villa au milieu du parc. Il y travaillait, bien entendu, du matin au soir — Charcot, Maurras et lui sont les plus grands, les plus acharnés travailleurs que j'aie connus — mais parmi la verdure et le chant des oiseaux. Il me confiait que ce petit concert de l'aube lui était un délice : « Je ne me lasse jamais de leurs mélodies. Il n'y a pas d'opéra qui les vaille. Elles donnent l'impression d'une joie féerique. » Je n'ai pas besoin de vous dire qu'un très grand poète de la santé et du bonheur habitait ce méditatif perpétuellement appliqué à la souffrance humaine. J'ai entendu dans sa bouche ce mot significatif : « Rien ne repose comme un visage de femme. » Nullement matérialiste, il était, sinon pratiquant, tout au moins profondément traditionnel. Son âme ignorait les soubresauts, les brûlures et les ricanements des âmes qu'a désertées le divin.

Aucun des clients de M. Potain n'a pu oublier le souci extraordinaire avec lequel, son examen terminé, il posait les grandes lignes et les détails du traitement. Ce travail lui prenait quelquefois trois quarts d'heure, une heure de silence, d'immobilité complète, et contrastait singulièrement avec les ordonnances bâclées ou insouciantes des premiers parmi ses confrères. Je lui demandais pourquoi il recommandait si souvent l'eau de chicorée à sa clientèle riche. Il me répliqua avec tranquillité : « Parce que la chicorée fait boire de l'eau pure et que l'alcoolisme est malheureusement assez fréquent chez les dames de la bonne société. Cela leur est venu d'Angleterre et d'Amérique. Le désœuvrement en est cause. Elles abusent notamment de l'eau de mélisse. » L'usage, de plus en plus fréquent, des poisons chroniques, cocaïne, morphine, laudanum, extrait thébaïque, l'effrayait pour l'avenir. Il s'en détournait volontiers, ainsi que des grandes aberrations du système nerveux, des troubles sexuels tels que l'inversion masculine et féminine dont on commençait à peine à s'occuper. Il avait une invincible horreur de ce qui dégrade la créature humaine, un besoin de respirer l'air pur et le parfum des fleurs morales, que j'ai retrouvé au même degré seulement chez Mistral. C'est pourquoi j'affirme et je maintiens que M. Potain portait en lui un poète lyrique. Ce qui le soutenait dans son affreuse et sublime besogne c'était l'espoir de la guérison. Il se plaignait doucement qu'on l'appelât toujours comme un médecin des morts pour constater le décès. Il murmurait au retour de ces tournées funèbres : « C'est accablant. En vérité c'est accablant. »

Ce sentiment existe à des degrés divers chez tous les médecins qui voient au-delà de leur métier, qui ne sont pas de simples distributeurs de spécialités pharmaceutiques. Il arrive un jour, aux environs de la cinquantaine, où la curiosité clinique s'émousse, où le contact perpétuel de la douleur, de la déchéance et du trépas d'autrui fatigue et déprime, où le docteur à la mode éprouve le besoin de s'évader ; il tombe amoureux fou d'une dame austère, d'une demoiselle frivole, de peinture, de musique, de voyage, de littérature. Il songe : « Eh ! là-bas je ne veux pas avoir usé toutes mes facultés à la contemplation du charnier. » C'est la revanche de la vie déclinante sur la mort. Chez plusieurs de mes anciens camarades, et cotés, et arrivés, et célèbres, j'ai remarqué, avec cette lassitude, ce dégoût intime. Personnellement je l'avais éprouvé très vite au bout de sept ans d'études médicales. Aussi ne me surprend-il pas chez les autres. Il faut un cœur d'apôtre ou une insensibilité totale pour traverser tant de cercles infernaux remplis de gémissements et de plaies hideuses.

J'avais dix-neuf ans le jour où j'entrai comme « bénévole », ou « roupion », dans le service de chirurgie de Tillaux à l'Hôtel-

Dieu. Le docteur Tillaux n'avait point l'envergure de Potain, mais c'était un cœur excellent, un praticien sûr et d'une scrupuleuse honnêteté. Ses favoris étaient encore blonds, ses cheveux grisonnants rejetés en arrière, et sa bouche demi-paysanne ne manquait certes pas de finesse. Il tutoyait volontiers ses malades et défendait justement à ses internes d'en faire autant : « Attendu, monsieur, que vous n'avez pas mon âge. » Dès huit heures du matin, il arrivait à l'hôpital dans un coupé déverni que traînait une émouvante rossinante et il commençait, à la mode d'autrefois, l'appel de ses élèves sur un beau carton *ad hoc* peint en couleur par la sœur de charité de la salle des hommes attachée elle-même au service depuis vingt-cinq ans. La pratique rudimentaire de l'antisepsie, au début, inondait les lits d'une douche nauséabonde d'acide phénique ; le pansement dit de Lister faisait florès bien que Lister ne l'appliquât déjà plus.

Mon premier malade fut un cancéreux d'une maigreur effroyable qui « faisait » — comme on disait — des troubles cérébraux et accusait les infirmiers de jeter « des poils » dans ses aliments. Comme je le chapitrais il se mit en fureur, ameuta ses voisins, prétendit que j'avais craché dans sa soupe. Il fallut une bonne demi-heure pour le calmer. Du côté des femmes m'échut une vieille gâteuse affligée d'une fistule compliquée, qui faisait communiquer entre elles toutes les pièces basses de son organisme, par où je devais introduire des filières de mèches au sublimé. Au premier essai, je crus vomir. L'odeur de corruption était épouvantable. On m'avait affirmé : « Vous vous aguerrirez... » Mais pas du tout. C'est là un cliché fort inexact. Je ne me suis jamais aguerri. Il m'arrive encore maintenant de rêver de ce lit, de ces drains, de cette fétidité qui me donnaient envie de m'enfuir, qui faisaient qu'à la pension Laveur, sous l'œil bienveillant de tante Rose, de la brune Mathilde ou de Baptiste, je m'arrêtais soudain de manger jusqu'à ce que j'eusse chassé l'image diabolique.

La semaine suivante, ce fut pire, ce fut le cauchemar. Pasteur venait de découvrir le traitement de la rage, au milieu d'un grand brouhaha de dévots et d'incrédules dont le tam-tam remplissait le milieu médical. Tillaux était nettement pastorien. Six paysans russes ayant été mordus à la figure et aux mains par un loup enragé, le gouvernement du tsar les expédia à Paris. On les mit en surveillance à l'Hôtel-Dieu. Pendant huit jours, Pasteur vint ponctuellement régler en personne les injections de son sérum que faisait Tillaux à ces malheureux. Ce grand homme était d'une charmante simplicité et d'une parfaite bonhomie. Une petite gêne à peine perceptible dans ses mouvements indiquait à l'œil averti qu'il avait eu une attaque. Celle-ci n'avait fait d'ailleurs qu'aiguiser son génie. Nous nous rangions sur son passage avec une vénération véritable. Nous écoutions avidement ses moindres paroles, nous suivions chacun de ses regards où transpirait une compréhension infinie.

Le neuvième jour, un des paysans, contractant ses mâchoires comme les branches d'un étau, entre en rage. On le transporta en hâte dans un pavillon d'isolement, mais ces cris traversaient les cloisons et je n'oublierai jamais les visages épouvantés de ses compagnons, condamnés au même sort, qui se bouchaient les oreilles de leurs gros doigts mâchurés par le fauve. A partir de là, chaque matin, le mal implacable s'abattit sur un nouveau Russe, si bien que les six y passèrent. Leurs clameurs désespérées, tantôt sourdes, tantôt suraiguës, se faisaient entendre jusqu'au parvis Notre-Dame. L'effroi régnait sur l'hôpital. Quand on pénétrait dans ces chambres de torture, on trouvait les infortunés disloqués comme des ceps, les yeux désorbités, l'écume aux lèvres, cramponnés aux barreaux de leur lit, ou se roulant sur le sol, des lambeaux de leurs draps entre les dents. Le moindre fil de lumière, le moindre reflet sur un gobelet, le moindre grincement de serrure leur étaient insupportables. Pendant les répits, ils nous suppliaient dans leur langue de les achever, de mettre un terme à leur supplice. Après une consultation entre le pharmacien en chef Tillaux et Pasteur, on s'y résolut. Le pharmacien prépara cinq pilules — le premier enragé étant mort enfin — qui furent administrées aux cinq autres avec toute la discrétion d'usage en pareil cas. Quand le silence retomba tel qu'un grand suaire sur la maison des maux sans nombre, nous nous mîmes tous à pleurer d'horreur. Nous étions à bout de nerfs, anéantis. Je songeais à part moi que la médecine était une carrière bien sinistre.

On admire que Pasteur eût fait quand même ses injections bien que les six cas fussent désespérés. Les adversaires de sa méthode avaient ainsi beau jeu d'attribuer l'échec à l'inefficacité du remède. Mais il était de ceux, très rares, qui préfèrent une bonne conscience à la gloire.

Le service du vieux chirurgien Richet, père du physiologiste et métapsychiste Charles Richet, était contigu à celui de Tillaux. Souvent, pour nous amuser, nous franchissions la frontière ennemie, car Richet détestait Tillaux, auteur d'une anatomie topographique qui faisait concurrence à la sienne. En parlant de ce bouquin, le papa Richet disait « le livre ». C'était un grand et vieux diable tout en os, d'une solennité bouffonne. Il prononçait les *â* très ouverts, d'une large bouche qui se refermait comme une boîte, avec un bruit sec. Il racontait ainsi une villégiature en famille au bord de la mer : « Mâdâme Richet, mâ vénérâble épouse, avait de l'eau jusque-lâ... Mossieur Charles Richet, mon fils, âgrégé à lâ même Fâculté... âvait de l'eau jusqu'ici... Moâ-même le professeur Richet, je n'avais, vu mâ haute taille, de l'eau que jusqu'aux genoux. » Il avalait avec une remarquable complaisance les plus extravagantes bourdes que lui racontaient à qui mieux mieux ses élèves. J'ai compris depuis comment l'excellent Charles Richet, gobe-spectres s'il en fut, a pu étudier de près tant de fantômes.

Passons maintenant à l'hôpital Saint-Louis qui s'enorgueillissait, voici un quart de siècle, de trois maîtres éminents : Péan, Besnier et Alfred Fournier.

Tout enfant, j'avais été mené en consultation, 21, place Vendôme, chez le chirurgien Péan. J'avais gardé une impression profonde de son fouchtra de domestique, qu'amadouait un petit pourboire, de ses immenses salons peuplés de stropiats de tout âge, de sa personnalité géante, solide, carrée, de sa large tête à favoris noirs, de sa voix pâteuse et robuste. Je le dis tout de suite, c'était un brave homme sommaire et brutal, capable de bonté, de générosité, incapable d'une vision d'ensemble, extrêmement habile de ses pattes — car comment appeler cela des mains —, jovial ainsi qu'un boucher au milieu de son abattoir et qui tranchait dans le vif comme dans du bois. Tel quel, il était un aigle à côté du prétentieux et roucoulant Pozzi dont l'ignorance en tout est fabuleuse, ou même de Doyen, opérateur génial, médiocre clinicien et qui s'imagine de temps en temps avoir découvert le remède de tous les maux. Péan était éducable et perfectible, il écoutait les avis autorisés, il connaissait ses trous. Doyen ignore les siens et ferme obstinément les oreilles et les yeux à tout ce qui contrecarre ses marottes. Alors qu'il se croit un va-de-l'avant et un novateur, son plus grave défaut est d'être borné.

C'est Péan qui a inauguré les séances opératoires où le virtuose du couteau abat trois jambes, deux bras, désarticule deux épaules, trépane cinq crânes, enlève en se jouant une demi-douzaine d'utérus avec les annexes et quelques paires d'ovaires. Il fonctionnait en habit, en cravate blanche, assaisonnant son travail de prestidigitateur tragique avec des coq-à-l'âne et des truismes effrayants. Je citerai notamment l'axiome célèbre : « Il vaut mieux dix pinces inutiles qu'une seule qui ne sert à rien », et la formule coutumière : « Retirez-vous tous derrière, mâssieurs, car tout le monde est devant et ceux qui sont derrière ne *vouaillent* rien. » Au bout de deux heures de cet exercice, il ruisselait de sang et de sueur, les mains, ou mieux les battoirs, rouges comme ceux d'un assassin, les pieds trempés de pourpre et toujours guilleret. On emportait les opérés coupacés et livides, en plusieurs tronçons sur des brancards, à la queue leu leu, à la va-comme-je-te-pousse, les pinces brinquebalant dans les abdomens ouverts ainsi que des veaux ou des porcs. Seul Hogarth eût pu rendre cette panique du dépècement, ce massacre scientifique, qui tenait de l'étal, du supplice et de la course de taureaux. Les spectateurs non prévenus vomissaient. D'autres s'évanouissaient. Je n'ai jamais vu, pour ma part, un tel amas de troncs, de morceaux et de moignons, un pareil hachis de viande humaine. Cela, vu l'imperfection du sommeil chloroformique, au milieu de soupirs, de sanglots, de hurlements de douleur, de cris pareils à des sifflets de locomotive et de steamer, du bruit des corps mous chus à terre en se contorsionnant. Ce jeu achevé, Péan lavait à grande eau ses abattis, se curait les ongles, se mouchait dans un bruit de tonnerre, bouchonnait les taches écarlates de son plastron, de son gilet, de son pantalon, et s'en allait à grandes enjambées avec une mine de carnassier satisfait. Il avait accompli sa fonction ici-bas, qui était de trancher, d'ouvrir, de réséquer, de désosser et d'éventrer. « Je le tailladai, Dieu le guârit... » La vérité est qu'on ne « guârissait » pas beaucoup chez le terrible coupe-toujours.

Il n'est presque rien de plus grossier, de plus bref que la chirurgie, quand elle se sépare de la médecine, quand celui qui tient le couteau ne sait point que ce couteau est un pis-aller, une défaite de l'ingéniosité thérapeutique. Les femmes sottes admirent cette charcuterie enragée où elles voient un spectacle de force. On ne compte plus les bonnes fortunes des chirurgiens à la mode. Ils prennent rang aussitôt après les cabotins du genre comique, un peu avant les cabotins du genre grave. Cependant, l'avenir appartient au visionnaire armé à la fois du baume, du venin et de l'acier, et qui n'emploiera le troisième moyen que par rarissime exception.

III

Maupassant

Le cas du pauvre Guy « maupassa » — si l'on peut dire — par une série de transitions du comique au tragique. Bien que ne le voyant qu'à de rares intervalles — car il avait peur et horreur des notations toujours imminentes d'Edmond de Goncourt, intime de notre maison — j'étais renseigné sur son compte à la fois par les écrivains ses confrères et par les médecins, mes maîtres ou mes camarades, qu'il consultait du matin au soir. Il m'intéressait vivement : je pensais et je pense encore qu'il ferait le sujet d'une monographie exemplaire où les hommes de lettres apprendraient, par l'épouvantail, tous les pièges qu'il convient d'éviter.

Maupassant commença par le piège mondain. Un beau jour, on apprit qu'il s'était commandé trois douzaines de caleçons roses, deux douzaines de chaussures claquées vernies, des complets de toutes les couleurs, qu'il interrogeait gravement les chemisiers à la mode et leur découvrait une intelligence remarquable. Dans le même temps, il recherchait avec avidité les personnes titrées ou simplement répandues dans les cercles, les salons, les boudoirs de courtisanes huppées et intellectuelles — car il y avait encore des courtisanes intellectuelles, espèce aujourd'hui disparue — ; il sollicitait leur avis et y conformait sa personne extérieure, ses façons jusque-là balourdes de manger, de se vêtir, de marcher et de monter à cheval. A ses camarades, qui le blaguaient sur ces changements et son snobisme, il répondait : « J'en ai assez d'être un paria... J'opère mon ascension sociale... Si jamais je fais un enfant, je désire qu'il soit un homme du monde... Je préfère un oisif bien élevé à un mufle de génie », et autres calembredaines dont on s'esclaffait tout en le plaignant. Car le contraste de ses faiblesses et de son talent rude, énervé et sommaire lui attirait des sympathies.

Il fréquentait, bien entendu, chez la princesse Mathilde où foisonnaient les salonnards et les juives le plus capables de le faire tourner en bourrique. Oisifs et oisives, alors acharnés sur le philosophe Caro — qui valait certes Bergson —, découvrirent avec plaisir cette nouvelle tête de Turc normand, passionné et congestif, féru de canotage et d'exhibition musculaire, auquel on s'amusa à monter les pires bateaux. Tantôt on lui conseillait l'habit rouge pour une soirée nullement costumée et on jouissait de sa déconvenue, alors qu'il tombait en perroquet au milieu du deuil des habits noirs. Tantôt une belle lui donnait de faux rendez-vous où il découvrait, sous chaque meuble, une dame ou un monsieur se tordant de rire. Une autre lui écrivait des lettres pâmées qu'elle faisait signer par sa femme de chambre. On l'invitait, on le décommandait, on le soumettait à des usages absurdes, à des formalités inexistantes.

Il acceptait ces mystifications sans bonne humeur, mais avec patience, considérait ces familiarités comme autant d'épreuves qui le rapprochaient néanmoins de ses augustes modèles. Puis il avait de brusques réveils, envoyait coucher tout le monde, allait lui-même se coucher rageusement avec des bonnes ou des personnes de mauvaise vie, s'en vantait auprès de ses Dulcinées de la Haute, espérant ainsi les secouer et les émouvoir. Elles ne s'amusaient de lui qu'avec plus d'entrain, ne le pillaient que davantage et vite il leur revenait repentant, sollicitant avec humilité son pardon et la reprise du joug parfumé. On trouve le reflet estompé de ces alternatives dans *Fort comme la mort*, surtout dans *Notre cœur* ; mais il a passé bien entendu à côté de son plus beau livre, qui eût été sa propre histoire.

Bientôt on signala quelques excentricités du pauvre Guy, mises sur le compte de ses déboires sentimentaux. Je ne citerai ici que les plus convenables. Elles ne sont tout de même pas édifiantes.

C'est ainsi qu'il alla solliciter d'un médecin naturaliste fort connu, possesseur d'une bibliothèque de livres obscènes — ce qui, entre parenthèses, est toujours inquiétant —, une édition illustrée du marquis de Sade : « Il s'agit, dit-il d'un air dégagé, de parfaire l'éducation d'une jeune cuisinière qui a de grandes aptitudes à la débauche.

— Vous feriez mieux, répondit gravement le docteur en question, de lui acheter un livre de cuisine. »

Une autre fois, par un beau jour d'été, il avait organisé une partie de plaisir à la campagne. Le rendez-vous était gare Saint-Lazare. A chaque arrivant, Maupassant déclarait sa confidence : « Je vous préviens que nous déjeunerons nus. C'est une condition indispensable. » Il fut scandalisé de voir ses invités, gens posés, assez mal fichus, quelques-uns même appartenant aux Sciences morales, se défiler poliment. Il allait répétant : « Quelle hypocrisie ! »

Invité à dîner, comme dans la *Tour de Nesle*, par une dame du plus grand monde — du moins il le croyait — dont il poursuivait la conquête, il lui proposait gravement, après le potage, de courir en chemise et à quatre pattes autour de la table et il s'en allait avant le dessert, suffoqué par le refus épouvanté de la belle personne.

Entre-temps, il commençait à se plaindre du bruit, de la lumière, des conversations. Il allait trouver des confrères qu'il connaissait peu pour leur raconter ses démêlés avec son propriétaire à la suite de l'histoire suivante : un boulanger, habitant le rez-de-chaussée, attirait des cafards dans la maison. Maupassant déclarait avec feu :

« Je ne puis pas supporter les cafards. N'est-ce pas que c'est épouvantable ? Que feriez-vous à ma place ? Donnez-moi un conseil.

— Déménagez.

— Impossible. J'ai un bail. Ce serait ruineux.

— Supprimez les cafards. Il y a des moyens pour cela.

— Oui, mais il faudrait employer des poisons violents et je ne le veux à aucun prix.

— Faites déguerpir le boulanger.

— Il a, lui aussi, un bail bien en règle. Mon propriétaire tient à lui. Je perdrais mon procès. »

La consultation se prolongeait ainsi pendant une heure, et l'interlocuteur énervé se demandait : « Quand ce raseur va-t-il me ficher la paix ? »

Comme il arrive, ses amis et ses relations mirent du temps à s'apercevoir qu'il déménageait. On disait : « C'est un fantaisiste, un être de caprice, et de rêve, comme tous le poètes. » Ou bien : « Il est amoureux. Ça passera. » Les docteurs, harcelés et bassinés par lui, conseillaient les eaux, l'hydrothérapie, l'électricité, le bromure, le chloral, le voyage et tous les régimes connus : la suppression du tabac, des liqueurs, du vin, des femmes, du travail. Le pauvre Guy s'engouait pendant huit jours du professeur un tel, puis passait à un autre, puis à un autre. Un seul, dès 1886, avait vu clair dans son cas, nettement diagnostiqué la paralysie générale : le savant oculiste Landolt. Il avait gardé pour lui cet horrible secret, mais il ne conservait aucun doute sur l'inutilité de tous les traitements et sur l'issue fatale. Les salonnards et leurs dignes compagnes ne se doutaient guère qu'en jouant avec la sensibilité surexaltée du pauvre Guy, ils et elles jouaient avec le feu. J'ai toujours regretté, pour ma part, qu'avant de donner enfin le repos à son implacable tréponème, le malheureux garçon n'ait pas légèrement tordu le cou à deux ou trois de ses tourmenteurs et tourmenteuses. C'eût été une salutaire leçon. Mais il préféra adapter au théâtre *Musotte*, en collaboration avec Jacques Normand.

De toute son œuvre, ce que je préfère c'est *Sur l'eau*, poème âcre et brûlant, d'un pessimisme tendu, où s'entrevoit un paysage d'âme comparable à un mur blanc, hérissé de tessons de bouteilles en plein soleil. Comme il a dû souffrir, le malheureux qui promenait cette conception de l'univers à travers la société parisienne, en même temps qu'une naïveté d'enfant, qu'une concupiscence de muletier ivre ! Bien souvent, devant ces volumes de contes proprement écrits, vulgairement construits, sans prolongements, secs et brutaux, ou, vers la fin, pareils à des cauchemars, j'ai pleuré sur cette destinée farouche, autour de laquelle bourdonnèrent tous les frelons d'une morne époque et qui attira, avec toutes les mauvaises fées, le peuple effrayant des imbéciles à la mode.

Un jeudi soir, jour de réception chez Alphonse Daudet, comme je raccompagnais des amis dans l'antichambre, je vis entrer Guy de Maupassant. Il avait les prunelles dilatées et l'air sombre. Il demanda : « Goncourt n'est pas là ?

— Non, monsieur, il a la grippe.

— C'est bien ce qu'on m'avait dit. »

Il entra dans le cabinet de travail, où mon père aussitôt lui fit fête : « Ah ! c'est vous, le monsieur qu'on ne voit jamais. Vous avez bonne figure. Asseyez-vous et prenez un verre de bière. »

Maupassant expliqua brièvement que la bière, toxique redoutable, lui détraquait l'estomac. Il me regardait comme pour dire : « Votre fils, qui fait ses études de médecine, sait cela. » Ensuite il tomba dans un profond mutisme, répondant par monosyllabes aux plaisanteries de ses copains, Léon Hennique entre autres, qui étaient présents. Il demeura ainsi, taciturne et pâle au fond de son fauteuil, dont il frottait les bras de ses mains courtes, et sa présence avait fini par jeter dans notre jeudi, si gai d'ordinaire, un froid terrible. Quand minuit sonna, tel un revenant qui n'a pas la permission d'une heure du matin, il se leva et cérémonieusement prit congé. Lui parti, je ne pus m'empêcher de m'écrier : « Il aurait tué de ses mains *la Petite Roque* — c'est le titre d'un de ses meilleurs contes — qu'il ne serait pas plus accablé. Quelle soirée de Médan il nous a fait passer ! »

Alphonse Daudet secoua sa pipette blanche émaillée, legs de Flaubert, maître lui-même du pauvre Guy : « Le fait est que son silence avait l'air traversé de visions sinistres... Brr !... Allons, Pugno, un peu de piano, je ne veux pas aller me coucher sur cette impression-là. »

Nous ne devions plus revoir Maupassant.

IV

Courteline

Par sa simplicité apparente et sa sournoise complexité, par sa verve douloureuse et son goût de chair, l'aventure du cocu consolé Boubouroche s'apparente aux drames de Molière. Là, comme dans *le Train de 8 h 47*, Courteline a eu son illumination. C'est un personnage de conte de fées, que Georges Courteline, avec sa petite taille, son teint de papier mâché, ses yeux mobiles, ses paletots aux manches trop longues et sa grosse serviette. Je l'ai vu maintes fois sortir du sol, comme dans les féeries, s'asseoir à une table de café, discutant déjà avec force gestes, pour convaincre de choses futiles quelques messieurs accompagnés de dames, des confrères, des ambulants ou de simples pochards. Il a la fureur de persuader et la constance de démontrer. Il est bon comme le pain, vif comme l'argent, aigu comme un couteau, gai comme un verre d'anjou blanc, ou mélancolique comme un capitaine de gendarmerie, calé sur le Code comme un huissier de campagne, noctambule comme un chat de Montmartre, amical, blagueur et délicieux. Ne pas avoir connu Courteline est une lacune grave dans le plaisir d'une existence. Ne pas l'apprécier est un signe de maladie du foie. Ne pas admirer sa fantaisie, bridée de classique, est un manque de goût littéraire. Car sa folle drôlerie n'est que l'envers d'une tapisserie aux nuances harmonieuses et il vend la logique tantôt dans des verres de coco, tantôt dans de petites boîtes, cocassement ciselées.

Mon père, qui le chérissait et savait par cœur *le Train de 8 h 47*, me disait souvent : « Comment attirer Courteline ? Les salons l'embêtent. Il faudrait lui aménager ici un petit café, avec de la sciure et des boules de métal où mettre les torchons.

— Attention ! ripostait Coppée. J'ai connu une jeune femme qui avait organisé cela chez elle, afin de retenir son mari. Mais il déserta bientôt le café conjugal, sous prétexte que la bière manquait de pression. »

A défaut de pression, j'étais chargé de relancer Courteline, presque aussi insaisissable qu'Antoine, pour d'autres raisons. Il avait plusieurs domiciles, sans compter celui de ses parents à Saint-Mandé, où, en fils modèle, il couchait chaque jour. D'autre part, il ne répond que rarement aux lettres et télégrammes dont je suppose bourrée sa fameuse serviette. Même quand on met, après de longues recherches, la main sur lui, il suit sa pensée et le fil de son récit, de sorte qu'il est très difficile de fixer son attention. Enfin il n'a pas de carnet où inscrire ses invitations, et sa mémoire sur ce point est défaillante. De sorte que la même comédie recommençait chaque fois.

« Courteline, j'ai un mot à vous dire.

— Mais comment donc, cher ami.

— Mon père vous supplie, vous conjure, vous adjure de venir dîner jeudi prochain chez lui. Vous êtes libre ?

— Attendez donc, cher ami, attendez donc. Nous sommes mercredi. Sauf erreur, c'est demain jeudi. J'ai ma chronique à faire pour le *Journal*. Mais, bah ! je la reculerai. Garçon, de l'encre et du buvard. Je vais écrire un mot à Xau.

— Inutile. Je vois Xau dans une demi-heure. Je lui ferai votre commission. Alors nous comptons sur vous, 31, rue de Bellechasse, huit heures, en veston.

— Pour vendredi, cher ami, parfaitement.

— Non, pas vendredi, jeudi, saperlipopette ! Comment vous graver cela dans la tête ?

— C'est bien simple. Jules — ici Courteline appelait le garçon — vous me rappellerez demain que je dîne chez Alphonse Daudet. Ça colle, hein ? et pas de blagues.

— Monsieur Courteline, vous pouvez y compter. »

Le lendemain, à partir de sept heures et demie, Alphonse Daudet, qui, lui, n'avait pas oublié, me demandait, non sans inquiétude : « Tu es sûr que Courteline va venir ?

— Ah ! papa, j'ai fait de mon mieux. Il m'a promis d'être exact, mais avec lui... »

A chaque coup de sonnette, nous répétions : « C'est lui. » Mais non : c'était tantôt Armand Charpentier, auteur du malheureux *Roman d'un singe*, et pareil lui-même à un rat bouilli, tantôt Toudouze, tantôt un autre aussi décevant. Car il est remarquable que ce qui trompe l'attente est en général insignifiant. Celui qui guette un télégramme de sa bonne amie ouvre toujours à un porteur de prospectus. Enfin, à huit heures un quart, mon père devait se mettre à table, aussi mélancolique que Tristan privé de son Yseult. On essayait d'évoquer l'absent. On citait des répliques de *Boubouroche* ou de *Lidoire*, qui aiguisaient le désir davantage. La soirée se passait dans cette petite angoisse. Le lendemain, je tombais sur Courteline qui rugissait : « Ah ! saperlipopette, cher ami, c'est bien ce soir vendredi que je devais dîner chez votre père... Mais imaginez-vous qu'une promesse antérieure. »

La vérité est que son amour de l'indépendance lui rend le sédentaire d'une soirée extrêmement pénible. Il m'a conté souvent que son plaisir consiste à prendre un train pour une petite ville de province, de préférence un samedi soir, et à se mêler, par une consommation offerte à point, par le billard, les cartes ou autrement, à la vie locale, aux habitudes des gens. C'est ainsi en écoutant le tiers et le quart, qu'il s'est formé son excellente syntaxe, laquelle colle à la réalité comme le maillot au torse du coureur... « Tel sur le papier qu'à la bouche », a dit Montaigne de ce style-là, et je sais qu'il prévoyait Courteline. Mais, s'il l'avait invité à dîner chez lui, Courteline, que les châteaux embêtent autant que les salons, lui eût certainement fait faux bond.

Cet ironiste de grande allure a la sensibilité la plus aiguë, la plus directe, et toutes ses qualités en place. Il défend ses amis comme un lion, avec toutes les ressources de son esprit et de sa colère, au milieu d'une mimique désespérée. Il serait d'une folle imprudence d'attaquer feu Mendès devant lui. Notez qu'il ne peut ignorer aucune des tares, aucun des insupportables travers de Mendès. Mais sur ce point, c'est l'aveuglement systématique et son œil inquiet a l'air de dire : « Si je cédais grand comme ça, il faudrait abandonner tout le reste. Or j'aimais Mendès. Donc, je préfère bloquer. »

Il s'est composé une collection originale de tous les tableaux de rencontre et de brocante, les plus falots, les plus burlesques qu'il a pu dénicher. Il en parle avec amour. On sent qu'ils lui fournissent la clé de traits de nature similaires et correspondants. Cependant il a l'esprit scientifique et j'ai souvent admiré la facilité avec laquelle il déblaye le secondaire, pour aller à l'essentiel d'un vice, d'un travers ou d'une maladie. Courteline, tout modeste qu'il est, me représente une des physionomies les plus caractéristiques de notre temps et je suis bien tranquille sur la place que réservera à son œuvre la postérité. Il a donné une note si juste, avec un instrument si particulier !

V

Lamalou-les-Bains

Il est peu d'endroits aussi beaux, aussi sombres, aussi âpres, aussi pathétiques que les eaux de Lamalou, dans l'Hérault, tout près de la petite ville de Bédarieux, arrondissement de Béziers. Mon père est mort avant d'avoir consacré à cette station thermale, où l'on soigne les grandes maladies nerveuses, notamment le tabès, le livre qu'il projetait sous ce titre : *la Doulou.* Lui seul pouvait l'écrire, avec cette double vision poétique et sincère, qui lui appartenait en propre. A défaut de ce qui eût été un poignant chef-d'œuvre, on trouvera ici quelques notes et une vue d'ensemble, dont l'unique mérite sera l'exactitude.

Imaginez un grand ravin, brûlant en été malgré de beaux arbres. Le long de ce ravin sont échelonnés trois postes ou mieux trois prises de l'eau singulière, connue dès l'Antiquité, où ceux qui marchent mal et que parcourent de soudaines douleurs viennent chercher un soulagement. On distingue ainsi Lamalou le haut, dont la source est plus chaude, Lamalou le centre et Lamalou le bas, la plus fréquentée. Il y a vingt-cinq ans, un casino et quelques hôtels — nous descendions à l'hôtel Mas — constituaient les seules distractions ; mais elles ne manquaient certes pas de saveur.

J'ai vu là le vieux Dr Privat, qui avait connu et hébergé Duchenne de Boulogne, le maître méconnu de la pathologie nerveuse avant Charcot. C'est à Duchenne de Boulogne qu'on doit, outre l'analyse à peu près complète du rôle des muscles dans les attitudes, les gestes et l'expression faciale, la description *ne varietur* du tabès ou ataxie locomotrice, de l'atrophie musculaire progressive et de la paralysie labio-glosso-laryngée. Cet homme de génie avait l'amour de l'indépendance, l'horreur des fonctions et charges officielles. Chaque matin, muni du rudimentaire arsenal électrique dont on disposait de 1850 à 1869, il parcourait les hôpitaux, sollicitant de la bienveillance des chefs de service la possibilité de réaliser ses expériences. Il disait « mes petites expériences ». Quelques-uns l'accueillaient gentiment. D'autres, devinant sa valeur et le jalousant, blaguaient ses « marottes » devant leurs élèves. Mais Duchenne supportait ces tracas sans se plaindre, tout absorbé par son rêve intérieur. Le Dr Privat, passant par Paris, lui dit un jour : « Tu devrais venir me voir à Lamalou. On rencontre là de bizarres rhumatisants, qui t'intéresseraient sans doute vivement. »

C'était le temps où Duchenne de Boulogne étudiait, sur quelques rares sujets, l'ataxie locomotrice, progressive, dont la localisation anatomique et l'origine étaient profondément inconnues. Il accepta l'invitation de son confrère. Le papa Privat, merveilleux observateur lui-même, le représentait débarquant à Lamalou avec son baluchon de pauvre homme et sa petite machine électrique. C'était le soir. On mangea un morceau, on se coucha. Le lendemain, Duchenne, levé dès l'aube, voyait passer sous sa fenêtre plusieurs malades se rendant au bain. Il bondissait dans la chambre de son hôte, réveillé en sursaut.

« Hein, quoi ? qu'est-ce qui te prend, tu as cassé ta machine ?

— Il s'agit bien de cela... C'en est... écoute-moi, Privat... Ils en sont... Oui, les gens qui défilent là, dans la rue, et qui lancent leurs jambes en marchant comme cela — Duchenne faisait le geste de stepper —, je les ai reconnus. Ce sont des ataxiques. Ils m'appartiennent. Je vais les interroger tous, tous, tous. »

Aussitôt, avec une fièvre de recherche et de joie qui lui faisait trembler les mains, le savant à instinct de chien de chasse commençait son enquête. Il ne dormait plus, ne mangeait plus, forçait le père Privat à écrire cinq heures par jour sous sa dictée. En deux semaines, il avait établi le syndrome du tabès, troubles oculaires et vésicaux, douleurs fulgurantes, notamment dans la sphère du cubital, incoordination de la marche, tel que nous le connaissons aujourd'hui : « Rien n'était merveilleux, disait le Dr Privat, comme d'assister à ce portrait en pied, et destiné à défier les âges, auquel le maître ajoutait chaque jour un trait ou une couleur. » C'est ainsi que, venu pour une huitaine, Duchenne de Boulogne demeura trois mois à Lamalou. Il devrait y avoir sa statue, un peu en avant même de celle de Charcot.

C'est néanmoins Charcot qui a fait la fortune de ces eaux, où il envoyait sa nombreuse clientèle, des gens de tous les pays. La science, ainsi, avait eu la sagesse de se conformer à l'usage. Les résultats thérapeutiques étaient variables. J'ai vu des malades sinon guéris — on guérit de tout, même de l'ataxie —, tout au moins grandement améliorés dès les premiers bains de Lamalou. J'en ai vu d'autres seulement distraits ou consolés par le voisinage de camarades plus atteints. Car la pitié est bannie à l'ordinaire de ces stations thermales où tout le monde souffre, ainsi que des sanatoria pour névropathes. Ils se réjouissaient de n'en être pas au point de celui-ci, qui était complètement paralysé, ou de celui-là, qui était aveugle, ou de cet autre dont les os se brisaient comme verre, sans réfléchir que c'était là ce qui les attendait, eux aussi, pour le lendemain, le surlendemain, ou le lundi au plus tard.

Le tabès atteint toutes les clés de la vie. Il est fertile en surprises atroces, dont la dernière est la mort subite par choc bulbaire ou ictus. Mais quelquefois il joue avec sa victime, lui ménage des améliorations passagères ou prolongées. Quelquefois aussi il rétrocède, s'efface, disparaît comme un mauvais rêve. Cela laisse espérer qu'un jour ou l'autre la médecine qui soigne aura raison de lui. Malheureusement, à l'époque dont je vous parle, la médecine qui regarde, la médecine spectatrice tenait le haut du pavé. L'ambiance matérialiste, antireligieuse, de fatalité résignée ou stoïque, y était pour beaucoup. Les affections des centres nerveux sont le plus directement en contact avec l'état de l'âme du patient. Elles agissent sur cet état, mais elles sont aussi agies par lui. Je crois même cette deuxième réaction, du moral sur le physique, beaucoup plus importante et décisive que la première. Or, l'atmosphère de foi, de miracle, de prières est une atmosphère de scepticisme, d'incrédulité, d'athéisme et une atmosphère de catastrophe. Cela est non une improvisation en l'air, mais le résultat de très nombreuses observations, poursuivies par mon père et par moi, précisément à Lamalou.

Le grand palliatif de la douleur, c'est l'opium. La morphine faisait fureur à Lamalou et les piqûres du poison euphorique y étaient aussi nombreuses que celles des moustiques. Quand on avait fini de raconter ses souffrances, leur siège, leur qualité, leurs alternatives, on passait aux doses de toxique ; l'émulation s'y mettait, comme pour l'étalage de la douleur.

« Madame, je suis à un gramme par jour.

— Oh ! cela n'est guère. Je suis, moi, à un gramme cinquante. »

Celle qui s'exprimait de la sorte était une femme mince, à l'air triste, et qui avait dû être belle. Mais l'abus de la morphine, par-dessus les douleurs fulgurantes, avait fait d'elle un ivoire cruellement sculpté, au fond duquel brillaient deux trop grands yeux magnifiques.

« Moi, je me demande à chaque injection si je ne vais pas m'administrer de quoi... oui, là-haut... filer et très vite. »

Celui qui s'interrogeait ainsi, d'une voix douce et chantante, était un Russe puissamment riche, ingénieur en chef d'une compagnie de chemins de fer. Chargé de conduire devant le train impérial, de Saint-Pétersbourg à Moscou, un train témoin destiné à sauter au cas où la voie eût été minée par les anarchistes, il était descendu aveugle et trébuchant de la plate-forme de la locomotive. L'appréhension et la tension cérébrale lui avaient en quelques heures fait franchir le trajet de la santé apparente à l'ataxie avancée. Or, il avait deux cécités, qui se succédaient le long de ses journées monotones : la blanche, à peu près tolérable, et la noire, tellement insupportable qu'elle lui infligeait l'envie du suicide et qu'il ordonnait alors à son domestique de ne plus le quitter d'une semelle.

Il arriva à ce malheureux, au cours de son traitement à Lamalou, une bizarre aventure. Frappé de congestion cérébrale, il perdit, pendant une semaine environ, l'usage de la parole. Quand celle-ci lui revint, il bredouilla un langage que personne autour de lui ne comprenait. Mais voici que le garçon d'hôtel, natif de Palma de Majorque, admis auprès du malade pour son service, reconnut tout à coup, dans ces syllabes mystérieuses, le patois des îles Baléares. On sut plus tard que le Russe avait eu une nourrice catalane. Les mots de sa petite enfance lui étaient remontés aux lèvres, dès que, par le retrait de l'hémorragie cérébrale, il avait pu remuer celles-ci.

Pendant de longues années, ce Russe envoya à mon père et au professeur Charcot, aux environs de la Noël, un pain de caviar exquis, non pas fluent, mais compact, analogue à la savoureuse poutargue des Martigues. Quand ce cadeau cessa, on supposa que le pauvre homme avait lui-même cessé de souffrir.

Il n'est pas d'usage de guérir la morphinomanie des ataxiques. Le retour des douleurs térébrantes qu'ils endurent rendrait la suppression trop aléatoire, trop éphémère. Quand un de ces malades vient le trouver, Sollier lui-même, le grand vainqueur des intoxications chroniques, hoche la tête, fait la moue et trouve une bonne raison pour « remettre ce petit traitement-là ». Mais il arrive que le poison, pris en trop grande quantité, ne soulage plus et alors les patients supportent le double poids de la drogue et du tabès. Certains, que la contrainte diabolique de la piqûre à heure fixe désespère, essaient de diminuer eux-mêmes leurs doses. On les voyait assis farouches, tournant sans politesse le dos à leurs compagnons de géhenne, ne répondant aux questions que par de sourds grognements, consultant leur montre toutes les cinq minutes, afin de constater s'ils avaient gagné un délai. Bientôt, n'y tenant plus, ils disparaissaient, le temps de la chère, de l'indispensable piqûre et revenaient le sourire aux lèvres, la pupille brillante, affables, empressés, avides de sympathie. Il fallait faire semblant de ne s'être aperçu de rien.

Des êtres beaux, jeunes, riches, frappés par l'inexorable mal, alors que la vie leur souriait, promenaient dans la longue rue de Lamalou leur affreuse amertume, se regardaient lancer la jambe en avant avec une grimace de colère, juraient sourdement, revenaient à l'espérance tel matin où le docteur avait constaté une amélioration, puis retombaient à leur marasme quand leur réflexe rotulien — baromètre de l'état médullaire — s'exaspérait à nouveau. J'ai vu là un garçon de trente ans qui se brisa, pour un choc léger, trois os en trois jours, alors qu'il se croyait guéri. C'est miracle qu'il ne se soit pas brûlé la cervelle. Mais il criait et pleurait comme un enfant, sur un fauteuil, en pleine lumière devant l'hôtel, essayant de remuer sa jambe inerte.

Un autre, qui avait une jeune femme souple, charmante et voluptueuse, dont il était terriblement jaloux — vu sa propre défaillance, tenant à l'état de sa moelle —, souffrait mort et passion dès qu'un homme s'approchait de sa coquette. Il avait imaginé de prendre le flirteur comme confident et de lui exposer par le menu la terrible syphilis dont il était atteint. Ainsi réussissait-il à faire le vide autour de celle que chaque nuit il désirait passionnément et vainement. Non loin de lui, son contraire, qu'exténuait l'arc d'Eros implacable, promenait une mine rouge et furibonde et faisait peur aux servantes de l'hôtel, jeunes et saines Méridionales que l'anormal n'enchantait pas du tout. Me croirez-vous si je vous confie que le contraste de ces deux individus diversement frappés était, parmi les pensionnaires de l'hôtel Mas, un sujet de plaisanteries faciles et continuelles ? En ces cercles de l'enfer, la nature prend sa revanche par le rire ; et la pathologie elle-même et les manies des médecins, non moins falotes que celles des malades, deviennent autant d'éléments comiques, d'objets d'amusement, de distractions pour les victimes. Il n'y a là nulle méchanceté. Quelques-uns, particulièrement solides quant au moral, en arrivent à blaguer leur mal, à le tourner en dérision. Ils semblent lui dire : « Tu ne m'auras pas... » Ce n'est pas une très mauvaise tactique de résistance.

Le plus accablant, c'est l'insomnie chronique. Il y avait là des énervés paroxystiques qui ne dormaient — et encore à l'aide du chloral — que deux heures par nuit. Ils essayaient de tout, du silence, de l'immobilité, de la numération intérieure, puis se levaient, arpentaient les corridors marchaient dans la cour, remontaient, se recouchaient. Leur journée, mêlée à une semblable nuit, faisaient d'eux d'étranges somnambules, d'une susceptibilité, d'une acuité intellectuelle fantastiques. Tous nous racontaient qu'une image — visage de femme, souvenir heureux, parfum, air de musique, chant d'oiseau — leur était indispensable, les accompagnait, les hantait pendant leurs déambulations ; et, quand ils la perdaient, c'était le désespoir. J'ai toujours pensé que l'obsession n'était qu'un chapitre de l'insomnie ; car tel dort souvent, par toute une partie de son cerveau, qui se croit bien et dûment éveillé.

Un de ces damnés avait sa femme légitime à l'hôtel Mas et sa maîtresse à Lamalou le haut. Pendant la nuit, il faisait la navette de l'une à l'autre. J'entendais, à travers la cloison, les pleurs de sa femme pendant son absence, car elle ne voulait pas, étant très bête, se mettre dans la tête qu'il était un grand malade. Elle murmurait : « Ce sont des lubies... » Quelquefois, au retour, il la battait ou bien lui demandait pardon, et sitôt le pardon obtenu, essayait de dormir, n'y parvenait pas, se relevait et repartait. Pendant de longues années, il a été à la tête d'une très importante administration comportant de lourdes responsabilités. Je me suis souvent demandé comment il s'en tirait.

La maladie nerveuse met à la puissance deux, au carré — comme disent les algébristes —, les qualités et les défauts de ceux qu'elle touche. Elle les taille ainsi que des crayons, selon l'expression de mon père. L'avare devient un hyperavare et rend des points à Harpagon. Le jaloux dépasse Othello. L'amoureux tourne au frénétique. Sur un rythme de danse macabre, chacun court, de plus en plus vite, à l'assouvissement de son tempérament. Mais par contre, les âmes nobles, généreuses, désintéressées acquièrent, dans la douleur incessante, de nouvelles forces d'altruisme, un épanouissement céleste de la bonté. C'était le cas d'Alphonse Daudet.

L'arrivée du grand écrivain était impatiemment attendue par les habitués de Lamalou. Dès le premier soir, nous avions autour de nous un cercle d'une soixantaine de personnes, visages connus et amicaux qui nous souriaient malgré leurs tortures. C'est le plus extraordinaire spectacle d'attraction morale auquel il m'ait été donné d'assister : « Ah ! voilà Daudet... voilà Alphonse avec Léon ! » Léon, comme vous l'imaginez, était là en hors-d'œuvre, en cure-dents. « Nous vous attendions pour la promenade au Vidourle... Nous vous attendions pour la partie de Montpellier... Ah ! voilà Alphonse Daudet... Mme Mas, voilà Daudet, votre maison va changer d'aspect. »

Effectivement tout se transformait. La présence d'Alphonse Daudet, son exemple, sa persistante gaieté, son infatigable charité, ses paroles d'encouragement agissaient dans le sens des eaux, apaisaient l'énervement général, les querelles sottes, dissipaient la méfiance et la haine. Quelle que soit leur condition, les malades nerveux, étant les plus impressionnables, sont ceux qui réagissent le plus vite aux courants de sympathie ou d'antipathie. Le procédé de mon père était très simple. Il disait que la maladie chronique est un mauvais hôte, qu'il faut s'occuper d'elle le moins possible, ne pas se laisser surmonter par elle, poursuivre tant qu'on peut ses occupations ordinaires, ne pas secouer ses responsabilités familiales, bref « faire son ménage » comme en temps normal.

« C'est là une affaire d'entraînement, je vous assure, poursuivait l'auteur de *Sapho*. Je ne crois pas que je puisse guérir, Charcot ne le croit pas non plus : et cependant je m'arrange toujours comme si mes sacrées douleurs allaient me quitter demain matin.

— Allez, monsieur Daudet, interrompait l'ingénieur russe, vous avez de bons yeux. Mais si vous les perdiez... comme j'ai perdu les miens...

— Cher monsieur, vous n'ignorez pas, et tous les médecins ici vous le répéteront avec moi, que les troubles oculaires du tabès ne sont pas définitifs. Il se peut très bien que vous retrouviez la vue aussi rapidement qu'elle vous a quitté.

— C'est exact, interrompait notre cher ami d'Agen, Edouard Belloc, une des natures les plus fines et les plus aimantes que j'aie rencontrées ici-bas. L'an dernier j'ai été aveugle pendant une semaine. Je me désolais, quand un beau matin les objets me sont redevenus sensibles, d'abord à la périphérie d'un grand cercle noir, qui est allé se rétrécissant. J'ai retrouvé le monde extérieur avec plaisir, je vous en réponds. Ma pendule, le papier de ma chambre, tout me semblait nouveau et magnifique.

— La cécité n'est pas la plus rude épreuve, ajouta celui qui ne pouvait dormir plus de deux heures. Le pire est d'avoir dans l'esprit une rumeur de foule qui se sauve à travers la nuit. Imaginez le bruit d'une eau dont toutes les gouttes seraient vivantes.

— Non, non, le pire c'est de ne rien sentir du tout, de ne plus éprouver la joie ni la peine, de ne pas connaître le goût de ce qu'on mange, de ce que l'on boit. Et c'est mon cas. Je les ai tous consultés, tous, en Allemagne, en Angleterre, Charcot en France. *Ils* n'ont rien su que me donner des consolations banales. Avant cela j'étais marié, messieurs, et j'adorais ma femme. Elle est tombée malade, elle est morte. Cela ne m'a pas plus remué qu'une pierre. On répétait autour de moi que l'excès de mon chagrin m'empêchait de manifester. Quelle blague ! Je ne pleurais pas, parce que je n'avais pas envie de pleurer. »

Celui-là, propriétaire campagnard, possesseur de terres importantes, avait une mine molle et comme bouillie. Quand on lui adressait la parole, il répondait par un faible sourire, stéréotypé sur sa face poupine. On lui posait les questions les plus baroques, quant aux divers supplices que son anesthésie totale lui eût permis d'endurer avec la même impassibilité. La taquinerie glissait sur son indifférence. Néanmoins il était musicien et remarquable improvisateur. Mon père, afin de détourner ses plaintes, le forçait à s'asseoir au piano. Wagner, Chopin, Gluck, Beethoven, il savait tout par cœur, il jouait tout ce qu'on lui demandait. Ensuite, il continuait pour son propre compte, et nous admirions le contraste de ses lyrismes et de ce visage immobile, rond et froid.

« Saperlipopette ! Vous n'êtes pas content de posséder ce talent-là ?

— Je m'en fiche profondément, et s'il n'y avait pas les dames, j'emploierais même un autre mot. »

En dehors du cercle de conversation, de plus en plus animé et joyeux — tant l'espérance est vigilante auprès des pires afflictions — se tenaient deux ou trois solitaires, des solitaires *complets.* Ceux-là ne s'expliquaient pas sur leur cas, sur la raison qui les amenait à Lamalou. Maussades et muets, les yeux cernés d'un orbe violet, ils manifestaient néanmoins une certaine curiosité vague, s'approchaient, écoutaient quelques phrases, puis s'éloignaient sur un regard gelé qui me permet, encore aujourd'hui, de poser ce diagnostic difficile, avec une probabilité très approchée. A l'observateur averti, l'homme se livre par sa démarche, sa bouche, sa voix et son regard, ces quatre clés étant dans l'ordre d'importance. La femme, ayant dressé son regard et sa voix au mensonge — c'est une nécessité de sa condition vis-à-vis du mâle —, ne se livre guère que dans une allure et dans son sourire. Puis il y a le peuple immense des distraites et des distraits, qui sont malaisément lisibles.

L'ataxie est fréquente chez les Espagnols et les Américains du Sud appartenant aux classes aisées. Ceux-ci abondaient à Lamalou. Ils étaient extrêmement sociables, toujours proches du rire et de l'apitoiement. Nous contractions là, avec eux, de ces amitiés intenses et éphémères, qui ont le charme des illusions acceptées comme telles des deux parts. Que de visites promises à Rio de Janeiro et à Buenos Aires, que de belles parties projetées !

« Surtout, vous ne nous ferez visiter ni vos haciendas ni vos hôpitaux perfectionnés. Il n'y a rien de plus intolérable qu'un hôpital perfectionné. »

Tenez ce propos à un Américain du Nord, il vous regardera avec stupeur et dégoût. Ceux du Sud ont joliment plus d'esprit. Avec eux on s'entend tout de suite à demi-mot. Ils n'insistent pas. Au lieu que l'enfant de New York, Boston ou Chicago, surtout s'il est savant, ingénieur ou businessman, demande surtout des explications à n'en plus finir et prétend vous développer en un quart d'heure la puissance industrielle de sa nation. C'est terrible.

Pour les promenades aux environs, on s'entassait dans deux ou trois *breaks*, que la bonne Mme Mas bourrait de succulentes provisions. On partait après le bain du matin et il était convenu en général que le bain de l'après-midi serait reporté à six heures ou même sacrifié. Ceux qui connaissent les manies inflexibles des baigneurs jugeront à ce simple trait du prestige et de l'influence d'Alphonse Daudet. Le plus fort, c'est que ces pique-niques étaient extrêmement gais, pleins de chants, de farces, de bonhomie comme une bambochade de bons bourgeois, de gens biens portants aux environs de Paris. L'atrophique musculaire cessait pour un moment de palper ses mains amaigries, l'ataxique de tâter ses réflexes, de gémir ou de s'emporter, le demi-aphasique d'essayer son vocabulaire réduit, l'impuissant de ronger son frein. Cette troupe de tragédiens involontaires se laissait aller à la comédie, envoyait au diable les ordonnances, les vains régimes, les prescriptions. Deux ou trois docteurs — car les études médicales ne préservent pas de l'ataxie — se trouvaient toujours avec nous, prêts à intervenir en cas d'alerte. Mais il n'y eut jamais d'alerte, je veux dire de mort subite, au cours de ces innocentes distractions.

L'accident — cela s'appelle, en termes polis, un accident — s'est produit une demi-douzaine de fois à Lamalou pendant nos multiples séjours.

« Monsieur, cette jambe est-elle à vous ou à moi ?... demandait un paralytique à son voisin de piscine.

— Je crois, monsieur, qu'elle est à vous. »

Comme il achevait ces mots, le pauvre diable perdit le souffle avec la vie... L'autre appela le garçon, le brave Téron, qui ne put que constater le décès. Que voulez-vous ? D'une façon ou d'une autre, quand l'heure sonne, il faut bien s'en aller.

Un danseur ataxique venait régulièrement à Lamalou. Ce n'était pas un artiste célèbre. Il n'était même pas russe. Néanmoins il dansait fort bien et la maladie, qui gênait sa marche, lui avait, en bonne fille, laissé ses entrechats. Comme il sortait du bain, un camarade lui conseilla par manière de plaisanterie de rentrer à l'hôtel en dansant. L'autre accepte le défi, exécute une pirouette et tombe mort sur la route, aux côtés de son compagnon épouvanté.

N'allez pas croire que ces événements jetassent la consternation parmi les baigneurs. Ces choses fâcheuses arrivent aussi bien aux individus d'apparence saine et robuste qu'aux autres. Il vient à Lamalou des malades modestes ou pauvres et des malades très riches. Quand le malade laissait une femme et des enfants dans l'indigence, on faisait aussitôt une discrète collecte, dont le chiffre était en général fort élevé. Les Espagnols, les Russes, les Américains du Sud se montraient particulièrement généreux. C'était mon père qui se chargeait de faire accepter par les survivants la somme ainsi recueillie. Je vous assure qu'il s'en acquittait bien.

Notre ingénieur aveugle et millionnaire se faisait lire, chaque jour, trois ou quatre journaux français. A la vieille marchande qui venait les lui porter à l'hôtel, mon père fit un jour cette confidence en provençal : « Cet homme-là ne vous paiera pas... vous pagara pas. » A partir de ce moment, la vieille devint inquiète. Elle ne remettait qu'un journal sur quatre et elle demandait au domestique de son client, puis à son client lui-même, quand aurait lieu le règlement de comptes. Si bien qu'à la fin le Russe s'informa, apprit le motif de ces interrogations et, très amusé, remit à la méfiante un billet de cent francs. Pour le coup, elle supposa que le billet était faux et elle l'apporta à mon père, lequel, après l'avoir examiné gravement, prit une mine de doute sévère, en hochant la tête ; la vieille ne crut à la réalité du don que quand elle tint, dans le creux de sa main ridée, cinq pièces d'or, soumises aussitôt à l'épreuve du tintement sur la pierre. On en rit dans tout Lamalou pendant deux jours.

C'était grande fête quand Alphonse Daudet, après le dîner, ajustant son monocle, lisait de tout près et commentait un chapitre de Montaigne ou de Rabelais, deux auteurs qui ne le quittaient jamais. Nous avons conservé pieusement ces exemplaires imprimés en caractères lisibles, mais assez fins, sur lesquels les eaux de Lamalou et de Néris ont laissé leurs marques gondolées, car mon père les emportait au bain, ce qui émerveillait le fidèle Téron.

« Eh ! bon Dieu, monsieur Daudet, mais vous devez les savoir par cœur, vos petits livres. Ce ne sont pourtant pas des bréviaires ! »

Les chapitres où Montaigne parle de ses maux, de sa merveilleuse colique, donnaient lieu à toutes sortes de réflexions sur l'aptitude de supporter qui varie selon les individus. Il y avait là des prêtres ataxiques, lesquels, bien entendu, n'avaient jamais usé de morphine et acceptaient chrétiennement des douleurs surhumaines, alors que les médecins, en général, dès les premières atteintes du mal, recourent aux poisons calmants. Les uns et les autres racontaient ce qu'ils éprouvaient, comment ils luttaient contre la tentation de la piqûre, comment ils s'abandonnaient. On n'imagine pas les variétés chinoises, les *exquisita supplicia* du bourreau tabès, « le plus grand des anatomistes — disait mon père — et qui dessine un trajet nerveux avec une habileté de dentellière ». Mais il ne faut pas croire que les atrophiques musculaires, chez qui tout se passe à la muette, soient mieux partagés, car ils ont l'angoisse affreuse d'assister à la disparition de leurs muscles et des mouvements correspondants : « Docteur, docteur, je ne puis plus lever le bras que jusqu'ici... Docteur, le champ de mon effort est encore rétréci depuis hier. Je ne puis plus soulever la chaise que je soulevais avant-hier. »

Les remarques que suscitait Montaigne étaient nombreuses et variées. Les névropathes sont grands lecteurs. Ils connaissent leur affaire, les phases par lesquelles ils doivent passer, les complications qui les menacent, les traitements que l'on peut essayer. Ils ergotent, et l'auteur des *Essais* est le roi des ergoteurs, puisqu'il mêle à ses bavardages délicieux jusqu'aux auteurs de l'Antiquité. Ces caquets d'un coliquard sublime avaient donc le plus grand succès. La lecture ne durait jamais longtemps, une demi-heure tout au plus. Mon père avait à un très haut point le sentiment de la fatigue d'autrui, de la capacité d'attention qu'il convient de ne pas dépasser. Il ne laissait pas non plus les commentateurs se perdre dans des discours oiseux. Mais, le livre une fois fermé, les gens venaient le consulter sur les répercussions morales de leur maladie, lui exposer leurs doutes, leurs scrupules, leurs remords, leurs difficultés familiales. C'est, je pense, de ces innombrables confessions qu'est né chez lui le projet du « marchand de bonheur ».

Souvent, en remontant dans nos chambres, il s'avouait excédé de tant de confidences et me priait de lui lire à mon tour une page de Pascal ou de Bossuet, nos deux auteurs de secours, si l'on peut dire. De lit à lit, car nos chambres communiquaient, nous échangions nos impressions en évitant les noms propres ; les murs des hôtels ont des oreilles. Nous récoltions chaque jour la substance de dix romans, tous plus impossibles à écrire les uns que les autres. Ainsi me vint de loin l'idée de *la Lutte* — où il est question à la fois de la tuberculose et du morphinisme — et de *la Mésentente*, qui traite de la frigidité conjugale. Mais le grand sujet sur lequel nous revenions sans cesse et que nous nous étions promis d'attaquer un jour — hélas ! — en collaboration, c'était celui des rapports du physique et du moral, ou mieux de la domination du physique par le moral. L'avenir de la médecine nerveuse est là. Nous possédons, avec la volonté, une force de pétrissage, de réfection, de refonte organique dont nous ne soupçonnons pas encore l'importance. J'appelle application de la volonté non le fait de répéter : *Je veux*, en serrant les dents et les poings, mais l'exercice quotidien appuyé, précis, portant au même endroit, de la faculté qui meut toute notre machine. L'assiduité et l'attention sont deux rebouteuses de premier ordre. Chacun de nous, s'il se guette avec clairvoyance et s'il a le courage de se prendre en main, a en soi le docteur idéal, le docteur passionné pour son client, le docteur toujours prêt, dont rêvent les pauvres neurasthéniques et les vieilles dames couvertes de petites lésions. L'homme ignore les trois quarts de ses ressources et il meurt sans les avoir employées, comme il meurt sans avoir joué de la centième partie des combinaisons intellectuelles que lui permettrait la souplesse infinie de son cerveau. Nous sommes comparables à des laboureurs qui vivraient sur un hectare de culture, abandonnant cinq cents hectares à la friche.

III

L'ENTRE-DEUX-GUERRES

I

L'anarchie sentimentale

BARRÈS. SCHWOB. WILDE

Ravachol était une sorte de vagabond, théoricien et anticlérical, qui commença par dévaliser et assassiner un ermite. Il pensait, comme Hugo, Eugène Sue, Michelet et Zola, que les jésuites étaient la cause de l'obscurantisme et que, pour libérer l'univers, il fallait « couper les curés en deux ». Il avait établi un plan d'alimentation uniforme de la société, d'après lequel chaque citoyen avait droit, chaque jour, à une certaine quantité de macaroni et de beurre. Il proscrivait le vin, l'alcool et la viande et prônait la dynamite et le vol, qualifié bien entendu de « reprise sociale ». C'était en somme un primaire exaspéré par de mauvaises lectures et de pires fréquentations.

Emile Henry appartenait à un milieu plus relevé. Il avait une éducation moyenne, un visage frêle de jeune fille chlorotique et quelque instruction. Il lança sur la terrasse du café Terminus une bombe qui fit plusieurs victimes.

Vaillant, le moins antipathique des trois, était un ouvrier candide qui avait pris au sérieux les promesses de la démocratie révolutionnaire. Déçu dans ses illusions politiques, il jeta sa bombe en pleine séance de la Chambre des députés, où elle blessa légèrement plusieurs parlementaires et fit la réputation du président Dupuy, grâce au mot célèbre : « La séance continue... » Hélas ! oui, elle a continué.

Si ces trois révoltés, au lieu de passer inconsidérément aux actes, s'étaient contentés de développer des thèmes violents dans les réunions publiques, s'ils avaient suivi la filière habituelle, qui va de la casquette à pont et des espadrilles au journalisme en passant par la police correctionnelle, une belle carrière s'ouvrait devant eux. A chaque embranchement, ils eussent changé de tailleurs et de chaussettes ; de nouveaux groupes de conservateurs se fussent ébahis de leur conversion et eussent recherché leur appui avec leur amitié.

Tous trois furent guillotinés, entre 1892 et 1894, comme de simples ci-devant l'avaient été cent ans plus tôt. Ceux dont les doctrines politiques les avaient engendrés, aussi sûrement que la poule produit l'œuf, ou le gland le chêne, allaient répétant : « Ils sont très intéressants, mais la société doit se défendre. »

« Pardon, pardon, ripostaient de jeunes logiciens, parmi lesquels Maurice Barrès, Marcel Schwob, Edouard Julia et celui qui écrit ces lignes. Ces anarchistes font une application un peu hardie des Droits de l'homme dont vous vivez, messieurs leurs bourreaux, et voilà tout. » Mais on ne nous écoutait guère, pas plus qu'on n'écoutait Drumont, lequel venait de fonder *la Libre Parole* et écrivait là-dessus de superbes articles, farcis d'histoire, dans cette tonalité sombre et or qui relève ses meilleures pages.

Les discussions devinrent encore plus vives et plus falotes au moment de l'assassinat du président Carnot par Caserio. Caran d'Ache a immortalisé l'aspect ligneux et verni du pauvre président Carnot, qui eut cette destinée inouïe de trépasser entre les bras de Charles Formentin, un des hommes les plus impropres à cette fonction héroïque et émouvante. Je sais bien que je préférerais le couteau de l'anthropophage à la suprême vision, pendant mon agonie, de Charles Formentin. Mais le président Carnot n'eut pas le choix. Je lui avais rendu visite deux ans auparavant à l'Elysée, en compagnie de ce fourbe de Lockroy, dans une circonstance solennelle. Il m'avait fait l'effet d'un homme simple, timide et bon. Rien en lui ne présageait qu'il dût mourir comme Henri IV ou César. C'est pourtant ce qui est arrivé.

Le lendemain de ce meurtre invraisemblable, une quinzaine de personnes se trouvaient réunies autour de la table hospitalière de Champrosay. Les uns s'indignaient. Les autres tiraient des conclusions philosophiques. Deux ou trois, de la jeune génération, gardaient le silence. Mon père les interrogea. Il lui fut répondu qu'à une fonction exceptionnelle correspondent des risques exceptionnels et que le grand aïeul Carnot en avait fait à Lyon de bien plus dures que Caserio. Ce fut le signal d'une discussion, longue et orageuse, dont les méandres me sont demeurés très présents, et qui exprimait à merveille le désarroi intellectuel de cette bizarre époque. Parmi ces écrivains d'âges divers, aucune pensée directrice, aucun argument politique solide. C'était le pur gâchis de l'idéologie dans le vide ou des impressions personnelles. Coppée citait les Evangiles, Mariéton citait Shakespeare, Schwob citait Kropotkine, un quatrième Stirner, un cinquième les Reclus. Quelle cacophonie ! On admirait l'orgueil de l'assassin songeant, quelques minutes avant le crime, devant les illuminations de la ville de Lyon : « Tout à l'heure, j'éteindrai tout cela. » Goncourt déclara dans un silence : « Que d'affreux monuments, que de mauvaise sculpture au bout d'un semblable événement ! Si Caserio eût été un artiste, cette perspective eût retenu son bras. » Cette réflexion détendit les humeurs.

On commenta aussi contradictoirement, ce même soir, la frousse intense que ces bruyants exploits de l'anarchie inspiraient à la société parisienne. Cet état de panique dura environ dix-huit mois, avec des phases d'atténuation et d'autres de recrudescence. C'était à qui déménagerait des immeubles pestiférés où logeait quelqu'un des magistrats ou des jurés siégeant dans les procès des compagnons de la boîte à sardine et de l'acide picrique. Les concierges, grelottant d'effroi dans leurs loges, n'osaient plus tirer le cordon, de peur qu'il n'aboutît à une mèche dissimulée. Les habitants des somptueux immeubles du centre de Paris et de la Plaine-Monceau partirent quatre mois plus tôt pour leurs fastidieuses villégiatures, préférant la crevaison d'ennui au fond d'un château à la crevaison par explosion. Les petits-bourgeois, menacés par des lettres anonymes de fournisseurs et de débiteurs, écrivaient à leurs journaux, afin d'imposer aux pouvoirs publics de terribles mesures de répression, l'échafaud en permanence, le massacre de tous les galvaudeux. A tour de bras, les parlementaires édictaient des lois d'exception, qui d'ailleurs ne furent jamais appliquées. Les directeurs des feuilles bien pensantes demandaient à leurs collaborateurs de ne pas injurier les redoutables et mystérieux bandits, que l'on supposait avides de venger la guillotinade de leurs copains. Il fallait flétrir sans spécifier, besogne ingrate. Je ne sais plus quel président d'assises, soulevant sa toque rouge, dit avec déférence à un émule de Ravachol : « Monsieur, veuillez vous lever », au lieu de : « Accusé, levez-vous. » Le substitut Bulot passa pour un héros, parce que, ayant salé un compagnon et reçu en châtiment une bombe dans son escalier, il ne se confondit pas en excuses publiques aux pieds de la nouvelle Sainte-Vehme.

Par contre, quelques purotins, nés malins, exploitèrent cet état d'angoisse et de crainte. On les vit, la sébile et la casquette à la main, grimper les escaliers des personnalités bien parisiennes, faire passer bourgeoisement des cartes portant cette mention : « Un tel, libertaire ». Aussitôt introduits, ils expliquaient avec volubilité à la bonne poire, blette de terreur, qu'ils étaient anarchos, mais en théorie seulement, en relations étroites avec les plus redoutables chefs de la secte, et capables, moyennant un ou deux louis, d'apaiser l'ire sociale de ces derniers. L'un de ces fumistes étant allé chez Francisque Sarcey, rue de Douai, l'oncle lui expliqua, pendant deux heures d'horloge, en roulant les *r*, la supériorité « d'l'altrrruisme sur l'égotisme et des d'savantages du m'tier de horrs la loi ». Un académicien connu eut une attaque. Un autre, une colique de sept jours. La préfecture de police était sur les dents, et je crois bien que le souvenir de cette période agitée donna plus tard au préfet Lépine l'idée d'organiser la mirobolante comédie de Croque-bourgeois du 1er mai 1906.

L'anarchie était donc à la mode. Maurice Barrès publiait à *l'Echo de Paris* son *Ennemi des lois*, Marcel Schwob, son *Livre de Monelle* et Jules Renard ce *Poil de carotte* que nous appelions « Poil de Vallès », parce qu'il est une réminiscence, d'ailleurs amusante et savoureuse, du célèbre réfractaire. Il faut que je vous présente ces trois écrivains, tels qu'ils s'offraient alors à l'observateur.

Maurice Barrès venait d'avoir un vif succès littéraire avec *le Jardin de Bérénice*. Il était long, mince, d'une souveraine élégance intellectuelle, avide de gloire et plein d'esprit. Il parlait d'une forte voix grave, avec un accent lorrain prononcé, assis, les jambes croisées l'une sur l'autre, relevant de temps en temps la mèche noire qui retombait sur son large front. Quel beau regard, doux à l'occasion, chargé de finesse et d'ironie, éclairé de reflets d'un bleu de prune : déjà à cette époque il manquait de vénération pour les imbéciles ou les coquins en place. Déjà à cette époque, en dépit de sa métaphysique du moi — relief de la classe de Burdeau — il célébrait les vertus du sol et la puissance des caractéristiques françaises héréditaires. Sa première rencontre avec Mistral fut empreinte d'une émotion contenue, qui séduisit l'auteur de *Mireille*. Barrès, dédaigneux de sa nature et se fichant de mécontenter, fut jalousé et dénigré, dès ses débuts, par un certain nombre de poux littéraires, qui l'ont poursuivi plus tard de leurs débiles rancunes. Il se contentait de les ridiculiser par un de ces silences, de ces soulignements discrets d'une bévue, de ces sourires rapides, où il excelle. Sa promptitude psychologique lui permet, en cinq minutes de conversation, de classer son interlocuteur, qui cesse en général de l'intéresser à partir de là et qu'il approuvera désormais sans l'écouter, en répétant distraitement. « Ah ! oui, ah ! oui, comme c'est curieux, comme c'est incroyable ! » D'ailleurs rarement homme reconnut plus rapidement le vrai mérite. Ces qualités, le piquant de ses remarques et de son attitude, sa prodigieuse compréhension ouverte ou tacite le rendaient cher à mon père et à Goncourt, qui en étaient très vite arrivés à ne plus pouvoir se passer de lui. Je partageais leur opinion. Nous avons fait alors, en compagnie de Barrès, de bonnes parties de rire, comme des collégiens en vacances, et le souvenir m'en revient chaque fois que je le retrouve, après tant d'années écoulées. A peine au sortir des *Taches d'encre*, qui furent ses débuts littéraires, il ambitionnait l'Académie, et comme je m'en étonnais : « C'est que vous êtes né à Paris. Si vous aviez vécu jeune dans les milieux de province, vous jugeriez différemment. »

Nous aimions tous deux à faire rencontrer à l'improviste les gens les plus divers, pour voir ce que cela donnerait. C'est ainsi que furent convoqués un soir au Café anglais, Hanotaux, alors simple directeur au Quai d'Orsay, Richepin, Francis Chevassu, Aurélien Scholl et un autre dont le nom m'échappe. A l'entrée de Chevassu il y eut un froid, car il avait pris Hanotaux pour Larroumet, qu'il détestait, et marqué son désir de ne pas lui être présenté. Au bout d'une demi-heure seulement d'une conversation gênée, le quiproquo fut dissipé. Le fait est que Hanotaux et Larroumet avaient un faux air de ressemblance dans le débit péremptoire, et dans le rire sous le lorgnon. Scholl, vieilli, de teint cireux et fatigué par quarante ans d'anecdotes à répétition, fut lamentable. De sorte que notre improvisation fut ratée. Dans une autre circonstance, je nous vois, chez Paillard cette fois, avec Georges Hugo, Rodenbach, Mallarmé et Whibley, le beau-frère de Whistler. Le contact s'établit et Barrès fut étourdissant. Mallarmé lui donnait la réplique, en transposant ses réflexions dans ce royaume imaginaire, mi-abstrait, mi-concret, dont il était le subtil et délicieux souverain. A force de faire alterner le champagne doux et le champagne sec, histoire de comparer leurs pointes brillantes, nous étions arrivés à une grande béatitude, à une conception presque musicale — ou du moins nous paraissant telle — de l'univers et de la destinée. On se sépara avec mélancolie entre deux et trois heures du matin.

Ce Barrès, gai, fantaisiste, prenant le bon de la vie ainsi qu'un gai flâneur de Calderon ou de Cervantès, est moins connu que le Barrès combatif des couloirs de la Chambre et du renouveau national. C'est pourquoi je vous montre ici cet aspect d'une nature souple et riche, aux plissements soyeux comme son style. C'est quand il est en confiance, avec des camarades éprouvés, qu'il est le plus à son avantage.

Enfin j'aime sa bravoure naturelle, allant jusqu'à la témérité froide, et son art de fronder les sots. Mon père disait de lui qu'il serait dans l'avenir une des grandes ressources de son pays. Il ne s'était pas trompé. Maurice Barrès a donné aux ennemis de la France un fameux fil à retordre.

Marcel Schwob était un juif de tempérament anarchique et qui croyait avoir horreur de sa race, jusqu'au jour où elle le prit aux entrailles avec l'affaire Dreyfus. Avant cela, le contact de ses compatriotes lui était insupportable.

Se trouvant à Guernesey chez Lockroy, débarqua à Guernesey un autre juif, tout à fait inoffensif celui-là et de tendances mondaines, du nom de René Heymann. Schwob, bien qu'invité lui-même, voulait le mettre à la porte. Le dialogue suivant s'engagea, à propos de chasses à courre :

SCHWOB, *ironique*. — Evidemment, monsieur, vous montez à cheval ?

HEYMANN, *candide*. — Non, à mon grand regret, je n'ai jamais pu monter à cheval. (*Confidentiellement, après un regard circulaire*). C'est que j'ai les cuisses rondes.

Ici, Schwob éclata d'un rire si bruyant, accompagné de tels grondements de colère sous-jacente, que René Heymann me confia : « Mon petit vieux, ce Schwob est joliment mal élevé.

— Oui, mais il est très intelligent. »

C'était vrai, Schwob avait une intelligence minutieuse, fragmentaire, notatrice, qui n'atteignait jamais un ensemble, mais qui prêtait à toutes choses, notamment aux textes et aux auteurs, une puissante saveur de reviviscence. Il connaissait à fond quatre littératures, la française, l'anglaise, l'allemande, la juive, qu'il goûtait et pratiquait couramment, établissant entre elles des rapprochements imprévus ou des oppositions judicieuses. Il fallait l'entendre lire Daniel Defoe — dont il traduisait à l'époque *Moll Flanders*, histoire d'une voleuse dans Londres — ou telle pièce de Cyrille Tourneur, *la Tragédie de l'athée*, par exemple, ou de Ford : *C'est dommage que ce soit une prostituée*, ou de tel autre contemporain de Shakespeare. Il avait la voix sombre et veloutée, mystérieuse et pénétrante, accompagnée d'un regard aigu et vert comme le dernier rayon sur les flots. Son extrême laideur ethnique, boursouflée, aux grosses lèvres de jambon, entièrement glabre, qui tenait du sorcier, de l'acteur sémite et de la vieille de ghetto, sa laideur dramatique en était atténuée. Je dis dramatique, car il avait la manie, le pauvre, de tomber instantanément amoureux de toute personne jeune, agréable et aimable — il n'en manquait point dans notre milieu — qui lui manifestait la moindre sympathie. Extrêmement fat avec cela, il interprétait comme une inclination sentimentale à son endroit la plus banale formule de politesse et bâtissait là-dessus un roman de chevalerie du plus haut comique. C'était à Georges Hugo et à moi que revenait la tâche ingrate de le détromper et de le faire rentrer en lui-même.

« A ton tour, me disait Georges en riant. Voilà Schwob qui flambe encore. Jette-lui de l'eau. »

Ce n'était pas commode. Néanmoins, avec bien de la peine et des objurgations, j'y parvenais. A partir de là, Schwob boudait. On le voyait, de la rue Hauteville, assis à sa table devant la fenêtre, penché sur un dictionnaire et rageant. Trois jours après, il recommençait. Nous connaissions le signe prémonitoire de ses emballements unilatéraux. Plus que négligé d'habitude dans sa tenue, il arborait alors l'habit noir dès cinq heures après-midi, la chemise demi-deuil et fichait dans sa cravate noire une touchante petite épingle de perle. Ajoutez à cela une paire de bottines jaunes étincelantes. Dans le camp des dames et des demoiselles, on se demandait en tremblant : « Au tour de laquelle, cette fois ? » Mais comme on admirait son esprit, on le traitait avec les plus grands ménagements, « ainsi qu'un collégien qui se trompe de porte dans un hôtel », me disait une de ses illusoires dulcinées.

Appelé à Nantes pour affaires, il imagina de revenir incognito à Guernesey sur un bateau charbonnier, transformé par son mirage en un dangereux corsaire, et il escomptait notre surprise à tous. Or, il advint que l'apparition au large de ce sabot noir et insolite inquiéta le capitaine du port, qui lui donna ordre de stopper et s'informa incivilement de ce qu'il avait à bord. Le charbonnier répondit : « Un journaliste français célèbre, du nom de Schwaba. » Ce signalement aussitôt connu souleva l'hilarité générale, laquelle durait encore quand Schwob parut, habillé en loup de mer, comme un personnage de son cher Stevenson. Furieux de notre gaieté, il voulait repartir immédiatement, et cette fois ce fut Georges Hugo qui, pris d'attendrissement, se suspendit à ses basques de toile goudronnée.

Ce déguisement, d'ailleurs, lui plaisait. Au cours d'un voyage que nous faisions tous deux en Hollande, il l'avait déjà arboré pour faire la traversée de Hook von Holland à Harwick. L'apparition de ce singulier passager, ainsi costumé en mousse de fantaisie dans la salle à manger des premières, excita une curiosité à demi hostile. Un maître d'hôtel vint en anglais prier le cher garçon de sortir et de ne revenir que correct. Ce fut encore une scène bien amusante.

A Londres même, Schwob avait une joie d'enfant à retrouver les lieux décrits par Dickens et par Quincey, notamment Oxford Street, la « marâtre au cœur de pierre » des *Confessions d'un mangeur d'opium.* Dans un modeste concert où nous entrâmes, il remarqua une maigre chanteuse au profil angélique, aux yeux d'aigues-marines. Il fallut l'attendre à la sortie, et je vois encore Schwob, sous un bec électrique, faisant à cette « dancing girl » stupéfaite une déclaration où il la comparait à l'inoubliable petite Anne et qui ne fut pas agréée. A la réflexion, il y avait, dans ce sémite érudit et bohème, pas mal de la veine de Don Quichotte. C'était un de ses charmes, en même temps que son infinie bonté à l'égard des purotins et des traîne-la-savate, auxquels il distribuait sans compter ses quatre sous. Je crois bien que c'est le dernier trait qui nous avait surtout attachés à lui, mon père, Georges Hugo et moi. Nous l'aimions pour sa générosité.

Je rencontrais parfois chez lui, à son deuxième et demi du 2 de la rue de l'Université, qui était une espèce de capharnaüm rempli de livres et de pipes, le poète dramaturge et dandy Oscar Wilde. Voilà une physionomie singulière, un mélange de bon et de mauvais, de grossier et de raffiné, de vicieux et de spiritualisé, de sincérité et de pose, comme en ont rarement produit une littérature et un pays. Cet homme tant adulé, tant admiré, tant encensé, puis tant décrié et honni, avait en lui et sur son masque quelque chose de noble, combattu par quelque chose d'ignoble. Il attirait et il repoussait. Il contait délicieusement bien, et sa conversation fatiguait vite. Il émanait de lui un malaise que je n'hésitai pas du tout à lui avouer, quand il me demanda, à notre troisième rencontre, de son ton confidentiel : « Que pensez-vous de moâ, monsieur Léon Daudet ? »

Il ne me répondit rien ; mais le lendemain, je reçus une longue lettre tortillarde, au bas de laquelle était sa signature gladiolée, et où il m'affirmait que je le jugeais mal, qu'il était une personne des plus simples, des plus candides, « pareil à un tout petit enfant ». En même temps, il m'adressait un exemplaire de cette *Salomé*, pastichée de Flaubert et de Maeterlinck, que le Boche Strauss a mise en musique. Je dois avoir encore dans mes archives cette explication de caractère, que je ne sollicitais pas, mais où les stigmates psychopathiques étaient nombreux et manifestes. Wilde appartenait à cette catégorie d'êtres pour la fréquentation desquels il faudrait deux existences : l'une normale, l'autre qu'on leur consacrerait exclusivement. Dans l'espace de six ans, il s'était brouillé, puis raccommodé une douzaine de fois avec Schwob.

Voici un de ses récits, qu'il faisait à une table de restaurant, d'une voix pâle et grasse à la fois, sortant de son affreuse bouche molle, à la façon d'un phylactère de rébus. Je crois l'entendre encore : « Il était ioune fois un garçon, un pêcheur, comme sont souvent ces garçons de rien, très menteur, et qui, chaque soar, racontait avec fôrce détails, en venant de la plage, qu'il avait viou ioune sirène. » Au mot de sirène, Wilde levait la main gauche et la rapprochait lentement de l'autre main, tenant la cigarette, en soufflant sur la fumée intermédiaire. « Or, un soâr, il vit, en effet, cette sirène et, ce soâr-là, il ne conta absolument rien du tout. »

Ici un silence pour permettre aux auditeurs de développer mentalement la symbolique de l'anecdote. Puis Wilde pouffait d'un rire de grosse commère satisfaite et commandait à haute voix au garçon un breuvage compliqué.

Le lien intellectuel entre Schwob et Wilde était leur commune admiration pour Villon, sur lequel Schwob a écrit mainte page remarquable, leur commun attrait pour les classes dangereuses, le pittoresque des malfaiteurs, pirates, coupeurs de bourses, et pour leur argot. L'un et l'autre connaissaient à fond le *slang*, qui est le « jars » londonien, et l'« entravaient » avec une égale facilité. Mais Schwob avait une âme distinguée, exempte de toute tare secrète, et une sentimentalité judaïquement morale, au lieu qu'une source invisible distillait en Wilde des gouttelettes de poison, mêlées au flot de sa fantaisie. Il rappelait étrangement ce personnage double de Stevenson, tantôt excellent et bienfaisant sous les traits du Dr Jekyll, tantôt implacable et bestial sous le masque de master Hyde. C'était, en somme, un hérédo type, chargé d'un poids ancestral trop lourd pour un moignon de volonté. Physiquement, il était à la fois lourd et flasque, hideux par le bas du visage et presque majestueux par le front, l'enchâssement de l'œil et les temporaux. Quelqu'un l'avait assez exactement défini : un mélange d'Apollon et d'Albert Wolff. Il faut avoir connu l'épouvantable Wolff, cauchemar ambulant, pour comprendre la vérité de cette comparaison.

Bavard et cancanier comme tous les infortunés de son tiroir anti-physique, Wilde ne cessait de dénigrer l'un et l'autre, ou de prétendre qu'il avait été calomnié, et de colporter sa propre justification, mêlée à des calomnies nouvelles. De sorte que je priai Schwob de ne plus me faire rencontrer avec un aussi fatigant coco. En lisant, quelques années plus tard, les sordides circonstances de son procès et de son malheur, je pus constater l'exactitude de mon diagnostic.

II

Quelques types de l'entre-deux-guerres

ARMAND GOUZIEN. GABRIEL HANOTAUX.
HENRI LAVEDAN. FORAIN ET CARAN D'ACHE.
YTURRI. BOLDINI ET HELLEU. LOBRE.
JAMES TISSOT. PIERRE DE NOLHAC

Voici une corbeille de personnages divers, quelques-uns importants, d'autres moins, qui sont autant de touches de couleurs dans le tableau artistique et littéraire de l'entre-deux-guerres. Morts ou vifs, ils contribuent à la perspective. Ils témoignent du fort et du faible de la société parisienne. Je les présente ici au naturel, sans autres liens que celui du temps et de la fréquentation.

Félicien Rops, l'aquafortiste hanté que l'on sait, avait une belle mine, haute et fière, de reître du XVIe siècle. Il lui manquait seulement le pourpoint de velours et l'épée. Il ne lui manquait ni la fine moustache, ni la barbiche, ni le visage triangulaire, ni le feu du regard, toujours en mouvement. Il parlait vite, en faisant chevaucher les mots comme les tuiles d'un toit, inventait à mesure des histoires extraordinaires et merveilleuses, à la réalité desquelles il croyait aussitôt. Tantôt à cheval à travers les pampas, dont il dépeignait l'ardeur en plein midi, tantôt coupant la brousse avec de hardis compagnons, chassant l'ours et le bouquetin, il avait accompli des exploits capables de remplir une cinquantaine d'existences humaines bien occupées. C'était un mirage, mais d'un détail, d'une minutie, d'une précision poétique qui atteignaient au grand art.

L'invention mordait sur lui comme l'acide sur le cuivre, dessinait des formes soudaines, imprévues et vraisemblables. On était là comme au spectacle. Inutile de chercher à l'interrompre. Il reprenait toujours son fil, à la façon d'un habile cordier de village, et tirait dessus tant qu'il pouvait, A table, il prenait à peine le temps de boire, avalait ses bouchées sans mâcher, dans la crainte qu'un autre n'installât une conversation au milieu de ses ahurissantes fables.

Je le supposais atteint de phasie, qui est le contraire de

l'aphasie et comme le déroulement frénétique d'un rouleau sans fin du langage. Chose étrange, ce grand artiste, qui se complaisait dans des compositions parfois si vives qu'elles ne peuvent figurer qu'au musée secret, était en paroles d'une extrême chasteté. Il cachait sa manie sexuelle comme l'enfant sa gourmandise. Armand Gouzien, son ami intime, à qui je faisais cette réflexion, me répondit :

« Néanmoins, il ne pense qu'à ça.

— Alors, sa faconde, c'est pour s'en distraire ?

— Peut-être. »

Et de pouffer. Impossible de rapporter les proverbes qu'il avait fabriqués sur le compte de Rops et que Rops écoutait en riant, c'est-à-dire en plissant, à la Méphistophélès, toutes les lignes de son visage autour de son nez.

Cher Gouzien, quel homme simple, direct, amusant, délectable il faisait ! Deux fées s'étaient penchées sur lui à sa naissance : la musique et la verve, l'une complétant l'autre, comme l'accompagnement fait au chant. A peine au sortir du bateau qui l'amenait à Guernesey, et d'un mal de mer « à vomir ses tripes », comme il disait, il courait chez un tailleur de sa connaissance et commandait un complet gris, beige ou marron. L'idée que ce vêtement « solide, élégant, éminemment durable, indestructible même », sur lequel aucune tache n'avait de prise, ne lui coûtait que soixante-quinze francs, ou, plus exactement, trois livres, *three pounds,* cette idée le transportait de joie. Ce rite accompli, il arpentait Hauteville à grandes enjambées, car il avait une carrure de géant, entrait en conquérant dans le salon rouge, s'asseyait au piano, et en avant !... Il ne se contentait pas de savoir par cœur tous les compositeurs français, allemands, polonais, de Rameau à Bizet, et de Gluck à Wagner, en passant par Beethoven, Schumann et Chopin. Il faisait revivre leur style, leur magie personnelle, leurs intentions sur le clavier : « Ils vont se lever du bois sonore. C'est certain. Je le jure. Tiens écoute ça. » Vlan ! de ses doigts forts et souples de marin breton, il ressuscitait Iphigénie, Yseult, le vieux Rhin, Carmen et le reste. Un ouragan de sons se déchaînait, emportant en tourbillons, comme dans les estampes, des silhouettes de guerriers, d'amoureux et d'amoureuses, de chasseurs, des perspectives de mer, de fleuve et de forêt.

Cependant, maître de ces ondes, Gouzien, secouant sa tête chevelue, comme Neptune, ne cessait de parler et d'admirer : « Hein ! cet accord, ce *fa* dièse, est-ce assez beau », il répétait la note, en cinglant la touche, assez inattendu et en même temps commandé, ordonné de toute éternité par le Bon Dieu de la musique. Sous ses coups, le piano devenait un orchestre, où chaque instrument reprenait sa voix et son rôle. Il n'avait aucun parti pris, aussi fou d'un chant de pâtre catalan que d'une savante pièce de Bach ; mais son goût était infaillible, dans le classique et dans le moderne. Il déclarait « Ça c'est bon, ça c'est mauvais, très mauvais, exécrable, à vomir. » Timidement une dame objectait :

« Pourtant, monsieur Gouzien, j'avais toujours pensé que Meyerbeer...

— Etait le dernier des ânes. Vous aviez raison, madame. Et voilà pourquoi et comment ce malheureux, ce criminel, est le dernier des ânes. »

Il exécutait sa démonstration séance tenante, courbé en avant, se rejetant en arrière, faisant saisir sur le vif au plus obtus toutes les nuances de sa critique.

Il avait composé lui-même, sur de vieilles chansons populaires, sur des vers de Gautier, de Hugo, de Leconte de Lisle, d'Alphonse Daudet, de Méry, sur des légendes bretonnes, un grand nombre de délicieuses mélodies que nous réclamions les unes après les autres.

— Gouzien, *les Filles de Landernette.*

— Gouzien, *Près du lac bleu.*

— Gouzien, *Enfant aux airs d'impératrice...*

La complainte de saint Nicolas : *Ils étaient trois petits enfants, qui s'en allaient glaner aux champs*, Gouzien la détaillait avec un style incomparable, qui donnait le frisson à ses auditeurs. Impossible d'exprimer comme lui la majesté du couplet final :

Et le saint étendit trois doigts
Les p'tits se r'levèrent tous les trois !...

Notre Gouzien prêtait à ce petit drame une ampleur tragique, un goût de miracle. Il n'était pas moins remarquable dans la veine comique, s'esclaffant alors d'un rire immense et contagieux, au récit de ses propres farces. Car il prenait l'existence comme un jeu noble et divers, où l'andante, l'allegro non troppo, le scherzo devaient se succéder ou s'entremêler suivant les destinées, les tempéraments et les circonstances. Il avait connu, chéri, distrait, ranimé de sa bonne humeur incomparable tous ceux qui comptaient dans sa génération et dans la précédente, tous les inquiets, tous les tourmentés de l'art. Il exaltait leurs qualités, leurs vertus, faisait l'ombre sur leurs défauts. Quel optimiste ! Jamais une parole de doute, ou de blâme, ne tombait de sa bouche harmonieuse, sur le nom d'un de ses amis ou de ses camarades.

Chaque année, il allait en Bretagne, se retremper, se ressaisir, au milieu des gens de mer, des paysans dont il percevait le rythme profond, près de cet Océan qu'il appelait « le roi des musiciens », sous la lune « qui met tout en mineur ». Il rapportait de Plougastel-Daoulas de belles histoires, des motifs émouvants, des observations amusantes et fines. Georges Hugo et moi ne nous lassions ni de l'interroger ni de le faire parler ou chanter. Il fallait voir la mine des bons Guernesiais admis à l'écouter. Un peu étonnés d'abord de ce débordement de vie et de chansons, ils finissaient par l'admirer et par s'attacher à lui. On ne pouvait pas ne pas adorer Armand Gouzien.

C'est à Guernesey même, après une soirée où il s'était surpassé, que la mort est venue le prendre brutalement, l'arracher à notre tendresse, à sa femme, à sa fille, artistes comme lui et qui faisaient son légitime orgueil.

Malgré mes protestations superstitieuses, il avait joué de neuf à onze heures et, qui pis est, mimé de nombreux fragments d'un compositeur juif, célèbre sous le second Empire, et dont la frénésie exprime à merveille le désarroi et l'insanité de la société française à la veille de 1870. Vous me verseriez dix millions de bonne monnaie, que je ne prononcerais pas son nom, même en touchant du bois, de peur d'attirer sur ma tête l'eau, le feu, l'épidémie, les septante-deux catastrophes inscrites au livre des Prophètes. En vain je suppliais Gouzien de s'arrêter, de passer à un autre exercice. En vain je dirigeais vers tous les angles du salon, selon le rite fatidique de la conjuration, l'index et le petit doigt tendus de ma main droite, les autres doigts étant repliés. L'entêté Breton continuait de plus belle, me traitait de toqué et de grand serin.

Enfin il s'arrête, épuisé, quitte la pièce, descend l'escalier, met son paletot — car le vent de mer fait les soirées fraîches — et, sifflotant encore un air du musicien maudit, va rejoindre « Friends House », l'ancienne maison de Mme Drouet, située cinquante mètres plus bas. On monte se coucher. Je commence à m'endormir, quand on frappe dramatiquement à ma porte : « M. Gouzien est au plus mal. Venez vite. »

Je l'ai trouvé étouffant, étendu sur son lit, l'œil déjà vitreux, les mains froides, foudroyé par une pneumonie subite. En vain l'excellent médecin de la famille, le Dr Carey, essayait-il de le remonter à l'aide de piqûres de caféine et d'huile camphrée. Il n'avait fallu que quelques instants au terrible mal pour plonger dans les ténèbres ce lumineux regard, dans le silence cette voix habile à transformer tout en sonorité. Deux jours plus tard nous l'avons conduit au petit cimetière de Guernesey, au milieu de l'affliction générale, car il était bon et loyal, et au lieu d'amoindrir les choses et les gens, comme c'est le rôle ici-bas de tant de larves, il ne cessait de les magnifier, de les vanter à tout venant.

Ce cas n'est certes pas celui des trois bonshommes dont je vais m'occuper maintenant : Armand Dayot est la nullité même. A un tel point que, son nom une fois prononcé et sa silhouette une fois évoquée, il devient difficile d'exprimer le vide, le néant de ce grand diable flasque, amer et brun. Frotté de diverses connaissances, en peinture, en littérature, en histoire, il est comme une redingote qui a pris la poussière d'un mur. Ce qu'il dit, ce qu'il écrit s'évapore instantanément. Il est impossible, encore qu'il soit bavard, de l'écouter et même de l'entendre. Comme Gallimard il a le don d'ubiquité. Son double, son triple, son quadruple — il est tiré à je ne sais combien d'exemplaires — hantent les salons, les musées, les antichambres ministérielles, les mariages, les enterrements, les corridors de théâtres. Il fait obligatoirement partie de toutes les énumérations, ainsi que le carton ou le papier font partie des emballages. C'est un zéro qui ne se multiplie pas.

Vous croyez ce fauteuil vide. Vous vous asseyez. Quelqu'un jette un cri. C'est Dayot.

Avec cela, il est intempestif, survenant à point nommé quand on n'a aucun besoin de lui, et le sentiment de son inexistence fait qu'il ne se croit jamais de trop. Ulysse disait qu'il s'appelait « Personne », afin de dérouter la fureur du Cyclope. Ulysse avait prévu Dayot. Il y a trente ans que ce protecteur des arts, en s'agitant, agite M. Rien.

Le malheur de Gabriel Hanotaux, ce fut toujours de s'imaginer qu'il ressemble au cardinal de Richelieu et qu'il ferait un modèle excitant pour un nouveau Philippe de Champaigne. Regardez-le pincer les lèvres en cul de poule, jeter un œil fin par-dessus le binocle, tortiller la pointe de sa barbe ou frotter l'une contre l'autre des mains qui l'enchantent, en répétant avec malice : « Hé, hé ! héhé ! » Il y a néanmoins cette très grande distance entre Hanotaux et Richelieu, même entre Hanotaux et Mazarin, même entre Hanotaux et de Villèle : c'est que Hanotaux, aveuglé par la trop bonne opinion qu'il a de lui-même, non seulement ne prévoit pas le sens des événements, mais encore prévoit et annonce le contresens desdits événements. Il n'y a pas à me raconter d'histoires. Nous nous sommes fréquentés assidûment, lui et moi, trois années de suite, qui furent précisément celles de son ascension politique. Je l'ai entendu, de mes oreilles, déclarer que l'alliance russe serait le pont menant à l'alliance allemande, annoncer pour demain l'immanquable conflit entre la France et l'Angleterre, décréter que Guillaume II était le seul souverain ayant une vue claire et distincte de l'« échiquier » et que François-Joseph, « le Nestor des monarques », était le plus ferme soutien de la paix européenne ; idée à laquelle il tient, car je l'ai retrouvée sous sa plume, dans *la Revue hebdomadaire,* quinze jours avant la conflagration générale de 1914. Chacun peut se tromper, mais c'est le ton péremptoire qui fait l'amusant de la chanson. Hanotaux décrète... puis se fiche par terre, sans casser un nez privé de flair et qui doit être en caoutchouc.

Il est extraordinairement timoré. « C'est le lièvre de La Fontaine », disait mon père. Il ajoutait : « L'ombre de ses oreilles l'épouvante. » Pour fuir l'apparence d'une responsabilité morale, je ne sais ce que Hanotaux ne ferait pas. Cette fâcheuse tendance l'a incité à plaquer successivement ses amis politiques, à mesure que la faveur populaire ou d'assemblée les plaquait eux-mêmes. On prétend que son ingratitude grise a hâté la fin de Casimir Perier, dont il faut, en ce cas, admirer la candeur. Vous pouvez êtres certains que, dans une circonstance quelconque, Hanotaux, amené à prendre une décision ou un parti, choisira toujours le moins noble, celui qui l'engage le moins, et cherchera en même temps l'échappatoire, le moyen prochain de se dédire. Il croit que c'est cela la diplomatie. Son originalité consiste à revêtir d'un langage ferme les formes les plus fuyantes : « Je suis résolu à me tirer des flûtes... Ma volonté inébranlable est de n'en pas avoir... Obéissez ou je tremble... » Telles pourraient être ses devises. Nous l'avions défini : un professeur de lâchage. Une chaire, tenue par lui sur ce thème, serait assurément fréquentée.

Il peut être extraordinairement plat. Détestant et méprisant Lockroy, qu'il appelait dans l'intimité un « bouchon de bain », il lui donnait en public du « cher grand patron ». Il accourut un soir et devant moi lui dit, haletant : « On me propose le portefeuille des Affaires étrangères. Je ne veux rien faire sans vous consulter. Vous êtes ma lumière et mon guide. » Tant de bassesse m'estomaquait, mais Hanotaux conclut en sortant — il me prenait pour un bon jeune homme — avec son petit rire grelottard : « Mon cher Léon, hé ! hé ! il faut avoir le maniement des hommes. » Ou bien il se dépensait en courbettes devant Challemel-Lacour et Targé, puis les traitait entre deux portes de « vieilles moules » et de bassinoires, ce qui était exagéré. La puissance sociale, mondaine, financière surtout, inspire à Hanotaux une vénération de Canaque devant l'idole grimaçante. La fortune démesurée des manieurs d'argent le fascine et l'éblouit. Il n'est pas de directeur d'établissement de crédit, ni d'Américain milliardaire qui n'ait eu Hanotaux à déjeuner. Cela sans aucune idée de lucre de la part de l'excellent Gabriel ; simplement parce qu'il lui est doux de se frotter contre un homme cousu d'or et d'applaudir à ses propos.

Ainsi fait, pas plus bête qu'un autre, fort érudit, doué d'un certain discernement littéraire — encore qu'il eût voué à Heredia le Creux une admiration assez comique —, Hanotaux sème derrière lui la colère et la rancune. Sa destinée tient dans un mot : « Il déçoit. » Les gens lui en veulent de ce qu'ils l'ont cru subtil, déterminé, brave et loyal, et de ce qu'il se révèle peu à peu sommaire, hésitant, peureux et fourbe. Je le comparerais à ces plats montés, qu'on sert précisément chez les parvenus, de bonne apparence et se décomposant très vite en leurs médiocres éléments constitutifs. Ou bien encore, c'est une pièce fausse. Il brille, mais frappez-le : il rendra le son du papier de plomb.

Quant à Henri Lavedan, fils de Léon Lavedan, qui ne fut rien, si ce n'est académicien, c'est un Chinois de Paris, un bourreau, manqué et qui doit se contenter de torturer la prose française. Il a du Chinois les yeux bridés, le masque plissé et bouffi, les méchantes bonnes manières, les courbettes rituelles et cérémonieuses, l'odeur même, qui tient de la pourriture de rage rentrée et du santal ; mais aussi la hargne sournoise, le goût des rapports compliqués, empoisonnés, des perfidies exquises et susurrées mystérieusement, des projets homicides longuement mûris. Aux séances solennelles de l'Académie, il mériterait un prix de vertu pour n'avoir jamais coupé en mille et un morceaux — malgré sa bonne envie — aucun de ses chers contemporains, à commencer par ses amis intimes.

Egratigné par les journaux, il s'ingénie à faire savoir à l'égratigneur qu'il ne lui en veut nullement, qu'il l'a toujours chéri d'une particulière dilection. Cependant qu'il sécrète ce baume paralysant, il prépare, par une nuit sans lune, la revanche d'un chaudron de sorcière soigné : grenouille, crapaud, fiel de vipère, rien n'y manque. Lavedan ou le conspirateur raté. Il a la manie du mobilier rare par amour des armoires secrètes, des grimoires fatidiques, des cachettes dans le mur. Ce qu'il cherche, parmi les ouvrages de Lenôtre, ce sont les morceaux de son propre rêve, entre Cadoudal — un Cadoudal à l'usage des princes de Parme — et Limoëlan. La farce Naundorf est son élément naturel. Il trouve dans la fausse énigme historique sa revanche mentale de n'être pas une énigme psychologique.

J'ai suivi de loin, avec la plus vive curiosité, la carrière de ce pauvre bonhomme, intoxiqué par son fiel envieux. Une destinée falote l'aiguille sans cesse vers les mauvaises pistes et les culs-de-sac. Lors d'une de nos dernières rencontres, à la terrasse du Café napolitain, entre 1899 et 1900, me soufflant son haleine empestée, il me confia en grand mystère l'imminente dictature de Paul Doumer : « C'est Bonaparte... C'est Bonaparte ! » répétait-il, bavant et jutant comme un escargot, au-dessus de sa glace à la fraise. Puis, afin de faire un trait : « Monsieur de Buonaparte, mille pardons ! » Pardon de quoi ? Je n'ai jamais compris.

En littérature il vise le précieux, le rarissime, et il réalise le pire rococo, la fausse ingéniosité, le Rostand en prose. Ses chroniques de *l'Illustration* rappellent les travaux en cheveux et en coquillages. Vous connaissez ces villas baroques, édifiées au bord de la mer, à la ressemblance d'une pagode ou d'une mosquée, d'où sort, sur le coup de dix heures du matin, une énorme commère, confidentielle et rancunière, en espadrilles et en taffetas rose, coiffée d'un chapeau canotier, sa « pêche » à crevettes à la main. Voilà ce qui m'apparaît quand je parcours une de ces pages inénarrables que Lavedan consacre, avec l'accent tantôt prédicateur mondain, tantôt grand cœur, aux lectures, à la vie des champs, aux vertus domestiques d'autrefois, aux vieilles pantoufles des maréchaux de l'Empire, aux chapelets, aux pièges à rats, aux berlines d'évêques et aux notaires départementaux. Ces tartines pour personnes pâles font la joie des conservateurs ignares et des épiciers retraités : « Comme c'est bien écrit ! » Derrière cet attendrissement hebdomadaire, je distingue la gale carabinée ; derrière ces larmoiements gongoriformes, le crocodile habillé en monsieur ; derrière ces compotes, papa Locuste. Cette adaptation à la plus grosse et noire vésicule biliaire contemporaine d'une machine à idylles et madrigaux rances me plonge dans un ravissement véritable. Quel beau personnage pour ta comédie vireuse, ô fantôme errant de Ben Jonson !

Dans deux ou trois années d'ici, peut-être avant, les ouvrages dramatiques de Lavedan sembleront aussi conventionnels, aussi vides que ceux d'Ohnet. L'esthétique du *Prince d'Aurec* ou du *Marquis de Priola* ira rejoindre celle de *Serge Panine,* et *Servir* rattrapera *le Maître de forges,* qui dépassera le lugubre *Pétard.* L'image que Lavedan se fait de la tradition balance celle qu'il se fait de la Révolution, et les morceaux crus qu'en rendent au trou du souffleur ses personnages, sous prétexte de dialogues alternés, lèvent le cœur. La recette de ces fabrications est connue : un jeune ingénieur, un vieux militaire, une belle demoiselle, une douairière haletante, un évêque sentencieux mais jovial, un libidineux, une grincheuse, quelque comparses, et ça y est. Je préfère la comtesse de Ségur, je dis la comtesse, non le marquis, dont l'immortalité ne m'en impose pas. Cette rosse recuite de Lavedan aura passé ses plus belles années, et aussi ses plus laides, à décalquer le *Général Dourakine* ou *les Malheurs de Sophie* sur *l'Histoire du Consulat et de l'Empire.*

« Est-il bon, est-il méchant ? » disait Diderot, songeant à lui. Cette question, posée quant à Forain, appelle comme réponse : « Les deux à la fois », ou « Il dessine bien ». L'homme, son trait, sa voix, ses légendes forment un ensemble magnifique et génial, donnent le frisson. Il est petit, concentré, pétri de feu, de douleur et de comique. A peine a-t-il distingué qu'il formule. Son œil, aussi prompt que celui du grand Léonard, court aux mobiles moraux des mouvements, aux vertus et aux tares qui actionnent les êtres. Dans les gens, dans les œuvres, dans les idées, dans les actions, il saisit l'essentiel et il s'y attache, avec une déconcertante soudaineté. Ce sont des dons, mais il s'applique, et son labeur est plus fort que son énervement. Il grince, il déchire, il invente, il griffe, il mord ; puis il se reprend, il élimine, il simplifie et, sans apprivoiser son dragon, il lui donne la belle ligne classique.

On peut l'aimer ou le détester. Moi, je l'aime, malgré toutes les mauvaises blagues qu'il a débitées ou débitera sur mon compte et dont on ne peut lui tenir rigueur, parce qu'elles font partie de son jeu sublime et féroce. Je l'aime pour sa surabondance de vie, d'une vie qui coule depuis soixante ans, sans jamais épuiser son réservoir, en reflétant en multipliant la lumière. Je l'aime pour son rire pathétique, qui vaut la trompette de Jéricho, pour les « hein ! hein ! », les grondements, les grincements, les regards furibonds dont il poursuit votre assentiment, votre acquiescement à ses boutades explosives. Je l'aime pour la naïveté, qui pousse parfois sur son expérience amère, telle une fleur sur un talus du vieux Montmartre. Je l'aime enfin parce qu'il est de Pantruche, la seule ville du monde où l'on dise leur fait aux crétins nantis, où les avantages extérieurs n'en imposent pas. Le plaisir de rencontrer Forain, c'est qu'il est, à lui tout seul, une délivrance.

Dans les limbes féconds de la mémoire, les hommes exceptionnels vous apparaissent joints à leur milieu, aux circonstances. Ils se recomposent en dialogues et en arguments dramatiques ou comiques. Il m'est impossible de rencontrer Forain à une table du café Weber, rue Royale, sans que m'apparaisse en même temps le fantôme de ce pauvre Caran d'Ache, fleuri, le cheveu soigneusement aplati, en veston clair de la dernière coupe, avec son œil farceur, hypocritement réservé quand il parlait aux dames, mais les déshabillant en une seconde comme l'experte nounou fait d'un poupon.

« D'où viens-tu encore, petite saleté ? » lui criait Forain à tue-tête.

Caran d'Ache rougissait ou pâlissait suivant le cas et commandait un lait sucré, dont il était friand comme une chatte. Toqué tantôt d'une crémière de la rue de l'Université, tantôt d'une femme de chambre de Passy, tantôt d'un trottin de la rue Royale, il rôdaillait tout le jour en quête d'aventure et travaillait de préférence la nuit, dans son petit hôtel de la rue de la Faisanderie, et le matin. Il revêtait alors une cotte bleue, serrée comme un corset, un tablier d'une blancheur éclatante et, ouvrant la porte lui-même, répondait aux visiteurs inconnus que « monsieur n'était pas là ».

Il avait beaucoup d'esprit et du plus fin, une imagination drolatique, fraîche, comme celle d'un enfant, ou libidineuse comme celle d'un vieux magistrat. Toutes les deux ou trois phrases, il marmonnait rapidement : « C'est drôle, cela, tu sais », qu'il prononçait : « C'est d'lole, ça, t'sais. » On le découvrait, par les jours de pluie, sous les portes cochères, un carton à dessin sous les bras guettant la dame du premier, à son défaut la cuisinière du second, l'épicière d'en face, l'employée de l'épicière, tenant la tête légèrement inclinée, confit en mélancolie et en politesse.

« Tu vas attraper un rhume. Tu as les pieds dans l'eau.

— Bah ! les grenadiers de Napoléon en ont vu d'autres. Laisse-moi tranquille. Tu vas me faire tout manquer. »

Tel le pêcheur à la ligne qu'on dérange au moment où ça mord.

Ses mésaventures étaient nombreuses. Un soir, relancé dans une soupente, à Auteuil, par une grosse dame ivre de rage, à cause du retard motivé de sa jeune bonne, Caran avait fui en chaussettes, à peine pantalonné, ses bottines à la main. Il racontait cela avec gravité, ajoutant que la concierge émue s'était montrée maternelle pour lui, l'avait recueilli dans la loge.

« Je me suis aperçu seulement alors qu'elle avait une ravissante poitrine. C'est d'lole, ça, t'sais. »

Il y avait en lui du Valmont, un Valmont retouché par Restif et, comme disait Forain, du marchand de jouets. Son ingéniosité était extrême. Je l'ai vu organiser en villégiature une maison hantée, avec feux follets, traînées de lumière, apparition, d'une fertilité d'agencement, de truquage extraordinaire. Il était diaboliquement habile de ses gros doigts pâles, tremblants, aux ongles polis, qu'il soignait autant que sa raie. S'appelant de son vrai nom Poiret, descendant d'un soldat de l'Empire qui s'était marié en Russie, il symbolisait ethniquement, physiologiquement, psychologiquement, l'alliance franco-russe. Il chantait à miracle les mélopées lentes et tristes des bateliers de la Volga, les marches scandées des cosaques. La vie militaire l'amusait ; non content de la piger dans ses croquis, en traits inoubliables, il la mimait avec fidélité, depuis Dumanet jusqu'au général, notant le comique, mais aussi le noble et l'héroïque, avec un tact exquis. Il était patriote enflammé. Je le vois encore, assis à son établi, dessinant ou décalquant une page de têtes d'aigles à la ressemblance de Guillaume II. Car il utilisait les gravures des livres d'enfants pour ses merveilleuses bêtes domestiques ou féroces et procédait par retouches successives d'un poncif qu'il animait peu à peu. Tout en travaillant, il injuriait le Kaiser : « Cabotin... crapule... gueule d'empeigne... En a-t-il une moustache d'idiot, regarde-moi-ça !... » C'était le moment de l'alliance russe, en 1894. Caran d'Ache se multipliait. Il montrait les cœurs volant entre la France et la Russie, par-dessus l'Allemagne irritée, et je me rappelle une gentille Alsacienne qui serrait ses gracieux messages contre ses seins, comme un paquet d'oublis. Quand un détail d'uniforme lui manquait, ce scrupuleux garçon le recherchait, feuilletait nerveusement les albums militaires qui composaient son répertoire technique. Il était aidé dans sa tâche par son fidèle Savine, un Slave aimable, barbu, subtil et discret, qui lui faisait la lecture pendant qu'il dessinait.

Il n'était pas de taquineries dont Forain ne criblât Caran, lequel supportait tout avec placidité, se contentant de murmurer de temps à autre : « Peux-tu êtl'embêtant, tout de même, mon pauvl'ami. » Mais il admirait son tourmenteur et ses inventions verbales l'enchantaient. Puis, tout à coup, laissant le frivole, ces deux grands artistes s'entretenaient de leur métier et s'élevaient, Forain par ses formules, Caran par ses constatations aiguës, jusqu'aux sommets de l'art. J'ai gardé le souvenir d'une de ces causeries, sous les étoiles, au bord de la mer, où Forain fut étourdissant. Mais comment fixer l'étincelle, le jet, la déflagration de cette intelligence universelle ? Puis il y a l'accent, traînard ici et faubourien, là incisif comme un bistouri, le haussement d'épaules, le mouvement des mains cherchant à modeler l'insaisissable, la manière abrégée, semi-ardente, semi-gouailleuse, le « allons donc, allons donc ! » précédant un court silence, suivi, lui-même, d'un formidable, d'un irrésistible argument.

« Où va-t-il chercher tout ça ?... s'écriait un sot.

— Mais dans tes boyaux, mon pauvre vieux ! Tu ne vois donc pas que c'est ta stupidité qui m'excite. »

A quelqu'un qui l'interrogeait sur sa méthode de travail : « Je fais un dessin, puis je l'écoute. »

D'une dame importante, républicaine et mal élevée : « C'est une de ces personnes qui croient que la politesse faisait partie des privilèges abolis par la Révolution. »

A un confrère malheureux qui ne parvenait pas à vendre ses « académies » de Montmartroises : « Fiche-leur des bas noirs et tu m'en diras des nouvelles. »

Il n'y a qu'à feuilleter ses albums, notamment ceux de la vie de Paris. On y retrouve le monstre lui-même, un monstre de justesse et de concision, aisément apitoyé, qui réserve son magistral curare aux juifs, aux métèques, aux banquiers, aux politiciens, aux salonnards et aux larbins.

Vers la fin de sa courte existence, Gabriel de Yturri recherchait volontiers la compagnie de Forain et de Caran. Il était le secrétaire de Robert de Montesquiou, dont j'ai parlé précédemment sans admiration, mais avec sincérité. Or, Gabriel de Yturri était à mon avis fort supérieur, pour l'intelligence et la sensibilité, à son supercoquentieux patron et, jusqu'à une circonstance dont je parlerai, je n'avais jamais pu démêler si l'adoration frénétique et tapageuse qu'il lui témoignait en toutes circonstances était réelle ou feinte : « Le connté à dit... Ecoutez la parrole merrveillouse qui vient dé tomber des lèvres du connté... admirrable, positivément étrrange et admirrable... » Oui, mais derrière ces pétarades, qui faisaient la joie des assistants, guettait un œil clair, observateur et froid. Ce singulier garçon est demeuré pour moi une énigme vivante. Comme il avait tout de suite démêlé que je me fichais profondément du « pavillon des muses », de la baignoire de la Montespan, des pendules de Boulle et des mobiliers de Riesener, en même temps que des hortensias bleus, verts ou noirs, et que la poésie du maître de céans ne m'amusait guère, il ouvrait le compartiment moral et me racontait rapidement, à la dérobée, comme un gosse chapardeur qui mange un fruit, de savoureuses histoires sur les invités et les belles dames. Ce Tallemant des Réaux à l'accent espagnol avait le don de saisir les mouvements des âmes, le masque mondain et de typifier la sottise ambiante. Il y avait en lui l'étoffe d'un puissant satirique. Son œil passait de la douceur mélancolique à la colère avec une promptitude ensoleillée et, s'il était perplexe devant un beau cas, il tripotait d'une main nerveuse un grain de beauté velu qu'il avait au visage. D'où venait-il, qui était-il, je l'ignore. Il semblait détaché de tout, bien qu'attaché en apparence à mille futilités. Il avait le cœur chaud, le geste frénétique, le sens du lyrisme et il voyait presque tout en noir, tel qu'une flamme promenée sur le néant.

Un soir, tandis que Robert de Montesquiou, esbroufeur et tapageur comme un vieux perroquet, emmenait Forain, Caran et Georges Hugo admirer je ne sais quelle pièce de sa collection, je ne sais où — il inaugurait un nouveau logis — je me trouvai seul en voiture avec Yturri. Il m'expliqua son caractère en termes à la fois vagues et émus. Il avait eu une jeunesse difficile, douloureuse, il se savait très malade, bien qu'il eût l'apparence de la santé, et il n'avait rencontré qu'un seul être qui fût bon et accueillant pour lui : Robert de Montesquiou. Cela débité nerveusement, d'un ton sincère qui me frappa et avec la volonté évidente de dissiper mes préventions contre celui dont il me faisait ainsi l'éloge. Dans la vie parisienne, de tels traits d'amitié sont rares.

Faisaient partie du même groupe une punaise qui ne manque

pas de talent, du nom de Boldini, et le noir, mince, souffreteux, vénéneux Helleu. Boldini a la face hexagonale. Il est aussi large que haut. Il a l'air écrasé par un plafond, ainsi que dans *la Maison du baigneur*. Il peint des épileptiques en satin rose, qui se terminent en pointe ou en hélice, pivotent sur un parquet ciré et des sièges bas comme des chattes ivres de valériane. Helleu dessine, dessine, dessine — on l'a surnommé le Watteau à vapeur — des dames longues, penchées, au col flexible, à la taille en liane, aux yeux fuyants, totalement ou à moitié pâmées de visage, dans une attitude cambrée ou allongée, mais décente. Cette opposition a fait son succès auprès des grands bourgeois de France et d'Amérique, pour lesquels il représente la hardiesse en art et la volupté tempérée. La vogue de ses pointes sèches vient immédiatement après celle des chromos. Assez bien doué au début de sa carrière, il a sombré dans la fabrication ; il est devenu le poncif de lui-même, ainsi qu'il arrive à ceux qui ne se renouvellent pas. Moralement, c'est le père Cancan-Cyanure, bavard comme s'il animait toujours une séance de pose, médisant comme s'il travaillait dans la céruse ou un autre oxyde de plomb, avec une imagination tragico-burlesque de couturière échauffée. Boldini et lui dépècent un camarade par jour, le déglutissent par petits morceaux et, en temps de jeûne, se dépècent et se déglutissent l'un l'autre. Je m'attends toujours à apprendre qu'Helleu s'est empoisonné en avalant par mégarde sa salive, que Boldini s'est gangrené en se grattant la jambe. Nous les avions surnommés Charybde et Scylla. Quand vous les apercevrez quelque part, fuyez à toutes voiles, ô navigateurs !

Ici j'ouvre une courte parenthèse. Je considère les êtres méchants sans nécessité comme des malades. S'ils répandent autour d'eux des gaz asphyxiants, c'est que quelque chose pourrit en eux. Un pauvre diable, que je devais renvoyer du journal *l'Action française*, à la suite d'un propos stupidement calomnieux tenu par lui, me disait en pleurant : « C'est plus fort que moi. Je ne puis me retenir. » Je suis convaincu que ces cas de perversion peuvent se soigner et se guérir. Mais, pour revenir à Boldini et à Helleu, je ne me chargerais pas du traitement. Le mal est chez eux trop invétéré.

Voici au contraire trois hommes excellents : deux vivants et un mort.

Je n'ai fait, malheureusement pour moi, que croiser La Gandara. Mais il m'a été très sympathique, et j'ai remarqué que la suite des choses modifie rarement ces premières impressions. Il en est d'elles comme des entrevisions soudaines d'une personne connue de nous, et qui passe en voiture, en tramway, en auto, absorbée dans sa préoccupation ou sa songerie. Cette saisie au vol vaut une confession. Donc La Gandara est doux, calme, renfermé, de taille moyenne et bien prise, avec une force physique extraordinaire, des muscles tels que des bielles d'acier. Il a le regard appliqué, attentif, embué d'une légère vapeur, de ceux qui méditent en observant. Il parle, d'un ton voilé, avec des pauses et des réticences, où l'ironie prend des airs de distraction.

Il en va autrement de Lobre, le Vermeer français, le peintre exquis des intérieurs et du palais de Versailles, des reflets sur les meubles rares, de la lumière prisonnière des miroirs, des laques et des cuivres polis. Lobre est joyeux comme un coup de vent, qui fait envoler les préjugés et les poncifs, éloquent, passionné, ivre de la couleur et des formes, charmant et conquérant de toutes les manières. Il se promène ici-bas ainsi que dans un musée en plein air, s'amuse de tout, rejette et maudit le laid et le vil, accueille et bénit le beau et le bien, mais pas à la façon du père Jules Simon, saperlipopette ! Devant un tableau, un paysage, il vous saisit par le bras, et son loyal et robuste visage de Méridional blond s'éclaire d'une compréhension belliqueuse « Regarde ça, ça, ça, ce coin-là, nom d'un chien. Non, pas ce côté ; c'est ignoble, c'est hideux, c'est triste, ça sent le moisi et le pourri. Mais là, dans l'angle, la petite lueur bleue à la Vélasquez, ah ! la canaille, glisse-t-elle assez, s'insinue-t-elle, est-elle assez ingénieuse et souple ! Je te défends de rigoler, imbécile, tu serais incapable d'en faire autant... Et ce jardinier-là, debout avec sa culotte de velours râpé ; il n'y a que Hals pour user l'étoffe de cette façon !... Mais non, bougre d'âne, pas à la jambe droite. La jambe droite est mal fichue. C'est de la jambe gauche, du modèle de la jambe gauche que je te parle. Viens par ici, on la voit mieux. Tu ne sais même pas te placer. »

Pour faire sortir de ses gonds le vrai Lobre, le volcanique Lobre, il suffit de le contredire sur ses grandes admirations, sur ses préférences, Watteau, Rubens, Rembrandt et les principaux Hollandais, Goya et les maîtres espagnols. Comme on dit au régiment, ça vaut le jus.

« Cher ami je n'aime plus Watteau ou plus exactement je ne le comprends plus. »

Si vous tenez ce propos au démon Lobre, choisissez de préférence une allée de parc, au crépuscule d'été. L'effet est instantané. Lobre bondit, éclate de rire, s'apaise un moment ; puis ; montrant les arbres, la vapeur d'or léger : « Tu n'aimes plus Watteau !... c'est comme si tu disais : je n'aime plus l'aube, ni le crépuscule, ni les jeux de la lune dans la brume d'eau. C'est effrayant de penser cela et d'avoir le toupet de l'exprimer ! Tiens, voilà le faune qui crève de mépris sur son socle, et il a raison. S'il m'arrivait jamais, pendant cinq minutes, pour mon malheur et ma honte, de moins aimer Watteau, ou je me pendrais à un arbre, ou j'entrerais dans l'atelier de Henner, pas du premier Henner qui a des trouvailles charmantes, du second Henner et de sa cuisine au roux sale. Mais alors, si tu n'aimes plus Watteau, qu'est-ce que tu fous ici à cette heure ? Qu'est-ce que je fous en ta compagnie ? Il n'y a plus qu'à se coucher dans une chambre de palace et à crever. »

Tout en parlant ainsi, Lobre vous secoue, vous fait pivoter, vous plante dans les yeux ses yeux dorés et vifs de lionceau affamé de lumière. Ou bien il parcourt une cinquantaine de pas, les mains dans ses poches, haussant les épaules et répétant « Quelle moule... Quelle piteuse moule ! Il s'adresse aux passants, aux bosquets, aux gardes : « Voilà un monsieur qui n'aime plus Watteau. Monsieur le curé n'aime pas les o. Que lui donnerez-vous ? »

Peu à peu il se calme, il daigne même sourire, il sifflote un motif catalan ; il allume une petite cigarette ; néanmoins, à l'intervalles réguliers, il s'écrie encore : « Oh... oh !... en voilà une idée !... Ah ! par exemple !... zut alors !... » Puis cet apophtegme final : « Il faut aimer Watteau comme une brute, ou plutôt non, comme un bœuf, c'est exactement cela, comme un bœuf. »

En voilà un qui se moque un peu du débinage féroce des Helleu, des Boldini et de leurs pareils ; il a autre chose à faire qu'à renifler des potins fétides, qu'à récolter les crottins de la médisance. Ne lui faut-il pas jouir éperdument de l'eau, des nuages, des formes mouvantes, des enfilades de salons en rose et or, de tel petit adieu du jour à la pierre, qu'il a remarqué en posant sa palette, de cette silhouette de femme qui traverse l'allée, et aussi du peuple de chefs-d'œuvre qu'il évoque en fermant les yeux !

James Tissot appartenait à une génération antérieure, et, dans cette génération débraillée et bohème, il était une exception, l'artiste correct ayant l'usage du monde, de la distance et de la tenue. Deux yeux ronds et perçants, légèrement soucieux, dans une face ronde, régulière, aux moustaches soignées, un corps solide et même massif, des mains chargées de bagues et faisant des gestes onctueux, discrètes, caressantes, presque ecclésiastiques, une voix aux inflexions chuchotées, confidentielles, tel était Tissot. Il venait souvent chez Alphonse Daudet. Il travaillait alors à son grand ouvrage de l'illustration des Evangiles et nous conviait dans son atelier, afin de nous montrer les planches qui lui plaisaient davantage. Il était à la fois mystique et précis, d'une remarquable éloquence, aussitôt qu'il en venait à la conjonction du paysage et du miracle, à l'ambiance embaumée de l'Enfant-Dieu, aux intailles de la prière dans la pierre d'Orient. Au second étage de cet atelier, il y avait un orgue, et Tissot y prolongeait son mirage de chants religieux, des suaves harmonies de Hændel, de Bach, de Palestrina. Par ailleurs, il sentait un peu le fagot, plongé dans les pratiques du spiritisme, persuadé qu'une jeune femme pure et blanche, une Ligeia ou une Ulalume d'Edgar Poe, venait quelquefois l'aider de ses avis. Il murmurait : « Oh ! de quel lin délicieux est faite sa robe !... Quand elle se déplace, mon cher Alphonse, c'est ainsi qu'une phosphorescence... Elle me touche les yeux de ses petites paumes froides, et c'est comme une bienfaisante rosée qui apaise les feux du plein midi de la Palestine. » Autant que Loti, il était réceptif, ouvert aux sons et aux parfums, hanté par l'haleine des fleurs, les clochettes des mules, le frôlement des sandales sur le marbre chaud, le crissement des aiguilles de pin et la cendre grise des champs d'oliviers. Il appelait la mort « Madame la Mort », la localisait dans une chatte familière, dans une colombe, dans une odeur de vase remuée. Son allure de gentleman de club ou des hautes terres faisait le plus curieux contraste avec ce vagabondage de l'esprit, analogue à celui d'un Gérard de Nerval, quelque peu retouché par Paracelse. Car il avait aussi l'amour de la chimie, et il prétendait que l'eau-forte, où il excellait, n'était que le balbutiement d'un art futur, formé des essences combinées de la science et de l'art actuel.

Sa causerie était un délice crépusculaire, et, plus encore que sa causerie, sa personnalité dégageait un charme mystérieux, ouaté ; un flacon d'extrait sublimé de roses dans une gaine de velours mordoré : « Alphonse, il ne vous arrive jamais de revoir tout votre passé dans la lampe ? J'en suis souvent distrait dans mon travail, et jusqu'aux larmes, car ce sont de toutes petites figures morales, enchaînées comme des prisonnières, et dont chacune est un morceau de nous-mêmes, mais qui ne nous reconstitueront plus jamais. Comprenez-vous ? » Ici, il joignait ses gros doigts bagués, puis les écartait en soufflant dessus, comme s'il accomplissait un vieux rite. Il était très préoccupé par l'usage de certains gestes de la Kabbale, celui notamment des trois doigts étendus.

Il disait de lui : « Je ne suis guère soumis au temps ni à l'espace. Je sais m'évader comme il faut. » Il s'évada en effet soudainement, laissant le souvenir d'une immense valeur qui n'avait pas trouvé toute son expression.

Les méandres du souvenir me ramènent à Lobre, à Versailles et, par Versailles, à Pierre de Nolhac qui est, comme le serpent de Kipling, le gardien des trésors de la cité du roi.

Mais Pierre de Nolhac n'a rien d'un serpent. C'est une belle, droite et claire nature, un érudit, un grand humaniste de la

Renaissance et qui garde, derrière ses lunettes, un visage étonnamment jeune et souriant. Il sait, il sent et il comprend. Il comprend, il sent et il sait. Puis il exprime et il découvre. Je n'ai pas connu d'homme plus subtil, plus apte à discerner l'important du secondaire, le principal de l'accessoire, le chef entre ses compagnons, l'original entre ses copies, la pensée maîtresse entre ses transformations. C'est un ami de l'ordre, de la hiérarchie, de la mesure, de la nuance. Il dit plaisamment : « Je suis un fanatique de la modération. » Conservateur du palais de Versailles, il a créé le musée de Versailles et il a ranimé Versailles, les jardins, les appartements, l'ambiance. Il y fallait du goût, de la persévérance et de la bravoure. Il n'en manquait pas.

J'ai gardé, pour la fin, sa vraie définition. Nolhac est poète, profondément poète et il a été, par moments, grand poète. Telle pièce de lui demeurera. C'est le précepte d'Eumolpe au festin de Trimalcion :

Ut cortina sonet, celeri distincta meatu.

Le trépied de Nolhac résonne juste. Voici le vers classique, sobre et fort, tel que l'ont forgé Villon, Malherbe, Ronsard et Racine, qui en dit assez, qui ne dit pas tout, qui laisse entendre une marge pour le rêve. Avez-vous l'horreur du verbiage, surtout rythmé ? Le plus ingénieux, le plus primesautier m'ennuie, me lasse, me dégoûte. Nous avons maintenant des faiseurs et des faiseuses de vers qui en pondent des centaines à l'heure, comme des œufs de mouches, qui donnent l'impression qu'ils et qu'elles pourraient en pondre des milliers, des dizaines, des centaines de milliers. C'est le triomphe de la sauce sur le poisson, du bavardage sur la sensation vraie, de la sensation sur le sentiment, du sentiment sur la pensée. C'est le renchérissement en partant du bas, je veux dire des régions indistinctes et troubles de l'instinct. C'est l'épanchement du moi à jet continu, un pauvre petit moi rabougri, mais plein d'un pâle et intarissable jus du contentement de soi-même. Tout doit passer par la filière de ce moi éternellement ressassé : la Grèce, l'Italie, la vieille France, la Révolution, ses dates anniversaires et aussi la Perse, l'Egypte, l'Inde... et avec ça, madame ?

Seigneur, combien l'on est fatigué de Rostand !
Car Rostand a toujours dans son stock un restant.

Et si je glisse sur Rostand, mauvais écrivain, dont la pauvre ingéniosité, faussement héroïque, et le boursouflement lyrique sont d'ailleurs heureusement taris, si j'insiste à peine sur la métrique chronique, hideusement symétrique, d'Henri de Régnier, le pendu constipé, vous comprenez bien que c'est par pure courtoisie. Il est à la portée de tout phasique de faire barboter des réminiscences romantiques dans le jargon contemporain. Il est malaisé d'enfermer une image juste dans une cadence agréable et claire. C'est ce que réussit Pierre de Nolhac. C'est pour cela qu'il est cher aux lettrés, cependant que les savants lui sont reconnaissants d'avoir ressuscité le Pétrarque latin.

Je vois encore Nolhac parcourant, de son pas rapide et furtif, une fête à demi réussie que Robert de Montesquiou avait organisée au petit Trianon, et donnant discrètement des indications historiques aux Iroquois de Paris qui lui en demandaient. C'était par un bel après-midi d'été. Il brillait un soleil du Grand Roi, peu indulgent aux dames âgées et trapues, en toilettes claires, qui avaient répondu à l'appel du « noblé connté ». Car le pauvre Yturri se multipliait pour faire les honneurs du hameau de la Reine et de la laiterie. C'était une de ces trop bonnes idées, comme on en a quelquefois à la sortie d'un dîner agréable, mais qu'il faut laisser à l'état de projet parce que la réalisation les déflore. D'abord les reconstitutions les plus habiles ne vaudront jamais, en un tel endroit, les évocations du silence et de la solitude. Ensuite, les personnes des deux sexes qui tiennent leurs emplois dans ces réjouissances n'ont que de très indistinctes notions de l'époque à laquelle elles sont censées participer. A chaque coin de pelouse, on apercevait la redingote grise du Carabas de céans, Robert de Montesquiou, cambré sur un esclaffement que l'auteur des *Hortensias bleus* semblait vouloir contenir d'une main lâchement gantée de clair, appliquée sur sa bouche. A chaque arrivant il demandait : « N'est-ce pas que cela est bô ? » A d'autres, il récitait des morceaux extraits de ses propres poèmes, que les pauvres écoutaient résignés, dans des attitudes hérissées de chats sous la pluie. Tout petit, tout porcelainé, tout rose, tout pomponné, Abel Hermant déclarait en clignant des yeux : « C'est charmeint » et prenait des notes pour son prochain « romein ». On remarquait aussi un personnage bizarre, sorte de mondain omnibus qui répond au nom de Georges-Henri Manuel et porte une longue tête écarquillée, en haut d'un cou de trente centimètres, que parcourt une pomme d'Adam semblable à un ludion. Il répétait d'une grosse voix : « C'est l'exaquetitude même... c'est l'e-xa-que-ti-tu-de même qui fait l'intérêt de ça. » « Et l'intensité formidable déllа loumièrre », ajoutait Yturri, tandis que, de la main droite, il présentait les uns aux autres, tel un insane maître de ballet, des messieurs à têtes de veaux et des dames à corps de poulet étique.

Une délicieuse apparition de Mme Bartet en robe rose transforma tout à coup cette ménagerie. Elle lut, au jour fléchissant, une pièce de vers dont je ne me rappelle ni le thème ni l'auteur — n'était-ce pas encore Robert de Montesquiou ? Mais j'évoque l'adorable profil, si fin, si intelligent, de la comédienne fée, son teint mat, son œil aux mille reflets, la ligne de son corps souple accoudé à une colonnade, et le chant de sa voix, où tremble une perle d'eau. Hermant perdait son air de poupée féroce ; Georges-Henri Manuel immobilisait sa pomme d'Adam au milieu de l'éprouvette de son col ; Yturri, devenu muet, n'usait plus que d'une mimique éperdument admirative. Et je crois bien que c'est Primoli qui arriva sur la pointe des pieds, vers la fin de la pièce, comme un gros matou aux yeux langoureux, et qui prit, entre ses deux mains, la petite main tiède de Mme Bartet pour lui exprimer, au nom du Sénat et du peuple romains, l'admiration générale.

Pendant que je parle de Mme Bartet, il est utile de faire savoir à ceux qui liront plus tard ces souvenirs sans complaisance qu'elle fut la première comédienne de notre temps. D'autres eurent une renommée plus vaste et plus bruyante. Elle seule eut, avec une simplicité souriante, la connaissance profonde et le respect de la musique du vers. Elle seule sut interpréter la Bérénice de Racine et contenir dans l'eurythmie le pathétique le plus déchirant. Elle me représente à merveille l'art français et cet insaisissable de la perfection qui fait dire aux vieillards hochant la tête, « Ah ! si vous l'aviez entendue ! » A l'apogée de sa carrière, elle était un rossignol, par une nuit claire, sur une tige flexible et, rien qu'à l'écouter, on pleurait.

III

L'ibsénisme et la complexité sentimentale

Avec Ibsen et l'ibsénomanie, nous entrons dans une autre zone de déformations, celles de la logique et de la clarté française. Rosenthal-Saint-Cère avait révélé — comme on disait — Ibsen à Antoine, lequel le révéla à Lugné-Poe et à la critique dramatique, notamment au huron Bauër.

Lugné-Poe est un brave homme, nullement cabotin à la ville, intelligent et sympathique, qui a besoin de découvrir et d'admirer, puis d'interpréter, avec une âme de néophyte, ce qu'il admire. Il a donné dans toutes les inventions des mages du Nord, dans Bjœrnstjerne Bjœrmnson et dans Strindberg. Mais son préféré fut toujours Ibsen. Il le jouait à la manière extatique, en lévite noire ou grise, le torse cambré en arrière et en le psalmodiant. Je me suis laissé dire que le maître lui-même, ce vieux chat-tigre, de brasserie allemande, mâtiné de Schopenhauer, lui avait donné cette tradition. Or l'auteur de *Peer Gynt* et du *Constructeur Solness* est terriblement obscur et embrouillé. Sa pensée, parfois belle et lyrique, souvent originale et toujours douloureuse, se meut dans le brouillard et l'humidité, sur les confins huileux et rhumatisants d'une sensualité contenue. Son rire est un ricanement, sa mélancolie une crampe prolongée, son dialogue une série de reproches alternatifs. Ses héros, hommes et femmes, projections de la fumée de sa pipe tragique, ombres portées sur le mur de sa rancœur, de son *taedium vitae*, apparaissent tous et toutes ainsi que suicidaires. Leur désir s'accompagne de consternation. Un mystérieux poison se glisse jusque dans leurs aspirations vers la santé et un épanouissement impossible. Ils habitent les caves de l'amertume et de la vaine concupiscence. On devine qu'ils n'ont jamais bu une goutte de vin, jamais contemplé un paysage clair. Aussitôt qu'ils ont une femme, une fiancée ou une bonne amie, ils ne songent qu'à l'interroger, qu'à la scruter, qu'à l'effrayer, qu'à la tourmenter, qu'à lui infliger un secret pour le surprendre ensuite. Les dames agissent de même vis-à-vis des messieurs. Si c'est ça les amours du Nord, alors vivent Roméo et Juliette, vivent Don Quichotte et Dulcinée du Toboso !

Aujourd'hui, les psycho-tortillons d'Hilde Wangel, de Brand, de Peer Gynt, de Rosmer, du vieux Solness, architecte des tours-maisons et des tourneboulés, de Jean-Gabriel Borkmann entendant des pas dans son plafond, nous font hausser les épaules et ne nous en imposent plus. Nous nous rendons compte que ces enseignes recouvrent fréquemment un poncif studieux, que ces emballages compliqués ne renferment, les trois quarts du temps, qu'un thème assez vulgaire. Ibsen organise un vide pneumatique, apporte une cloche immense pour l'agonie d'une petite souris ou d'un vieux lapin. Mais, il y a vingt ans, le Tout-Paris des répétitions générales tombait en extase devant les moindres propos de ces fils et filles de la manie solitaire et du septentrion. A la première révélation de Rosmersholm, la maison où « l'on tue le bonheur » et qui jouit d'un pont révélateur de l'état d'âme de ses habitants, une sociétaire connue de la Comédie-Française s'évanouit d'admiration. Enfoncés Shakespeare et Racine ! Seul Henrik Ibsen — exigez le *k* — était descendu, sa lampe d'huile de phoque à la main, dans les cryptes de l'âme humaine et en avait rapporté de définitives stalactites. En vain, Lemaitre essayait-il, avec son lumineux bon sens des bords de la Loire, de ramener les convulsionnaires ibséniens à la logique et à la raison. Ceux-ci ne voulaient rien entendre et le traitaient de superficiel, voire d'ignorant. Que voulait ce natif de Tavers au palpitant génie des fjords ?

Chose terrible chez un auteur dramatique : Ibsen n'a pas de ligne ; il n'a pas de perspective. Ses personnages sont des énervés que le tintement de la sonnette, la baisse de la lampe mettent hors d'eux-mêmes, aussi bien qu'une parole maladroite, ou qu'un soupçon injustifié. On s'est demandé si ces femmes étaient des caractères du Nord, ou des figures géométrico-sentimentales formées dans son imagination, « dans les cellules secrètes de l'esprit ». J'incline vers la seconde hypothèse. Elles sont des anémiques forcenées, des convalescentes frénétiques, chez qui tout retentit à l'excès. Leurs amours et leurs haines pour personnes pâles manquent de sang et de muscles, aussi de cette harmonie de croissance et de décroissance, de ce rythme intérieur qui existe chez les créatures quasi polaires, aussi bien que chez celles de l'extrême Midi. Depuis que Taine a disparu, nous croyons beaucoup moins aux conditions climatériques, comme dominantes de la nature humaine. Ibsen n'a même pas été le peintre des animaux à sang froid. Pour dire toute ma pensée, il n'a jamais peint que lui-même, que la projection de ses douloureuses chimères. D'où sa monotonie fastidieuse.

Sous vingt formes assez peu différentes, cet analyste, chez qui la saccade est la règle, nous a montré les tiraillements de consciences rugueuses et hantées, entre le devoir et le désir, un devoir vague, un désir chiche, les balancés des sens et de la timidité, des attractions intellectuelles et des répulsions physiques, le tout dans un décor monotone de tables à thé et de bibliothèques, où les chaises prennent des airs de chaires à prêcher. Ses hommes supérieurs apparaissent comme des dévergondés de l'esprit, comme des bohémiens de la culture, sans attaches ni points de repos, sans havre ni espérance. J'entends bien qu'ils scrutent le « problème vital ». Mais c'est précisément cette perpétuelle remise à l'étude des éléments premiers qui finit par les figer dans des mouvements automatiques, pour leur ôter tout intérêt. Les types créés par Ibsen ne demeurent pas dans la mémoire. Lui-même nous apparaît assez semblable à ce diable « fondeur de boutons », dont il parle quelque part, et qui rejette au moule, sans trêve, des physionomies de même forme, de même grimace, des tempéraments de même structure. La tension hagarde, l'obsession, la courbature, tels sont les grands efforts du théâtre ibsénien. Aussi tous ces accablés du destin, tous ces déchirés de l'incertitude, hommes et femmes, ont-ils tout le temps l'envie de s'en aller, de se sauver, par la porte, par la fenêtre, de tomber du toit, de se jeter dans le ravin, en un mot de se fuir eux-mêmes. Pendant le premier acte, on s'intéresse presque à eux. Ils surprennent. Au deuxième acte, on les prend tous en grippe. Au troisième, ils apparaissent ainsi que d'épouvantables raseurs, pour qui toute catastrophe sera pain bénit. Leur néant leur remonte à mesure. Ils étaient nés avec la pire tare, qui tenait de leur créateur littéraire : le manque de joie. Ternes et gris dans la douleur, ils restent ternes et gris dans leurs rêves. Ils refusent tout le temps le sourire féminin, l'héroïsme, le goût du pain, le parfum des fleurs et le chant des oiseaux. Ils disent non à tout le positif de l'existence.

J'en demande pardon aux mânes de cette fripouille de Rosenthal-Saint-Cère. J'en demande pardon à Huron Bauër. Je donnerais tout ce théâtre de deuil et de torture vaine pour une réplique d'*Othello*. L'œuvre entière du « géant du Nord » m'apparaît comme un cadavre dans une chambre d'hôtel meublé, au bas crépuscule de l'hiver.

IV

« *La Revue des Deux Mondes* »

BRUNETIÈRE. ÉMILE FAGUET. RENÉ DOUMIC.
MELCHIOR DE VOGÜÉ. LE VICOMTE D'AVENEL.
ÉDOUARD ROD

De 1885 à 1900, le rempart de la tradition et de la bonne société contre l'anarchie en marche, politique, intellectuelle et morale, comprenait théoriquement l'Académie française et *la Revue des Deux Mondes*, périodique fondé par le vieux Buloz. En fait, *la Revue des Deux mondes* était comme l'antichambre de l'Académie française. Après avoir fait un stage chez Buloz, l'écrivain, le philosophe, l'historien en renom ou bien considéré, allait se faire accueillir ou casser le nez par les Quarante. Cela vous explique l'importance extraordinaire de Ferdinand Brunetière, homme éloquent, brave, ardent, laborieux, mais à mon avis foncièrement sot, qui la dirigea effectivement pendant de longues années, avant comme après l'élimination, devenue nécessaire, de Buloz fils, de Charles Buloz.

Le hasard fit que j'assistai, séparé d'elle par un simple mur, à la scène de cette élimination. Voici comment. J'avais proposé à Brunetière pour *la Revue*, comme on disait, le manuscrit de mon troisième roman, *l'Astre noir*. Il m'avait écrit, après lecture, que ça allait, mais qu'il me demandait d'importantes retouches. Tout content, je me rendis donc rue de l'Université, afin de reprendre mon manuscrit et de connaître les corrections que mon redoutable juge exigeait de moi. En entrant dans ce magnifique hôtel Beauharnais, qui abritait à la fois les familles Buloz et Richet et les services de *la Revue*, on tournait à gauche, on montait un petit escalier et on arrivait dans un salon de réception, séparé du cabinet directorial par un tambour entrouvert.

J'étais seul. Je m'assis. Le garçon de bureau était absent. Je fus frappé par les éclats d'une querelle, qui me parvenaient à travers la fente large du tambour. Je reconnaissais la voix nerveuse, incisive, légèrement théâtrale de Brunetière, une autre voix grondeuse, également masculine, puis une sorte de gloussement, interrompu par des sanglots et des hoquets.

« C'est abominable, criait Brunetière. C'est un scandale sans second, et fort bien capable d'entamer le fond solide de notre périodique.

— Oui, c'est affreux, c'est inouï. Mais comment, comment avez-vous pu ?...

— Hu-bou... bou... je ne sais pas... Bou... Bou... laissez-moi... j'aime mieux mourir.

— Outre que la religion l'interdit, cela ne servirait à rien, reprenait le sévère Brunetière. La nouvelle, autant que j'en juge, est quasi publique. Les folliculaires peuvent s'en emparer. »

A ce moment intervint un quatrième partenaire, que je jugeai, à travers la cloison, robuste et sanguin, lequel se mit à proférer les injures les moins académiques de la terre. L'accusé protestait faiblement et bredouillait de plus en plus. Il y eut un choc, un coup sourd, puis un grand cri, puis une série de reniflements, puis le bruit de plusieurs personnes qui s'interposent, puis un silence. Je me demandais si un assassinat ne venait pas d'être commis. Je n'aurais jamais cru que *la Revue des Deux Mondes* fût un endroit aussi tragique.

Le garçon de bureau survint. Il mâchonnait :

« Bon Dieu d'bon sang d'Bon Dieu... Sacré tonnerre !... Qu'est-ce que vous faites là, vous ?

— J'ai rendez-vous avec M. Brunetière. Il y a une demi-heure que j'attends. »

Les clameurs avaient repris dans la pièce à côté, les quatre personnes parlaient, vociféraient et gémissaient à la fois. Le garçon frappa violemment à la porte, entra, dit quelques paroles et ressortit suivi de Brunetière, dépeigné, hagard, titubant comme un homme ivre.

« Ah ! c'est vous, monsieur Daudet. Excusez-moi, je vous prie. Il arrive présentement telle circonstance... Ayez l'obligeance de me rappeler le motif de votre visite.

— Il s'agit de mon roman *l'Astre noir*, admis par vous à correction. Je venais chercher le manuscrit.

— Je me rappelle maintenant, je me rappelle, fit Brunetière avec un grand espoir, comme s'il sortait d'un effrayant cauchemar. Eh bien, faites-moi crédit de quelques minutes, mon cher confrère, afin que je puisse quérir votre travail. Sans doute l'ai-je rangé dans la librairie en quelque coin. »

Mais à peine était-il rentré que la dispute ou la tuerie recommençait. Au bout d'une heure seulement, il reparut, mon manuscrit sous le bras. Je revins chez moi, ahuri de cette séance dramatico-bouffe, dont le récit enchanta mon père, puis Edmond de Goncourt, puis successivement tous nos amis. Car il faudrait pouvoir vous mimer ces aboiements, ces bruits, ces sauts en hauteur et en largeur et cette mine désespérée, défaite du faiseur d'académiciens. Le lendemain, les journaux annonçaient, sans donner de motif, la démission de M. Charles Buloz. Ce pauvre type peut se vanter de m'avoir fait passer un drôle d'après-midi.

Depuis, j'ai rencontré maintes fois Ferdinand Brunetière, j'ai dîné avec lui à *la Revue* et ailleurs, j'ai suivi sa conversation en style noble, aux tournures archaïques, comme dans sa remarque célèbre, au sujet d'une domestique renvoyée : « Si vous les gourmandez toutes ainsi, madame, vous n'en trouverez seulement point une. » J'ai admiré son esprit de dispute, capable de le faire se retirer de son propre avis, aussitôt qu'il voyait son contradicteur prêt à s'y ranger. Une sorte de fatuité bizarre, moliéresque, le poussait à considérer toute réunion mondaine comme un tournoi, une joute oratoire, où il s'agissait d'épater les hommes et de fasciner les dames en les bousculant. A la table de *la Revue*, déchiquetant d'une dent solide les pièces montées, les gelées cartonnières et les salmis à goût de créosote qui constituaient les redoutables menus de l'illustre maison, dans les salons de *la Revue*, assis en un fauteuil bas, majestueux et doré, à cinq mètres de son interlocutrice, la main en avant comme ajustant un pistolet invisible, je vois Brunetière, le lorgnon sur le nez, son visage anguleux et fébrile. J'entends son accent professoral, doctrinaire, aux appuis périodiques et mordants. J'entends aussi les rires du professeur, les hennissements d'admiration de ses collaborateurs et thuriféraires habituels. Ces flatteurs lui ont beaucoup nui. Ils l'ont confirmé dans la trop bonne opinion qu'il avait de lui-même, de son style, de son esprit, de sa jugeote. Or, si le relief de sa personne était intéressant, par le mélange du normalien et du rustaud passionné, il avait un excès de logique pour trop peu de bon sens. Terriblement influençable, il avait fait du darwinisme régnant, de l'hypothèse évolutionniste, une véritable marotte, un passe-partout qu'il appliquait à la religion, aux mœurs et à la politique. Cela à tort et à travers, avec un arbitraire stupéfiant.

Ses études sur la littérature française exhalent une odeur de moisi. Elles n'apportent rien de neuf. Elles sont parfaitement inutiles. On y voit Brunetière faisant des poids avec Corneille, Pascal, Molière et Racine, le torse bombé, la bouche contractée, puis les laissant retomber sur les pieds de son lecteur. Ni grâce, ni poésie, ni profondeur. Ce professeur argumentait à vide, secouait les marionnettes imaginaires de contradicteurs hypothétiques. Quant aux écrivains du passé, il n'a pas le don de reviviscence, il ramasse et étiquette des feuilles mortes. Quant aux écrivains contemporains, il se trompe avec une effroyable lourdeur. C'est un juge syntaxique, mais fol, et dont les arrêts n'ont aucune, aucune, aucune consistance.

A peine Brunetière ouvrait-il la bouche qu'on entendait, d'un coin du salon Buloz, un glapissement nasillard : « Ahn, ahn, bravo, Brunetière, bravo ! ». En même temps s'avançait un être long, crevard, noir et plat, cravaté de noir, sur un plastron d'habit gondolé, terreur des cercles de conversation et des salles à manger, tueur de mouches, d'auditrices et d'auditeurs, le conférencier mondain Victor du Bled. Vous connaissez ce haut plumeau juché sur un bâton, à l'aide duquel on enlève au plafond les toiles d'araignée. Tel se présentait l'historien anecdotier des milieux intellectuels et littéraires du XVIIe et du XVIIIe siècle, l'animal qui a mis la Sévigné en tartines et la d'Epinay en boulettes, le sur-raseur devant lequel s'enfuient les femmes, les enfants, les vieillards. Peine inutile ! Il les poursuit, les accule à un mur, à une table, à un fauteuil. Collé contre eux, genoux contre genoux, coudes dans le ventre, haleine contre haleine, il les étreint, les malaxe, les broie, les arrose d'une salive gluante. Les malheureux succombent, demandent grâce, étouffent, cherchent à fuir. Du Bled, de ses grands bras maigres, les maintient et, de sa grande bouche, les asphyxie. Ils voient repasser, sur leur muqueuse nasale, sortant de l'estomac de du Bled, mêlés à tous les anas de la cuistrerie, les affreux souvenirs du dîner récent, la gelée colle et la sauce Périgueux, le vol-au-vent plein d'un gaz triste et la timbale aux crevettes ammoniacales. Les jambes de du Bled étant longues et décharnées, telles que des échasses pantalonnées, certains ont essayé de fuir par le compas. Alors le monstre, se retournant, les repoussait en sens inverse, sur l'autre paroi du salon Buloz. Car il a la tactique de cet appartement, depuis une vingtaine d'années qu'il y fréquente.

Un jour, du Bled, qui court les antichambres comme les poètes crottés couraient les ruelles, eut l'idée baroque de rendre en une fois, à toutes ses victimes, leurs politesses, et l'idée plus baroque encore de me convier à ces agapes. Cela se passait dans un appartement assez grand, mais aplati, où deux cents personnes environ devaient déjeuner par petites tables. Les nains et les naines y tenaient à l'aise, mais les géants comme Costa de Beauregard y trituraient, courbés en deux, les ténébreux aliments que la prodigalité de du Bled avait alignés dans nos mangeoires. Je reconnus tout aussitôt avec terreur les menus de *la Revue des Deux Mondes*, ses sauces vénéneuses, ses filets de bœuf à la fois chlorotiques et durs, d'une consistance de talon de facteur rural. La faveur de l'amphirasoirtryon m'avait placé à la même table que Brunetière, dont j'étais séparé par une ravissante et enthousiaste Américaine à tête d'ange géométrique. L'auteur des *Motifs d'espérer* et des *Raisons de croire* accablait cette jeune transatlantique des plus extravagants paradoxes, qu'il interrompait pour ingurgiter, en le savourant, l'infernal bordeaux de du Bled. A un moment, haussant le ton, au milieu de la chaleur étouffante et de la suffocation du plein midi, il expliqua sur l'architecture je ne sais quoi qui plongea ma voisine dans le ravissement. Elle répétait : « Cella est baô, cella est vouai ; oh comme cela est baô ! » d'une voix extatique, et plus elle admirait, plus Brunetière s'exaltait. Alentour, les gens intéressés par ce monologue, se levaient autant que le leur permettait le couvercle de la boîte à du Bled ; et du Bled lui-même, d'une voix de goéland, hurlait en entrechoquant ses battoirs : « Ahn, bravo Brunetière ! ahn, bravo ! » On dut emporter une grosse et noble dame devenue apoplectique, couleur pivoine, et qui rendait le sang par le nez.

« C'est effrayant, disait à la sortie Costa de Beauregard, caressant et griffu comme un grand chat blanc, ce que Brunetière aime à convaincre, ce qu'il se donne de mal pour convaincre !

— Mais, s'il a convaincu, il est furieux et il se donne tout autant de mal pour déconvaincre. Je propose cette définition : un apôtre à retournement. »

Costa rit de bon cœur. C'était une puissante et généreuse nature. Bien que poncé par la société, il sentait, exprimait les choses vivement et les banalités l'agaçaient. Nous convînmes que Locuste avait dû composer les mêmes recettes à l'usage de *la Revue des Deux Mondes* et de du Bled. Avec cette différence à l'avantage de Buloz que, chez lui, le plafond ne descendait pas, ainsi que dans *la Maison du baigneur*. Derrière nous, les convives, ruisselants de sueur et nauséeux, sortaient en s'épongeant le cou et les tempes et se demandaient si ce brave du Bled n'avait pas eu l'intention homicide de faire des vides dans l'Académie.

Un an environ avant sa mort, Brunetière me demanda d'écrire, pour la Revue, un roman sur la Révolution française. J'ai conservé notre traité, qui ne devait pas venir à échéance. Nous eûmes ensemble, à cette occasion, une longue causerie où je retrouvai, avec navrement, chez le critique orateur, vieilli et ratatiné, les caractéristiques intellectuelles qui m'avaient toujours tant agacé, notamment la croyance aux nouveautés et l'amour de la contradiction. Me prenant pour un conservateur, pour un monsieur de droite, il me fit *ex abrupto*, afin de me scandaliser, l'éloge de Gustave Hervé, qui commençait à jouer les croque-bourgeois. Il le considérait comme un emballé. Je lui soutins qu'Hervé était un imbécile et un fourbe. Cet avis, contraire au sien, le froissa, et tout aussitôt, désirant m'embêter, il prit, contre ce qu'il croyait être le thème de mon futur roman, la défense du Comité de salut public. Je lui répliquai que j'aimais beaucoup la politique nationale du Comité de salut public et que les principes de 1789 me révoltaient davantage que leurs conséquences naturelles et sanglantes de 1793 et 1794. Qui fut navré ? Ce fut Brunetière. Il n'y comprenait plus rien du tout. Il se demandait : « Se moque-t-il de moi ? » Je me moquais de lui, en effet, mais pas de la façon qu'il supposait. Il ajouta qu'Edmond de Goncourt n'avait rien compris à la Révolution et que Taine lui-même... Puis il guetta, derrière son lorgnon étincelant, l'effet sur moi de ce hardi blasphème. Je défendis Goncourt, mais je lâchai Taine qu'il rattrapa instantanément, comme « le plus riche de nos récents prosateurs ». Chaque fois que je voulais m'en aller, il me prenait le bras nerveusement : « Rasseyez-vous et écoutez-moi. Savez-vous que j'aimais beaucoup votre père ? Quel dommage qu'il ne m'ait pas écouté, qu'il n'ait pas été de l'Académie ! »

C'était vrai. Il avait fait tout son possible pour décider Alphonse Daudet à avaler les couleuvres et vipères peintes si cruellement et si justement dans *l'Immortel.* Je l'en remerciai. Il en conclut que je n'étais pas un mauvais fils et il eut, à cette constatation, une petite détente. Ce bizarre bonhomme hérissé, et dont la vie fut une perpétuelle coloquinte, sut mourir admirablement, héroïquement. Pris à la gorge, son meilleur instrument — car il parlait bien mieux qu'il n'écrivait —, par un mal implacable, il vit venir la Camarde debout, le doigt en avant et sans faiblir. Il y avait en lui l'étoffe d'un beau combattant, mais taillé, dans une culotte démodée d'universitaire, par la diablesse Contradiction.

Faguet adulait Brunetière, car Faguet, graphomane et grippe-sou, a toujours de la copie à placer. Il n'est pas de journal pour enfants dans les profondeurs du Massif central, pas de moniteur des turbines électriques, pas de publicateur en soies et coton, auquel Faguet ne collabore. Il se fait ainsi des revenus immenses et il a toujours vécu, dessous les toits de la rue Monge, sans cuvette ni pot à l'eau, avec une seule chemise noircie, entre son encrier et sa boîte à crasse, de douze kilos de pain rassis et d'un paquet d'omelettes froides au boudin. Cette dernière recette est de lui. Il osa la publier dans *les Annales* d'Adolphe Brisson. Les jeunes abonnées en demeurèrent pantelantes.

J'ai rencontré Faguet un certain nombre de fois, dans les milieux les plus divers et notamment dans les salons de *la Revue.* Je n'en suis pas plus avancé. Il y a au fond de ce pondeur d'artifices, de cet incontinent de premiers-Paris, une énigme qui m'inquiète et me trouble. Gœthe chargea un jour Alexandre de Humboldt, l'auteur du *Cosmos*, qui visitait Paris, d'aller voir Restif de La Bretonne, lequel l'intriguait fort, et de le lui dépeindre. Humboldt s'acquitta de la commission de la façon la plus exacte, la plus minutieuse et la plus réjouissante. Si Gœthe lui avait donné cette besogne quant à Faguet, Humboldt eût été fort embarrassé. Faguet est, en effet, à transformations, à dédoublements et même à détriplements. Il est à coup sûr un grand nerveux. A certains soirs, au théâtre — car il fait métier de critique dramatique, et quel extravagant critique ! — avec sa cravate bleue, sa mine bouillie et clignotante, il a l'air d'un bon oncle qui instruit et promène les siens, d'un sous-Sarcey. Une autre fois, par un crépuscule pluvieux, vous voyez passer un ramoneur halluciné, lequel n'est autre que Faguet. Il vous salue d'un grognement douloureux. Ou bien, dans un salon ruisselant de lumières, apparaît soudain une sorte de pion sans linge, chaussé d'incroyables croquenots, et répandant une odeur de soupe à l'oignon. C'est monsieur Emile, je veux dire Faguet, qui dépose sur les mains des dames, en les baisant respectueusement à la ronde, un cercle sombre.

Vers 1903, le journal *le Soleil* dépérissait sous le poids de Numa Baragnon. Les collaborateurs, dont j'étais, et les actionnaires furent convoqués pour aviser en commun au sauvetage. A mon côté se tenait Maurice Talmeyer, qui a une vision aiguë des choses et des gens. Il ne connaissait pas Faguet, même d'aspect. La porte s'ouvre et Faguet entre. Cette fois-là il avait l'air, le pauvre cher immortel garçon, de jouer les traîtres sous le Directoire, au théâtre de Belleville. Sa longue redingote boutonnée, un chapeau quasi-tromblon dégoulinant d'eau sur les bords, car il pleuvait, et un parapluie de vente à la criée, tordu comme une voile autour d'un mât pendant la tempête, lui prêtaient cette physionomie mélodramatique. Talmeyer, déjà en proie au soupçon, me glissa dans l'oreille : « Qu'est-ce encore que ce bonhomme-là ? » Et je vis bien qu'il croyait à l'apparition indue d'un fils de la veuve, d'un membre du 33e appartement. Mais je le rassurais d'un éclat de rire : « Ça c'est Faguet. » Il n'en revenait pas. « C'était Faguet !!! » me répétait-il ensuite avec trois points d'exclamation, à chacune de nos rencontres.

Faguet a un appétit vorace. A la table de *la Revue* il rappelait ce vers de La Fontaine : « Les loups mangent gloutonnement. » Un homard déjà grand-père et mort depuis une semaine étant apparu sur un château de riz congloméré, Faguet cassa le ciment et l'avala presque en entier. Tel le poulpe, il projette sur les aliments un estomac irrésistible. Entre les bouchées sort de lui une voix blanche et enflée d'institutrice. Il fait des plaisanteries de grammairien, innocentes et peu compréhensibles, et il est impossible de savoir, pendant qu'il parle, à quoi il pense. Combien je donnerais pour le confesser, s'il se confesse !

En présence de Brunetière le belliqueux, il se faisait petit garçon et gloussait, ce qui est sa manière de s'amuser. Brunetière l'emberlificotait dans des sentences, qu'il cherchait à rendre plaisantes. Il jouait, vis-à-vis de Faguet, le Parisien déluré qui asticote un homme de la campagne. Il le blaguait même sur sa tenue, qu'il feignait de croire impeccable. De sorte que, pour faire sa cour à son directeur, Faguet, les soirs de *Revue des Deux Mondes*, se tachait un peu plus que de coutume, remettait de la sauce sur son pantalon.

En critique littéraire ou dramatique, ce brave Faguet est aussi inconsistant que Brunetière, dans une autre formule. Il se permet d'être plaisantin. Il est diffus, incertain, d'une cuistrerie tellement poussée, par endroits, qu'elle semble voulue. Néanmoins il faut reconnaître chez lui, parfois, des lueurs et des définitions heureuses qui manquent totalement chez Brunetière. C'est lui qui a appelé Voltaire : « un chaos d'idées claires ». On lui doit un bon Diderot, un excellent Fréron, dans ses études sur le XVIIIe siècle et dans ses histoires d'amours des hommes de lettres — de quoi je me mêle —, il y a, parmi un fatras, quatre ou cinq anecdotes savoureuses et lestement contées. Ce fils de la soupente et de la bibliothèque est capable de vues ingénieuses, courtes, qui se referment presque immédiatement. Car il est prolixe, mais de souffle étroit, et vagabond d'idées comme un vieux pauvre. Ainsi que Brunetière, il est incapable de porter jugement sur un contemporain. Il lui faut, pour qu'il ait quelque bon sens, le recul et la consolidation du temps. Ainsi que Brunetière, il use d'un jargon scolard et sans souplesse, où voisinent Vaugelas et le P. Le Batteux. Il assemble de poussiéreux bouquets d'herbier et il les tend d'un air triomphant à la dame de ses pensées, à Synecdoche, à Catachrèse, à Hypallage. C'est le Don Juan des figures de rhétorique.

Suffisamment humble vis-à-vis des pouvoirs constitués, il se donne des mines d'indépendance et collabore aux feuilles conservatrices. Périodiquement il salue avec enthousiasme, à propos de bottes, un ministre en fonctions, ou propose un fragment quelconque de discours officiel à l'admiration des contemporains. L'esprit n'est pas prompt, mais la chair est faible. Psychologiquement, il ressemble à un homme qui aurait rêvé, assis sur son tuyau de cheminée, argent, honneurs, pouvoir, gloire, beauté, amour, et qui serait tombé à plat, de vingt mètres de haut, dans un baquet d'encre. Avec lui Jean de La Fontaine eût fait la plus belle de ses fables. Je me suis demandé, au sujet de Faguet, bien souvent, si la graphomanie chez lui n'était pas un moyen de s'étourdir, de ne pas penser à Faguet. Je me suis demandé aussi quelle était la part de sincérité dans son fantoche.

La psychologie intime de Faguet était un de nos grands sujets de plaisanteries, quand notre cher et subtil Jules Lemaitre — le vrai, le grand, le seul critique de l'entre-deux-guerres, celui-là, — dissertait avec moi de Faguet. Jules Lemaitre estimait Faguet. Il avait un faible pour Faguet. Il devait néanmoins reconnaître l'atmosphère bizarre, l'ambiance, l'aura, le malaise émanant de Faguet. Alors il écartait les deux mains, puis les rejoignait en les tordant un peu, et répétait, avec un petit rire, d'un air gourmand et mystérieux. « Ah ! oui, Faguet ! »

René Doumic, cette utilité qui se crut une nécessité, pioche physiquement le genre moyenâgeux. Quelqu'un de bien intentionné a dû lui dire qu'il avait une tête de vitrail. Mais il y a vitrail et vitrail. Celui de Doumic comporte des cheveux aplatis, d'un blond fade grisonnant, couvrant un front inquiet et plissé, au-dessous duquel s'ouvrent deux orbites bleuâtres. On ne distingue pas les regards. Une bouche mauvaise, cachée dans une moustache et une barbe pisseuses, des joues creuses, un corps efflanqué complètent cette silhouette de noyé mondain. Il a trois bouées sur lesquelles il s'appuie : l'Académie, *la Revue des Deux Mondes* et les *Lectures pour tous*. Littérairement, c'est le néant. On ne peut citer de lui ni un mot juste, ni une vue originale, ni une ligne en français. Habillé de gros quant au style, il est invisible à un mètre. Il est sans goût, sans odeur et sans forme, mais non sans bile acrimonieuse et envieuse. Elle coule, certainement à son insu, en filets saumâtres et ruisselets jaunâtres, tout autour de lui. On voudrait crier à l'Université sa nourrice : « Emportez-le et changez-le ! Il est trempé. » A la lettre, Doumic pue le fiel.

A la ville comme à la campagne, il joue les consciencieux et les malheureux, voire les inconsolables. Cependant, il n'a qu'un plan, qu'un souci : évincer, dénigrer, dépecer les confrères. Dans une attitude de bedeau confit, à la porte des hommes en situation et en renom, il attend quoi ? Que ces rivaux meurent.

Son bonheur, c'est l'enterrement. Son appétit, c'est le catafalque. Il soupire : « Au moins, celui-là ne me primera plus. » Quand c'est son tour de l'éloge funèbre, il tremble de joie, son papier à la main, et les gens songent : « Comme il a du chagrin ! » Nul ne déguste le trépas du prochain avec une contrition si gourmande. Nul ne place plus d'espérance et d'ambition dans la case vide, bordée de noir.

Derrière Doumic, quelque chose remue. Ce quelque chose est son gendre Gillet, conférencier lui-même, érudit et conservateur du château et du musée de Chalais, au pays enchanté que célébra le féerique Nerval. D'une voix hennissante, prolongée, langoureuse, en ponctuant, en s'écoutant, Gillet discute sur l'esthétique florentine et met Ruskin à la portée des gens du monde. Penché en avant, les mains croisées sous les pans de son habit, à la façon d'un examinateur aveugle, Doumic écoute cet exposé, puis, se retournant, remet à Gillet respectueux une boule blanche.

A qui demandera comment ce néant de Doumic a fait figure d'homme de lettres et de critique, comment il a obtenu une collaboration de vingt ans à *la Revue des Deux Mondes* et un fauteuil à l'Académie, je répliquerai : par la platitude. Quelques-uns lui ont donné parce qu'il avait l'attitude du quémandeur. D'autres lui ont donné pour ne pas donner à son concurrent. C'est l'histoire de son élection à l'Institut. D'autres lui ont donné parce que, étant nul, il n'offusquait pas. Il a bénéficié consécutivement de la charité, de la rancune, et de la méfiance. Il a tiré profit des oublis, tel ce personnage d'*Hernani* qu'une erreur de tutoiement fait grand d'Espagne. Il a ramassé des fonctions et des titres en aidant à mettre des paletots, en encensant d'influents vaniteux, en fermant des portes au nez des pauvres, en répondant : « Le maître n'est pas là. » A quoi l'on pouvait répliquer : « Oui, mais le domestique y est. » Son fauteuil est fait d'ancien paillasson et, comme il le sait, il enrage.

Coppée, le bon et merveilleux Coppée, avait coutume de dire : « On le croit doux, mais il a son mic. » Et il expliquait que ce « mic » était une pointe dure de colère, cachée dans l'estompé du visage. Que de parties de rire nous avons faites avec Coppée, au souvenir de ses réunions « académic », à travers lesquelles on voyait circuler la silhouette d'émouchet du seigneur d'Haussonville, la physionomie mélancolique de Melchior de Vogüé, ou bien, trottinant et affable, le marquis de Ségur !

Le seigneur d'Haussonville est vain et se croit malicieux. Parlez-moi d'un véritable libéral. Il a pour les maîtres du jour, quels qu'ils soient, un respect considérable, et quand il va leur faire visite, il laisse son ironie dans l'escalier. La démocratie lui semble un flot irrésistible et il s'y baigne en souriant, avec un caleçon d'ancien régime. Il me représente le conservateur type, qui croit que le révolutionnaire a raison, qui porte en épingle de cravate une fidélité de ton bon, et meurt du désir d'un portefeuille dans un cabinet radical. Il parle avec respect des assemblées, des droits de l'opinion, du suffrage souverain, et il daube sur les convictions fermes, il les juge trop réactionnaires. Ce genre est affreux. On l'excuse en disant qu'il a hérité des opinions « avancées » de Mme de Staël. Alors, qu'il coiffe le turban et n'en parlons plus. Melchior de Vogüé, qui avait des parties de véritable écrivain, une mine de juge las et de la noblesse d'intentions, ne connaissait pas le premier mot de l'art du roman, qui est développement, perspective et don de vie. Il s'obstinait à écrire des romans ennuyeux et grandiloquents, mi-philosophiques, mi-géographiques, qui naturellement tombaient à plat. Il en souffrait et jusqu'au bout il ignora ou parut ignorer les raisons de son insuccès. Ses débuts avaient été brillants et remarqués. Quelques personnes du monde, trop pressées, annonçaient un nouveau Chateaubriand. Il demeura en deçà de Senancour. Mais ce mot de « distingué », dont on a abusé, convenait à sa personne et à son maintien. Une seule fois, il se départit d'une réserve courtoise qui était son meilleur agrément : le jour de la réception de Barrès à l'Académie. C'était lui qui accueillait Barrès. Il le fit sans aucune grâce, avec une acrimonie si visible que les amis de Barrès en furent scandalisés. Ce procédé, renouvelé des immortels quinteux de la Restauration et du second Empire, déplut généralement. C'est que Barrès avait réussi là où Melchior de Vogüé avait échoué ; il captiva dès ses débuts l'attention de la jeunesse ; il fit le rassemblement de ces cigognes qui, suivant l'image de Melchior de Vogüé, revenaient au spiritualisme : et la magie de son style éclipsait les meilleurs pages des « regards contemporains ». Tout de même, il eût mieux valu pour la mémoire de l'auteur de *Jean d'Agrève* qu'il oubliât ce jour-là ses rancunes et accueillit gentiment un confrère à la taille duquel il n'allait pas.

Le marquis de Ségur est inexistant comme écrivain, insignifiant comme historien, craintif de tout ; mais c'est un lapin blanc des plus aimables, des plus corrects. A force de trotter à travers la Société et *la Revue des Deux Mondes,* il est arrivé à rencontrer un fauteuil académique. Personne ne lui en veut de s'y être installé et d'y brouter, en jetant de-ci de-là des yeux inquiets, maints feuillets de sa salade anecdotique.

Quand vous rencontrerez un solide et jovial luron, à la mine fleurie, à la voix éraillée, au gilet étincelant, tantôt couleur chaudron et tantôt couleur prune de Monsieur, chamarré d'or, qui rit bruyamment et qui pulvérise, qui cite le prix du gigot au XIIe siècle et celui du beurre sous Charlemagne, qui interrompt sans vergogne, bavarde sans répit et se fait risette dans les miroirs, vous saurez que vous êtes en présence du vicomte d'Avenel, candidat perpétuel à l'Académie.

D'Avenel se donne comme « bien pensant » — pour employer l'horrible formule des conservateurs —, mais il flatte les puissants du jour et nul ne s'esclaffe comme lui aux plus séniles plaisanteries. Une fois qu'il m'avait agacé par une grossière et niaise calomnie à l'endroit de quelqu'un que j'aime et respecte, je lui tins brièvement ce langage : « Si jamais cette personne venait au pouvoir, monsieur d'Avenel, vous solliciteriez l'honneur de lui lécher les pieds. » Cette remarque divertit fort le noble vicomte. Il ne connaît pas bien les gens et il lui arrive de buter contre de sérieux réverbères. Ayant écrit au *Figaro,* dans ce style diffus et grisâtre qui est sa manière, un article destiné à contrecarrer bassement une campagne royaliste de Maurras dans ce même journal, il s'attira, de l'auteur de *l'Enquête sur la monarchie*, cette page d'anthologie vengeresse : *la Ballade du pauvre vicomte,* dont le refrain est : « Va cracher dans le puits, vicomte, va cracher dans le puits pour y faire des ronds. »

Aussi, quand on parle en sa présence de Maurras, le vicomte cligne des paupières, rougit légèrement et déclare : « Qui cela, M. Maurras ? Je ne le connais pas. »

Certaines de ses mésaventures sont célèbres. Voulant traiter à bon marché des académiciens — car il est riche, mais fort avare —, il leur servit un canard rouennaise à la suite duquel ils se tordirent dans des coliques sans nom. Le résultat fut une fuite de plusieurs voix dans les calculs du candidat malheureux. Gaffeur comme pas un, d'Avenel excelle à parler de corde dans la maison du pendu, à lever le sujet de conversation dangereux, à écraser le cor de son voisin de table. Averti par un contre-instinct bizarre que le coup a porté, il éclate alors en un braiement qui rappelle celui de l'âne heureux d'avoir découvert une pomme pourrie. Quand on entend ce han hi ! han hi ! on peut être sûr que le vicomte vient d'en lâcher une. Jamais je n'ai vu infatué faire un sort plus brillant à ses propres sottises.

Sa grande idée, c'est que la question du ventre, le taux de l'argent, le prix des denrées mènent le monde ; que la politique est subordonnée à l'économique, et que la crise du pain, du coton ou celle du charbon ont plus d'importance qu'une grande guerre. Antique bateau, mille fois ressassé, mille fois démenti par les événements, que d'Avenel, en dix volumes, a prolongé sans le rajeunir. Il tient à passer pour important, mais aussi, mais surtout pour bel esprit. Il croit qu'on s'amuse de ce qu'il dit. Il ne s'aperçoit pas qu'on s'amuse de lui. Brunetière, qui avait le goût des fantoches, lui ouvrit toute grande *la Revue des Deux Mondes,* et certains de ses numéros ont l'air de simples gilets de saumon destinés seulement à faire valoir le torse et la cambrure du « pauvre vicomte ».

J'ai conté naguère le passage muet, grave et doux d'Edouard Rod, tel un fantôme suisse, parmi les laques et estampes du Grenier Goncourt. Ainsi traversait-il, virginal, les salons de *la Revue des Deux Mondes.* Il marchait sur la pointe des pieds, susurrant de fines remarques, comme dans une chambre de vestale. Ce bon élève de George Eliot approuvait silencieusement Brunetière. Il jetait sur Faguet et Doumic un regard attendri. Il croyait que tout est sérieux et un peu triste, que tout le monde est très consciencieux et que — pour renverser le mot de son compatriote Amiel — les états d'âme sont des paysages. Il travaillait à ses multiples *Michel Teissier,* à ses *Silence,* à ses *L'ombre s'étend sur la montagne,* les publiait bien régulièrement, bien sagement, et recevait avec bonté les compliments que lui en faisaient des gens qui ne les avaient pas lus, mais auxquels on avait conseillé de les lire. Cet excellent homme était, sur toute la ligne, un premier accessit. Ses amis — car il était aimé — m'ont assuré qu'il avait énormément de vie intérieure. C'est donc qu'à force d'être intérieure cette vie ressemblait à un étouffement ; Rod ou la Desdémone du canton de Vaud. Je fus stupéfait d'entendre une des personnes présentes me dire un jour, en me montrant Rod : « Présentez-moi donc à Arvède Barine. » Cette erreur, à la réflexion, renfermait une parcelle de vérité. On remarque, chez ces deux auteurs, une même absence totale de soleil. La peau de leur style est grise et froide.

V

Stanley et Meredith à Londres

Je ne sais pas si Stanley a tué des Nègres trop aisément — comme le lui reprochait Sherard —, mais je sais qu'il donnait l'impression d'un grand homme. Petit, de teint assez cuivré, la mâchoire, les pommettes et le front solides, l'œil aigu et rapide, recourant à l'espagnol et à l'anglais quand son français défaillait, le grand explorateur apportait avec lui l'autorité, cette plénitude de l'air, de l'ambiance qui émanent des personnalités irrésistibles. Il accompagnait ses récits brefs de gestes tranchants de ses mains menues. L'admiration enthousiaste que lui témoignait mon père lui était visiblement agréable, et il répondait avec méthode aux questions qu'on lui posait. Il racontait un dîner d'adieu en l'honneur de Dulong, qui périt si misérablement au pôle Nord, dans le naufrage de la *Jeannette* : « Au dessert, je me suis levé et j'ai dit : *Take care,* mossier Dioulongue, parce que si vous égarez vous, mossier Gordonne Binnette envoie moa chercher vous. » Son esprit prodigieux transparaissait à travers sa prononciation défectueuse et ses fautes de syntaxe. Il coupait les mots comme la brousse.

Il était le gendre de Mme Tennant, femme d'élite dont il est question dans les Mémoires de Flaubert. Il vivait, entouré de soins et d'affection, dans un charmant hôtel de Richmond Terrace, rempli de ses souvenirs de voyages. C'était le lion au repos, un lion correct, qui comprimait ses bâillements et, de temps en temps, dans un rapide sourire, montrait ses crocs étincelants. Il traitait affectueusement ses compagnons d'aventures, comme Jeffson, lesquels gardaient devant lui l'attitude militaire des soldats devant le chef. Je le vois nous recevant avec une simplicité, une amabilité de grand seigneur, soulevant les vitrines de son musée africain où chaque objet lui rappelait une aventure : « Ce petit fiousil-revolver, je l'ai fabriqué moa-même... Très commode pour la battelle. » Huret, qui n'avait pas l'audition aussi bonne que la vision, prétendait qu'il disait « le bettel », chose inexacte. Ce conquérant s'intéressait aux lettres. Il lisait beaucoup et il a écrit, en dehors de ses récits de voyages, des Mémoires d'un grand intérêt. Il avait en somme résolu toutes les difficultés de l'homme primitif, dompté l'eau, le feu et le poison, et l'on se rendait compte que les difficultés de la civilisation l'intéressaient maintenant davantage. Huret croyait distinguer, dans ses regards, des lueurs de férocité. Je lui objectais : « C'est une idée préconçue. Tu es arrivé à Londres avec la certitude que Stanley avait de la férocité naturelle, parce que tu es un absurde humanitariste, et, s'il se coupait les ongles devant toi, tu dirais qu'il a l'air de couper des têtes. » Ainsi discutions-nous dans Saint James Street, avec des gestes et des éclats de voix qui étonnaient les passants, et Georges Hugo nous faisait taire d'un : « Etes-vous assez français ! »

Il est difficile d'imaginer contraste plus complet que celui de Stanley, l'homme du monde extérieur, et de George Meredith, l'auteur de *l'Egoïste* et de vingt chefs-d'œuvre, l'homme du monde intérieur. Non seulement j'ai fréquenté, mais j'ai aimé George Meredith, pour toutes les forces de compréhension affectueuse de tous les caractères humains, qui étaient en lui. Il était l'homme de son œuvre, celui qui est descendu le plus loin, par une autre spirale que Shakespeare et Balzac, dans les arcanes de l'esprit et de la sensibilité, de la volonté du bipède raisonnant. Histologiste de l'âme, de ses rouages les plus délicats, Meredith a inauguré et achevé un mode de roman qui aura peu d'imitateurs, où il fallait à la fois un génie d'intuition et de dissociation, un éclair à deux fulgurites et comme l'inclusion d'un théologien dans un anatomiste clinicien.

Pour ceux qui ne le connaissent pas à fond, je dirai que les ouvrages de Meredith, en même temps qu'ils racontent, interprètent les raisons de ce qu'ils racontent. C'est un analyste lyrique qui creuse en délimitant. Il ne soumet point ses décors et ses héroïnes à des aventures exceptionnelles, mais il extrait l'exceptionnel des circonstances en apparence les plus banales de leurs journées. Il les fait dialoguer en quelque sorte au second degré, de telle façon que l'égoïsme intellectuel foncier de Willoughby apparaîtra dans ses moindres répliques aux deux femmes successivement victimes de son personnalisme pneumatique. Les blancs qui sont entre les lignes de ses romans les plus fameux et du dernier, le plus compliqué peut-être de tous, *Un mariage ahurissant,* sont aussi intéressants et significatifs que ce qui est imprimé et exprimé. Il excelle à typifier l'éphémère, à faire avouer dans un mot, dans un silence, à confesser un tic nerveux. Quand on est entré dans son style et dans sa vision des choses et des gens — c'est tout un — les autres écrivains et psychologues semblent grossiers et rudimentaires. Il a l'ellipse de Pascal et la cruauté de Saint-Simon. Cependant, il peint des créatures vivantes, roses après la course dans le jardin et la déclaration sentimentale, bavardes après avoir bu d'un grand et vieux vin, amères d'une nostalgie rentrée, des êtres à la fois de sport et de ruse, de plein air et de bibliothèque et d'une inconsciente cruauté. Visionnaire des inclinations initiales, des petites pentes qui deviennent des penchants et des chutes, il dissocie les filets ténus du fatum, d'une pointe suraiguë. Il devient l'Eschyle de l'accessoire et le Molière de l'accidentel, un accidentel et un accessoire où étaient cachés soigneusement, aux yeux du vulgaire, l'essentiel avec le principal. Son éblouissant jugement décompose, comme le prisme, ce qui s'offre à lui, puis le recompose instantanément. Il ouvre et referme le mystère de ses personnages avec une souveraine élégance.

Meredith était beau, d'une beauté singulière, suraiguë, angoissante, creusée par la douleur et le rêve. De longs cheveux blancs bouclés, un front blanc, haut, large, dégagé, une barbe blanche en pointe, des yeux d'un azur froid, brodés d'une flamme vigilante, un nez droit, une voix grave et forte, des mains nerveuses, les jambes d'ataxique lui composaient une figure et une allure de sorcier moderne, de Méphistophélès des Celtes. Il vivait seul, à la campagne, à Boxhill, près de Dorking, entre ses livres et sa méditation, accueillant, bienveillant, sarcastique et généreux, comme un fils de roi. Un sang évidemment rarissime, formé d'ondes diverses, mais également riches, avait formé cette nature altière, cet aigle de la pensée concrète. Sur sa table, à portée de la main, les poèmes de Mistral : « Ils m'apportent le flot et les chants des îles bienheureuses. C'est le plus grand de tous, le plus aéré, et quel équilibre ! » Ainsi vantait-il le génie méditerranéen, les doigts à plat sur *Mireille* et *Calendal,* qu'il lisait dans le texte, ayant appris, à cet effet, le provençal. Alphonse Daudet le renseigna sur quelques tours de phrase, qu'il n'avait pas parfaitement saisis : « Je vis ici au milieu de Scythes, vous comprenez, Daudet ; il faut me pardonner. » Il accueillit mon père comme une vieille connaissance : « Laissez-moi vous dire que je vous aime. Il y a dix ans que je garde pour vous, mon grand ami, des bouteilles d'un vin de Côtes-Rôties ». Son domestique, qu'il qualifiait d'« incomparable », les monta. Elles étaient remarquables, mais le commentaire que Meredith en fit les dépassait encore, comme saveur et couleur. C'est ainsi que nous nous liâmes en parlant du vin.

J'ai de lui une lettre émouvante, destinée à me consoler pendant une convalescence longue et pénible de fièvre typhoïde, lettre où il me vante la convalescence et me la recommande comme un état de lucidité ; puis un télégramme de deux cents mots au moment de mon second mariage, car il connaissait celle que j'allais épouser et notre double affection pour lui. Ce sont pour moi de précieuses reliques. Rien qu'en pensant à lui, j'ai le frisson de la grandeur ; j'entends ces trompettes romaines, ces buccins dont parle Quincey et qui annoncent les personnages souverains. Que ne puis-je me transporter à Boxhill, et vingt ans en arrière, quand respirait encore ce maître des maîtres !

Meredith était taquin, et d'une forme de taquinerie bien à lui. L'amiral Maxse racontait, pour consoler mon père et Meredith, affligés de la même maladie, que, lui aussi, à la suite d'une entorse, avait marché difficilement pendant de longs mois : « Oh ! je me rappelle, fit Meredith. Cette entorse, imaginez-vous, était devenue grosse comme une tête d'enfant, puis comme une tête d'hydrocéphale. Elle était un objet de curiosité. On venait des environs pour la voir et la palper. » Là-dessus, il éclatait d'un rire joyeux et effrayant, et le bon Maxse n'osait pas contredire cet inventeur de circonstances excessives. Ayant été très fier de sa force et de son agilité physique — quand il avait du chagrin, il se distrayait en jetant en l'air des poids énormes —, Meredith ne voulait pas qu'on fît de sa maladie chronique un sujet de conversation ni de compassion. Il avait soin de la représenter comme un empêchement accidentel, une luxation survenue la veille ou l'avant-veille : « Vous avez été médecin, mon cher Léon Daudet ; cela signifie que vous ne comprenez rien du tout aux souffrances des gens ; ah ! ah ! que vous ne les écoutez même plus. C'est bien mieux ainsi. Il est rassurant pour le malade que le médecin n'écoute jamais ses doléances. J'ai des amis, — n'est-ce pas Maxse ? — qui n'ont pas été guéris autrement. »

Il lui était déplaisant qu'on estropiât les noms propres. L'amiral Maxse s'obstinait à appeler Schwob « mossier Schwaba ». Meredith le reprenait, en épelant à pleins poumons : « *S, tcé, ha, dobble you, o, bi.* » Cependant qu'Henry James, enchanté, rejetait la tête en arrière et riait de tout son cœur.

Pendant notre séjour à Londres, Meredith fit l'effort de venir de Boxhill, dîner et passer la soirée avec nous. A l'appel de mon père et d'Henry James, un grand nombre de ses admirateurs étaient accourus pour lui rendre hommage. Car, s'il n'avait pas atteint le très grand public — ce qui, de son vivant, vu la forme de sa pensée, était difficile —, il possédait cependant la gloire la plus enviable : une suprématie reconnue par l'élite. Je renonce à exprimer la beauté, la suprême élégance de ce vieillard nerveux et sagace, au front couronné par le génie, accueillant ces hommages et remerciant d'un sourire. C'est la plus haute expression de la civilisation, quand la beauté féminine entoure et salue l'intelligence créatrice et subtile. Il y eut là quelques heures d'une discrète apothéose, à laquelle le grand homme parut sensible. Mais il arrivera pour Meredith ce qui est arrivé pour

Stendhal. Dans cinquante ans d'ici, ses prétendues obscurités, qui ne sont que des ellipses à double évolution, seront éclaircies. Ses personnages rayonneront de l'intense lumière dorée des chefs-d'œuvre. Ses *Comédiens tragiques, l'Egoïste, le Mariage ahurissant, Diana of the Crossway* susciteront une foule de commentateurs. Leur auteur apparaîtra comme le Rembrandt de la splendeur écrite, comme un des révélateurs de l'homme à l'homme.

Ceux qui prétendent que le roman a fait son temps se trompent. Ni les vices, ni les vertus, ni la faculté de s'étonner du bref passage terrestre n'ont fait leur temps. La substance cérébrale, cette substance « qui ne se repose jamais », comme le répétait Meredith, aura toujours besoin de s'inscrire, de se confronter, de se scruter. Sans vouloir jouer au prophète, j'affirme que le roman se transformera et par la sincérité en quelque sorte sculpturale des personnages, et par l'extraction de la destinée qui circule en eux, avec leur sang et leurs nerfs, et par l'étude de plus en plus approfondie de leurs mobiles et de leurs mirages. Balzac, si grand qu'il soit, est encore rudimentaire. Stendhal aussi. C'est à ce tournant que se dressera la statue immortelle de George Meredith. L'Angleterre sera aussi fière de lui qu'elle l'est actuellement de Shakespeare. Car il est au pôle de la prose — j'appelle prose la science de l'analyse, des ressorts intellectuels et moraux — ce que Shakespeare est au pôle de la soudaine et foudroyante poésie.

Pour comprendre et lire la ville de Londres, il faut connaître la littérature anglaise, il faut avoir lu et relu les dramaturges élisabéthains, Shakespeare, Ford, Webster, Cyril Tourneur, les ouvrages de Thomas de Quincey, de Dickens, de Stevenson, de Thomas Hardy et de Meredith. Que de fois, m'installant à un carrefour du Strand, dans un endroit pressé et populeux où les passants s'écoulent comme une eau limoneuse, je me suis laissé aller à cette rêverie éveillée où les fantômes littéraires et poétiques s'appliquent aux vivants ! Voici la petite Anne qui sort d'une pharmacie, son verre de porto épicé à la main, pour secourir l'écrivain défaillant. Voici des camarades de Shakespeare, le poursuivant de questions baroques, auxquelles il répond du tac au tac, en accumulant les pointes et les métaphores. Car, au dire des contemporains, il était bavard et amphigourique comme un de ses personnages de second plan. Voici l'assassin Sikes, après le meurtre de Nancy, suivi de ce chien qui l'exaspère. Voici John Silver, le boiteux ; voici le terrible personnage du double Hyde-Jekyll, voici Florence et le petit infirme de Dombey et fils, et tous et toutes dont l'énumération remplirait un quartier de la ville immense. C'est l'été. Le crépuscule vient sournoisement dans une poudre rose et cuivre chaud, qui apparente tous ces hommes, toutes ces femmes, à des chefs-d'œuvre de Reynolds et de Hogarth. Dans les profondeurs de l'esprit s'ouvre une compréhension générale, une fourmilière d'impressions neuves. Je pourrais demeurer là des heures, des jours, des mois, comme un stylite, ayant à droite la mémoire, à gauche la pénétration psychologique, si mon estomac ne me tiraillait pas, si je ne songeais simultanément à une belle tranche d'un rosbif saignant, entouré de quelques pommes vapeur, le tout arrosé d'un loyal claret.

La campagne anglaise, d'un vert profond, est chargée de toute la nostalgie des marins et des voyageurs. Mais il faut prendre un train à Saint Pancrace, remonter jusqu'à Edimbourg, Glasgow et au-delà, et jouir du contraste extraordinaire des pays des lacs et des charbonnages. Certes, ce n'est pas gai, surtout quand on est seul et alors que des bandes obliques de pluie rayent implacablement le paysage, comme des pages d'écriture à l'usage des enfants. Certes, ce n'est pas gai, quand, au pied du pont sur la Clyde, dans l'auberge dont le cocher a l'habitude, on ne trouve que des œufs au jambon et un maussade soda and whisky. Pourtant, de cette mélancolie même, de cette mouillure, de cette intense verdure, frangée de noir et d'ocre, il demeure une hallucination délicieuse, une valse des moustiques les plus piquants de l'esprit. C'est l'état de compréhension par le frottement des paysages, et non plus par le frôlement des humains. C'est la nature naturée de Spinoza suscitant la nature naturante. Le déplacement n'est qu'un prétexte à métempsycose.

IV

SALONS ET JOURNAUX

I

Ernest Judet

Ernest Judet a deux mètres de haut et il est large à proportion. Eté comme hiver, il est pantalonné de drap militaire et muni de cette prolongation de l'étoffe sur la chaussure qu'on appelait autrefois « pied d'éléphant ». Il se tient devant la cheminée, les mains au fond des poches, les jambes écartées et l'on aperçoit, dans le compas, la pendule et les flambeaux. Sa tête est petite, tenant de la fouine géante et du Scandinave d'eau douce, imberbe, moustachue, tondue de près, avec un regard de mauvaise humeur, plissé sous le lorgnon, et deux grandes oreilles. Il bredouille en parlant dit « xiste pas » pour « ça n'existe pas », « bsurde » pour « absurde » et « dménager » pour « déménager ». Il est l'animal le plus fat de la création, bien avant le dindon et le paon, convaincu qu'il sait tout, qu'il dompte tout, qu'il a tout lu et que l'univers tremble devant lui. On l'entend répéter : « Un tel m'adore... Il ne peut rien sans moi... » Il jongle avec les ambassadeurs, subjugue les princes et décide du sort des Etats. Mais au fond c'est un grand diable gauche, timide, assez craintif, habile de sa plume comme d'un manche à balai, pas bon, pas intelligent, intempestif, rancunier et pas mal roublard. Je ne connais personne de si inconsciemment comique.

Lemaitre et lui se tutoyaient, ayant été condisciples à Normale. Lemaitre racontait que, de temps en temps, Judet, ayant de la force à dépenser, menait ce qu'il appelait un « barbare », se répandait à travers les corridors et vestibules de l'illustre maison de la rue d'Ulm, défenestrant et brisant les statues de plâtre et les chaises. C'est à peu près la besogne qu'il a continué d'accomplir dans les feuilles infortunées dont il a assumé la direction. N'ayant aucune autorité, capable seulement de sacrer, jurer et bousculer ses collaborateurs et la syntaxe, il s'en tire en démolissant tout. L'estime infinie qu'il a de soi remplace chez lui le jugement, et, avant de rendre un arrêt quelconque, ses lèvres murmurent : « Je suis Judet. » Il redoute les plaisanteries irrespectueuses, le rire qu'il juge malsain, fatal aux peuples, et la contradiction. Le malheur voulut qu'il me rencontrât sur sa route, moi pygmée, moi infime, moi minuscule ver de terre, tel Goliath le petit David. Pendant sept ans, j'eus la joie incomparable de pouvoir l'étudier, le retourner sur ses larges coutures, environ quatre fois par semaine. En vérité j'ai habité Judet, j'ai judeté dans sa judetière, comme un judouillard de judoire, et tout ce que je vais conter ici n'est que suc, quintessence, distillation de vain colosse, unique en son genre.

Vers 1897, Judet, ayant fait la conquête de Marinoni, régnait et gouvernait au *Petit Journal.* A la mort de son bienfaiteur, il se rendit naturellement insupportable à ses successeurs et résolut d'avoir un quotidien à lui, Judet Ernest, le seul, l'incomparable, le pic de la Meije et du Gaurisankar. Il jeta son dévolu sur *l'Eclair,* qui précisément était à vendre. Pour acheter quelque chose de cher, il faut de l'argent et beaucoup d'argent. Judet trouvait commode la vieille formule paresseuse des feuilles d'opposition qui consistait alors à solliciter les capitaux de républicains modérés, d'impérialistes, de royalistes, à constituer une tontine vague, une espèce de bouillie pour les chats. C'est ainsi qu'il se mit en campagne auprès des royalistes et notamment de Maurras, dont l'autorité était déjà considérable, auprès de Jacques Piou, président de *l'Action libérale*, et auprès de Mme de Loynes, laquelle l'aboucha avec Vlasto. Antoine Vlasto, par amitié pour Mme de Loynes, mit galamment deux cent cinquante mille francs dans la combinaison *Eclair*-Judet, ce qui, vous l'avouerez, était plutôt gentil.

A partir de là, Judet, comme on dit, ne put plus passer sous l'Arc de triomphe et parut avoir mouché la colonne de Juillet. Aussitôt qu'il apercevait Vlasto, il l'entraînait dans une giration de ses pantalons de drap militaire et lui versait au fond des oreilles pour deux cent cinquante mille francs de bredouillements, que son principal actionnaire écoutait avec des yeux résignés, remplis de lassitude et de mélancolie. Notre géant avait des projets à sa taille : un plan de rénovation générale de la presse française, puis de la nation française, puis de l'Europe, puis du monde. Entouré de collaborateurs spécialistes aussi calés que Perraud du *Temps* — qu'il disait lui être « d'voué jusqu'la gauche » —, il allait jeter par terre *le Petit Journal, le Petit Parisien, le Journal et le Figaro.* Il s'occupait de distribuer les « rbriques » ou rubriques, au prorata des « cpacités » ou capacités de chacun. Il voulut bien, dans sa grande condescendance, songer à votre serviteur pour le compte rendu de la Chambre.

Il vint me proposer cette merveille rue Saint-Simon, où j'habitais alors, par une matinée pluvieuse, mais moins que sa conversation. Pour me tenter, il me cita l'exemple de Camille Pelletan qui, dans une telle besogne, s'était acquis, à l'ancien *Rappel,* une gloire immortelle. Pendant qu'il me parlait, avalant les syllabes, rajustant son lorgnon, je voyais au-dessus de sa tête altière le four certain, chauffé par l'incapacité de l'outrecuidance et, dans ce four, le pain amer de la déconvenue, puis de la rage. Je tiens vraisemblablement de mon père ce don de l'observation anticipée, qui me permet de conjecturer les conséquences d'après les prémisses et les effets d'après les causes, et qui m'a bien rarement trompé.

Je déclinai poliment l'offre de Judetissime. Il en conçut un vif mécontentement, mais à cause de Mme de Loynes, il n'en laissa tout d'abord rien paraître. Toutefois j'appris qu'à quelque temps de là il avait fait une violente sortie contre un article de *la Libre Parole,* où je maltraitais Guillaume II. Nul n'y comprit rien et je ne devais moi-même avoir, sur le motif de cette hargne, quelques lueurs que beaucoup plus tard.

Mme de Loynes recevant un grand nombre de personnages importants et influents, dont plusieurs susceptibles de s'intéresser aussi à *l'Eclair,* Judet venait presque quotidiennement avenue des Champs-Elysées. Le vieux Jacques annonçait de sa voix douce : « M. Ernesteu Judet ». Aussitôt l'on voyait deux pieds, puis ce grand corps, puis cette petite trombine avide et sournoise. Il s'asseyait, les guibolles en avant, relevant les basques immenses de sa redingote, son chapeau haut de forme sur les genoux et demeurait, immobile, silencieux, hiératique, comme s'il sortait d'un chêne de Dodone. Au bout d'un quart d'heure, la présence de ce cadavre inodore et tiède commençait à causer une certaine gêne, d'autant plus que, de temps en temps, un propos quelconque lui faisait hausser une épaule : « Et vous, Judet, qu'en pensez-vous ? lui demandait Mme de Loynes agacée.

— Moi, rien, m'dame, 'bsolument rien.

— Allons, voyons, dites tout de même votre avis. Vous n'êtes pas un oracle.

— J'pense que c'est la d'rnière des m'ladresses. »

Car tout ce que Judet n'a pas conçu et réalisé, tout ce qui n'a pas un rapport quelconque avec Judet est très exactement — comme disait Coppé — du vomi de chien.

« M. Antoine Vlasto. »

Vlan ! Comme au régiment, à l'entrée du colonel, voilà mon Judet debout et bloquant contre le mur son donateur victime lui exposant le thème général du prochain conseil d'administration.

« Judet, laissez un peu M. Vlasto s'approcher de moi. Ne le prenez pas tout entier pour vous. »

Cette histoire des deux cent cinquante mille francs, rapidement, connue, faisait le bonheur de tous les habitués et chacun félicitait Vlasto le riche d'avoir ainsi renfloué *l'Eclair* et ajouté un étage à Judet.

Ce phénomène naturel est très sportif. Il pratique l'escrime, le pistolet, le cheval, le canotage, la natation et l'ascension. Le cabinet de Judet est tapissé de photographies des géants des Alpes, auxquels il se compare, en se préférant, quand il daigne regarder autre chose que lui-même. Les rives de la Seine le voient, dès la prime aube, indien maussade, pagayant comme Cerf agile. Puis, quelques heures plus tard, les allées du bois de Boulogne s'enorgueillissent d'être foulées par son coursier. Il en garde les jambes écartées jusqu'à la nuit ; ce qui faisait croire, dans les premiers temps, aux rédacteurs de *l'Eclair*, qu'il faisait pipi dans sa cheminée. Il imagine volontiers que des périls cachés et nombreux menacent sa précieuse existence ; aussi est-il toujours armé jusqu'aux dents, coutelas, revolver, casse-tête, qui font des bosses dans ses étonnants vêtements. Je suis encore malade de rire en songeant aux précautions qu'il avait prises en vue de la révolution, au 1er mai 1906. Le préfet Louis Lépine avait ordonné cette année-là des mesures d'ordre rigoureuses, à la suite de je ne sais quel rapport, et Judet répandait la panique, montrant à tous la carabine à répétition qui lui permettrait de défendre son blockhaus de la rue de Chézy jusqu'à la mort. Cette perspective de résistance héroïque lui donnait encore plus d'importance. Il promenait, sous les espèces d'une canne, une masse plombée de cinquante kilos et affirmait, de façon peu compréhensible, que des rassemblements se formaient le soir à Belleville et à Charonne. Il conseillait vivement à Mme de Loynes de gagner la province avant ces massacres. Je touchai là ce fond de frousse chronique, qui fait un divertissant contraste avec ses dimensions et son attitude. Nous lui montâmes, à ce sujet, quelques bateaux qu'il prit plutôt mal. Son irritation fut sans bornes quand il apprit que, ce grand soir d'apocalypse, nous étions allés, ma femme et moi, dîner tranquillement chez Noël Peters. Le vaillant préfacier des *Etudes sur le combat,* d'Ardant du Picq, n'en revenait pas.

Un homme fat n'a jamais d'esprit. Judet ne fait pas exception à la règle. Sa pose, parmi les écrivains spirituels qui fréquentaient avenue des Champs-Elysées, était celle du philosophe de Couture, du pense-profond égaré chez les amuseurs. Il toisait de haut Grosclaude, Capus et Donnay. Il exécrait Rochefort, lequel, de son côté, le tenait pour « un grand abruti, oui, oui, mais allons donc, un dépendeur d'andouilles et pas autre chose... » Quand l'illustre et délicieux pamphlétaire racontait vivement une histoire pittoresque, de cette voix où tintaient parfois des inflexions féminines et enfantines enchifrenées, Judet affectait de regarder le plafond, ou ses pieds, ou de feuilleter une brochure oubliée sur une table. Seul avec lui-même, il doit se répéter constamment : « Je suis remarquable... Je suis Judet... Ah ! quel brave Judet !...

Etonnant Judet !... Admirez Judet », etc. Sa mauvaise humeur tient au contraste affligeant entre l'opinion qu'il a de lui et celle que les autres, même les mieux intentionnés, ont de Judet. Ayant fréquenté, grâce à l'ancienne importance du *Petit Journal,* des ambassadeurs, des généralissimes, des ministres en exercice, des chefs d'Etat, il en est arrivé à se considérer comme une sorte de pape de l'opinion, d'empereur des courants populaires et il ne remarque pas l'analogie de sa notoriété d'antan et de la peau de chagrin.

Ce pontife de néant possède à la fois la manie et la déveine de la prédiction. Il fait la pige au Vieux Major. Or, régulièrement, les événements sont au rebours de ce qu'il avait annoncé, les circonstances renversent son trépied. Il y aurait un recueil douloureusement comique à faire aujourd'hui de ses articles sur l'équilibre européen depuis vingt ans. Mais qui remuerait un pareil fatras ? Les raisonnements s'embrouillent dans sa faible cervelle, comme les syllabes dans son discours, comme les phrases sur son papier. Il est confondant de songer qu'un semblable hurluberlu a pesé à un moment donné, pour si peu que ce fût, dans les destinées du pays.

II

Le salon de Mme de Loynes

COPPÉE. BERTHOULAT. LUCIEN GUITRY.
BONI DE CASTELLANE. COSTA DE BEAUREGARD. BERENY

J'ai dit que Mme de Loynes avait reçu chez elle deux générations d'hommes politiques et d'écrivains. Elle gardait un souvenir tendrement ému à plusieurs d'entre eux, notamment à Renan, Sainte-Beuve, Flaubert et Girardin. Quand ces noms tombaient dans la conversation, elle commençait par pousser un petit soupir. Ses beaux yeux limpides s'embuaient de tristesse et elle semblait songer : « Comme ils ont passé vite ! » Puis discrètement, finement, comme elle faisait tout, elle citait d'eux une parole ou une circonstance qui les mettait en belle lumière. Les uns et les autres lui confiaient leurs peines de cœur, leurs embarras domestiques, leurs rêves ambitieux, leurs déconvenues. Car elle possédait ce don si rare, que je n'ai connu au même degré que chez mon père, d'inspirer non seulement une confiance absolue, mais le désir de s'épancher. Cela tient sans doute à un potentiel de sympathie, ou mieux de compassion attentive, qui donne aux blessés de la vie, fréquents aussi parmi les privilégiés de la vie, le sentiment qu'ils seront consolés. Pour entrer dans les peines d'autrui, il ne faut être ni pressé ni distrait. Mme de Loynes n'était ni pressée ni distraite. Consultée sur une difficulté, elle cherchait tout de suite le moyen de la résoudre ; sur un obstacle, le moyen de le franchir. Le clavier des dévouements dont elle disposait lui permettait d'aider les uns par les autres, quelquefois à l'insu des uns et des autres, de rapprocher des adversaires dans une bonne action en commun, d'associer l'aveugle au paralytique, le riche débile au pauvre ingénieux ou résolu. Comme d'autres ont plaisir à faire le mal, elle prenait son plaisir à faire le bien et elle y appliquait une ductilité de fil d'or, une volonté d'airain.

Un de ses familiers, qui s'était fourvoyé dans une mauvaise dette, reçut d'elle, en deux minutes, de la main à la main, une somme énorme. C'est Lemaitre, non elle, qui m'a conté ce trait entre dix autres analogues. Quand il fut question, en 1907, de mettre *la Libre Parole* à six pages et d'en faire un organe royaliste, Mme de Loynes voulut s'inscrire immédiatement pour 20 000 francs, que je refusai. Elle se vengea en léguant à ma femme, l'année suivante, par testament, 100 000 francs, qui contribuèrent aussitôt à la fondation de *l'Action française* quotidienne. Nous lui disions : « Vous n'êtes pas de ces personnes qui, millionnaires, et ayant un ami dans le besoin, se mettent à dix pour examiner son cas et lui chercher un usurier capable d'avancer 500 francs. » Elle riait de bon cœur à cette idée. L'ingratitude, la noirceur, la vilenie des gens, qu'elle avait vues de près, ne l'avaient ni désenchantée ni aigrie. Sa mémoire retenait avec bonheur les actions nobles, désintéressées, courageuses. Elle démêlait admirablement les attitudes de la sincérité et le risque véritable du faux risque. Quand elle ignorait une question, elle disait : « Je ne sais pas », et elle s'informait.

Elle ne dédaignait personne. Elle déclarait, presque dans les mêmes termes que Maurras, que « le dédain n'est pas politique ». Elle écoutait gravement celui-ci et celui-là, le coude sur le bras de sa bergère et le menton dans sa jolie main. Elle confrontait les renseignements et les avis. Quand on parlait devant elle d'une personne ou d'une chose qu'elle connaissait à fond, mais sur lesquelles elle ne voulait se prononcer, elle avait la force de se taire. Femme dans le meilleur sens, et jusqu'au bout des ongles, elle demeurait femme au conseil, mais d'une pénétration qu'un compliment n'eût pas détournée. Bien souvent ceux qui se croyaient les plus malins se mordirent les doigts de ne pas avoir écouté ses avis. Syveton, bien que porté au mépris des dames — comme il disait —, la consultait et admirait infiniment son bon sens. Elle eût été à la hauteur de toutes les situations, comme de toutes les conjonctures. De temps en temps il tombait de ses lèvres une formule magistrale, un concentré d'expérience, que l'on pouvait méditer longtemps. Cependant elle n'avait rien d'une précieuse et elle plaisantait les philosophantes. « Est-il bien nécessaire d'avoir lu Spinoza, monsieur Lemaitre, pour compter avec sa blanchisseuse ? »

Son bonheur, c'était d'aller déjeuner ou dîner au cabaret, en compagnie de ses amis. Elle observait les voisins et faisait à voix basse, en termes elliptiques, sur eux, toutes sortes de réflexions gaies et judicieuses.

Le soir des élections de 1902, qui furent une déconvenue pour *la Patrie française,* nous vit au café de la Paix, elle, Lemaitre, Judet et moi, De minute en minute arrivaient les premiers résultats, qui n'étaient pas précisément régalants. Judet en descendait dans ses pantalons de drap militaire, Lemaitre devenait moussu et je commençais à rager ferme. Les transparents lumineux de *l'Echo de Paris,* aperçus à travers les vitres, ajoutaient au marasme. Ce fut Mme de Loynes qui nous remonta, nous rappela qu'il n'était pas nécessaire de réussir pour persévérer — selon le mot du Taciturne — et finit même par nous rasséréner. J'admirais son optimisme, sa force d'âme, sa foi dans les destinées du pays. Après le repas, je lui donnai le bras, Lemaitre et Judet suivant, et la conduisis rue de Grammont, au siège central de la Ligue, parmi la foule qui encombrait les rues. Il y avait là Godefroy Cavaignac, Coppée, Dausset, Syveton et une nuée de secrétaires, occupés à colliger les télégrammes des provinces. Que de mines longues et déconfites ! Spronck, à l'aide de calculs compliqués et chinois, essayait de démontrer que tout allait pour le mieux dans le meilleur des mondes, mais l'arithmétique, bafouée par l'excellent garçon, se vengeait cruellement, je dois le dire. Je conseillai à Mme de Loynes de ne pas prolonger plus avant cette veillée assez funèbre et de rentrer chez elle, ce qu'elle fit.

Coppée apportait la bonne humeur avenue des Champs-Elysées comme partout où il fréquentait. Il avait droit à un bouillon spécial, concentré, succulent, renforcé de maintes carottes. Je n'en connais qu'un meilleur, préparé par Louise Chevillot, cuisinière chez mes beaux-parents depuis une trentaine d'années, et connu sous le nom de « triomphe de la Franche-Comté ». Mais la soupe François Coppée venait immédiatement après celui-là, ce qui est déjà un fameux honneur. L'auteur du *Passant* en prenait rituellement deux assiettes, suivies immédiatement d'un verre de bordeaux, et quel bordeaux !

Lemaitre affirmait : « Ça fait du bien par où ça passe... »

Coppée continuait : « Ça vous remet les boyaux d'équerre... »

Et je devais conclure : « Ça vaut mieux qu'un coup de pied au derrière. »

Il n'était pas permis d'intervertir l'ordre de ces formules traditionnelles. Coppée était un homme d'habitudes. Il adorait les petits théâtres, les cafés de quartier, les dominos, le monde des comédiens, les rues de Paris en hiver, quand les trottoirs, bien secs, semblent léchés par les chats, les conversations littéraires, le souvenir touchant de Barbey d'Aurevilly, celui d'Alphonse Lemerre et d'une douzaine de contemporains. Je l'ai vu débarquant du chemin de fer au château de Pray en Touraine, chez ma mère, s'installant au salon, pendant qu'on montait son bagage dans sa chambre, et racontant merveilleusement, de trois heures de l'après-midi à sept heures et demie, des histoires et des histoires. Impossible d'imaginer un plus gentil et plus savoureux compagnon. Il était railleur, mais plein d'illusions sur la nature humaine. Les lâchages lui faisaient mal à l'estomac et il attachait de l'importance aux éreintements. C'est vous dire le mérite qu'il eut à se jeter, par amour de son pays, dans la mêlée politique, où nous le retrouverons.

Il y avait un autre Léon, notre cher Léon de Montesquiou, tombé héroïquement depuis, à l'attaque de Champagne, le 25 septembre 1915. Ce « héros raisonnable » — comme a dit Vaugeois — parlait peu, écoutait beaucoup, en tordant ses longues moustaches blondes, puis, de temps en temps, de sa forte voix, plaçait un mot précis, décisif, qui montrait son jugement et sa compétence. Mme de Loynes l'aimait et comprenait ce quelque chose de grave, de doux, d'inébranlable qui était en lui, son âme fière et attentive. Soudain, à une bonne bourde lancée par un de nous, à une plaisanterie de Lemaitre ou de Grosclaude, à une réflexion de Capus, Montesquiou éclatait d'un rire franc, sonore, communicatif, inoubliable. Car il n'y avait pas vivant plus proche des gens et des choses, plus compréhensif, plus chaud de cœur que cet aristo entre les aristos. Le resplendissement de sa droiture faisait son autorité. Sa mort est, pour le pays, une perte irréparable... Et comme il était délicatement bon !

Berthoulat, directeur de *la Liberté,* était sympathique à tous les habitués. C'était généralement lui qui apportait les nouvelles, les soirs de grandes séances à la Chambre, et il était en conséquence excusé pour un retard d'une demi-heure, même de trois quarts d'heure. Pauline avait soin qu'on lui mît les plats au chaud. Il racontait tout en mangeant, désolé de ne pouvoir savourer davantage, jetant des regards tristes aux mets exquis que notre curiosité l'obligeait ainsi à saboter. Mme de Loynes compensait ce Tantale par toutes sortes de gentilles petites attentions et de gâteries. Car elle portait aux choses de la politique, jusque dans les petits détails, un intérêt passionné, et elle savait gré à Berthoulat de ne jamais farder la vérité, même désagréable. Nous traitions tous cette femme âgée et sensible comme si elle avait eu trente ans, tant sa forme morale était d'un beau métal. On s'appuyait à son énergie, comme on se fiait à sa perspicacité.

Elle avait en horreur Zola, son école et le naturalisme. Cependant, elle s'était toujours intéressée au *Théâtre libre* et à Antoine, dont elle admirait, comme nous tous, le génie scénique. C'est un homme sans affectation que ce grand comédien et metteur en scène de génie, qui pourrait faire, d'après le souvenir de ses auteurs, un si beau traité de la vanité humaine. Il a connu tout : la misère vaillamment supportée, la fortune, la grande notoriété, l'amitié des pauvres puissants de ce monde, les acclamations du public, puis de nouveau l'abandon, l'ingratitude, la nécessité de remonter sur de médiocres tréteaux... Aussi s'est-il fait une philosophie personnelle à la va-comme-je-te-pousse, visible dans ses prunelles où tourne une mélancolie railleuse, perceptible dans sa voix enrouée mais impressionnante. Il est un répertoire d'anecdotes cocasses, amusantes, spirituelles et il n'a pas du tout, mais pas du tout, ce goût de la basse vedette qui dépare les meilleurs de sa profession. Par exemple, je crains qu'il ne soit un vrai nihiliste, un persuadé du néant universel, ou, suivant l'argot de Paris, un je-m'en-fichiste accompli. Il a trop plu sur son parapluie, il a eu trop de déceptions et fréquenté trop d'aigris, grâce à lui momentanément désaigris, puis aigris de nouveau. Son dos, quand il remonte la scène, est d'un monsieur terriblement désabusé. Quelle carrière que celle de cet employé du gaz, d'une intelligence hors ligne, s'élevant de la crotte des Rougon-Macquart — qu'il continue à croire épatante — et de la doctrine de Paul Alexis, à la somptueuse et ruineuse restauration dramatique de *Psyché* ! Lors de la répétition générale de ce chef-d'œuvre, monté par lui dans la perfection, j'allai, par les couloirs familiers de l'Odéon, lui exprimer mon enthousiasme. Il était triste et presque accablé. Il me remercia avec un douloureux sourire, navré comme une caisse vide, et je songeai : « Quel dommage qu'il ait le souci d'une administration compliquée, qu'un prince généreux ne lui fasse pas le don, cent fois récupérable par l'art national, de quelques centaines de mille francs ! Comme il réaliserait de belles choses ! »

Tout autre est Lucien Guitry, grand comédien lui aussi, mais sans le coup d'œil profond d'Antoine sur la reconstitution du réel par le factice. Je ne l'ai rencontré que trois ou quatre fois, assez pour reconnaître un esprit tout ensemble avisé et de faible discernement, je veux dire prodigieusement influençable. Malléabilité, aisance, représentation imaginative exacte des passions et des mouvements qu'il incarne, tel est Guitry. Ignorance des gens et des valeurs sociales ou intellectuelles réelles, tel est encore Guitry. Qu'un artiste de sa taille se soit usé à mimer — car il n'y a pas là de langage humain — les animaux sexuels d'un Bernstein ou à claironner les platitudes tarabiscotées d'un Rostand, voilà qui me navre. J'ai cru distinguer, dans cet artiste si bien doué, si solidement campé, si puissant de composition et d'attitude, un paresseux, un nonchalant, un dédaigneux de cet effort sans lequel le don s'éparpille ou somnole, passé l'âge de quarante-cinq ans. Il est là, devant les feux de la rampe, souple dans son veston, agile comme un ours qui en a vu de toutes les couleurs, peu pressé, parlant à voix moyenne, se montrant graduellement ; puis, tout à coup, on devine que son rôle — en général mal choisi, comme je viens de le dire — l'embête à bon droit, l'assomme, et il s'endort dedans, et la salle avec lui. La vérité est que ce maître de l'art tragique n'a jamais trouvé son auteur et, qu'à l'heure où j'écris, il le cherche encore. Je songe avec peine que, dans cinquante ans, alors que Guitry, votre serviteur et quelques autres seront allés contempler les racines des pissenlits, il viendra un dramaturge de grand talent, qui ne trouvera pas son comédien. Plus je vais et plus je me rends compte que le choix de ses rôles décide de la destinée de l'acteur, autrement dit qu'il doit être, encore et surtout, bon psychologue.

Vous croyez peut-être, d'après les racontars des envieux et des désœuvrés, que Boni de Castellane est un homme frivole, un élégant mondain, uniquement occupé de ses chaussettes de soie, de ses cravates et de ses étincelants chapeaux. C'est un dandy, certes, dans la bonne et balzacienne acception du mot, et il attache de l'importance aux choses de la toilette, dont je me suis moqué, pour ma part, profondément. Mais, avant tout, il est sérieux, assidu, passionné pour la politique étrangère, dont il peut traiter pendant toute une soirée, avec compétence et insistance, en accentuant les finales de ses déductions et inductions, afin de vous les faire entrer dans la tête. J'ai un terrible défaut, une lacune immense que je préfère avouer de suite. Je ne puis pas m'intéresser aux hypothèses et calculs à longue échéance de la politique étrangère. Cela me semble vague et hasardeux. Jadis Brachet, aujourd'hui Jacques Bainville, m'ont paru, entre les spécialistes de cette science difficile — qui est aussi un art consommé —, des maîtres du fait et des juges de l'heure remarquables. Je mets à part Mme Adam, qui joint le sens du réel à celui de la prophétie, et dont le cas est génial. Aussi, tout en ayant beaucoup de sympathie pour l'homme charmant qu'est Boni de Castellane, m'est-il bien malaisé de le suivre, parmi le labyrinthe compliqué de ses marottes. Il doit penser de moi : « Quel type léger, quel invraisemblable cornichon ! » Je pense de lui : « Talleyrand, s'il revenait parmi nous, serait vraiment fier de son descendant et de son émule. »

Mme de Loynes portait beaucoup d'amitié à Boni de Castellane et nous faisait taire, Capus, Donnay, Lemaitre, Grosclaude et moi, quand il donnait, gentiment, une consultation sur le germanisme, le slavisme, le rôle de l'Autriche-Hongrie et l'avenir de Constantinople. Cousin Maurice Donnay ne m'en voudra certainement pas si je constate qu'il est plus calé en psychologie qu'en politique étrangère. Capus s'y est mis sur le tard, comme directeur du *Figaro*, mais il avait à l'époque, c'est-à-dire aux environs de 1901, des dispositions assez médiocres. Grosclaude a des vues sur toutes choses et il est lié de longue date avec MM. Barrère et Cambon ; néanmoins il est plutôt spécialisé dans les questions coloniales. Lemaitre manquait de goût pour les diplomates, sauf pour son vieux condisciple Gérard, qu'il avait d'ailleurs perdu de vue. De sorte que notre turbulence à tous les cinq avait besoin d'être contenue, et notre distraction gourmandée. D'ailleurs, Boni de Castellane ne se satisfait pas d'une simple adhésion. Il veut encore qu'on la motive. Aussi ne permettais-je ni à Donnau, ni à Capus, ni à Grosclaude de s'échapper par la tangente. Je les priais de répondre congrûment, de développer leur point de vue, ce qui m'évitait de faire de même. Cependant que Judet, fronçant les sourcils et juché sur sa colonne double de drap militaire, observait un méprisant silence. Car lui seul, vous m'entendez bien, a le mot de l'énigme universelle, et il ne le dira qu'au Judétement dernier, si Dieu le lui demande poliment.

Boni de Castellane n'a pas seulement le sens de la politique étrangère, il a encore celui des fêtes, qui ferait de lui un ambassadeur accompli. Je ne puis pas supporter les nombreuses réunions mondaines, les cohues d'habits, de chamarrures et de bijoux où les vieilles dames, décolletées jusqu'aux reins, me font mal au cœur et les vieux messieurs, chargés de récits et d'honneurs, mal au ventre. Cependant, je me rappelle avec plaisir une somptueuse soirée donnée dans le palais rose, dans le Trianon idéal que Boni de Castellane habitait alors avenue du Bois-de-Boulogne, et qui rappelait le fameux bal de Cendrillon. En haut de l'escalier monumental, luisant comme de l'eau figée, un orchestre parfait jouait avec chœurs le *Vive Henri IV*. Le maître de maison accueillait chacun de ses dix mille invités avec une grâce charmante, trouvait chose inouïe un mot aimable pour chacun. Le buffet n'était pas une bousculade, ni une mangeoire. On y savourait tranquillement de la viande froide, presque aussi bonne que chez soi, avec une gelée authentique. Les jolies femmes l'emportaient sur les sorcières, grâce à l'absence presque complète de l'élément exotique. Je m'attendais à chaque instant à voir arriver le chat botté, le carrosse creusé dans la citrouille, le prince charmant et l'adroite Finette. Il n'est pas permis à tout le monde de réaliser ainsi un conte de fées.

Dans un autre genre, Costa de Beauregard était, lui aussi, un fort agréable gentilhomme à tête de grand chat angora, vieux et poli, poncé, rusé, saluant les dames jusqu'à terre et préoccupé de plaire sans fadeur. Notre commun effroi du vicomte d'Avenel et de ses considérations économico-sociales était un lien entre nous. Le seul défaut de l'installation de Mme de Loynes était quant à la défense contre les raseurs. Aucun abri, les fauteuils étant rangés en cercles devant la cheminée et les encoignures libres. D'Avenel, à peine entré, guignait Costa et commençait à le pourchasser, tel le vautour liant sa proie géométriquement, d'abord dans le cercle, puis dans les angles. Les gens s'écartaient lâchement devant les gilets et le rire crachoté du vicomte, à la poursuite de son marquis. Une fois maître de sa victime, le compte-navets de *la Revue des Deux Mondes* ne la lâchait plus, l'engluait, la dépeçait lentement. On entendait les petits cris de douleur de Costa. C'était affreux. Le perpétuel candidat académique croyait de cette façon gagner une voix. J'avais conseillé à Costa de Beauregard, pendant que le vicomte bomberait le torse, une sournoise piqûre d'aconitine sous le sternum de soie ocellé. Il hésita devant un tel forfait, cependant si légitime, et préféra quitter ce monde terraqué.

Pour faire visite à Mme de Loynes, Faguet endossait une belle redingote noire, comme pour un duel au pistolet ; il avait le cou noir, un liséré noir, laissé par son chapeau, sur le front, les doigts gris et les ongles noirs, une paire de gants de fil ternes à la main, des croquenots d'asile de nuit. L'entrée de cet olibrius provoquait un certain émoi. En hiver, il se mettait devant la cheminée, relevait ses basques, et le rôtissage de ses reins et de son torse dégageait bientôt une odeur nullement désagréable, appétissante même, telle que d'un vieux dindonneau. De temps en temps, d'une griffe alerte, il relevait son gilet et se grattait le nombril. Lemaitre, plein d'indulgence pour le solitaire de la rue Monge, affirmait que c'étaient là les mœurs du XVIIe siècle et que nul bon Français ne devait s'en effaroucher. Dans cette demeure, où la conversation ne chômait guère, Faguet se taisait volontiers ou, de sa voix pâle, lâchait une blague incompréhensible. Il paraissait en somme intimidé. A table, il avalait pêle-mêle le contenu de son assiette, puis, passant un doigt dans sa bouche, nettoyait son sillon labio-gingival, afin de donner aux autres, sans doute, une leçon de propreté. On le sentait constitué d'une multitude de petites coutumes dégoûtantes, mais sybaritiques, par lesquelles il se maintenait en santé et en tourment.

« Oui, oui, sans doute, disait Coppée, c'est un brave gars. J'aime mieux ne pas assister à sa toilette.

— Mais il ne fait pas de toilette, objectait Lemaitre. J'ai vu une fois, dans son galetas, un pot à eau ébréché et poussiéreux, où moisissait une chaussette rapiécée. »

Faguet avait repris la suite de Lemaitre au feuilleton dramatique des *Débats*. Le journal avait certes perdu au change. La critique de Lemaitre était une merveille de lucidité et de finesse, égayée de maint sourire ; celle de Faguet sans barre ni boussole, d'un arbitraire ahurissant, telle qu'une dislocation de clown funèbre. Quand Lemaitre lui demandait pourquoi il avait égalé *Cyrano de Bergerac* aux plus grands chefs-d'œuvre de l'art dramatique, Faguet se contentait de rire niaisement en enflant les joues et en toussant. Quel hérédo, ce pauvre bonhomme, quel égaré, quel somnambule ! Néanmoins on doit regretter sa disparition, et il jetait, dans le pâle troupeau académique, une note archaïque, crasseuse et savoureuse.

Afin d'éviter de donner une impression fatigante et kaléidoscopique, je n'ai pas énuméré tous ceux qui venaient avenue des Champs-Elysées. Car, en dehors des habitués, il y avait les accidentels, les épisodiques, les amis des amis, ceux qu'attiraient la réputation et le prestige de la maison, qui se faisaient présenter d'autres que, pour une raison ou une autre, on ne revoyait plus. Beaucoup d'ambitieux sans intérêt, après deux ou trois visites, se rendaient compte qu'il n'y avait rien à faire, que le mérite ou l'agrément comptaient ici plus que l'intrigue. La merveille de ce salon, c'était l'équilibre harmonieux de retenue, de bienséance et de liberté, de spontanéité qui y régnait, c'était l'épanouissement des talents et des personnalités, c'étaient le fondu, l'unité de tous ces éléments si divers. Certaines rencontres très divertissantes n'étaient possibles que chez Mme de Loynes. Elle seule savait atteler les caractères disparates et faire coopérer des forces divergentes. Sans elle, jamais telles préventions ne seraient tombées, jamais telles affections ne seraient nouées, jamais telles histoires ennuyeuses ne se seraient arrangées. Elle était un centre, une impulsion, un bienfait. Cela se vit à sa mort, en janvier 1908, où chacun tira de son côté, où tout le groupe s'éparpilla. Cette femme incomparable et bonne avait le génie de l'amitié. Il y avait en elle l'étoffe double d'une charmeuse d'âmes et d'un grand politique.

J'ai indiqué que ni elle ni Lemaitre, si fins juges en littérature, n'entendaient grand-chose à la peinture. Aussi la découverte, par Houssaye, Brunetière et quelques autres, du peintre prestidigitateur hongrois Bereny fit-elle avenue des Champs-Elysées une espèce de révolution. Ce Bereny était un petit homme blond, barbu, bizarre, assez agréable, d'une souplesse extrême, comme il en saute quelquefois des plaines du Danube dans les salles à manger et les salons de Paris, une sorte de Munkacsy numéro deux. Mais alors que Munkacsy était un grand vieux Magyar siffloteur, cousu d'or et donnant à dîner, par ordre alphabétique, à une foule de gens — la chère et les vins exquis faisaient passer les toiles décoratives — Bereny était un pauvre bougre, qu'on sentait posséder tout juste de quoi s'acheter un habit et une palette. Ignorant tout de son art, il avait ce don horrible de la ressemblance sans plus, qui est la caractéristique du non-peintre.

Il ne lui fallait pas plus d'une demi-heure pour camper sur une toile un bonhomme de pied en cap — tel qu'en lui-même enfin la banalité le change — au milieu de ses accessoires ou animaux familiers. Cette faculté, empruntée aux portraitistes en cinq minutes des devantures de cafés de nuit, avait ébahi Henry Houssaye, naïf et pétulant comme un siphon d'eau de Seltz, et cet extravagant Brunetière, qui n'avait ni goût, ni œil, ni palais, ni oreille, ni sens tactile, marchait la tête en bas, jugeait avec ses pieds et passa vingt ans pour un critique. Incité par ces juges falots, Lemaitre posa pour Bereny, qui fit de lui une tomate à la fraise, écrasée dans les traits pour traits d'un minutieux décalque de physionomie. En suite de quoi, une vingtaine d'académiciens des diverses classes de l'Institut et deux cent cinquante personnes de la société commandèrent leurs images à Bereny, lequel, au bout de six mois, put faire en plein Paris une exposition de deux cent cinquante tableaux.

Cela se passait avenue des Champs-Elysées, dans je ne sais plus quelle galerie, de *Fœmina* ou d'*Excelsior*. Les admirateurs du nouveau génie s'étaient cotisés pour offrir un buffet aux critiques, convoqués et vacillants entre la stupeur et la rigolade. Je crois bien que c'est Arsène Alexandre qui me demanda si nous faisions une charge d'atelier. Je lui répondis que non, que c'était sérieux. On n'imagine pas la folle laideur, l'épouvante de ces figures, brossées comme des maquettes de décor, sans aucun dessous, ni aucun éclairage intérieur, doublées, dans ces galeries somptueuses, des modèles en chair et en or. J'exprimai mon sentiment à Lemaitre, que ma véhémence ébranla sans le convaincre tout à fait. Houssaye expliquait congrûment, à quelques Américains béants, la rapidité du travail, tout en dévorant un long sandwich, dont les filets moutardés s'embrouillaient dans sa barbe. Non loin de lui, une petite dame mince aux yeux dorés poussait des cris d'admiration.

On entendait : « Est-ce bien ça !... Que Préférez-vous ?... Oh ! moi, Brunetière... Oh ! moi, c'est le comte un tel... Mais la comtesse, on dirait qu'elle va parler... Et le duc, le duc est frémissant de vie... Et Antoinette, c'est son air de ne pas y toucher... Reculez un peu ; à quelques pas, c'est inouï... Moi je n'ai posé que dix-huit minutes, mon mari trois quarts d'heure... Il faudra que je décide François... » Enchanté, savourant la gloire et touchant l'immortalité, le petit Bereny dansait de droite et de gauche, saluait, resaluait, s'empiffrait, buvait, démontrait, prenait des notes et fixait des rendez-vous. Je n'oublierai jamais un vieillard quadrangulaire, qu'on me dit s'appeler Bertrand — je ne sais si c'était celui de l'Institut —, couvert de poils, le visage pareil à une châtaigne, et qui joignait les mains, méditait, secouait la tête admirativement devant une trombine quelconque. Je lui glissai dans l'oreille, sans le connaître : « N'est-ce pas que c'est hideux ? » Il me regarda avec stupeur, croyant avoir affaire à un fou, puis serra convulsivement le manche d'un parapluie de bonne sœur, sur lequel s'appuyait son extase.

Le soir, il y eut grande réunion, chez Mme de Loynes, des plus notoires bérénystes. Néanmoins, ils commençaient à manifester une certaine inquiétude des résistances imprévues rencontrées chez les gens de métier — jaloux sans doute — et les journalistes. Quelques-uns commençaient à dire que ce peintre à vapeur, plus expéditif même que Helleu, le crevard aux pointes sèches, était génialement doué, mais avait encore beaucoup à apprendre. La frénésie d'Henry Houssaye avait baissé de plusieurs degrés. Qui avait-il rencontré, ce vieux gosse influençable, pour le rafraîchir de la sorte ? Mme de Loynes, si bonne psychologue, sentait ce décollement de l'enthousiasme et me dit à l'oreille : « Ami Léon, il semble que vous avez raison. Ça tourne, oh ! ça tourne ! » Voilà-t-il pas que, vers les onze heures, Bereny, rendu à sa vraie nature et à sa légitime destination, demanda le chapeau, la montre d'un assistant, un jeu de cartes et se mit au milieu du salon, à faire des tours ! L'infortuné se suicida ainsi de midi à minuit, bourrant sa roche Tarpéienne par-dessus son Capitole, avec une hâte supérieure encore à celle de son pinceau. Deux jours après, il n'était plus question de lui, de ses travaux, de sa facilité fabuleuse, que s'il n'avait jamais existé. On dit que les morts vont vite, mais, à Paris, les vivants vont encore bien plus vite qu'eux.

III

Arthur Meyer et « le Gaulois »

DESMOULINS. MAZEREAU.
LE COMTE FLEURY. LE PAPA DUQUESNEL

J'ai collaboré au *Gaulois* pendant huit ans. Je suis loin de posséder tous les secrets administratifs de ce journal, destiné au public « bien pensant », comme dit Meyer, en baissant pudiquement les yeux. Néanmoins, j'ai des lueurs, et, en tout cas, la psychologie de cet homme habile m'est connue dans son ensemble, comme dans ses plus petites particularités. Il sait son métier. Comme un de ses collaborateurs téléphonait sur son ordre à un confrère, afin de le sonder sur une nouvelle présumée dangereuse, qui devait paraître le lendemain, Meyer impatienté s'écria : « Demande-lui si ce papier passe en tête. — Non, monsieur. — Alors, il ne s'agit de rien d'important. » Autrement, en effet, l'article eût occupé la vedette. Ce n'est qu'un détail, mais significatif. Autre qualité : Meyer s'est toujours préoccupé de son numéro du lendemain, n'a jamais cessé de l'éplucher, de le combiner en vue de son public. Ce public est composé de poires conservatrices et libérales, les plus dodues, les plus juteuses de Paris et de la province. Il s'agit de ne pas les effaroucher, de telle façon qu'elles se sauvent, serrant leurs pépins, hors du compotier de l'insondable Arthur. Il faut leur donner l'illusion de l'opposition « irréductible » — c'est le mot de la maison — sans courir les risques de cette opposition.

Meyer est coquet, il est vaniteux, il est galant, il peut être suave ; tout cela d'une manière à mon avis horrible ou comique, mais impressionnante pour les badauds. Il n'est point particulièrement ladre. Il ne réduit pas trop à la portion congrue — sauf les jours d'alerte ou de hargne — ses petits collaborateurs, qui tremblent sous ses regards de glu froide. Il peut user, en conversation, d'une certaine éloquence théâtrale. Mais il a deux vices chevillés dans l'âme : la peur, et le besoin de livrer, de « donner », comme dit l'argot, son voisin, son ami, son parent, son bienfaiteur, son obligé, jusqu'à un inconnu. De sorte qu'il passe son existence entre le plaisir et la crainte d'avoir assouvi ce penchant, aussi irrésistible chez lui que la faim, la soif ou le reste. Que de fois, curieux de cette étrange nature, je lui ai fait de fausses confidences afin d'observer sa mine haletante, bien heureuse à l'idée qu'il allait les trahir, puis son angoisse et son appréhension, le coup fait. *Post delationem animal triste*. Car il s'agit là d'une véritable, d'une authentique libido. Son désir est logé à l'enseigne de Judas.

Un jour, c'était pendant les derniers mois de 1904, je l'ai pris, sur le fait, la main dans le sac... et quel sac ! Il ne songea pas une minute à nier. Il remuait avec peine, dans sa bouche sèche, une langue pâteuse. Il murmurait : « Comment réparer cela ! » Partagé entre le dégoût et la pitié, je discernais avec netteté les ficelles hérédo-ethniques de sa mauvaise action, je me demandais si j'avais affaire à un homme ou à une tribu. Soudain retentit la sonnette du téléphone. Il se précipita vers l'appareil : « Madame la duchesse... oui certainement, madame la duchesse... Pour ce soir, neuf heures et demie, c'est entendu : mes hommages, madame la duchesse... » Il se redressa, la mine altière. Il avait repris son aplomb. Je n'ai aucune notion de ce que pouvait être physiquement Deutz, mais je suis absolument certain que Meyer est moralement une espèce de Deutz, un redeutz.

Voici quelle était, il y a une quinzaine d'années, sa journée : il se levait assez tard, revêtait un pyjama à raies roses ou jaunes, ou azur, passait, suivi de son caniche chocolat, dans son cabinet de toilette, où son administrateur « Monsieur Schmoll », faisant l'office de confident et de premier valet de chambre, lui apportait, dans une corbeille, son courrier et un coupe-papier. Meyer ouvrait chaque lettre, la parcourait, l'annotait, la passait à « Monsieur Schmoll », gros garçon pas bête, à la mine réjouie, chargé — usons d'une antiphrase — de toutes les commissions « délicates » du patron. Cette besogne achevée, le directeur du *Gaulois* se remettait entre les mains de son coiffeur, pour l'opération suivante : relèvement et fixation en coques des longs cheveux formant chignon autour d'une étincelante calvitie. L'homme de l'art prenait respectueusement ces filaments, que les compatriotes orientaux de Meyer rejoignaient en cadenettes, les courbait sur le peigne à l'aide d'un fer chaud, leur donnait le pli ondé d'une bougie de bois, les aspergeait d'eau de Cologne, puis les lissait et relissait avec amour. Pendant ce temps, le caniche chocolat poussait de petits aboiements plaintifs et Meyer faisait les yeux blancs, les mains sur ses paperasses, ainsi qu'un caissier qu'on chatouille. Apparaissaient, de dix heures à midi, des hommes d'affaires mystérieux, en *scheim*, en *as*, en *poulo*, en *cohn* et tronc de *cohn*, introduits par des portes dérobées, ainsi que *la Tour de Nesle*, puis ressortis en rasant les murs. A midi et demi, le roi hébreu de la rue Drouot se mettait en marche vers le Café anglais, où l'attendaient quelques débris du Second Empire, ragaillardis par la présence de Capus ou d'un auteur à la mode. Après le repas, rentrée, sieste ou fournisseurs, puis visites à des personnes généralement titrées, riches, ou considérées comme influentes, et combinaisons de toute sorte, dont l'histoire anecdotique serait infinie. A cinq heures, invariablement, Meyer arrivait à son journal, contigu à son appartement, et s'occupait avec son secrétaire de rédaction, Foucher, Mazereau ou un autre, puis recevait les visiteurs et visiteuses dans son cabinet en rotonde « éminemment parisien », dont les fenêtres donnent sur le boulevard. A sept heures un quart, il allait s'habiller pour le dîner en ville, ou le spectacle, et revenait encore, mais cette fois assez engourdi et somnolent, dans ses bureaux, jusqu'à minuit, minuit et demi. Le tout entremêlé d'aphorismes tels que : « La ponctualité est le parachèvement de l'homme du monde », ou encore : « Le sentiment de la haute politesse m'a sauvé », ou encore : « Quand on est sans ancêtres, il faut racheter cela par une autorité naturelle et du décorum. »

Le bon Robert Mitchell — qui signait Desmoulins — était chargé du filet politique et me confiait, en soupirant, qu'aucune corvée n'était comparable à celle-là. Car il s'agissait de dire blanc, tout en suggérant noir, et cela dans une forme grisâtre, « seule tolérée, messieurs, par notre aristocratique clientèle ». Quelquefois Meyer avait « l'idée », qui ne convenait pas à Mitchell et que celui-ci s'efforçait d'écarter, mais en vain. Je me rappelle d'un Desmoulins — comme nous disions — imposé par le tyran à la voix de bois, et qui divisait la population mâle de la France en trois catégories : le haut-de-forme, le melon, la casquette. Je ne sais plus quel politicien était prié et même adjuré de concilier ces trois couvre-chefs. Robert Mitchell était malade à l'idée de mettre son pseudonyme au bas d'une pareille et si déplaisante ânerie. Je le consolai du mieux que je pus... Riant malgré tout, il soupirait : « A mon âge, tricoter de pareils chaussons ! » Les lundi, mercredi, vendredi, on devait inquiéter les possédants, en leur montrant les progrès du socialisme. Les mardi, jeudi, samedi, les rassurer en leur faisant entrevoir la réaction fatale, nécessaire — et d'ailleurs sans bouger — contre les « aberrations de la démagogie ». Je ne sais plus quel fumiste, prônant la « liberté du travail », avait été élu député de je ne sais où ; Desmoulins dut célébrer « la bonne blouse » sur un ton dithyrambique et annoncer le relèvement consécutif de la nation en cinq sec.

Meyer faisait collection de livres anciens et modernes. Il demandait, à tous ses collaborateurs et aux amis de ses collaborateurs, des premières éditions de leurs ouvrages, qu'il faisait ensuite illustrer gratis, sur la feuille de garde, par des peintres ou dessinateurs connus. C'étaient en général « M. Schmoll » ou Gaston Pollonnais, petit israélite malingre et bafouilleur, qui se chargeait de ces réquisitions à la douce, dont le patron se montrait fier. Il déclarait, en exhibant ces bouquins : « Voilà le pain de ma vieillesse. » Plusieurs de ses ambassadeurs furent repoussés avec perte, mais qu'importait à l'ancien secrétaire de Mlle Blanche d'Atigny, devenu l'arbitre des élégances ! Meyer s'étant converti tapageusement et ayant été baptisé, Forain répondit à un rat d'Opéra qui lui demandait : « D'où sort ce vieux type ?... — Ça, c'est un petit garçon qui va faire sa première communion l'année prochaine ». Pollonnais voulut faire de même. Ce n'était pas un mauvais diable, mais il était impossible de comprendre les mots qui se pressaient dans l'isthme de son gosier et je ne saisis rien du discours par lequel il m'annonça cette imminente cérémonie.

Compatriotes de Meyer, de Schmoll et de Pollonnais, Blum, Bloch et Picard étaient fort différents les uns des autres. Blum était bien, bien vieux et déjeté avec la peau du visage comme tannée, et toussait pendant cinq minutes avant de pouvoir proférer un son. Bloch était entre deux âges, sans fiel, toujours en garde contre une avanie possible, ou une blague de l'un ou de l'autre. André Picard, mince petit dramaturge, aux pommettes roses, aux yeux pointus, tordait sa petite moustache dans les encoignures. Il y avait encore Lionel Meyer, parent d'Arthur, beaucoup plus jeune, vif, pétulant, point sot et que nous avions surnommé « pomme d'Apis » à cause de sa rondeur faciale, vaguement égyptienne, quant au profil. Un certain Lévy, qui signait Vély, détenait la chronique humoristique, d'ailleurs bête à pleurer ; et les comptes rendus scientifiques appartenaient à Georges Wulff. Aucun de ces neuf confrères n'était désagréable en particulier, et leur ensemble devenait, dès qu'ils s'aggloméraient, peu sympathique et même hostile. Expliquez cela.

Mazereau, l'obligeance même, mort prématurément, Foucher, peu bavard, mais exceptionnellement renseigné sur les milieux parlementaires, de Maisières, informateur hors ligne et doué d'un remarquable coup d'œil, composaient le fond solide du *Gaulois*. La façade était occupée par des académiciens à trois et quatre cents francs l'article, ennuyeux ou diffus — à l'exception de Bourget, de Coppée et de Vandal — et d'une rare suffisance. Mais c'étaient ces hommes de métier, les Foucher, les Mitchell, les de Maizières, qui rendaient le journal lisible, agréable à l'œil et à l'esprit. Il n'est pas de plus belle, de plus intéressante profession que celle de journaliste ; il n'en est pas qui exige plus de don, de tact et de vivacité. La conscience professionnelle est en général très éveillée dans ce milieu honnête, assidu, laborieux, où règnent l'esprit de corps et la camaraderie. Ce qui gâte le journalisme, c'est le propriétaire — directeur — principal actionnaire et homme d'affaires, c'est l'administration mal comprise et la publicité sans scrupule ni frein. Ce qui rachète c'est la secrétaire de rédaction, c'est le courriériste, c'est le chroniqueur, c'est le petit monde du tran-tran quotidien et du labeur demi-obscur. Le côté déplaisant du *Gaulois* tenait à la morgue affichée des salonnards et des coupolards vis-à-vis de la modeste équipe des collaborateurs habituels, à leur dédain pour ces « frères inférieurs ». La race navrante des conservateurs blesse et froisse, sans même s'en apercevoir, ceux qui s'occupent de la défendre par la plume. Aussi, profitant de mon indépendance et de mes franches coudées, n'ai-je jamais hésité à rembarrer, et férocement, tel sot monsieur, ganté de beurre frais et chaussé de vernis, qui venait, du haut de sa redingote à revers, me proposer ses conseils et ses avis. En ai-je remis à leur place de ces niais, du temps que j'écrivais au *Gaulois*, avec la joie de venger ainsi une foule de mes confrères moins favorisés !

La plus importante rubrique du *Gaulois* est celle consacrée aux « mondanités » : cadeaux de mariages, soirées, nécrologies, thés, baptêmes, garden-parties, alliances princières et ducales, le tout pêle-mêle et entrelardé d'épithètes béatement laudatives et de descriptions hyperboliques. C'est à l'aide des « mondanités » que « M. Schmoll » appâte la publicité et que Meyer attire et retient la clientèle de snobs et de gâteux, de salon et d'antichambre, qui constitue les deux tiers de son public. La lecture en est, pour l'observateur attentif, une rigolade presque indéfinie, par la recherche et les subtilités d'un « tact » effrayant, équivalant aux pires maladresses et cause de gaffes monumentales. Un titulaire de ladite rubrique, atteint de délire de grandeur après quelques années d'exercice, se croyait prince de Perlimpinpin et passait ses journées à énumérer, en style *Gaulois*, ses invités « hautement nés » des deux sexes. Ajouterai-je que, trop souvent, les personnalités admises à l'honneur de ces colonnes en petit texte et de ces fastueuses énumérations sont pourvues de blasons en toc et de titres plus que douteux ? Nous connaissons, depuis Dangeau, les ruses de la noblesse chimérique, qui en imposent aux simples roturiers.

Pendant ma collaboration au *Gaulois* — dont la comédie perpétuelle m'enchantait —, le « mondanitaire » en chef était le comte Fleury, fils d'un favori à la cour impériale, homme long, maigre, amer, pareil à un casse-noix ébréché et privé de tout agrément. Meyer exigeait de lui, comme de ses prédécesseurs, qu'il fût constamment en habit, à partir de sept heures du soir. Par la porte ouverte de son cabinet, on voyait l'infortuné, courbé en deux, alignant les bronzes et les sautoirs exposés à la noce de un tel, rappelant les hauts faits des ancêtres du nouveau marié, de la nouvelle mariée, encensant une foule de types en de « schild », en de « schlum », en de « nas » et en de « poulo », pareils aux visiteurs matinaux du patron, mais montés en grades et en dignités. Heureux, songeais-je, le ramasseur de crottin, sur la petite route de campagne, qui remplit tranquillement, au jour tombant, sa voiture de ces boules innocentes, sans crainte d'omettre un vicomte, d'estropier un patronyme princier, ou de faire une tache d'encre à son blanc plastron. Ce point de vue, je dois le dire, n'était pas celui du comte Fleury, qui professait, pour les personnes plus ou moins loyalement titrées, une véritable vénération.

Parfois, un des admis aux « mondanités » apportait lui-même sa notice, avec le tableau de ses alliances et la nomenclature des cadeaux. Alors Fleury, tout pâle et courbé jusqu'à terre, relisait ces magnificences d'une voix nasillarde, extasiée, comme si c'était pour lui que s'ouvrait la cataracte d'encriers de vermeil et de sucriers de cristal taillé promis aux tête-à-tête des conjoints. Prévenu aussitôt, Meyer apparaissait, sévère et sanglé dans son smoking : « Bonjour, mon cher vicomte, comment va Mme la vicomtesse ? », s'assurait que Fleury faisait un relevé exact et minutieux et accompagnait, en dansant presque, le superbe monsieur, puis, d'un tout autre ton, à son collaborateur : « Veillez à l'ordre de ces présents, selon leur importance, et donnez de l'air avec des blancs. » Une autre des ses formules était la suivante : « Du tact, monsieur, et en neuf pour la famille directe. » Derrière lui, son caniche chocolat, la gueule de travers, semblait rire.

Un jour il y eut un affreux scandale. Un typographe facétieux et spirituel — comme il n'en manque pas chez les Parigots — remplaça ce cadeau, *un serpent qui se mord le dos, sujet en bronze et en argent,* par cet autre : *un sergent qui se mord le dos, sujet en bronze et en argent.* Le numéro du *Gaulois* fit prime, à cause de cette incomparable coquille. Meyer en demeura sombre pendant tout un jour. Je ne sais s'il diminua à cette occasion les appointements de Fleury.

Il était non seulement recommandé, mais ordonné audit Fleury d'assister à la plupart des cérémonies qu'il narrait quotidiennement aux lecteurs du *Gaulois.* On le voyait correct et sinistre, la tête dressée, tenant son haut-de-forme au bout de son parapluie, dans tous les cortèges nuptiaux et funèbres à la mode. Chaque jour, il saluait deux cents fois et serrait cent cinquante mains.

Quelquefois, convié aux dîners somptueux — tout au moins sur le papier dont il célébrait la composition et les menus —, il devait plus habituellement se contenter de la soirée, de cette invraisemblable soirée mondaine stéréotypée, où des messiers chauves jouent au bridge, puis conversent, d'un air malicieux, avec de jeunes personnes à transparence de bougie de luxe, lesquelles font semblant de rire de leurs propos ; où de vieilles dames écroulées s'entretiennent de la dernière pièce issue d'Henri Lavedan et du dernier roman pondu par Marcel Prévost.

Il est tout à fait impossible, quand on exerce un semblable métier, de ne pas commettre des bourdes involontaires, lesquelles prennent alors un air de malice. Par exemple, la juxtaposition de deux personnalités, notoirement hostiles l'une à l'autre, ou, au contraire, notoirement trop liées. Je ne sais si je me fais bien comprendre. En ce cas, Arthur se précipitait chez Fleury, en poussant de véritables glapissements, qui provoquaient les jappements du caniche chocolat, refermait la porte avec fureur et lavait le casse-noix du pauvre comte : « Diable, ça chauffe ! » disait Mitchell, son « Desmoulins » à la main, et les visiteurs se demandaient si l'on ne trucidait pas quelqu'un à la cantonade. Echinez-vous donc à compter des petits fours princiers ou à célébrer le bas rond de Pauillac du baron de Rothschild, pour recevoir un pareil traitement. Ce serait à dégoûter, ma parole, des tables de vingt-deux couverts !

J'avais imaginé, en compagnie de rédacteurs au *Gaulois*, des mondanités sincères, où l'on eût lu des choses dans ce goût : « *Hier, dîner exécrable, chez le duc un tel, qui n'est pas plus duc que nous ne sommes sardines à l'huile. Deux douzaines de crétins notoires ont déchiqueté, à l'aide de fausses dents, un menu infernal, dont voici la navrante composition... Un funèbre ennui n'a cessé de flotter au-dessus de ces tristes mets et de ces vins fabriqués. Dans la soirée, Mme une telle, de l'Opéra, presque aphone, est venue chanter faux une insipidité du maître Massenet, au milieu de l'inattention générale, etc.* » Ça, à la bonne heure ! Ce serait divertissant et exact à la fois. Quand on pense qu'au fond des provinces il se trouve des jeunes filles pâles et des vieilles filles jaunes pour lire, avec conviction, les tartines Fleury du *Gaulois* et regretter de n'en être pas ! On songe au bal du château de la Vaubyessard, dans *Madame Bovary*.

La critique dramatique était représentée au *Gaulois* par le papa Duquesnel, l'anecdote théâtrale par Frédéric Febvre. Le papa Duquesnel, aux yeux malins, à la bouche fine, ressemblait à un vieux jardinier, qui aurait oublié son panier à légumes. Ancien directeur de théâtre — période dite des « *Danicheff* » à l'Odéon —, au courant de tous les potins de coulisses depuis

1860 et au-delà, bon camarade, tutoyé par cinquante actrices de tous âges, il n'avait aucun sens critique, aucun jugement ni aucun goût. Il écrivait à coups de clichés, usant de tournures invraisemblables, pour célébrer les mérites de celui-ci ou de celle-là, pompier comme on ne l'est pas et d'une bêtise à faire pleurer. Mais quel brave homme, quelle gentillesse, quelle insouciance heureuse ! Les événements étaient pour lui en carton, comme les poulets de la Comédie-Française, les vivants des figurants et les meubles des toiles peintes. Il se promenait dans l'irréel avec sa chère bonne figure carrée et pâlichonne, ses vaines appréciations, les mains dans les poches de son paletot, les yeux sur la herse ou le deuxième lointain, et l'oreille au souffleur. Afin de lui faire plaisir, je lui demandais son avis sur tel ou tel auteur, telle ou telle pièce. Il me le donnait longuement, consciencieusement, mais je n'étais pas forcé de l'écouter. Le passé avait pour lui un attrait invincible. Il avait connu Fargueil, Desclée, Croizette, les sœurs Brohan, il chérissait leurs attitudes enfuies, le son disparu de leur voix. Il s'animait, en parlant d'elles, et je m'imaginais toujours que, de ses poches fébrilement secouées, il allait tomber des petits pois et des carottes.

« Aurons-nous des melons cette année, papa Duquesnel ?

— Ah ! si vous aviez entendu son "Pouah !", si vous aviez vu le geste de son mouchoir ! le lendemain matin, à huit heures et demie, je sonnais chez Dumas fils, en même temps que Gaiffe. Vous avez bien connu Gaiffe, chez votre père ?

— Pas du tout.

— C'est étonnant ! Je les croyais intimes. La vieille servante de Dumas m'ouvre et qui est-ce que j'aperçois dans l'antichambre ?... Rose Chéri. Je lui dis : "Que fais-tu là ?" Elle me regarde : "Et toi ?" »

A ce moment, Meyer, habillé en homme du monde, chapeau haut de forme sur sa couronne de calvitie, canne étincelante et gants blancs à la main, interrompit le narrateur :

« Monsieur Duquessenel — il l'appelait ainsi en manière de plaisanterie —, vous voudrez bien modifier le dernier paragraphe de votre article sur la revue des Variétés. Il ne faut pas effaroucher la pudeur des lectrices du *Gaulois*.

— Ah ! mon Dieu, serais-je encore inconvenant à mon âge, quel bonheur ! » soupirait gaiement le papa Duquesnel. Il prenait sa copie et écrivait : « L'auteur a bien lié sa sauce, mais de trop graveleux condiments pour qu'il soit permis d'en faire état ici », ou quelque chose d'approchant. Car il s'embrouillait dans ses métaphores, généralement culinaires : « Mademoiselle une telle nous a offert les épices d'une voix sonore, un peu surette, bien que nuancée, sur le plateau d'une précoce expérience de son rôle de soubrette. » J'espérais bien qu'écrivant si mal le papa Duquesnel ne mourrait jamais. Car le style nonchalant conserve. Cependant il a quitté ce monde, rapportant à son Créateur son âme d'enfant intacte, après soixante-dix années d'une vie factice aux feux de la rampe.

IV

Chez « Fœmina »

PAUL GAULOT. PAUL RECLUS. ABEL HERMANT.
MARCEL BALLOT. MAXIME DETHOMAS. PAUL VIARDOT.
ZULOAGA. LE DOCTEUR HENRY VIVIER. UGO OJETTI. FORAIN

Le ferme et pénétrant écrivain qui signe « Fœmina » au *Figaro* et qui, sous un autre pseudonyme, a publié ce grand livre : *la Lueur sur la cime*, est, en même temps qu'une incomparable amie et un noble cœur, une maîtresse de maison accomplie. Elle avait su grouper avant la guerre, dans les salons de son accueillante demeure, et autour de la table de sa salle à manger, une élite de Parisiennes et de Parisiens, en même temps que les étrangers intéressants, de passage à Paris. L'ambiance était ici toute différente de celle qui régnait chez Mme de Loynes. Les convictions politiques et philosophiques de la maîtresse de maison étaient fort éloignées des miennes, cela dans un temps de lutte et de discussions orageuses. Elle recevait des personnalités auxquelles j'étais violemment hostile et qui me gardaient de sérieuses dents. Mais tel est le prestige de la vraie culture, de l'amour en commun de la poésie et des lettres, telle est la douceur de l'absolue confiance réciproque qu'aucun nuage n'en est jamais résulté entre nous.

Dans les heures pénibles où l'on doute de soi-même et de l'avenir, j'ai trouvé auprès d'elle un réconfort inestimable, comme auprès d'un foyer chaud et vif. Elle poussait l'abnégation jusqu'à me représenter comme victorieuses, ou proches de l'être, des opinions opposées aux siennes et qui alors n'avaient guère cours. Elle feignait d'entrer dans mes vues sinon dans mes espérances. Mais, où nous nous retrouvions pleinement d'accord, c'était devant ces grands problèmes de la vie psychologique et morale, qui n'ont jamais cessé de me préoccuper et auxquels « Fœmina » apporte le même intérêt passionné que moi.

Car sa curiosité intellectuelle est infinie et va des choses de la médecine à la configuration des sociétés et des races, en passant par la musique, la peinture, la conjonction du style et du tempérament. Elle a écrit, sur l'âme anglaise, des pages que le premier critique littéraire de notre temps — j'ai nommé Mme Fitz Herbert Ruxton, Française mariée à un brillant fonctionnaire anglais — m'affirme n'avoir jamais été égalées. Quand je donne ce titre de premier critique de notre temps à Mme F. H. Ruxton, je sais ce que je dis. Il suffit, pour s'en convaincre, de lire le volume qu'elle a consacré à la *Dilecta* de Balzac et qui a paru chez Plon. Donc : « Fœmina » appartient à la très rare catégorie des femmes écrivains qui sortent d'elles-mêmes pour s'intéresser aux autres. Elle arrive à s'en oublier complètement. Je ne sais si elle me pardonnera d'esquisser de sa haute valeur un portrait cependant bien pâle et presque effacé, eu égard au magique modèle.

Magie, potentiel, irradiation des êtres, appelez cela comme vous voudrez. Admis par un froid après-midi d'hiver, il y a de cela dix-sept ans révolus, à l'audience de cette jeune femme discrète et puissante, je suis sorti de chez elle émerveillé. Elle ne m'avait posé aucune question, je ne lui en avais posé aucune et nous étions mutuellement fixés sur nos jugements les plus secrets, sur notre façon de lire le peu d'univers permis à la fièvre de l'écolier humain. Je crois bien que, pendant cinq ans à travers une foule de travaux et d'occupations, je lui ai écrit tous les deux jours. Cependant je n'aime pas à écrire des lettres. Articles et livres suffisent à mon activité.

Je me rappelle aussi un de mes premiers dîners à ses côtés. Absorbé dans des pensées lointaines et moroses — ainsi qu'il arrive aux plus gais —, je n'ouvris la bouche, paraît-il, que pour redemander du filet de bœuf. Sans doute était-il excellent et l'animal gourmand réveillait-il ainsi le convive assoupi. Une fille d'Apollon, qui se trouvait là, m'a raconté depuis qu'elle m'avait pris pour un ogre misanthrope. C'est qu'aussi j'étais sous le feu d'un homme politique connu, qui m'expliquait je ne sais quelle fiction constitutionnelle, à laquelle je ne trouvais pas le moindre intérêt. Tout occupé à me composer un maintien attentif et poli, j'avais sottement laissé passer le plat !

La cuisine est, chez « Fœmina », de même toute première qualité que chez Mme de Loynes : pièces servies entières et maintenues chaudes, gelées authentiques, beurre irréprochable, légumes bien essorés, civets aux pâtes, perdreaux et grives rôtis classiquement, homards vraiment à l'américaine et truffes savamment réparties. Adrien Hébrard, une des plus fines gueules que j'ai connues, Paul Gaulot, qui sait ce qu'est un bon morceau, le Dr Vivier et moi menions le chœur de la reconnaissance stomacale. Nous jouions même — ce qui est peu correct et passerait en Angleterre pour monstrueux — à faire « hummm, hummm » en savourant les bouchées arrosées aussitôt des bourgognes les plus fruités et capiteux. Mais mon parrain selon la Société des gens de lettres, Paul Gaulot, était le plus éloquent de tous, par sa bonne figure ronde, toute en bouche, où disparaissaient d'énormes fourchettées, par la voix lente, grosse, onctueuse, avec laquelle il célébrait l'excellente chère, par la façon dont il suivait maternellement du regard — telle la nounou son gras poupon — la miche de pain savamment saucée.

« J'affirme, disait gravement Vivier, en caressant sa fine barbe blonde, et au besoin je proclame que celui qui sait saucer selon les règles n'attrape jamais d'indigestion. Fi des grillades, bonnes pour des sauvages ! »

La cuisinière réussissait si bien les oreilles de porc aux haricots rouges, que nous les réclamions chaque fois. C'est le principe du cassoulet, avec un je ne sais quoi de châtaignard et d'enveloppé, que possède la mitonnade de ces fayots de roi.

« Monsieur Hébrard, reprenait Vivier, oserais-je vous avouer qu'aucun article du *Temps* ne m'a jamais causé un plaisir moral comparable à celui-ci, même s'il est signé Gaston Deschamps !

— Je suis de votre avis, mon cher », répondait Hébrard, en pouffant. Puis, aussitôt, il donnait une recette de haricots garonnais ou à la Castelnaudary, qui nous mettait l'eau à la bouche, étant lui aussi de cet avis qu'il n'y a pas de plus beau sujet de conversation, à table, que votre *Gastronomie pratique*, ô Ali Bab !

« C'est ce qui nous distingue des animaux. Voyez le lion dépecer sa proie. Quel rugissant imbécile ! »

« Fœmina » dirigeait, sur les uns et les autres, son beau regard compréhensif, grave et ardent, laissant courir ces balivernes qui l'amusaient, jusqu'au détour d'une remarque vive ou d'une soudaine envolée. Elle était secondée dans sa tâche par sa délicieuse vieille amie, Mme W..., que nous aimions tous tendrement, qui est demeurée pour moi l'image de la bonté souriante et ingénieuse, par la comtesse de la B... — en littérature Laurent Evrard —, personne remarquable, en retrait, qu'il fallait découvrir, et amie sûre. L'une et l'autre ont quitté ce monde, hélas ! L'une et l'autre ont laissé à ceux qui les approchaient un souvenir impérissable et un regret déchiré. Le dimanche après-midi, tandis que le parrain Gaulot engouffrait les choux à la crème, et massacrait les ruisselants babas, ces trois dames veillaient au thé bouillant dans le samovar, au renouvellement des sandwichs et du porto. Ce n'est pas une sinécure que de nourrir les gens de lettres et les bons docteurs !

N'allez pas croire, au moins, d'après ce récit, que le parrain Gaulot soit un simple goinfre. C'est un historien et un érudit de premier ordre, un romancier attachant et ingénieux, un être bon et sensible. Par-dessus le marché il était de mon bord et, quand on en venait au chapitre des métèques, il vous assenait des arguments sans réplique, dûment arrosés d'un petit madère. Si le ton montait, Jean Cruppi, juriste humain et sagace, apaisait les flots irrités par une remarque joviale, ou un mot d'esprit. Bien que séparé de lui par toute l'étendue de la Constitution et tous les degrés du Syllabus je l'aime bien, ce Cruppi, il n'y a pas à dire, je goûte sa façon brusque et cordiale de franchir les niaiseries et de définir les coquins. Il y a en lui du vrai magistrat, même quand, à mon avis, il erre. Ces juges nés ne cherchent pas l'argent. Avocat et homme politique, Cruppi eût aisément amassé des millions. Il a préféré son franc-parler et l'exercice d'un bon sens narquois, redoutablement appuyé sur le Code. Il a aussi de l'ancien bourgeois de France et c'est sans doute ce qui le rend voltairien, à quelques mètres de son ami Montesquieu. Mais quelle différence entre un Cruppi et une larve du style de Hanotaux, toujours biaisant, toujours tremblant, toujours fuyant ! Je m'entendrais fraternellement avec Cruppi dans l'île déserte, au lieu que je ferais cuire Hanotaux, avec beaucoup de beurre, car il est un peu sec.

Le chirurgien Paul Reclus était aussi anarcho qu'il est possible de l'imaginer, mais d'une séduisante intelligence et savoureux comme un pain un peu brûlé. Quand j'apercevais, de l'antichambre, sa petite silhouette grisonnante, son visage creusé, sa barbiche, j'allais à lui tout droit, avec la certitude d'entendre quelque chose de neuf et d'intéressant. Je ne m'étonne pas qu'il ait aimé cette bonne pâte de Brissaud et que Brissaud l'ait aimé. Nous sommes-nous assez disputés quant à la fameuse affaire, dans les coins, cherchant à fuir la surveillance de « Fœmina », qui nous aurait interrompus et grondés ! Mais, avec cet homme-là, toute dispute tournait à un peu plus de sympathie pour lui, vu sa bonne foi, sa chaleur et ce je ne sais quoi qui émane d'une personne dévouée au genre humain, sans phrase ni attitude. Cette famille Reclus a décidément de la grandeur. Paul Reclus prônait le désordre social, par amour de l'individu, et on le sentait tout proche de l'ordre. Peu dialecticien, il n'écoutait guère les raisons qu'on lui donnait, car la charité, la générosité l'emportaient en lui sur le jugement. Il était, dans son métier, un dispensateur de bienfaits, une conscience scrupuleuse, « quelqu'un de chic », comme on dit en salle de garde. Et comme il riait bien, franchement ! Je ne pardonne pas à la mort d'avoir enlevé si tôt Vivier, Brissaud et Reclus. Après tout, peut-être leur en voulait-elle de la retarder trop souvent.

Sans chercher ici les contrastes faciles, je vous avouerai que Pozzi, autre chirurgien fort différent, ne m'intéresse pas du tout, mais là, pas du tout. Il est bellâtre, pommadé, bavard et vide. On le sent faux et emprunté jusque dans ses gestes, jusque dans le son de sa voix. Sa politiquaillerie vaut sa science, qui ne vaut rien. Il a trente mille admiratrices, à cause de son air mousquetaire ; je ne lui connais pas un défenseur. Je le range dans la catégorie des Poirier, des Albert Robin, des beaux néants, semés d'intrigues et fleuris de fatuité. Ce ne sont pas des cliniciens, ce ne sont pas des thérapeutes, ce sont des torses. On dit Pozzi bon opérateur. Je ne lui confierais pas mes cheveux, surtout s'il y avait là une glace qui lui permît de m'estafiler en se mirant.

Le Dr Troisier, qui fuit la réclame comme Pozzi la poursuit, fut un des premiers dans son art. Silencieux, attentif, observant tout et tous sous ses gros sourcils, il provoque et retient l'estime de ses confrères. C'est par des hommes tels que lui que l'Ecole française, en dépit de tant de faiseurs, s'est maintenue pendant l'entre-deux-guerres. Le Dr Bissérié, de la jeune génération, est aussi un familier de notre amie. Savant de premier ordre, antimatérialiste, patriote vigilant, il est de plus électricien consommé. C'est dire qu'il a failli plus d'une fois être écartelé, brûlé, tordu par ses formidables machines. Mais elles ne lui ont pas ôté ce subtil sourire sous le lorgnon, dans son visage aigu et macéré, signe de l'équilibre moral chez les grands sensibles. L'ironie cautérise les blessures secrètes de la générosité méconnue.

Hervieu et Hermant, celui-ci tenant avec religion le chapeau académique et l'épée de celui-là — tel un vieux petit page « étonneint » —, apportaient, à ce milieu composite, le premier, un sommeil invincible, le second, une médisance à la fois forcenée et inoffensive. Hermant a coutume de peindre ses hôtes et ses amies, dans ses romans pastichés du XVIIIe siècle, sous l'aspect d'assassins, d'empoisonneuses, d'éthéromanes et d'avorteurs. Cette vision pathétique et déformante aurait dû lui assurer le succès par le scandale. Il n'en est rien. Chacun de ses livres à clé — depuis celle du boudoir jusqu'à celle des cabinets — est une déception pour l'anthropophage et un bâillement pour le clubman désœuvré. Il a beau jeter du poivre rouge, c'est comme s'il mettait du clou de girofle. Le tout dans un style propret, désuet et troussé à la « qu'en dit l'abbé », de Voisenon chez la portière. Je n'ai pas vu sans attendrissement Bébel ganté de frais, le haut-de-forme à la menotte, veiller sur le sommeil mondain d'Hervieu, lequel, de temps en temps, soulevait une paupière enflée, esquissait un pâle sourire à son vieillard de chœur — car Bébel frise la soixantaine —, puis retournait béatement à Morphée.

Il doit y avoir un livre d'Hermant où nous étranglons, Vivier et moi, une vieille dame, avec l'aide de Robert de Montesquiou et de Boni de Castellane, à moins que ce ne soit Boni de Castellane, qui vienne se pendre derrière mon armoire à glace, après avoir égorgé ma grand-mère, en présence de Jules Lemaitre et de Mme de Loynes. Bébel voit l'existence ainsi. Que voulez-vous que j'y fasse ! Si je vous disais que j'ignore le ressort psychologique de cette propension au pathétique gelé et au bistournement des camarades, je mentirais. C'est là le symptôme d'un trouble foncier, d'un renversement de la vision, d'un « marionnettisme » maladif. Quel drôle de petit théâtre chinois, mes amis, que le cerveau de notre Bébel, et combien je suis content de ne pas être dans sa peau !

Chaque dimanche apparaissait un homme voûté, bredouillant, entre deux âges, habillé de vêtements trop larges et mal brossés, qui ne trouvait jamais où s'asseoir et se fatiguait quand il restait debout. Cet homme vous prenait par le bras, racontait très vite, en avalant les syllabes, une histoire confuse, souriait tristement, allait boire une demi-tasse de thé, renversait le reste, bousculait une dame, s'excusait, puis réfléchissait le nez au mur, à moins que, saisi d'admiration, il n'allât contempler de près une jolie femme, son tuyau de poêle à la main, comme on regarde un tableau. C'était le bon, le cher, l'inappréciable Janvier de La Motte. Je le tiens pour un grand tragique. Son drame noir et âpre, *les Appelants*, est un chef-d'œuvre. Cinq représentations en tout. Dame, on voyait un enterrement sur la scène et cela finissait dans l'amertume et les larmes ! Janvier de La Motte sentait, déplorait, chérissait la beauté et la douleur et elles étaient simultanément ses deux muses, comme d'un Baudelaire dépoétisé. Il avait un physique d'avare, et, rencontrant une petite malheureuse, chaque soir d'hiver, grelottante d'insuccès timides au coin du boulevard Haussmann, il lui donnait gratis, un soir sur deux, avant de rentrer chez lui, cinquante francs. Fantine chez Alceste. Une musique divine, que désaccordaient les grincements de la vie, chantait en Janvier de La Motte. Il se bouchait les oreilles pour mieux l'entendre. Ce fut notre Ibsen, à nous Français, un Ibsen totalement méconnu.

Je n'oublierai jamais sa stupéfaction quand je lui déclarai un jour que je l'admirais. Il croyait d'abord à une blague féroce et s'apprêtait à me pardonner. Mais non. J'avais l'air bien sincère. Alors il me prit les deux mains, me les serra, essaya d'articuler quelque chose, puis s'en alla, en écrasant les pieds d'une jeune fille qui fit : « Ouïe ! Aïe ! Oh ! mon Dieu, là là ! » Déjà dans l'antichambre, Janvier de La Motte, épouvanté d'avoir un admirateur, calottait le valet de chambre à tour de bras, à force de vouloir endosser son paletot. Ma déclaration l'avait bouleversé, tant il avait l'habitude d'être traité, par ses confrères et les directeurs de théâtre, ainsi que de la crotte de chien.

On a fait une gloire posthume à Becque, qui ne valait pas Janvier de La Motte. C'est que Becque était un faux ours et un pessimiste en carton-pâte, au lieu que, chez Janvier de La Motte, l'ourserie et le désespoir étaient fonciers. Les gens, en somme, aiment l'artificiel, encore et surtout dans l'âpreté.

Janvier de La Motte chérissait Marcel Ballot, qui est un légume froid et grisâtre et s'occupait, en ce temps-là, sans critique ni littérature, de critique littéraire au *Figaro*. Je n'ai aucun goût pour Marcel Ballot, mais puisque Janvier de La Motte faisait cas de ce salsifis, c'est sans doute qu'il y a en lui quelque qualité inapparente de la fibre. De même certains de mes amis très chers ayant de l'affection pour Henri de Régnier, cadavre au menton de galoche, oublié debout, sous la pluie, en habit d'académicien, par un assassin distrait, je me dis qu'il subsiste en Régnier quelque chaleur humaine ou quelque don ignoré de moi. Des vers froids, compassés, symétriques, aussi laids et vainement sonores que ceux de Heredia, un profil en mèche de lampe, une voix enchifrenée, une ironie de flanelle humide, un regard qui meurt derrière le monocle, tels sont, à mes yeux, les attraits de ce gentilhomme. Son avidité pour les pieds d'Henri Letellier, casoar directeur du *Journal*, a achevé de me le rendre insupportable. Enfin je n'aime pas qu'un crevard s'amuse à jouer les auteurs licencieux, dans l'illusoire espérance d'appâter les lecteurs.

Que peut avoir avalé Jacques-Emile Blanche, quelle coloquinte, quelle herbe nauséenne, pour avoir cette crampe buccale dans ce visage pâle, rond et plissé de couturière anxieuse ? Je le vois toujours, derrière une porte, se tordant les mains, une jambe en avant, et susurrant des propos mondains, d'une atrocité insignifiante, puis contractant les rides parallèles de son front autour d'un orifice de caoutchouc. Il ne manque certes pas de talent dans son art. Il fut, à un moment donné, presque un beau peintre, travaillé par l'influence de Sargent et de l'école anglaise, des gentlemen aux riches guêtres en cuir fauve, moins le ciel en coup de vent et le charme languide des dames au long col, caressant une tête de lévrier. C'est un influençable qui joue les originaux, un potinier macabre qui pose au moraliste. Il appartient à la race des commères tragiques, brouillant les gens sous prétexte de les réconcilier, compliquant les histoires les plus simples, colportant les racontars et les fables déshonorantes, jouant les gales au grand cœur et les Merteuil sentimentales. Ce genre m'est pénible. J'ai toujours fui Jacques-Emile comme la peste bubonique, surtout dans ses crises d'attendrissement qui le prennent, me dit-on, quatre jours par mois. Souvent chez « Fœmina », Forain, armant ses pistolets oculaires, contemplait Blanche sans dire un mot, puis éclatait d'un rire strident et ne s'expliquait pas davantage.

Impossible de le confesser. Je me disais : « A-t-il de la chance de prendre tant de plaisir à Jacques-Emile ! » Je lui disais : « Qu'est-ce qui vous réjouit donc, Forain, dans cette grande fifille zézayante et confidentielle ? » Mais il continuait à rire bruyamment et ne répondait pas.

Ce qui m'intriguait davantage, c'est que Maxime Dethomas, lui aussi, se divertissait de l'aspect de Jacques-Emile. Maxime Dethomas, c'est le Parisien-né et c'est un grand et consciencieux artiste, à la vision implacable, au trait sobrement vigoureux. Comme Forain, il se tient à l'endroit précis où finit la silhouette et commence l'état d'âme, expliquant et commentant celle-là par celui-ci, ou réciproquement. Les boursouflements et dégonflements de la vanité humaine le ravissent. Il collectionne et il enchâsse les trouvailles verbales des imbéciles, en même temps que leurs mines et leurs attitudes. Monsieur l'important, madame soif-d'égards, mademoiselle je-suis-un-type ont en lui un observateur sans miséricorde. Il est grand, il est gros, il est placide, il ne s'emballe jamais. Les compliments « lui mettent les pieds en dedans », comme il dit, et la fausse cordialité le fait grincer. Il possède en tout un goût extraordinaire, depuis le mobilier jusqu'aux jugements portés et il n'en fait nullement parade, satisfait du suffrage de quelques connaisseurs. La discrétion est une de ses joies intimes. Il éprouve à garder, pour sa délectation intime, une bonne histoire, le même plaisir que d'autres à la divulguer. Il échappe aux raseurs par la masse, et les écarte doucement sans les voir. Il suit les travers humains jusqu'à leurs origines, non sans un franc et large rire, lequel indique qu'il a trouvé. Que de bons moments passés ensemble, au milieu de la comédie des salons !

Paul Viardot, musicien qui a de qui tenir, possède une haute, large, puissante fantaisie, adéquate à son aspect sympathique, sur lequel il commençait à peine à neiger. Sa généreuse gaieté, ses imitations de belge et de méridional, sa verve magnifique et sans cesse renouvelée, le rendaient cher à tous et à toutes. Il me rappelait, par endroits, Armand Gouzien et sa bienveillance chaleureuse. Il y a des êtres bénis du ciel, qui se déploient sans blesser ni offusquer personne, qui gesticulent au milieu des verreries, sans les effleurer, dont la verve est tonique et toujours neuve. Paul Viardot est de ceux-là. Son répertoire est inépuisable.

C'est lui qui, passant dans une rue de Marseille, entendit une femme crier à son tonnelier de mari : « Dépêche-toi, voyons, de *plier* les bouteilles !... »

C'est devant lui qu'un brave Belge apostropha une servante, qui vidait son eau sale jusque dans la direction de son pantalon : « Alleye, honteuse ! »

Il faut le voir mimer ces histoires, écartant de son front une mèche fournie et violente de cheveux plats, son verre d'orangeade à la main. Mais il faut le voir aussi au piano, devenu pathétique, arrachant au clavier l'âme de Chopin toute fumante et descellant la dalle de Beethoven. Ici c'est un autre Viardot, un inspiré du son, le regard perdu, le torse rejeté en arrière, ou courbé sur les notes avec amour et se grisant de son propre génie évocatoire. Tant qu'il y aura des Viardot, des Risler, des Bellaigue, les maîtres de la musique ne seront jamais morts, et leurs voix ranimées viendront éveiller les ancêtres innombrables engourdis en nous-mêmes.

Je ne veux pas jouer aux rébus et on ne me reprochera pas de masquer les personnalités que j'introduis ici. Néanmoins je préfère vous laisser deviner le nom de la jeune et brillante lyrique — un des plus beaux noms de l'histoire de France — qui remplissait la maison de notre amie de son exubérante gaieté et de son rire d'argent clair. Bien que petite de taille, elle tenait en main et cravachait les chevaux du soleil, à travers les gouffres bleus de la fantaisie verbale la plus étourdissante. Elle animait la pierre et le métal, faisait du chou à la crème du parrain Gaulot une Alpe en miniature et reculait les murs à l'infini. Fille d'une musicienne de premier ordre, elle avait l'oreille juste pour les mots, non pour les idées et les jugements, demeurés enfantins ou rudimentaires, mais entraînés dans le tourbillon le plus généreux. C'est ainsi qu'elle arrivait à faire scintiller les cailloux de 1789 aussi brillamment que dans Michelet, depuis ce galet perforé de Mirabeau jusqu'au silex de Robespierre et au conglomérat de Danton. Il était amusant de la contredire, pour voir apparaître aussitôt les erreurs du siècle précédent et celles de la fin du XVIIIe, du romantisme à *l'Encyclopédie*, habillées à la moderne de brocart et de soie, avec une richesse incomparable, rajeunies, revivifiées pour le temps de ses impétueux discours. Descendante de héros roumains, fragile et puissante dans sa multiple personne, comme dans le contraste de son verbe et de sa pensée, cette radieuse illusionniste n'avait certes rien d'une étrangère. Elle était plutôt une éloignée dans le temps, une réapparition enchanteresse de ces dames de la cour, qui s'attendrissaient sur le progrès des mœurs et les nouveaux principes de fraternité, quelques mois avant l'échafaud.

Sa prose, à mon avis, ne vaut pas ses vers, quelquefois remarquables quand ils sont de description pure, quand ils évoquent un souvenir ou une nostalgie, quand ils ne sont ni surabondants ni diffus. Mais c'est dans l'improvisation de la causerie que je la préfère, et de beaucoup, pareille à une fée surgie du plancher, pour calmer à point la souffrance latente qui naît de la vue plate des choses et des gens. Quelles girandoles elle allumait, quelles fêtes sur les pelouses et sur l'eau, quels palais de lumière elle dressait, assise toute menue dans un grand fauteuil, ou bien accoudée à la tapisserie, sous un vaste chapeau, et cherchant, d'une main fine et prompte, dans l'infini le terme juste. Evoqué par elle, Racine redevenait le petit joueur de la Ferté-Milon — comme elle l'a dit délicieusement ; Pascal, l'enfant de génie, courbé sur ses barres et ses ronds ; Mozart, le jeune prodige vivant sur son tabouret de piano, devant l'Autriche ébahie ; La Fontaine, le bon vieil ami pour lequel on ne se gêne pas et dont les enfants chipent le gâteau. Elle reconstituait les rêves des gens de lettres, depuis Byron, l'énervé des cimes, jusqu'à Musset, le sage habillé en fol, de Mme de Sévigné, blottie dans sa tendresse maternelle et griffue pour le reste de la planète, jusqu'à la femme-homme, étonnante de vides et de pleins, que fut Mme Sand. Dénuée de critique quant aux vivants, elle prêtait aux grands morts, avec un bonheur inouï d'expression, des parcelles détachées de sa sensibilité frémissante, lesquelles dansaient sur leur mémoire, comme les yeux du soleil sur les feuilles innombrables de la forêt. Je crois que Shakespeare, qui savait presque tout, l'avait peinte à l'avance dans sa reine Mab. Quand elle entrait, sur le coup de quatre heures, chez « Fœmina » gracieusement empêtrée dans son manteau de velours, rayonnante de tout ce qu'elle allait inventer et raconter, de la joie qu'elle allait répandre, j'entendais les grelots du fameux scherzetto de Berlioz, dans *Roméo et Juliette* :

Mab, Mab, la messagère fluette et légère
Elle a pour char une coque de noix.
Que l'écureuil a façonnée.
Les doigts de l'araignée
Ont filé ses harnois.

J'écris ces Mémoires en pleine vie, ainsi que du fond du tombeau. Je ne veux ni flatter ni dénigrer. Peu me chaut de plaire ou de déplaire. Il ne manque à cette poétesse expansive et raffinée, pour toucher réellement les cœurs, que le renoncement à elle-même, que de ne plus interposer son image entre l'univers et la conscience qu'elle en prend. « Qui chante son mal enchante », a dit l'amoureux Aubanel. Mais, si l'on veut être vraiment grand, il faut que ce mal, ainsi chanté, soit conçu sous la forme de l'universel, et c'est à quoi n'a pas manqué l'immortel auteur de *la Grenade entrouverte* et des *Filles d'Avignon.* Montaigne et Rousseau, qui parlent d'après eux-mêmes, ne donnent pas l'impression du personnalisme, par la profondeur d'un sondage qui les dépasse, atteint aux sources de l'humain, après les couches et strates de l'individu. Noyez votre moi dans l'océan ou perdez-le dans les étoiles, ô vous qui répandez les stances sonores, les yeux fixés sur le laurier toujours vert. Alors seulement vous le décrocherez et pourrez le tresser en couronnes, à la façon du vieux Malherbe, loin de l'envie et du persiflage.

Notre temps aura connu un précieux ridicule, bien trop abondant et digressif, insupportable mais singulier, tel que Robert de Montesquiou. Il aura connu un joli et tendre évocateur — un peu languissant — des soirs de province et des âmes virginales, Francis Jammes. Il aura connu ce versificateur ingénieux et bavard, arracheur de rimes et de dents, insupportable neurasthénique juché sur le char automobile de Barnum, le bonhomme Cambo, Edmond Rostand. Il aura connu la lyrique, douée jusqu'au gaspillage, chargée à l'excès de tous les prestiges, de toutes les séductions du vocable, dont je viens de parler. Il aura connu Mallarmé, sa magie absconse dans le clair, et ses joyaux innominés sertis au centre d'une pensée indécise. Il aura connu le grand et hagard Verlaine, le suave et docte Sully Prudhomme, l'érotomane Mendès, Heredia sonne-creux, et combien d'autres ! Mais si la poésie, abstraction faite de la règle prosodique, consiste à être relié au monde par un réseau plus vrai et plus intime que celui des autres humains, à faire vibrer à l'unisson des cordes éloignées et mystérieusement apparentées, à extraire l'essentiel de la circonstance et l'éternel du transitoire, alors le seul poète, grand, invincible poète de notre temps, c'est Paul Claudel. Messieurs, mesdames, pardonnez-moi, pardonnez-lui et saluez-le !

Que l'on se représente ces Parisiennes, dont quelques-unes étaient des merveilles de beauté, de grâce et d'esprit, ces Parisiens tous en vedette et quelques-uns remarquables, devisant autour des gâteaux et du chocolat, dans le salon, l'antichambre, jusque sur les premières marches du grand escalier. L'art de la maîtresse de maison idéale, c'est d'être partout à la fois et de favoriser tout le monde, en ne mécontentant personne. Ainsi faisait « Fœmina ». C'était à qui lui demanderait un moment d'audience particulière, pour solliciter un conseil, raconter telle démarche, se plaindre ou se féliciter. Elle souriait, rassurait, encourageait. Il ne venait d'elle que des paroles généreuses ou vivifiantes. On eût dit un docteur moral au milieu de sa clientèle, où tout le monde souvent parlait à la fois. Je n'ai jamais connu un tact plus parfait pour savoir qui il fallait attirer et choyer, qui il fallait tenir à distance, qui il valait mieux ne pas inviter. Il y avait une première zone et une seconde, dont faisait partie notre Bébel Hermant, à cause de ses déformations romanesques et de son goût des atrocités. Mais maintenant que le voilà prévenu, ce Crébillonnet national va sûrement, par esprit de « vingince », me faire étouffer le parrain Gaulot à l'aide d'un baba empoisonné, dans le vestibule de cette chère maison, cependant que Maxime Dethomas, tendant son couteau à palette, me criera : « Vas-y, Léon, avec ce surin, ce sera beaucoup plus commode ! » Puis de ce drame « éminemment parisien » le petit baigneur en caoutchouc rose de la piscine de l'Automobile-Club tirera une pièce en quatre actes, que le bon Porel aura la faiblesse d'accepter, et qui aura trois représentations bien tassées.

Beau-frère de Maxime Dethomas, le peintre Zuloaga est le type de l'Espagnol silencieux, robuste, spirituel, concentré dans sa force et dans son talent. Tout le monde connaît ses danseuses, ses toréadors, ses toiles fiévreuses, voluptueuses ou crispées, par lesquelles il arrive parfois à égaler Goya, sans ressembler à Goya, son coloris nouveau, aux tons crus, sa puissance d'observation et de rêve. Je crois avoir été un des premiers à signaler cette reviviscence de l'art espagnol et catalan, cette floraison de peintres, de dessinateurs, de sculpteurs, parmi lesquels on remarque surtout, et au premier rang, Rusiñol, Zuloaga, Cazas, Anglada, Utrillo, Sert, sans compter un musicien comme Albeniz et une demi-douzaine d'auteurs dramatiques tels que Rusiñol déjà nommé, Unamuno, etc. Quelques années avant la guerre, mon cher Santiago Rusiñol avait installé, avec le sculpteur catalan français Violet, une merveilleuse petite exposition de toiles et de groupes, qui fit courir tous les connaisseurs. Violet y avait un troupeau d'une douzaine de moutons — en langage local, un « escamot » — serrés les uns contre les autres, au-dessus desquels on sentait la pluie et le froid, et un buste magistral de Mgr de Carsalade, évêque de Perpignan, plus une vingtaine d'œuvres adorables. Alentour flamboyaient les jardins d'Armide-Santiago. J'allais là une heure chaque jour, comme j'aurais été à Aranjuez ou à Grenade, songer devant ces statuettes et ces tableaux, habilement groupés par deux grands artistes, au milieu des âneries, que débitent les gens du monde quand, n'ayant pas d'avis, ils veulent s'en payer un.

« Or, advint qu'ils se rencontrèrent »... car le docteur moral qu'est « Fœmina » devait, de toute éternité, comprendre la grandeur du médecin étourdissant, du guérisseur que fut notre cher ami Henry Vivier.

La première fois que je vis Henry Vivier, ce fut par un jour d'été ensoleillé, sur la route allant de Champrosay à Draveil.

Fiancé à la fille d'Alfred Stevens, il marchait radieusement beau, à côté d'elle radieusement belle, précédé de ses trois beaux-frères, Léopold, Jean et Pierre Stevens, qui n'ont pas précisément l'air de gringalets. Tous les cinq comptaient déjeuner dans une auberge après une petite marche militaire, destinée à ouvrir l'appétit. La mine fière et réfléchie de Vivier me frappa. Il avait la barbe blonde et le cheveu blond ardent du northman devenu Normand, l'œil doré, joyeux et pensif, les traits fins, réguliers, comme concentrés autour d'une pensée de feu ; et sa voix, légèrement enrouée, prenait soudain d'ardentes inflexions. Je leur dis : « Vous ne passerez pas devant chez nous sans prendre un joyeux vermouth. Il est rustique, mais pas trop mauvais.

— Il ferait beau voir, répliqua Vivier, qu'on refusât un vermouth par un temps pareil ! » Puis, montrant le ciel bleu : « Pas un nuage, telle sera notre formule, si vous le voulez bien, mademoiselle et messieurs. » Car il prenait volontiers, pour s'amuser, le ton épique.

Mon père travaillait, penché sur son pupitre, à cause de sa myopie. Il leva la tête et reconnut « les grands diables », fils de son cher Alfred Stevens, qu'il aimait tant, puis Catherine Stevens, dont le fiancé fixa son attention : « Ah ! ah ! médecin comme Léon. Vous n'avez pas l'air de porter le diable en terre, au moins. Je vous en félicite. Je parie, belle jeunesse, que vous êtes à la recherche d'une omelette. Eh bien, allez donc à l'Ermitage ! » C'était un très aimable caboulot de la forêt de Sénart, auprès duquel habitait Nadar. Vivier sauta sur ce nom, qui lui faisait déjà, dans l'esprit, un petit paysage. Puis il raconta quelque chose de charmant et de rapide, que reprit Alphonse Daudet, et ce court duo multiplia la joie du beau soleil. Quand, les verres vides, il se leva pour prendre congé, nous étions amis. Mon père me dit : « Cette charmante jeune fille a fait un fameux choix. J'ai rarement vu un être plus sympathique, plus entraînant que ce Vivier. A ta place, je me serais fait inviter. »

L'envie ne m'en manquait pas, mais je craignais d'être indiscret et, les raccompagnant jusqu'à la grille, j'entendis la voix de mon condisciple, qui fredonnait le refrain du général Lasalle :

Amis, il faut faire une pause :
J'aperçois l'ombre d'un bouchon...

Le temps passa. Je retrouvai Vivier chez Georges Hugo, dont la maison était alors la plus brillante et la plus accueillante de Paris. On y dînait, on y jouait de la très bonne musique, on y soupait, on y dansait, on y bavardait, on y récitait des vers et Paul Mariéton y faisait feu des quatre pieds, en bégayant de toutes ses forces. C'était à qui le turlupinerait, pour recevoir en pleine figure un de ces mots inoubliables, dont on se réjouissait ensuite pendant quinze jours. Il prétendait que sa calvitie l'enrhumait et passait sur son crâne ses mains potelées, ses patoches, comme nous les appelions. Alors Vivier, interrogé par lui, donnait paternellement son avis : « Dans ce cas-là, mon cher Mariéton, je conseille hardiment la perruque.

— Vous n'y pen... pensez pas... ma ca... calvitie fait partie intégrante de ma per... personnalité... Qu'est-ce que di... dirait mon concierge !

— Vous lui exposeriez vos raisons, auxquelles un concierge, aussi remarquable que le vôtre, serait certainement accessible. »

Comme le docteur toussait, ce soir-là, d'une petite toux assez inquiétante de verre fêlé, je me permis de lui en faire l'observation. Nous avions déjà l'un pour l'autre beaucoup d'affection. Nous avions décidé de nous tutoyer. Il m'entraîna à part : « Sache donc, cher homme, que je suis tuberculeux, et à fond, depuis deux ans. Cela m'a pris sans antécédents héréditaires, en soignant deux pauvres bougres de paysans, le mari et la femme, chez qui je logeais pendant les vacances. Comme je suis une espèce de blond roux, la maladie a évolué vite et j'ai craint, un moment, de ne pouvoir me marier. Je manquais ma part de paradis sur terre. Alors j'ai pris les grands moyens. »

Voici en quoi consistaient ceux-ci. Il s'était alité en plein air, en plein hiver, dans un hamac, pendant un an, et sans aucune faim, s'était suralimenté, à raison de deux beefsteaks à chaque repas : « J'avais en outre une diarrhée du diable, que j'ai vaincue sans nul médicament, par la contention mentale et donc musculaire. Le résultat fut magnifique, mais c'est un effort que je ne demanderais pas au passant de la rue. » Il ajouta : « Mon optimisme actif m'a sauvé. J'avais devant moi une image riante. Ce fut le programme de ma guérison. Car, ce que tu entends aujourd'hui, n'est qu'un petit reliquat laryngé de rien du tout. »

Je dis à « Fœmina » : « Il faut que je vous fasse connaître un sorcier, mais un sorcier joliment moderne. En cinq minutes, telle que je vous connais, vous saluerez en lui le génie psychologique et médical. » Je m'arrangeai pour voir notre amie, au sortir de la conversation. Elle avait, dans le regard, cet éblouissement que donne la contemplation prolongée du soleil : « Tout ce que vous m'aviez annoncé est exact. Ce n'est pas un homme c'est un monde. » Vivier, de son côté, me confia : « En parlant avec elle, on a l'impression d'avoir l'intelligence augmentée. D'ailleurs, inutile de lui raconter quoi que ce soit, elle devine tout. » Souvent désormais, le désir d'échanger des idées et de confronter nos réflexions nous réunit dans cet hôtel de l'avenue claire, où l'on perçoit le sifflement des trains de banlieue. Le docteur chipait une demi-heure entre deux visites. J'en faisais autant entre deux articles. « Fœmina » voulait bien interrompre un moment le défilé de ses amis et relations. Pendant la belle saison, nous dînions au bois de Boulogne, qui n'est pas loin, et il n'y avait qu'à laisser parler, entre l'eau du lac et les étoiles, le plus vaste, le plus neuf, le plus hardi inventeur de ce temps, le trouvère incomparable Henry Vivier.

Cela commençait en général par une ellipse, accompagnée d'un petit rire et d'un rapide mouvement de l'œil, ce qu'on appelle un « trait » en éclair. Les hommes très éloquents ont souvent ce tic, comparable à une étincelle dans la région des couches optiques. On ne savait si notre sorcier tirait son préambule de la vie courante ou du rêve, et je crois qu'il extériorisait simplement son dialogue intérieur, méthodique et continu comme un chef-d'œuvre : « Il ne faut pas vous figurer, ma chère amie, ni toi, Léon, qu'il n'y ait qu'une guérison possible pour tel ou tel mal. La nature tend à guérir, comme elle tend à détruire, de tous les côtés. Les simples en sont la preuve, ainsi que les minéraux et les sérums, sans compter les interventions morales, dont nous n'avons encore qu'une vague notion, comme les navigateurs longeant, au crépuscule, une île inconnue... »

Ce début me plaisait d'autant plus qu'il rejoignait ma vieille conviction que les maladies mentales, nerveuses, et un grand nombre de troubles fonctionnels et organiques relèvent de ce qu'on a appelé la psychothérapie, ou plus exactement d'une cure de volonté. Tout le problème consistera à articuler cette volonté avec le corps qu'elle sculpte et domine, comme on articule l'objet à soulever et le levier qui le soulève. La volonté est un influx mental, réparti entre l'esprit et le muscle, entre la pensée et l'acte, et qui jette hardiment son filet jusque sur les images héréditaires. Il ne manque que la connaissance des commandes morales-corporelles, sur lesquelles elle doit appuyer, pour réparer le dommage pathologique. J'ai commencé à essayer d'éclaircir cela dans *l'Hérédo*, mais je ne voudrais pas mourir sans avoir donné, là-dessus, toute ma pensée et le résultat de mon auto-expérience. Si Vivier avait vécu, ce serait déjà fait, car il aurait mis mon affaire au point, en la dépassant de tout son génie.

Il pensait que les grands médecins, tels que Sydenham — un de ses préférés —, ont tout entrevu et qu'il y avait en eux une constitution analogue à celle des plantes qui guérissent, une affinité pour tel ou tel remède : « Sydenham connaissait l'opium, profondément inconnu, et comme déchaîné depuis sa mort. J'enrage de voir tourner au mal, faute d'un maître cuisinier, une aussi merveilleuse puissance, un pareil ennemi de la douleur. »

Son avis était que l'opium, engourdissant toute souffrance, physique ou morale, fait pencher d'abord l'esprit vers la joie d'où l'euphorie au début de l'intoxication puis, à la longue, engourdit la joie à son tour et amène en nous les ténèbres. Il fallait donc, non se passer de lui, mais en quelque sorte le domestiquer, l'humaniser : « C'est ce qu'avait compris Sydenham. C'est ce qu'il n'a pas complètement réalisé, car le laudanum n'est qu'un commencement d'apprivoisement de l'opium. »

De même pour l'alcool : « Sans lui, disait Vivier en montrant un petit verre de bonne eau-de-vie, je serais mort depuis longtemps. Il y a des tempéraments auxquels un brin d'alcool est nécessaire, comme courte flamme de phlogistique en supplément. L'alcool est l'arbre du bien et du mal. Après avoir méconnu ses dangers, on ne veut voir maintenant que le mal, on veut le supprimer comme remède. C'est idiot. J'affirme que, chez certains tuberculeux, à doses calculées avec soin, il peut rendre d'immenses services, comme l'arsenic et comme le fer. Mais où est-il le thérapeute sage qui sait jouer, en un rationnel équilibre, du fer, de l'arsenic et de l'alcool ? »

Il avait fait une étude spéciale de la strychnine et l'associait à la caféine, quand il s'agissait de relever le cœur, selon un dosage qui terrorisait les pharmaciens : « A la vue de mon ordonnance, ils deviennent tout pâles et déclarent que je me suis trompé. J'ai l'habitude. J'insiste par un mot, que la femme de chambre leur porte en tremblant. Alors ils s'exécutent et, en général, ma solution salvatrice arrive à temps. » En effet, la défaillance du cœur, notamment dans les affections pulmonaires — le muscle creux ayant alors un travail triple — et chez les vieillards, est une cause très fréquente de mort soudaine. Trop de médecins s'occupent, en ce cas, du poumon, quand c'est le cœur qu'il faut secourir. « Mes confrères ont une fâcheuse tendance à constater la mort sans l'étudier. Subite, ou précédée d'une agonie de durée variable, elle demeure pleine d'enseignements. »

Vivier n'admettait pas que son malade mourût. Je l'ai vu aller chercher sous les ombres ma chère grand-mère maternelle, âgée de quatre-vingt-un ans, et lui donner huit ans de sursis. Dans ces cas, il était étonnant et atteignait au sublime. Il s'installait au chevet des moribonds, il les surveillait minute par minute, les alimentait, les soutenait à l'aide de petits trucs à lui, réveillait leur moral, leurs espérances, les réintéressait à l'existence. Il ressemblait au tapissier diligent, qui reprend, point par point, l'étoffe usée et déchirée, reconstitue les couleurs et les figures. Grand savant, au courant comme pas un de tous les raffinements et de tous les progrès de la culture médicale, il se muait en grand artiste, et les deux se fondaient dans une espèce de paternité ou de fraternité tendre, que je n'ai connue qu'à lui. Il distribuait, à ses clients, de son âme harmonieuse et rayonnante. Il les réchauffait à sa lumière.

Il avait été l'élève de Brissaud, auquel il gardait une reconnaissance émue. Cependant il se séparait, en tout et pour tout, de l'école de l'expectative et de l'abstention thérapeutique, que représentait le bon Brissaud, sceptique et candide à la fois. Vivier professait qu'aucun cas, si grave soit-il, n'est forcément désespéré, puisqu'on a vu rétrograder le cancer et s'interrompre la paralysie générale, puisqu'on connaît des tabès bénins et des cavernes pulmonaires, au troisième degré, cicatrisées. Aussi son premier soin était-il de donner au malade gravement atteint qui le consultait la certitude de la guérison et de lui inculquer, comme il disait, « la glorieuse volonté d'en sortir ». Au rebours des charlatans qui imposent des régimes compliqués et droguent surabondamment, transformant leurs clients en cornues, il limitait les interdictions et il n'ordonnait que peu de remèdes, judicieusement choisis, dont il expliquait l'action avec grands détails. Il faisait voir les parcelles de fer s'incorporant à l'hémoglobine du sang, la lutte de l'arsenic ou du mercure avec le tréponème, la crétification des nodules tuberculeux sous l'influence du gayacol, l'imprégnation de la névroglie par le chlorure d'or, la fonte de la sclérose locale ou généralisée par l'asclérisne, l'endormement de l'excès d'influx nerveux par le valérianate ou le bromure. Ainsi reliait-il, pour commencer, l'imagination à la substance thérapeutique et au champ des cellules que celle-ci devait imprégner, de telle façon que la volonté eût prise sur ces cellules et cette substance au lieu de broyer à vide. Ecoutez-le :

« Je pense, vieux Léon, que le désir naturel qu'ont les patients de savoir la cause et l'évolution de leur mal est louable et utile. Celui qui sait où et comment il souffre, où et comment doit être porté le soulagement à sa souffrance et la marche de sa guérison considérée comme certaine, celui-là est déjà à moitié guéri. Au besoin, je lui proposerai un petit schéma de la lutte qui va s'accomplir en lui et lui demanderai d'y réfléchir, mais là sérieusement, une demi-heure le matin et une demi-heure le soir. La peur, le désir agissent sur l'organisme selon des réflexes irrésistibles qui sont de vieux chemins héréditaires. Pourquoi la volonté de guérir n'agirait-elle pas sur des points déterminés et signalés à l'avance comme fixatifs, comme adjuvants ? »

Principe remarquable et qui, dans les mains de Vivier, donnait de surprenants résultats. Je l'ai vu prolonger des gens âgés, arrivés à l'ultime période de la sclérose cardiaque, vasculaire ou médullaire, comme l'horloger qui ferait marcher les aiguilles d'une montre pendant des semaines avec ses doigts. Il leur permettait de penser à leur lésion organique tant de minutes avec toute l'intensité dont ils étaient capables et de s'en distraire le reste du temps. Il n'est rien de pis que la délectation morose, que la passivité dans le *taedium vitae*. Il n'est rien de plus tonique que l'application représentative du vouloir, que l'exercice pathologico-spirituel. L'avenir de la médecine est là et j'en dégageais, avec mon cher Vivier, la formule : « Tout remède doit être accompagné par l'esprit, soutenu, multiplié par le vouloir. »

Le génie propre de ce guérisseur consistait, en cas de fléchissement complet, à substituer son énergie à celle de son malade, à remplacer le potentiel absent. Représentez-vous cet homme généreux, atteint lui-même gravement, et qui puisait, dans la résistance à son propre mal, quotidienne, appliquée, farouche, de quoi panser les plaies des autres et faire reculer leur trépas. J'ai essayé de rendre assez gauchement cela dans *la Lutte*, mais il y faudrait la plume de Pascal et de Shakespeare à la fois, tant ce surprenant effort conjoignait les deux grandeurs, celle que nous pouvons concevoir et toucher, et celle qui n'a plus son expression que dans le soliloque de la prière. Vivier est mort, mais son esprit continue à flotter autour de moi, dans ces ondes de mémoire sensible qui entourbillonnent les vivants, et je crois l'entendre quand, arrivé au bout de sa réflexion, il éclatait d'un rire olympien.

Lemaitre, qui n'était certes pas un gobeur, disait de lui, les yeux pleins de larmes, en revenant du cimetière : « C'est maintenant notre tour à nous autres, puisqu'il n'est plus là pour nous retenir. » Ce propos se vérifia à la lettre. Une douzaine de ceux et de celles qu'il aidait à vivre sont entrés sous les ombres, une fois privés de sa sauvegarde, de sa tutelle. Pire malheur peut-être, les cinq ou six vues de génie thérapeutique, dont notre cher sorcier avait fait le tour, et dont chacune était aussi riche que la découverte des sérums par exemple, ont perdu le souffle avec lui. La course du flambeau n'est qu'une figure. Trop souvent le coureur en tombant éteint la flamme, qui ne se rallumera plus, si elle se rallume, que longtemps, longtemps après lui.

Quand il n'est pas une duperie, un mirage, quand il est le reflet d'un esprit supérieur, le verbe emporte tout. L'éloquence naturelle et concise du grand Charcot l'aida à déchiffrer le système nerveux. Vivier était un verbal sans verbosité, un de ceux chez qui le terme exact est comme la rampe de la découverte et qui s'appuient sur lui pour monter plus haut, pénétrer plus avant. C'était par là qu'il était l'homme d'action, c'est-à-dire, dans son royaume, d'intervention. Un jour — il habitait alors avenue d'Iéna —, je descendis avec lui les Champs-Elysées, à pied, par une belle soirée. Il en était sur la nonchalance avec laquelle la plupart des gens gâchent leur vie, en cédant à leurs petits penchants, en se laissant glisser le long de leurs petites pentes. Nous les comparions à des sauvages ignorants, que leurs pirogues emportent au fil de l'eau, dans les dérivations en cul-de-sac, ou vers des abîmes. Il me prit le bras : « Tu sais que, d'un mot, bien placé, on peut sauver un malheureux, donner un autre tour à son démon intérieur. Cela m'est arrivé plus d'une fois. »

J'ajoutai : « Si ma conception de l'hérédité est juste, c'est que ce mot, bien placé, a réveillé la personnalité profonde, ou imposé silence à un ancêtre dangereux. Les "paroles-talismans" des sorciers de campagne ne partent point d'un faux principe.

— D'ailleurs, reprit Vivier, ce véritable remède qui est l'amour, remède ou poison, bien entendu — c'est la même chose —, naît aussi souvent d'un mot que d'un regard ou d'un contact. Mais quand son origine est verbale, l'amour est naturellement plus spirituel que quand elle est visuelle ou tactile. »

Puis, après un silence : « Le mot qui agit doit être attendu par celui qu'il va bouleverser, ou rectifier. De l'autre côté, il doit être proféré avec une sincérité entière, comme une piqûre faite d'aplomb et à fond. Le résultat peut être excellent. C'est pourquoi le vrai médecin cherche toujours à être l'ami et le confident de son malade, à savoir ce qui le préoccupe, ce qu'il espère, et par où il peut glisser au désespoir ou renaître, au contraire, à l'espérance. »

Un jour, appelé auprès d'un malade qui habitait au quatrième, Henry Vivier, dans le vestibule, est pris d'une crise d'étouffement. Pas d'ascenseur. Il appelle le chauffeur de taxi qui l'avait amené : « Vous m'avez l'air solide. Voulez-vous, pour cent sous, me monter, sur votre dos, au quatrième étage ? » L'homme accepta et, tout en grimpant, il demandait au bon docteur une consultation sur le cas de sa femme, atteinte de « bronchique ». Voilà pour le débrouillage, qu'Henry affirmait tenir de ses ancêtres normands, jamais arrêtés par une impossibilité matérielle. Un an avant sa mort, venant le chercher pour un ami gravement atteint, je le trouvai crachant le sang à pleine cuvette. Je ne pus réprimer un mouvement d'effroi : « Allons, ne t'émeus pas. Je ne fais pas ma malle. Assieds-toi plutôt, allume une petite pipe (il appelait ainsi les cigarettes) et parlons de ton camarade. Il faut absolument le tirer de là. » Jamais il ne fut plus lucide, parlant à voix basse, dessinant, sur son drap, le tracé d'une lésion, de ses doigts agiles aux ongles bombés.

En consultation avec des confrères, tout naturellement, par son bon sens aigu, par son éloquence sans apprêt, il imposait sa façon de voir : « C'est un plaisir d'être soigné par le sorcier, disait Lemaitre, il devance toujours vos désirs. » Henry répétait volontiers qu'aux ennuis et tracas du mal il ne faut pas ajouter les prohibitions inutiles du médecin : « Celui-là, si je lui interdis le vin et le tabac, qui l'aident à vivre, gagnera peut-être une semaine ou un mois en tout, mais tombera dans la mélancolie. Alors, qu'il boive et fume sans entraves ! » Il interrogeait peu, préférant que son client se déboutonnât de lui-même, eût le mérite de la confession spontanée. Il n'était jamais pressé. Il pouvait passer, comme Potain, deux heures à examiner un organisme, selon sa méthode complète, qui partait de la circulation, pour aboutir au système nerveux par le tube digestif et la respiration. Sa douceur, ses précautions de langage, sa commisération étaient infinies. Il écoutait patiemment les longues doléances des vieilles dames, les explications de caractère des neurasthéniques, les plaintes interminables des chroniques : « Ne vous excusez pas. Je suis là pour ça... Prenez votre temps. Rassemblez vos souvenirs. » Menacé lui-même et le sachant, il se soutenait en rassurant les autres, il leur citait des cas analogues au leur et qui avaient complètement guéri.

Trop souvent les médecins, à partir d'un certain âge, entrent dans une série de marottes dont ils ne se départissent plus, qu'ils appliquent à tous indistinctement. Henry se méfiait de ces cristallisations. Quand un remède ne produisait pas l'effet attendu, il passait à un autre, cherchant avant tout à décrocher le mal en une fois, sans lui laisser le temps de s'aguerrir. Car le mal, lui aussi, s'habitue au traitement. Il avait de longues conversations avec son pharmacien, poursuivant sans cesse des perfectionnements pour l'administration des bromures, de la colchique, de la valériane, des colloïdaux. Quand le fait contredisait la théorie, il renonçait à la théorie. Sacrifice dont la plupart des savants sont incapables. Charcot se buta toute sa vie à une description de l'hystérie qui ne correspondait pas à la réalité, à une doctrine des localisations cérébrales manifestement enfantine et fausse, à une conception erronée de la structure histologique du foie. Ces entêtements faisaient rire Vivier. Il opposait aux fantaisies des disciples la même dénégation, courtoise mais ferme, qu'à celles des maîtres. Comme l'événement confirmait ses prévisions, il fallait bien, en fin de compte, lui donner raison.

Ce génie médical est demeuré pour moi une preuve éclatante de la malfaisance des concours. Incapable de flatter, comme de mentir, Vivier avait renoncé, dès le début de ses études, à la filière de l'agrégation, alors qu'il avait tout ce qu'il faut pour faire un professeur incomparable. Les étudiants se seraient rués à ses cours. Il mourut avant cinquante ans, emportant avec lui les germes non semés d'un enseignement qui eût été glorieux, qui eût fait progresser la clinique et la thérapeutique françaises et leur eût prêté son éclat. Cependant qu'un ignorant infatué, comme Debove, ou un métaphysicien des nuées, comme Bouchard, ont occupé le tapis pendant un quart de siècle et peuplé la Faculté de leurs médiocres élèves, les traités de pathologie de leurs insanes hypothèses, tranchons le mot, de leurs âneries. C'est pitoyable.

Les derniers jours de ce noble cœur et de ce lumineux esprit furent d'une héroïque simplicité. Un matin, plus fatigué et fébrile que de coutume, sentant une douleur au côté, il reconnut qu'il avait un pneumothorax et, dès lors, n'eut plus aucun doute sur l'issue fatale. Toutes ses affaires étaient en ordre ; il avait mené ses principaux et ses plus chers malades au point d'amélioration où il souhaitait les voir se maintenir, il avait dépensé sans compter, pour le salut d'autrui, des forces depuis deux ans déclinantes ; il avait connu, auprès d'une compagne admirable, les grandes joies du cœur, de l'esprit, de l'amitié. Il lui prit la main, qu'il garda jusqu'au bout, et franchit le noir passage sans une plainte, avec l'œil clair, l'intelligence lucide et la fermeté d'un beau combattant. L'église, le jour de ses funérailles, était pleine de gémissements et de sanglots. Les plus durs étaient bouleversés. Des personnes qui ne se connaissaient pas, mais qui se reconnaissaient dans leur deuil commun, se serraient les mains avec douleur. Derrière le corbillard, les amis de Vivier se rappelaient tant de propos enchantés, cette verve frémissante, cette chaleur d'âme et de langage, ce don perpétuel de soi, cette énergie souriante, ce rire étincelant. Quand, au milieu des tombes, par la chaude et humide journée d'été, Lemaitre prit la parole, de sa voix dorée, pénétrante, les pleurs et les plaintes redoublèrent. Un oiseau se mit à chanter une sorte d'adagio passionné. Comme il eût trouvé cette heure émouvante et belle, le cher sorcier disparu, hélas ! en laissant ici-bas tous ces orphelins !

J'ai cultivé passionnément l'amitié, elle ne m'a jamais déçu et, quand je songe à mes amis, vivants ou morts, je les revois toujours dans des circonstances lumineuses et chaudes. Ce sont sans doute mes origines méridionales qui veulent cela. Ainsi pour Vivier : c'est la Touraine, par la fin d'août en plein midi. Nous déjeunons dans une auberge des bords de la Loire, sous une tonnelle, à Montlouis. Le vouvray rit dans les verres et la matelote est onctueuse et vineuse dans son plat. Le sorcier parle, comme il sait parler, des avertissements mystérieux, des intersignes, de ce qui légitime les superstitions. Nous l'écoutons avec ravissement et, tout à coup, passe sur le fleuve, comme un coup de brise, une sorte de longue et indéfinissable plainte, telle que d'une sirène échouée.

Encore le soleil : à Héricy, cette fois en septembre. Nous longeons la Seine. On aperçoit la barque du passeur. Vivier connaît cet homme et aime à converser avec lui. Il le compare à Caron, nocher des Enfers. Suit une extraordinaire improvisation de ce poète de la pathologie, sur les maux entassés dans la nef inéluctable, sur « le contraire de l'arche de Noé », comme il l'appelle.

Enfin et peu de mois avant sa disparition, je me bats à l'épée, à la Grande Roue, avec un excellent tireur, bien découplé, André Legrand. J'ai l'astre étincelant juste dans l'œil et la pointe de l'arme adverse scintille de la façon la plus gênante. Halte ! C'est la pause. Vivier, violemment intéressé, resplendissant de jeunesse et d'entrain, me prend le bras, incline vers moi sa barbe blonde : « Cher homme, jusqu'ici tu as donné beaucoup de fer. Amuse-toi donc un peu à dérober, tu te fatigueras moins. » Le conseil était bon et je le suivis, ce qui ne m'empêcha pas d'être touché légèrement à la reprise. Il m'assistait fraternellement dans mes duels, quelles que fussent ces jours-là ses occupations, me prévenant qu'en aucune circonstance il ne me laisserait glisser de l'autre côté. Le fait est que sa présence, son sourire et son habileté opératoire, aussi grande que sa vision médicale, m'inspiraient une complète sécurité. Quand on me demandait : « Quel est ce monsieur de si belle allure ? » Je répondais : « Ce monsieur, c'est de la santé, du salut en bouteille. » C'était exact. Il y avait en lui de l'élixir, de l'essence de vitalité.

Je ne l'ai jamais vu en colère, ni de mauvaise humeur, ni morose. Il méprisait les imbéciles et les méchants, avec une sorte de hérissement de la moustache, un « peuh, pfrrouff », qui les éparpillait dans l'espace. Il n'accrochait à aucune des ronces, ni des sottises, ni des politesses de la vie courante. Il n'écoutait même pas les médisances, ni les calomnies, pas plus qu'il ne voyait les laideurs ou verrues d'un paysage. Ce qui comptait, à ses yeux, c'étaient la beauté des lignes, la noblesse des sentiments, et la *virtus* dans sa pleine acception. Il demeurait courtois jusque dans sa façon de relever les manques d'égards et les grossièretés. A quelqu'un qui bousculait sa femme dans un corridor de théâtre : « Permettez-moi de vous dire, monsieur, que vous êtes un mufle de la dernière catégorie. » Puis, comme l'autre bafouillait des excuses : « Vous voici maintenant de la toute première. » Il dégageait ce je ne sais quoi qui fait que les choses s'arrangent bien, que le voiturier donne sa voiture, que l'aubergiste soigne son menu, que le raseur, pris de coliques, disparaît. Il enrichissait le principal et il éliminait l'accessoire. Il aimait et comprenait et savait consoler les grands vieillards et les jeunes enfants. L'esprit des Evangiles, une sorte d'ambiance miraculeuse flottaient autour de lui, comme chaque fois qu'un humain exceptionnel s'élève, par le sacrifice, au-dessus de l'humanité. Pourtant catholique de tempérament, d'inclination, et jusque dans les moelles, il n'était pas d'esprit mystique, il demeurait sur le plan terrestre. A lui, comme à presque tous ceux de notre génération, la haute formation spirituelle avait manqué et le renanisme scientifique avait fait concurremment beaucoup de mal. Ce grand écrivain de Renan aura joué, auprès des jeunes générations de l'entre-deux-guerres, de 1875 à 1895, le rôle d'un malfaiteur public, en leur faisant croire *que la négation était plus intelligente.* Il m'apparaît aujourd'hui, le fin Breton renégat, au masque éléphantesque, ainsi qu'un flûtiste entre deux charniers.

De temps en temps, trop rarement à mon gré, on apercevait, chez « Fœmina », le psychologue Antoine Bibesco. C'est un des plus amusants numéros que j'aie rencontrés. Ce grand garçon voûté, barbu, tenace, au visage plissé, qui semble ridé, s'approchait de vous et vous interrogeait : « Quel âge avez-vous ? Depuis combien de temps faites-vous de la littérature ?... Quand vous réfléchissez, voyez-vous un abîme à gauche, comme Pascal, ou une boule de feu comme Newton ?... Quel est le chiffre de vos revenus ?... Avez-vous une saveur amère dans la bouche, quand vous dites coloquinte ?... Quel était le prénom de votre bisaïeul ?... Préférez-vous la chartreuse ou la bénédictine ? » On m'assure que, des notions ainsi recueillies, Antoine Bibesco — le plus inquisitorial des inchoatifs — constitue des sortes de tables baconiennes, d'où il extrait des lois de l'esprit. Qu'il prenne garde ! Je connais des personnes, dont je suis, qui auront encombré ses archives de mensonges et de blagues systématiques. Je l'avertis ici solennellement qu'il ne doit faire aucun fonds sur mes renseignements, et que ma fiche individuelle est à reviser.

Si Antoine Bibesco a passé la visite à Ugo Ojetti, journaliste et patriote italien, le résultat doit être le même. Car Ugo Ojetti a le sens de la fumisterie extraordinairement développé, et c'est un garçon de beaucoup d'esprit et de perspicacité. Zola cherchant, de son nez bifide, ces documents humains et truffes romaines, eut l'idée de consulter Ojetti, qui lui composa, avec verve, une Ville éternelle de la plus haute fantaisie. « Je lui ai surtout soigné la société, sâvez, parce qu'il la voulait criminelle et entachée de toutes sortes de vices. Alors je lui ai composé oune plat dé poisones, troucidaciones, figues vénéneuses, champignonnes et autres, que tout lector s'en léchera les doigts... » Quand on a connu Zola comme je l'ai connu, on se le représente enregistrant à mesure les mélodramatiques inventions du brave Ojetti et assurant son lorgnon d'un doigt fébrile. Son premier mot, en débarquant à Rome, fut : « Introduisez-moi dans le monde noir... » Le monde noir !... L'effarant primaire voyait déjà un jésuite masqué, servant à une princesse le poison des Borgia dans une coupe ciselée, cependant qu'un prince aux yeux de feu rit derrière une tapisserie de cent mille lires. Voyant à qui il avait affaire, Ojetti lui en fourra jusque-là, et quand on sait dans quelles conditions *Rome* fut écrite, cet assommant fatras devient aussitôt du plus haut comique, comme un manuel du gobe-bourdes en déplacement. Je soupçonne d'ailleurs que Primoli a dû parachever la mystification d'Ojetti et refiler à l'auteur de *Pot-Bouille* quelques tuyaux de premier choix. C'est ainsi, comme disait Mariéton, que le chantre lyrique des cabinets sans eau est monté au Capitole, son carnet de notes à la main.

« Fœmina » écrivant régulièrement au *Figaro,* on voyait chez elle presque chaque dimanche, autour de la table du goûter : Gaston Calmette, gourmand, velouté, subtil, caressant comme un chat, « assurément, mais absolument, mais c'est entendu, mais cela va de soi » ; son secrétaire de la rédaction, Vonoven, tout à fait agréable et discret, qui connaît le monde de la presse sur le bout du doigt ; Francis Chevassu, érudit, bon camarade, flâneur, musardier même au dire des figaristes et auquel il faut tirer son article presque de force, comme à notre cher Pierre Lalo ; André Beaunier, déjà nommé, actif, combatif et naturellement gai ; Forain enfin, qui interrompait ses magnifiques improvisations belliqueuses d'une bouchée de sandwich et d'une lampée de porto. Personne n'a imité, n'imitera jamais Sardou comme Chevassu ; personne ne rit de meilleur cœur ni ne définit avec plus de bonheur que Beaunier ; et personne n'a les trouvailles de Forain, comparables à ces sardines brillantes qui se mangent presque vives, au sortir de l'eau dans les délicieux petits ports bretons. De sorte que cette assemblée au complet était une fête de l'esprit. Chevassu et Forain mettaient leur prochain en grillades, tartines, boulettes et chaud-froid ; Beaunier et Calmette demandaient qu'on fît des exceptions, ce qui augmentait, bien entendu, l'appétit des cannibales ; lyriques, prosateurs et critiques prenaient la parole tous à la fois, cependant que la maîtresse de maison, attentive à sa chère ménagerie, faisait renouveler, comme dans les contes de fées, les boissons et les friandises, atténuait, d'un mot, les pointes trop acérées.

V

Le restaurant Weber

MARCEL PROUST. TOULET ET CURNONSKY.
CLAUDE DEBUSSY. PAUL MARIÉTON.
LOUIS DE LA SALLE

Ce n'est plus guère l'habitude des hommes de lettres et des artistes de se réunir dans les cafés, comme il y a trente ou quarante ans. Néanmoins, entre 1900 et 1905, un certain nombre de mes contemporains et d'hommes de la génération précédente se retrouvaient volontiers dans la soirée chez Weber, rue Royale. Je ne me rappelle pas comment ni dans quelles conditions ce rite aimable avait commencé. Ce que je sais, c'est qu'un long jeune homme pâle, nommé « monsieur Chantepie », nous plaçait, nous souriait affectueusement, venait nous demander, tous les quarts d'heure, si rien ne nous manquait, si nous étions contents du service. De son côté, le maître d'hôtel Charles, qui a un bon et rond visage, un empressement affectueux et l'habitude de la clientèle, veillait à la confection du welsh rarebit ou du bœuf en salade, auxquels recouraient volontiers nos appétits creusés par un dîner en ville et les vaines conversations du fumoir. Il y a plus de variété, plus d'imprévu et de pittoresque dans ces réunions-là que dans le monde. On s'y guinde moins. On peut changer de place et planter là un raseur. Les avis s'y expriment avec plus de bonhomie et de crudité. Si je dis chez Weber : « Quel abruti que ce Doumic, quel intrigant et quel ennui il répand partout où il se gîte », cette proposition ne cause aucun étonnement, aucun émoi. Il n'en serait pas de même à *la Revue des Deux Mondes,* chez telles ou telles personnes que je pourrais citer. La nullité bavarde, poétique et dramatique, des divers membres de la famille Rostand, proverbiale chez Weber, est encore contestée dans quelques milieux littéraires, aristocratiques et bourgeois. Une élection académique ne produisait aucun effet sur Charles ni « monsieur Chantepie », alors qu'elle met en rumeur, à Paris, une cinquantaine de perruches, de perroquets, de merles et de bécasses, et qu'elle ébouriffe leur volière.

Je pose cet axiome, le café défait les gloires d'antichambre et de salon. Le salon ne défait pas les réputations consacrées par le café. Je suis certain, en parlant ainsi, de faire tressaillir de joie les mânes de Paul Arène et de Monselet. Les Goncourt eux-mêmes, qui débinèrent le café et le sacrifièrent à l'impériale barbification de la princesse Mathilde, étaient bien contents de se détendre et de soulager leurs humeurs au dîner Magny. Aucun des habitués de Weber n'eût supporté cinq minutes Claudius Popelin, le général de Galliffet, ni, plus près de nous, le vicomte d'Avenel, Gabriel Hanotaux ou Victor du Bled. Le mufle de café se présente sous un aspect moins poncé, savonné et verni, que le mufle de salon ; il garde ses angles, ses luisants et ses pointes, il s'entend dire fréquemment, tel le triomphateur romain : « Vous êtes un mufle. » L'esprit véritable est exigé au café et payé aussitôt en rires sonnants et trébuchants, alors que trop souvent l'esprit de salon n'est qu'un faux-semblant, qu'une pacotille fade, approuvée, propagée, prolongées par des sourires contraints et conventionnels. Pas plus qu'une fausse pièce, un faux talent n'a cours au café. En bref, le café est l'école de la franchise et de la drôlerie spontanée, tandis que le salon — sauf chez une Mme de Loynes ou une « Fœmina » — est en général l'école du poncif et de la mode imbécile. Le café nous a donné l'exquis Verlaine et le grand et pur Moréas, le salon, Robert de Montesquiou et je ne sais combien de muses inutiles ou comiques. Je me représente assez bien l'Immortalité sous la forme d'une dame de comptoir, adressant à quelques clients de choix de petits signes pleins de bienveillance.

Vers sept heures et demie arrivait chez Weber un jeune homme pâle, aux yeux de biche, suçant ou tripotant une moitié de sa moustache brune et tombante, entouré de lainages comme un bibelot chinois. Il demandait une grappe de raisin, un verre d'eau et déclarait qu'il venait de se lever, qu'il avait la grippe, qu'il s'allait recoucher, que le bruit lui faisait mal, jetait autour de lui des regards inquiets, puis moqueurs, en fin de compte éclatait d'un rire enchanté et restait. Bientôt sortaient de ses lèvres, proférées sur un ton hésitant et hâtif, des remarques d'une extraordinaire nouveauté et des aperçus d'une finesse diabolique. Ses images imprévues voletaient à la cime des choses et des gens, ainsi qu'une musique supérieure, comme on raconte qu'il arrivait à la taverne du Globe, entre les compagnons du divin Shakespeare. Il tenait de Mercutio et de Puck, suivant plusieurs pensées à la fois, agile à s'excuser d'être aimable, rongé de scrupules ironiques, naturellement complexe, frémissant et soyeux. C'était l'auteur de ce livre original, souvent ahurissant, plein de promesses : *Du côté de chez Swann*, c'était Marcel Proust.

« Dites, monsieur, ne croyez-vous pas... » Ainsi commençait

l'insidieux garçon et le monsieur, sans méfiance, se prêtait à un analyste comparable à un millier de laborieuses fourmis. Car tandis qu'une partie du cerveau de Marcel admire et goûte, une autre critique et s'irrite et une troisième assiste, indifférente et comme « spinozée », aux ébats des précédentes. Je ne m'étonne pas qu'il soit toujours fatigué. Je ne connais pas d'être plus harcelé par le mystère psychologique et somatique des gens du passé et de ses contemporains, ni plus expert à se transformer, par le désir, en quelque chose de presque semblable, ou du moins de très analogue à eux. Il est le sire de métempsycose et un véritable phénomène d'imagination auto-créatrice. Ce qui ne l'empêche pas, à l'occasion, de se ressaisir et de faire preuve d'énergie.

Un soir, entrant au restaurant, Marcel crut entendre un vieux et élégant diplomate, M. de Lagrenée, murmurer à son endroit une phrase désobligeante. Il vint me trouver : « Monsieur, je ne puis pas supporter cela. Je déteste les histoires, néanmoins je vous serais très reconnaissant, monsieur, de demander à M. de Lagrenée s'il a eu l'intention de m'offenser et, s'il ne l'a pas eue, de me faire des excuses. »

Robert de Flers, homme plein de talent, de tact et de nuances, me fut adjoint, pour cette mission. Nous étions fort ennuyés, car l'offenseur, ou supposé tel, bien qu'assez âgé, était de première force à l'épée et au pistolet et Marcel n'a rien d'un spadassin. Mais tout se passa le mieux du monde : « Messieurs, nous dit M. de Lagrenée, je vous déclare, sur l'honneur, que je n'ai jamais eu la moindre intention d'offenser M. Proust que, d'ailleurs, je ne connais pas. J'ajoute qu'il ne me déplaît pas du tout qu'un jeune homme ait la tête près du bonnet et que cette susceptibilité me le rend sympathique. » Puis, se tournant vers moi : « Votre grand-mère, monsieur Daudet, était l'amie de ma pauvre sœur, ce qui ne me rajeunit point. Il fallait, pour que nous fîmes connaissance, que M. Proust prît ombrage d'un propos qui ne s'adressait pas à lui. Comme la vie est intéressante ! » C'est ainsi que quelque chose de féerique flotte autour de Marcel Proust et des démarches qu'on fait en son nom.

Marcel Proust déteste la campagne. Elle dérange en effet ses habitudes casanières, la claustration volontaire pendant laquelle il lit, rêvasse et réfléchit, échappant ainsi à l'abus que l'on ferait de sa trop grande obligeance et de son amicale émotivité. Nous nous sommes rencontrés, il y a de cela une vingtaine d'années, pendant une semaine, à l'hôtel de France et d'Angleterre, à Fontainebleau. Il restait enfermé toute la journée dans sa chambre, puis le soir, il consentait à faire avec moi une promenade en voiture dans la forêt, sous les étoiles. C'était le plus charmant, le plus fantaisiste, le plus irréel des compagnons, un feu follet assis sur les coussins de la victoria. Mais, ne voyant pas ce que les autres voient, il voit des choses qu'eux ne voient pas, il se coule derrière la tapisserie et contemple le bâti et la trame, dût Hamlet le prendre pour un rat. Il s'est fabriqué, à l'aide d'une marqueterie de méditations sur le concert, un monde abstrait où il vit heureux, presque tranquille, séparé de tout et de tous par une sorte de cloison transparente.

En une autre circonstance, il se laissa décider par mon frère Lucien à venir nous rendre visite en Touraine. Il arriva par le train du soir, passa la nuit dans un nuage de fumée de cigarettes Espic — car il souffrait alors d'une crise d'asthme — et repartit le lendemain matin, déclarant que rien n'égalait la Loire en suavité et en magnificence. Ce passage d'un météore souffreteux n'en laissait pas moins une traînée de lumière et je crois de bonne foi notre cher Proust, par excès d'activité intellectuelle, phosphorescent.

Au plus fort de nos dissensions politiques d'avant la guerre, il imagina — c'était en 1901 — de convoquer à dîner chez lui une soixantaine de personnes d'opinions différentes. Toute la vaisselle eût pu voler en morceaux. Je me trouvais placé à côté d'une ravissante personne, pareille à un portrait de Nattier ou de Largillière, que j'appris être la fille d'un banquier israélite bien connu. La table voisine était présidée par Anatole France. Des ennemis acharnés mastiquaient leur chaud-froid à deux mètres les uns des autres. Cependant les effluves de compréhension et de bienveillance, qui émanent de Marcel, se répandaient en tourbillons et spirales à travers la salle à manger et les salons et la cordialité la plus vraie régna, pendant deux heures, parmi les Atrides. Je crois que personne d'autre à Paris n'eût pu réaliser ce tour de force. Comme je complimentais ce maître de maison et de prodiges, il me répondit avec modestie : « Monsieur, en vérité, monsieur, tout dépend de la façon dont s'accrochent, dès le premier contact, les caractères. » Je compris ainsi qu'il avait fait une expérience dangereuse et qu'il était content de l'avoir réussie.

C'est un lettré ultra-raffiné. Il est descendu jusqu'à la racine des auteurs du XVIIe siècle et du XIXe. Il écrit le Michelet comme Michelet et fera du Bossuet tant qu'on voudra. Cependant il peut assister poliment, ainsi qu'un écolier bien sage, à la dispute absurde de deux ignorants sur les mérites réciproques de Bossuet et de Michelet, jouissant même de l'excès de leur sottise. Car il a le sens de la caricature, de la déformation des individus par les tics, les travers et les circonstances. Il y a en lui de la vision de La Bruyère et de celle de Meredith, obscurcie par un brouillard de puérilité qui tient à la persistance inouïe de souvenirs d'enfance. Je le devine hanté par lui-même, parcouru de mille ruisselets venus de son ascendance et de sa prime jeunesse. S'il arrive à se guider, contenir, ordonner au point de vue littéraire, il écrira un beau matin, en marge de la vie, quelque chose d'étonnant. Ce n'est pas l'étoffe qui lui manque.

Toulet, au contraire — prononcez « Toulette » —, auteur de *Monsieur du Paur,* de *Mon amie Nane* et de vingt contes exquis, pèche quelquefois, par excès d'ellipses et de contradictions. C'est un homme qui connaît et aime la langue française. On l'apercevait chez Weber, mince et moqueur, penché sur son verre de whisky and soda avec un étincelant œil de biais, observant l'existence, tripotant sa barbiche et crispant ses mains fines, comme s'il allait s'étirer. Nous l'aimions pour son horreur de la foule, des préjugés démocratiques, de la niaiserie diffuse et des gens importants. Il s'exprime par phrases courtes, sèches, péremptoires, luisantes et qui coupent. Il a la réponse prompte et la dent dure. Un monsieur, dont le nom a une tare, célébrait devant lui l'innocence, plus que problématique, d'un autre taré : « Noblesse oblige », dit Toulet, se levant à demi comme pour saluer. Curnonsky et Toulet habitaient ensemble, le premier aussi grassouillet, ouvert, bon vivant, que le second est émacié, replié et garé des expansions ou estrambords. Quand on tombait chez eux vers midi, ils étaient encore couchés dans deux chambres voisines, également en l'air, également pleines de bouquins, et chacun d'eux lisait le dictionnaire de Bayle. Il est vrai qu'à la fermeture de Weber ils avaient gagné le bar du café de la Paix, jusque vers les trois heures du matin, où ils se rapatriaient rive gauche, rue de Villersexel, à deux pas de chez moi. Curnonsky, ou plus simplement Curne, joint à l'esprit d'observation le don de la déformation en cascade des mots et des éblouissants à-peu-près. Cette facilité prodigieuse, renversante, plongeait dans l'extase le commandant Hourst et le savant voyageur Montpezat.

« Vous avez bien tort d'applaudir aux niaiseries de ce monsieur, disait Toulet, en désignant Curne. Vous l'encouragez dans son vice.

— Allons, allons, c'est de la basse envie... ripostait Curne avec bienveillance.

— Niaiseries ou non, ajoutait Hourst, en adressant un salut à M. Chantepie, j'avoue que j'en ris tout seul dans la rue, au point de faire retourner les passants. »

Nos deux inséparables avaient déniché un bar singulier, situé au sous-sol de l'avenue des Champs-Elysées, et que nous appelions « le bain de cuir », à cause de ses larges fauteuils rebondis. Un ou deux soirs par semaine, toute la bande des weberiens émigrait là. Il paraît que le whisky y était remarquablement « scotch » et doué d'un fumet unique, mais j'avoue mon peu de goût pour cette boisson de paquebot, à goût de tuyau de cheminée, et qui est au palais ce qu'est à l'oreille le son de la sirène. Après le whisky, venait le porto, qui n'a de sens qu'immédiatement avant le repas, ou après une tranche de melon. Maxime Dethomas et moi, peu enclins aux spiritueux, nous arrangions pour dissimuler nos verres non vidés ou en jeter, comme à l'Ambigu, le contenu sur nos bottes. Cette manœuvre n'échappait pas à Curne. Il murmurait : « C'est de la dissipation... »

L'arrivée de Santiago Rusiñol, débarquant de Barcelone vers le mois de mai, ajoutait un élément de gaieté au clan Weber. Santiago déclarait : « J'aime bien Toulé parce qu'il n'a jamais besoin de dormirre, mais je comprends pas toujours cesse qu'il me dit, parce qu'il parle entre ses doigts. » Quand on levait la séance, Santiago empoignait son chapeau mou, pareil à une savate, se l'aplatissait sur le crâne, saisissait son vieux frère de cigare de « manille » qu'il fumait avec volupté, en lui pressant le ventre de temps en temps, et partait à grandes enjambées nonchalantes, vers l'obélisque, les mains dans ses poches, la tête droite, tel le Catalan errant. Suivaient Hourst chapitrant Curne, Maxime haut et large comme une tour, s'amusant comme un fou dans les ténèbres, mais silencieusement, à la façon du Gros-Serpent de Fenimore Cooper, Montpezat plongé dans ses considérations coloniales, deux autres types inconnus et sympathiques, puis Toulet, rempli d'aperçus et d'axiomes acides, à la façon de La Rochefoucauld. La ribambelle traversait la place de la Concorde et remontait les Champs-Elysées, sous le rose sorbet de la lune printanière. Je faisais le chien de berger, courant de Santiago à Toulet et colportant les à-peu-près de Curnonsky.

Parfois, trop rarement à notre gré, se joignait à nous Claude Debussy, musicien de génie, qui a un front de chien indochinois, l'horreur de son prochain, un regard de feu et la voix légèrement enchifrenée. Sa consommation — dis-moi ce que tu consommes et je te dirai qui tu es — consistait généralement en un œuf pas trop cuit, agrémenté d'un petit morceau de foie ou de rognon au jus. Je lègue ce détail gastronomique aux admirateurs de *Pelléas et Mélisande,* chef-d'œuvre, à mon avis, du drame musical français contemporain. Comme Toulet, Debussy est un raffiné. Il possède comme Toulet, toutes les ressources de son art et vous auriez pu croire que la mise en présence de ces deux tempéraments si voisins allait faire jaillir des étincelles. Eh bien, pas du tout. Ils ne se boudaient pas, mais ils ne s'attiraient pas non plus. Debussy grignotait un éclat de ces pommes de terre frites, destinées, dans les bars, à attiser la soif, fumait une petite cigarette d'Orient, soufflait dans son nez, faisait une ou deux remarques acérées, puis s'en allait, sous les étoiles, le front et les images en avant.

« Il est épatant, ce Debussy, déclarait Santiago. C'est un type dans le genre d'Albeniz. Les bons musiciens, tu remarques, Léon, se ressemblent. » Aussitôt il se mettait à fredonner un air de *la Joie qui passe :* « Et nous dormirons quand nous mourrons. Pim pin, pin pin, pin pin, pi pangue... »

Il arrivait que notre clan fusionnât avec le clan Forain-Paul Robert, qui ne saurait passer inaperçu, à cause des éclats de rire de Forain. Bien que M. Chantepie eût entendu, plusieurs milliers de fois, le rugissement de ce lion du dessin à travers l'oasis de Weber, il en demeurait toujours interloqué et un peu inquiet. Des provinciaux effrayés se hâtaient d'achever leur café ou leur bock. De vieux officiers en retraite, et décorés de la Légion d'honneur, levaient le nez de dessus leur journal, d'un air mécontent. La marchande de *l'Intransigeant, la Presse,* s'arrêtait de glapir dans la rue Royale, un gamin sifflait, un chien aboyait... Tout cela parce que Paul Robert avait dit une blague à Forain. Paul Robert, lui, ne riait pas, bien qu'il ait de l'esprit comme pas un et le sentiment de la bonne peinture. Il demeurait coi, les yeux ronds dans sa figure ronde, que semble arrondir encore la noire moustache, en face de ce petit fauve glabre, écarquillé d'ironie bruyante.

A un moment, entrait, en coup de vent, Mariéton, coiffé de son haut-de-forme, « en face » comme il disait, se tapotant le dos de son jonc à pomme dorée.

« Qu'est-ce qui fait ça... C'est Fo-Forain ? Charles, un welsh, je vous prie... Excusez-moi, il faut que j'aille dire un... un mot à la dame du co-comptoir. »

Il tournait sur lui-même, écrasait deux paires de pieds, déplaçait une carafe, courait à la caisse : « Ma-madame, personne n'est ve-venu me dedemander ce soir ? Demander monsieur Mariéton ?...

— Non, monsieur, personne.

— C'est in... sensé. J'avais dodonné rendez-vous au cocolonel Marchand.

— Il n'est pas venu, monsieur. »

Mariéton, désolé, venait vers nous, serrait nos mains sans nous voir, puis expliquait à Toulet, indifférent et ratatiné, une histoire compliquée sur le théâtre d'Orange, cependant que Santiago poliment tendait l'oreille.

Je disais à Santiago : : « Tu t'en fiches. Tu sais où est Aranjuez et Valldemosa, mais tu ne sais même pas où est Orange. »

Finalement Mariéton s'asseyait, prenait conscience du monde extérieur, adressait des saluts de la patoche, de côté et d'autre, très souvent à des types qui ne le connaissaient pas et lui rendaient sa politesse avec ahurissement. Charles lui apportait son welsh rarebit, comme la nourrice apporte un poupon à sa mère, avec des soins touchants. Mariéton coupait le poupon fromagé en quatre et l'avalait sans le goûter. Il consultait sa montre : « Pas po... possible. Il a dû arriver quelque chose à Ma... Marchand ! »

Hourst, consulté, déclarait que non, qu'il avait vu Marchand à sept heures, absorbé dans un travail pressé. Aussitôt Mariéton, oubliant ce premier rendez-vous, bondissait de nouveau vers la caissière : « Vous n'avez pas vu monsieur Moumounet-Sully ?... »

Je me levais à mon tour et, solennellement : « Madame, si Sa Majesté Edouard VII venait demander M. Paul Mariéton, chancelier du Félibrige, vous Lui répondriez qu'il est allé acheter un paquet de tabac... »

Rien de plus agréable que de partir à quelques-uns de chez Weber, par un magnifique bas crépuscule de mai ou de juin, alors que la rue Royale a l'air de la retombée d'un poudroiement d'or et que la Madeleine est rose dans le ciel bleu foncé. Où trouver notre dîner ? L'un proposait le bois de Boulogne, le petit restaurant Azaïs, dans l'île du lac, parfaitement isolé et tranquille. Mais Debussy affirmait que l'on y ratait les œufs en cocotte et Santiago craignait qu'il ne lui fût difficile d'y renouveler sa provision de cigares. Un autre parlait paresseusement de Lucas qui est, comme dans la chanson, « à deux pas ». Maxime Dethomas, indifférent à ces tergiversations, tournait, au-dessus de nos têtes, sa bonne grosse figure ironique et placide du chat guetteur, observant les fines silhouettes des passantes. Je conseillais hardiment le père Boivin, près de la place Clichy, pour cette unique raison qu'une tanche à la casserole, arrosée d'un véritable Anjou, n'est pas une chose absolument dégoûtante. En route pour Boivin ! Auparavant Mariéton courait chez lui, rue Richepanse, afin de voir « s'il n'y avait pas le feu ». C'était son innocente phobie.

Une silhouette élégante et vigoureuse apparaissait, une main se posait sur mon épaule : « Daudet, que dirait Hermant en cette minute... » C'était Louis de La Salle, lettré entre les lettrés et subtil observateur, souvent acerbe, de la société contemporaine, car il aimait les imitations.

« Hermant dirait : "N'avez-vous pas vu Constantein Brencoven ? Il y a une heure que je le cherche. C'est désoleint."

— Et Zola... que dirait Zola ?

— Zola dirait : "La Madeleine disparaiffait dans une moiffon d'or. Fur le grand Paris laborieux, les gerbes d'or croulaient, parmi une lumière chaude. Le docteur Pafcal regarda Fufanne, qui regarda Jean. Il y eut un filence... Dites, mon bon ami, qui est donc ce monsieur Santiago ? Il a une physionomie intelligente, heine, mon bon ?..." »

Louis de La Salle et les autres riaient. Nous étions jeunes et gais, nous vivions dans une insouciance heureuse, traversée de grandes colères et de justes ressentiments.

V

AU TEMPS DE JUDAS

La boule en or

Axiome I : en politique, on n'a jamais trop d'imagination. Le plus grave défaut de la Patrie française fut précisément de manquer de cette faculté. L'idée qu'eut l'antisémite Jules Guérin de se barricader dans le « fort » Chabrol, rue de Chabrol, pendant le procès de Rennes, pour échapper à l'arrestation, était falote et tourna en eau de boudin. Néanmoins, elle échauffa Paris pendant plusieurs soirs. Il y avait beaucoup à faire, dans cet ordre de manifestations. Le jour des obsèques de Félix Faure, Paul Déroulède et Marcel Habert, timidement accompagnés de quelques conjurés, essayèrent, à la caserne de Reuilly, d'entraîner à l'Elysée le général Roget. La réussite d'un coup de force de ce genre suppose : 1° une ambiance ; 2° une préparation et de sérieuses complicités dans la place. L'ambiance y était bien. Les complicités étaient absentes, comme le prouva l'attitude du général, encore plus étonné que mécontent. Déroulède et Marcel Habert furent arrêtés, mis en jugement, exilés. Leur affaire en somme n'était pas au point et le fait qu'ils voulaient remplacer le personnel, sans toucher aux institutions, leur enlevait toute chance de succès. Il est moins difficile de tenter un changement complet de régime qu'un changement d'orientation d'un régime. Déroulède n'a jamais compris ça. Fidèle à la République, il maudissait et combattait toutes les conséquences de la République et il avait l'air de croire que le remplacement de Pierre par Paul, ou de Louis par Joseph, provoquerait une allure différente de la politique. C'était enfantin. D'ailleurs il n'écoutait jamais une objection, ni un raisonnement, uniquement attentif aux choix d'une formule, aussi peu pertinente que brillante, en guise de réponse. C'était un héros de Corneille égaré dans une pièce de son oncle Emile Augier, moitié Don Quichotte et moitié basochien. Il portait du feu dans un verre vide. L'assentiment d'autrui le grisait.

Quand il revint d'exil — je dînai avec lui le surlendemain, en petit comité, chez Mme de Loynes —, il fut tout ému et tout fier de l'immense foule qui l'acclama à sa descente du train, quai d'Orsay. Il y avait là, en effet, plus de cent mille patriotes au paroxysme de l'exaltation. Mais il croyait, le naïf garçon, que cet enthousiasme allait se maintenir à la même température et qu'il le retrouverait six mois plus tard, « quand il aurait réfléchi ». Quinze jours après, sa silhouette bien connue passait presque inaperçue, le long des boulevards. La popularité est une boule en or, qui nous est prêtée pour quelques minutes. Inutilisée dans ce bref délai — ce qui n'est pas très commode —, elle n'est plus négociable chez aucun changeur, ni mont-de-piété et devient, pour son possesseur, un encombrement. Puis, très vite, elle roule vers un autre. J'ai assisté souvent à ce spectacle, et toujours avec un vif intérêt.

Quand Marchand revint de Fachoda, j'ai dit quelle fut la taille de sa boule en or. Bien qu'il ne fût que capitaine, elle roulait toute seule jusqu'à l'Elysée. Le gouvernement s'en rendait tellement compte qu'il était fort inquiet et déléguait au nouveau Scipion politicien sur politicien, afin de lui donner de sages conseils. Je songeais : « Si j'étais à la place de Marchand, je commencerais par prendre le pouvoir et prier Loubet de ficher le camp. Ensuite on verrait. » Je le demande aux contemporains de ces événements : imagine-t-on une résistance quelconque des autorités officielles au prestige de Marchand, à cette époque ? En admettant même que Waldeck ou Combes l'eussent fait emprisonner, le peuple parisien tout entier serait allé le délivrer, avec de folles acclamations, et l'eût remplacé dans sa geôle par Waldeck ou par Combes, par Galliffet ou par André, au milieu de l'allégresse générale. Il y a une heure où de tels courants sont irrésistibles, emportant pêle-mêle les politiciens, les juristes, les financiers même, qui tenteraient de s'opposer à eux. C'est le grand instant, terriblement éphémère, de la boule en or. Encore dura-t-il, pour Marchand, plus longtemps qu'on ne l'eût imaginé. Cela se voyait à la pâleur des femmes, de tous métiers et de toutes conditions, quand, droit comme un I et bronzé comme un pèlerin, il leur adressait la parole. Elles pâlissaient, puis elles riaient, déjà conquises, prêtes à tout ce qu'il aurait voulu. Ainsi pour la nation, la vraie, celle qui circule à pied et en omnibus — les autobus n'existaient pas encore et une seule ligne n° 1 du métro, Champs-Elysées-Etoile, fonctionnait. Or Marchand, bien que philosophe et même métaphysicien (il y a en lui des parties de génie bien caractérisées, avec des coins d'une charmante gaieté), s'imaginait qu'il garderait la boule en or jusqu'au jour où, après examen, il l'utiliserait. Crac, subitement elle sortit de ses mains et s'éloigna de lui avec une rapidité de conte de fées... Il ne fut pas question de la rattraper.

Lemaitre a exercé une grande sympathie sur la moyenne bourgeoisie française. Il a été écouté, suivi, acclamé. Il n'a jamais eu, même en bref dépôt, la boule en or. Drumont non plus. Lemaitre était trop délié et griffu. Drumont trop personnel. Il s'en est fallu de fort peu qu'elle n'appartînt à François Coppée, en dépit de sa réputation de dévot. Barrès, qui l'eût chérie, ne l'obtint pas. Il apparaît au vulgaire comme trop distant, ironique et fermé. Et puis, toutes les raisons qu'on peut aligner, quant à la possession et à la perte de ce bel objet inutilisable — sauf pour la prise brusque du pouvoir —, ne valent rien. La boule va à certains types humains prédestinés, comme le désir fuyant de la femme. Un de mes amis leva un jour dans la rue, comme un perdreau, une fille ravissante d'une trentaine d'années — il en avait alors quarante — qui se donna à lui fougueusement et ne voulut ensuite accepter aucune rétribution. Interloqué, il demanda le motif de cette passade.

« Aucun motif... tu m'as plu tout à coup. Le plus fort c'est que je ne sais pas pourquoi. Mais ça m'attristerait, si tu me donnais maintenant de l'argent. Ça ôterait la poésie de la chose. »

Cette façon de rouler, « pour la poésie de la chose », rappelle assez la boule en or. Et la femme qui se donne ainsi ne tient généralement pas à recommencer. Néanmoins — car tout arrive ici-bas —, il peut se faire que la satanée boule roule deux fois vers le même monsieur. Ce fut, par exemple, le cas pour Georges Clemenceau, populaire quand il précipita Ferry au barathre ; impopulaire avec Panama ; repopulaire dans le dernier tournant de la guerre de cinq ans.

VI

VERS LE ROI

I

Charles Maurras

Du jour où je rencontrai Maurras, où je reçus le choc de son esprit — le plus puissant, le plus complet que j'aie rencontré ici-bas —, il m'apparut que cette réalisation ne devait être qu'une question de temps. La force irrésistible du mot « politique », avec ce qu'il comporte d'examen, de décision et d'acte, ne m'était apparue, ni dans Drumont, ni dans Lemaitre, ni dans Coppée, ni dans Rochefort, ni dans aucun des hommes prétendus politiques, de Challemel-Lacour à Lockroy et de Burdeau à Allain Targé, que j'avais jusqu'alors rencontrés ou fréquentés. Elle m'apparut dans Maurras, poète, penseur et homme d'action. La France aujourd'hui le connaît. Elle l'ignorait alors, ou presque. Il est de taille moyenne, mince, alerte, avec un visage ferme et décidé, où brille l'immatérielle flamme de deux yeux fascinants, inoubliables. Il existe peu de portraits de lui, à cause de sa répugnance à toute publicité de ce genre. Le meilleur est dû à une grande amie de l'Action française, datant de 1910 et tracé au crayon, d'une pointe aiguë. Maurras se tient droit comme un glaive, et il est, en effet, trempé d'acier. Il ignore la déconvenue, le recul, ou le temps d'arrêt. Sans cesse il avance vers son but, du même pas décidé, entraînant son monde derrière lui. D'une légère difficulté de l'ouïe, acquise, qui lui est parfois une gêne, car elle le prive de la poussière voltigeante de la causerie, je savais qu'il était affecté ; mais je ne m'en suis personnellement jamais embarrassé, ayant naturellement le ton haut. Maurras est un foyer embrasé, inextinguible, qui émet mille et dix mille fois plus qu'il ne reçoit. C'est de lui que tout part, et le reste consiste dans les rapports, que nous lui faisons, des effets obtenus par *ses* causes.

Que de fois, au cours d'une situation difficile, embrouillée, politique, juridique, journalistique, littéraire, que de fois l'ai-je vu arriver de son pas rapide, intervenir, s'informer, et aussitôt, en un éclair, résoudre. Il creuse, dans le sable de la discussion, des fulgurites. Nul d'ailleurs ne débat longtemps avec lui, tant son jugement souverain emporte l'acquiescement : « Ce diable de Maurras a toujours raison », disait Lemaitre, feignant d'en bougonner. A cette imagination, vaste et équilibrée, les difficultés apparaissent ainsi qu'une série de barrières, qu'il lève d'une seule conception juste, adaptée au détail, comme à l'ensemble. Il n'y a pas pour lui de cas désespéré, ni d'effort vain, ni de mal sans remède, ni d'embêtement sans baume, ni de revers sans revanche, ni d'envers sans endroit. Il relève d'un geste celui qui a de la peine, dissipe d'un trait une objection mal fondée. Il vous rend l'énergie, en aiguisant votre clairvoyance. Sa compétence est universelle et sa mémoire n'oublie aucun incident. La centaine de lettres qu'il reçoit chaque jour demeure, étalée et distincte dans son esprit, cela pendant des mois, des années. Il saisit de loin, aux regards, le tour et le joint d'un débat. Il faut le voir, recueillant les avis, les pesant, les rejetant, les acceptant, les conjoignant, réglant les différends, recevant les nouvelles, bonnes ou mauvaises, du même front serein. Sa vie intérieure, incandescente, dévore toutes les circonstances de la vie extérieure et politique, comme un chalumeau, passant sur des bandes de cire colorées. Mais il en résulte des formes nouvelles et qui, désormais, ont sa marque, devenues maurrassiennes.

Il est arrivé à Paris, sans fortune, sans influence, presque sans relations. Il a vécu, pendant des années, dans un immense labeur silencieux, ainsi qu'un moine dans sa cellule. Puis, peu à peu, des disciples sont venus à lui, conquis par sa richesse intellectuelle, son vaste bon sens et l'amplification raisonnée qu'il donne au monde et aux créatures. Le bruit s'est répandu que derrière les politiciens, et au-dessus d'eux, il y avait, en France, un grand politique, mais entêté — croyait-on alors — dans une conception surannée du pouvoir royal, jugée irréalisable. Or ceux qui se mettaient à l'école de Maurras commençaient par goûter la joie incomparable de comprendre. Bientôt ils entrevoyaient, au contraire, l'extrême possibilité — au milieu de l'enchaînement des circonstances — de ce plan de restauration intégrale. Or, personne n'a le droit, quand il a entrevu une fois la vérité, religieuse ou politique, de s'y soustraire, sous le fallacieux prétexte qu'il est difficile de l'obtenir. Le *multa renascentur quae jam cecidere* n'est-il pas une des lois du développement des sociétés, qui, sans elle, rouleraient à l'abîme ? L'avenir ne s'éclaire que dans la mesure où le présent demande au passé ses leçons éprouvées. L'humanité procède par reviviscence et par enveloppement d'aspects renouvelés, dans les principes éternels de la Raison.

II

A l'Académie Goncourt

J. -K. HUYSMANS. ÉLÉMIR BOURGES. J.-H. ROSNY.
GUSTAVE GEFFROY. JULES RENARD.
L'HOMME DE LETTRES. ÉMILE BERGERAT. JEAN AJALBERT.
LE PRIX GONCOURT

L'Académie des Goncourt vient d'entrer, au moment où paraît ce livre, dans la trentième année de son existence. Depuis 1903, un certain nombre de deuils ont modifié sa composition, sans altérer sa physionomie. On a écrit sur elle un très grand nombre de sottises, dues principalement à l'envie, et d'erreurs, dues à l'ignorance. C'est afin de rectifier les unes et les autres, que j'intercale, dans le récit des premières années de *l'Action française* quotidienne, ces quelques pages, en manière de répit à la politique. Il me semble que, tant bien que mal, nous avons fidèlement rempli les intentions d'Edmond de Goncourt et la preuve est faite que son œuvre testamentaire est viable. Elle rend service aux jeunes écrivains. Elle dresse, en face de l'Académie tout court, terriblement déchue, bourrée de politiciens et de non-valeurs, quelque chose de moins guindé et de plus vivant. Elle maintient en contact des hommes d'opinions et de convictions différentes, que tout séparait, que réunit l'amour des lettres françaises. C'est bien ce qu'avaient voulu les deux frères et ce qui se trouve réalisé.

A notre première réunion assistaient Huysmans, Geffroy, Paul Margueritte, Elémir Bourges, Lucien Descaves, les deux frères Rosny, Léon Hennique, Octave Mirbeau et celui qui écrit ceci. Quelques années plus tard, la mort d'Huysmans laissait libre un fauteuil, qu'occupèrent successivement Jules Renard, Mme Judith Gautier et Henry Céard. Quand Mirbeau disparut, Ajalbert lui succéda. Au décès de Paul Margueritte, nous élûmes Emile Bergerat. Je suis convaincu que le vieux maître du boulevard Montmorency aurait approuvé tous ces choix, et, à chacun d'eux, nous n'avons cessé de nous demander : « Qu'en penserait-il ? » Sa mémoire est demeurée vivante et fervemment honorée parmi nous. Il est présent à nos modestes agapes qui sont — j'en suis navré pour nos détracteurs — d'un rare agrément et d'une extrême cordialité. Car je compte pour rien les bouderies passagères, tenant à l'attribution du prix, contrairement au désir, ou à l'avis, de celui-ci ou de celui-là. Elles prouvent simplement que le boudeur prend ses fonctions au sérieux et tient à son idée. Personnellement, je suis beau joueur, et si mon candidat est battu, j'en prends mon parti en cinq sec. S'il fallait se faire de la bile avec les scrutins, littéraires ou politiques, on n'en finirait plus !

Nous avons beaucoup perdu en perdant Huysmans et Mirbeau. Huysmans était excellent et atrabilaire, compatissant et féroce, railleur et quinteux. Il ressemblait, avec son large front ridé, à un vieux vautour, désabusé et philosophe, perché sur l'huis de la misanthropie. Quand on lui demandait : « Que pensez-vous d'un tel ? » il répondait, le plus fréquemment, d'une voix lasse, en baissant ses yeux gris : « Ah ! quel déconcertant salaud !... » ou « Quelle triste vomissure ! », ou quelque chose d'approchant. Le contraste de cet accent feutré, mitonné, semi-poussiéreux, et de ces affirmations péjoratives, était d'un comique irrésistible. Gourmet célèbre, chipoteur de petits plats, maudissant à bon droit la cuisine pour tous d'hôtel et de palace, l'auteur d'*En route* et de *Là-bas* lançait un regard de bourreau chinois aux mets que nous présentait le serveur et murmurait entre ses dents : « Voilà une étrange mixture ! » Il en goûtait un peu, faisait la grimace, déposait sa fourchette, son couteau, et riait pour lui seul, comme Bas-de-Cuir. Tout vin, selon lui, sentait « la vesse », ou « le crottin », comme tout fromage fleurait « le pied de pauvre » et toute sauce « la colle cadavérique » ou « l'encaustique à goût de sapin ». Il abondait en définitions gastronomiques, d'une exactitude vireuse et parfois tragique, qui plongeaient dans la consternation les maîtres d'hôtel. Il me déclara un jour qu'il n'appréciait que le pot-au-feu, idéal, sucré à l'aide des seules carottes, et le poulet uniquement au beurre. Cela est d'un véritable maître. Je l'approuvais d'autant plus que mon enfance a été bercée par les recommandations, concernant le poulet rôti, de mon grand-père Allard, fin connaisseur : « Pas de jus, au moins ! Rien que du beurre ! »

Aussi fine gueule qu'Huysmans, Mirbeau considérait celui-ci comme un vieil enfant quinteux, petit-bourgeois et perdu dans son miroton et le Syllabus. Mirbeau n'entendait rien à la mystique, laquelle seule, vers la fin, intéressait Huysmans. Il s'entêtait à voir, dans la religion, une supercherie, ou une perversité mentale, ou une manière de gâtisme. Elle lui procurait une irritation anormale, que j'ai souvent remarquée chez les viveurs et les grands sensuels, et tenant sans doute aux obstacles tout moraux, mais dirimants, qu'elle met entre eux et leur désir. Mirbeau était un frénétique, capable des mouvements les plus généreux, incapable de se brider, de se contenir, et soutenant, en conséquence, qu'il est laid et vain de se contenir et de se brider. Il faisait malheureusement partie des déificateurs de l'instinct, du penchant prétendu irrésistible et de la volupté sans frein. Il zézayait légèrement, rongeait ses ongles sans arrêt, et ses yeux railleurs devenaient dorés, comme ceux de certains basilics exotiques, sitôt qu'il se mettait en colère : « Il y a en lui du possédé », disait Huysmans, que ses emballements à transformations agaçaient.

Elémir Bourges, écrivain puissant, homme exquis et rare, chez qui l'ironie semblait une forme supérieure de la politesse, s'amusait de ces rencontres entre l'auteur de *Sainte Lydwine* et celui du *Jardin des supplices.* Il les regardait alternativement, les écoutait, tentait quelquefois de les mettre d'accord, ou y renonçait avec un bon rire. En cas de loup, de froid, d'ange qui passe, nous avions, pour changer de sujet et ranimer la cordialité, notre animateur J.-H. Rosny aîné, préoccupé de concilier les tempéraments et de tirer de l'heure l'agrément qu'elle comporte. Je m'y employais aussi de mon mieux. Si nous ne réussissions pas, il restait le recours de Geffroy, qui savait verser de l'huile dans les rouages des caractères. Paul Margueritte, grand, maigre et pâle, peu bavard, d'une susceptibilité aiguë, n'intervenait guère dans les discussions ; mais on devinait, sous sa glace, une sensibilité frémissante, dont son œuvre témoigne, et qu'il contenait tant qu'il pouvait. La vie est bizarre : bien que le connaissant depuis de longues années, je n'étais pas en relation avec lui, en dehors du dîner Goncourt, et je le savais fort éloigné des idées et des doctrines de *l'Action française.* Nous étant rencontrés un jour, dans le train qui va de Paris à Tours, il m'avait déclaré que la monarchie lui semblait une institution archaïque, peu désirable en soi, pleine d'autant de tares et de trous que la République, et j'avais été étonné de son ignorance politique. Or, en mars 1918, au moment de la grande attaque allemande, après trois ans de guerre, je reçus de Paul Margueritte, alors installé à Nice, un véritable hymne à l'honneur de Maurras, de notre journal, de la royauté considérée comme le seul gouvernement possible et raisonnable, le tout enveloppé dans les témoignages de la plus chaude amitié. J'en fus infiniment touché et me promis bien de me rapprocher de ce collègue que je n'aurais jamais cru si expansif, ni capable d'un semblable revirement. Mais ce fut la mort qui vint et enleva, hélas ! Paul Margueritte au moment même où, avec son roman niçois, *Vivre*, il connaissait enfin le grand, le très grand succès. J'ai réfléchi, depuis, que la guerre avait bouleversé ce fils de soldat et réveillé en lui des sentiments dont nul ne pouvait soupçonner la violence.

J.-H. Rosny jeune ne ressemble à son frère que par l'accent de la voix et la même ténacité laborieuse. Mais il est châtain quand son aîné est brun. Il aime la campagne et y vit, alors que son aîné ne peut se passer de la grande ville, qu'il décrit avec une extraordinaire originalité. Il semble moins enclin aux hypothèses, moins inductif, plus déductif et positif que son aîné. Il a le goût des choses précises et des renseignements exacts. Ces deux frères ont joué la difficulté d'écrire d'abord séparément, puis en collaboration, puis de nouveau séparément et il est malaisé, dans leur œuvre commune, de distinguer la part de celui-ci et la part de celui-là. Rosny jeune est un très agréable compagnon, d'un caractère égal et enjoué, mais ferme et déterminé dans ses goûts. C'est si rare quelqu'un qui sait ce qu'il veut, ce qui lui plaît, ou lui déplaît, et où il va !

Gustave Geffroy, depuis trente ans et davantage, avait exercé, comme critique d'art, d'abord à *la Justice* de Clemenceau, puis en vingt-cinq volumes, une fonction prépondérante. Il avait contribué, plus que quiconque, à la célébrité, puis à la gloire, de Renoir, Sisley, Monet, Carrière, Raffaelli, Degas et Rodin. Son œuvre est vaste, aérée, nuancée, douce à l'humain et philosophiquement amère, comme ces horizons bretons, où il est né, dont il a rendu avec maîtrise (*Pays d'Ouest*) la nostalgie inquiète et rêveuse. Dans son visage, attentif et bon, brillaient deux yeux magnifiques de compréhension et d'acuité. Ses outils. La voix était flexible, assez grave, appuyée sur les dentales, interrompue de temps en temps par un demi-rire qui tenait à l'expérience de la vie. Tel était notre premier critique français, captivant romancier aussi à ses heures (*l'Apprentie*) et d'une modestie, d'une droiture, d'une loyauté égales à son beau et sûr talent. Geffroy était l'homme qui fait toujours passer le camarade avant lui, qui avait horreur de la réclame, de toute publicité, qui soutenait l'artiste de mérite jusqu'au bout, jusqu'à ce qu'il l'eût porté, comme un enfant abandonné, dans le réconfort de la lumière. Je connais mille traits de lui — que je ne citerai pas — qui rappellent la manière discrète et bienfaisante d'Alphonse Daudet. En politique, il était républicain, ardemment patriote, et le plus vieil ami, je pense, de Clemenceau, dont il déclarait en 1885, au milieu d'un scepticisme général, que « s'il vivait, et les circonstances aidant, il étonnerait le monde ». Clemenceau a vécu, les circonstances ont aidé, et il a étonné le monde. C'est dommage que Louis Multem, collaborateur de Clemenceau et qui ne l'aimait guère, soit mort. Il aurait vérifié le pronostic, à son avis bouffon, de Geffroy.

Je me rappelle qu'un jour, chez Mme de Loynes, ce vieux, cher, touchant gosse d'Henry Houssaye blaguait l'Académie

Goncourt, l'appelant l'Académie d'Auteuil. Un peu agacé dans cet esprit de corps auquel on n'échappe pas, je répliquai : « N'empêche qu'à votre Académie du quai Conti, vous n'avez pas de critique d'art qui soit digne de retirer les bottines de Geffroy. » Mais Houssaye n'en convint pas. Il ignorait tout de la peinture, de la statuaire, de la musique, déclarait Monet « inconsistant », Degas « absurde », et admirait les navets du papa Jérôme, dont un exemplaire fameux, *Tanagra*, figurait sur la cheminée de notre bien chère amie Mme de Loynes. Lemaitre s'imaginait aussi que *Tanagra* était une jolie chose, si bien que, lassé, et désespérant de me faire entendre, je changeais de conversation. Mais Lemaitre, ensuite, me demandait, en me prenant par les deux épaules : « Enfin, Léon, c'est chez vous une certitude que Geffroy est le premier critique d'art de ce temps ? Eh bien ! expliquez-moi pourquoi. » Je pense que, dans ces circonstances, les oreilles de Geffroy ont dû, comme on dit, tinter souvent.

On sait que Geffroy a publié une sorte d'encyclopédie des musées d'Europe, qui est le plus beau, le plus complet et le meilleur des cicérones de notre temps, battant, à cent encolures, tous les ouvrages similaires. Ce qu'il a écrit sur Rembrandt, sur Hals, sur les maîtres italiens, notamment Léonard, sur les espagnols, notamment Vélasquez et Goya, dépasse de beaucoup, en chaleur, vivacité, pénétration, connaissance du sujet, Fromentin, Taine et Cie. Le Breton intellectuel et visuel apporte à la critique ces qualités de souplesse, d'intuitivisme, de sympathie compréhensive qui vont avec sa mélancolie naturelle, son sens de l'eau, des nuages, des rochers. J'en parle savamment, étant mâtiné moi-même, bien que né à Paris, de Languedocien, de Breton et de Tourangeau. Pour aimer et comprendre la peinture, il faut être un contemplatif, savourer les déformations des lignes dans la brume de lumière ou la brume d'eau. Pour aimer et comprendre la sculpture, il faut aimer et comprendre les roches corrodées, éboulées, trouées, en forme d'êtres humains, d'animaux, de cathédrales, qui courent tout le long de la côte bretonne, et que rappelle tellement l'art de Rodin, avec son rythme souverain, et à peine sensible, ainsi que celui de la mer. C'était un triton, ce Rodin, nu et debout sur une plage ensoleillée, et dont le génie dégoulinait et ruisselait, comme l'eau des baisers d'Amphitrite.

Ce que j'écris ici de Geffroy et de ses prodigieuses facultés critiques aurait dû être écrit depuis longtemps, si les hommes de lettres étaient moins rebelles à reconnaître la compétence sur tel ou tel point, ou l'éminente supériorité de l'un deux. Je connais beaucoup les hommes de lettres, étant des leurs, et les ayant toujours fréquentés. Ils sont moins envieux, méchants et injustes, mutuellement, à mon avis, que dans la plupart des professions libérales ; mais ils n'aiment pas que l'un d'entre eux dépasse la toise et ils ne s'en vont pas crier volontiers sur la place publique : « Celui-là, ce Geffroy que vous voyez là, dépasse la toise. » Cependant cela est, et cela doit être affirmé.

J'ai toujours eu beaucoup de sympathie pour Lucien Descaves, précisément en raison de son humeur littéraire, parfois hérissée ou bougonne, mais sans mesquinerie ; vu que c'est pour le compte d'autrui qu'il se fâche, parce qu'il pense qu'on aurait dû donner le prix à celui-ci ou à celui-là. Il est profondément bon et sensible et l'on peut le mécontenter sans le vouloir ; mais, quand il reconnaît s'être trompé, il revient vivement sur son jugement, avec cette grâce particulière aux consciencieux. Il penche vers les idées révolutionnaires, parce que le sentiment de l'équité est blessé chez lui quotidiennement — comme chez tous ceux qui observent —, et il ne veut pas voir que la Révolution, faite ou à faire, blesse l'équité encore bien davantage, en brisant, par-dessus le marché, cet ordre qui, seul, donne du prix à la vie en société. Son livre sur la Commune de Paris est, à ce point de vue, des plus intéressants, et atteint, par certains côtés, à l'ampleur de l'histoire. Geffroy et Descaves sont les deux hommes que j'ai vus — avec mon père — les mieux documentés sur cet épisode tragique, sinistre et flamboyant, du drame de 1870-1871, sur cet essai de guerre civile, où se mêlèrent, en un extraordinaire mélange, le communisme et le nationalisme. Il y eut, chez les communards, des tempéraments héroïques et dévoyés, comme Rossel, Flourens et Delescluze, des bêtes féroces, comme Raoul Rigaud, des frénétiques, comme Cluseret et Courbet, des illusionnés et des naïfs : « Un phénomène obsidional », disait Auguste Brachet, qui avait été le condisciple de Rossel ; mais encore, selon moi, quelque chose de plus, une convulsion sociale avortée.

Léon Hennique était particulièrement cher à Alphonse Daudet et à Edmond de Goncourt. Il a un tempérament d'auteur dramatique, une imagination ardente et concentrée, qui lui a fait écrire de belles pièces sauvages et passionnées. Mais elles étaient d'un ton trop fort pour les faibles esprits de l'entre-deux-guerres. Je pense qu'il était dépaysé dans le milieu des *Soirées de Médan* et que la tendance naturaliste n'était nullement la sienne. Très lettré et jusqu'au tuf, très distant et vite refermé, s'il sent chez autrui la même distance, observateur implacable des défauts, des travers et des vices, c'est une personnalité originale et âpre, qui n'a pas eu encore toute son expansion. Il est de ceux qui soudainement écrivent le drame, ironique et pathétique, de leur génération, où elle se retrouve comme dans une glace. Toutefois, ce drame,

Hennique est fort capable de le garder misanthropiquement dans son tiroir, avec, à la cantonade, un : « Zut, ils m'embêtent ! »

Ces quelques aperçus, concernant les premiers académiciens de la Goncourt, expliquent l'intérêt de nos réunions. Nous avons plusieurs fois changé de « café » — je veux dire de restaurant — mais l'atmosphère est demeurée la même, cordiale généralement jusqu'à la confiante amitié. Il s'est dit là beaucoup de choses intéressantes, sur notre métier, que nous aurions bien dû recueillir. Ce métier est peut-être le plus complet de tous, par les antennes qu'il pousse dans les diverses profondeurs de l'esprit, du corps, de la société, de l'histoire, par les racines frémissantes qui l'attachent au langage, au verbe, à l'essentiel de l'homme.

L'homme de lettres est devenu singulièrement puissant, en bien comme en mal, dans la société moderne. Puissant par sa raison, si cette raison est celle d'un Maurras, dispensateur de bienfaits politiques et critiques ; puissant par son instinct, si cet instinct est celui d'un Zola, dispensateur des méfaits de l'anarchie sociale et de l'ignorance ; puissant par sa folie, si cette folie est celle d'un Tolstoï, continuation de la folie d'un Jean-Jacques, et semant la mort au nom des droits de la vie. La personnalité de l'homme de lettres — s'il a, bien entendu, le don d'émouvoir, de toucher la fibre publique — est plus transmissible qu'une autre. Elle prête sa forme aux pensées flottantes dans la masse, aux sentiments du Forum, mal exprimés, ou incomplètement exprimés. Elle frappe des maximes, justes ou fausses, dont le rayonnement peut être immense. Elle appelle des réponses mystérieuses, comme un cri ou un coup de sifflet jetés, la nuit, dans les bois. Elle peut déterminer des actions lointaines. C'est pourquoi Alphonse Daudet avait raison de dire que la responsabilité de l'écrivain est une des plus réelles et des plus pressantes.

D'autre part, l'homme de lettres garde en général, jusqu'au terme de son existence, le goût et l'amour de sa profession. J'ai vu de nombreux médecins se dégoûter, avec l'âge, de la médecine, qui obsède l'esprit d'images funèbres, et impose à ses adeptes la fréquentation constante de la douleur physique et morale. On a vu des auteurs dramatiques (et les deux peut-être les plus grands du cycle moderne : Shakespeare et Racine) renoncer à écrire des drames, las, sans doute, de l'ambiance des comédiens et de la lutte constante contre le factice. Il arrive que le bactériologiste, l'astronome prennent en dégoût leurs infiniment petits ou leurs infiniment grands, que le mathématicien se détourne du haut calcul, et aussi le philosophe de la philosophie. Mais plus l'homme de lettres avance et plus il chérit son encrier, sa plume et son papier, et l'écoulement de sa pensée sur ce papier, dans la solitude peuplée de la création. Mon père, qui se savait atteint d'une maladie grave, travaillait avec acharnement, le jour même de sa mort, et il fallut, à l'heure de son dernier repas, que ma mère l'appelât deux fois. Il me répétait : « L'exercice de l'observation littéraire est une joie dont on ne se lasse point. » Edmond de Goncourt éprouvait à écrire des délices de plus en plus grandes à mesure que sa vie avançait. Dès qu'il avait un moment, en villégiature, à la campagne, il écrivait. Quel est l'homme de lettres, romancier, critique, journaliste, maussade, souffrant, plein de grippe et d'humeur, qui n'ait senti la force lui revenir au moment où, s'asseyant à sa table, il se croyait à nouveau maître de sa destinée. Comme Antée retrouvant sa terre, le littérateur, retrouvant sa page, ruisselle aussitôt d'une énergie renouvelée : « Mettez à mon côté ma plume », recommandait Veuillot à ceux qui l'enseveliraient.

L'amour du succès, de la gloire, des avantages qu'ils procurent, des désillusions qu'ils donnent, des sympathies ou des antipathies qu'ils suscitent, ne vient qu'après. La réelle volupté de l'homme de lettres est dans l'expression, dans la forme donnée à la fantaisie qui vient de lui monter à la tête. Une telle volupté ne s'use pas, et elle dépasse en intensité tous les autres plaisirs connus ; je dis *tous*. Elle est un excellent remède aux peines de ce monde, après la prière et la méditation.

Certains écrivains ont le sens de la perfection et sont tourmentés par lui. Notre collègue Elémir Bourges était de ce nombre. Il voulait que ce qu'il écrivait fût irréprochable comme ligne, mouvement, dosage du feu, équilibre de la pensée. C'est une préoccupation respectable et magnifique, et je ne m'assis jamais à côté de ce grand homme sans un petit frémissement admiratif. Si vous désirez connaître un chef-d'œuvre, lisez : *Les oiseaux s'envolent et les fleurs tombent* ; un autre, d'un genre différent, lisez *la Nef*. Bourges était lui-même un grand lecteur et il passait des journées à la Bibliothèque nationale, cherchant à apaiser cette curiosité mentale que rien jamais n'apaise. D'autres écrivains sont tourmentés par une fécondité sans limites ; c'est le cas de Rosny aîné. Il produirait trois mille ouvrages qu'il lui en resterait trois mille à produire. Son imagination crépite sans trêve, jetant, dans une seule étincelle d'un millième de seconde, la matière d'un volume. Sa causerie — surtout quand il est gai — est une création continue. Mirbeau, qui se défendait d'être « gendelettre », l'était profondément, passionnément, et jusqu'à chérir ses propres sautes de caractère, ses « rats » de toutes couleurs et de toute vitesse. Enfin Huysmans, tout en pestant contre les médiocres ou les raseurs, dont est encombrée notre chère profession — laquelle n'a les siens ? —, apportait à la confection de ses ouvrages un scrupule infini et touchant. Il recherchait même les sujets précis, où une pénible documentation préalable est nécessaire.

A la mort d'Huysmans — succombant à une cruelle maladie et dont la fin fut exemplaire et héroïque —, l'Académie élut Jules Renard, qui disparut au bout de quelques années et fut remplacé par Mme Judith Gautier.

Au moment de l'attribution du prix de cinq mille francs, Jules Renard arrivait à notre dîner (c'était alors un dîner) avec une liste des ouvrages parus et, en face de chacun d'eux, ses critiques. Sa conscience de juge apparaissait là. Il défendait son candidat, de sa forte voix aux inflexions rustiques, penchant sur son papier son front bombé. Lui aussi chérissait les lettres, avec cette pointe de vénération que les sceptiques et les incroyants placent toujours en un angle quelconque de leurs occupations ou préoccupations. Quand deux romans, parus dans l'année, lui paraissaient d'un mérite sensiblement égal, il était malheureux. Il y avait, dans sa nature, une sorte de contradiction intérieure qui, se transmettant à autrui, portait les gens à le dénigrer hors de saison, ou à le louer sans mesure. Républicain accentué en politique, il était traditionnel en littérature, ainsi qu'un Paul-Louis Courier plus aigu. Mais il n'avait ni la haute sagesse de La Fontaine ni la pénétration morale de La Bruyère, ses deux modèles, ses deux maîtres. De tendances aisément lyriques, il était de nature guetteuse, crêtée, ombrageuse et recroquevillée. D'où le double goût que remarquent en lui les connaisseurs, et qui leur plaît en déroutant le grand public. Je pense, à quelques-uns de ses propos, que Renard eût aimé la vaste célébrité, et que la limitation de son succès à une élite l'agaçait. Mais il était trop fier pour chercher à ajouter des cordes à son juste et précis petit arc. Son visage s'éclairait quand on lui faisait un compliment, d'ailleurs senti. Car nous ne nous distribuons, entre nous, aucune espèce de pommade, comme on pense. Si nous trouvons qu'un camarade a réussi à écrire une page hors pair, nous lui disons : « Tu as écrit — ou vous avez écrit — une page hors pair. » Il est rare, en ce cas, que ce ne soit pas l'avis des dix, ou de huit sur dix.

Car il y a un excellent, un médiocre et un mauvais en littérature, et le critère n'y est pas subjectif. Que de fois nous l'avons constaté ! C'est ce qui fait que ni la camaraderie, ni les influences, ni les recommandations n'obscurcissent en rien l'esprit de justice dans l'attribution de notre prix. Quand un candidat vient nous trouver, sollicitant notre lecture et notre suffrage, nous lui répondons invariablement : « Votre travail sera apprécié en équité. » Il nous croit, ou il ne nous croit pas ; c'est cependant la vérité. L'homme de lettres a naturellement plaisir à découvrir et prôner un talent inconnu soit dans sa ligne, soit dans une ligne différente. Chez nous, ce plaisir n'est combattu par aucun autre sentiment. A l'Académie française il y a le respect humain, qui fait qu'une œuvre un peu vive, dans la forme ou le fond, n'a pas chance d'être couronnée. Une certaine convention est requise dans le sujet et dans la forme. Notre péché à nous serait plutôt d'aller en sens inverse et nous n'y avons pas toujours échappé. Cela vaut mieux que de faire un sort à ce que j'appellerai la littérature empaillée. Il ne nous arrivera jamais d'élire parmi nous ou de couronner un Jean Aicard. Nous ferons d'autres sottises ; pas celle-là. Nos travers sont ceux des hommes de lettres. Les travers des Quarante sont plutôt ceux des gens du monde.

Quelle est la différence ? C'est bien simple. Il n'est pas « monde » d'avoir un avis tranché, sur quoi que ce soit, ni surtout de l'exprimer. Du point de vue social, cela se comprend. Les convenances préservent de la petite guerre civile. Du point de vue littéraire, une pareille retenue est funeste. On arrive, par cette voie de la concession ou de l'hypocrisie à perpétuité, à mettre dans le même sac Fustel de Coulanges et Frédéric Masson ; Luchaire et Hanotaux ; de Curel et Brieux ; l'excellent et le médiocre, le substantiel et l'insignifiant, la truffe et le salsifis. A la longue, l'infériorité de ces choix finit par discréditer une vieille, respectable et utile institution. Puis il arrive que ces « choix » eux-mêmes distribuent les prix, couronnes et lauriers, à des médiocres qui leur ressemblent, ou s'efforcent de leur ressembler. L'Institut dépersonnalise, c'est aujourd'hui son plus grave défaut ; et mon père l'avait signalé dans *l'Immortel.* Le monde aussi dépersonnalise. Il ne faut pas confondre « le monde » avec l'aristocratie, qui elle, au contraire, personnalise. L'aristocratie fait des hommes et crée des types, quelquefois des originaux ; aussi bien l'aristocratie sociale que celle des métiers et professions. Le monde ne fait que des salonnards, esclaves de conventions changeantes, mais molles et négatives.

Jules Renard mourut prématurément, pleuré par ses collègues et les lettres françaises. Judith Gautier, qui lui succéda, ressemblait étrangement à son père, l'illustre Théo. Même faciès léonin et fondu, même allure souple dans la graisse, dont parlent les

Goncourt dans leur *Journal*. Cette forte personne, d'une extrême simplicité, comme suspendue et hésitante entre le rêve et le réel, avait une voix chantante de petite fille, une bonté visible, beaucoup de charme. Elle racontait languissamment d'admirables histoires de bêtes et de gens. C'est ainsi qu'ayant acheté une carpe magnifique, pour un dîner de douze personnes, elle n'avait pas eu le courage de la voir occire et plonger dans le court-bouillon. Elle l'avait conservée, dressée, domestiquée, si bien que la carpe la connaissait et marquait, quand elle s'approchait, sa joie par des bonds et culbutes dans la poissonnière. Judith Gautier — dont on connaît le beau talent de prosateur riche, étoffé, lumineux — menait donc une existence à la fois mélancolique et féerique, ainsi que dans un conte allemand du début du XIXe siècle. Je la situais dans une petite cour germanique, au milieu d'animaux parlants, et servie par des gnomes en casaque dorée. Elle ne fit que passer parmi nous. Son successeur fut son beau-frère, Emile Bergerat, que j'ai bien connu dans mon enfance, rare lettré qui a rendu célèbre le pseudonyme de Caliban et écrit quelques centaines de chroniques étincelantes. Auteur dramatique malheureux, ses démêlés avec Porel sont demeurés célèbres, mais d'un tel embrouillamini que mon père lui-même déclarait n'y plus rien comprendre. Notre collègue Bergerat, devenu philosophe, ressemblait à un marin, avec ses yeux vifs sous ses cheveux blancs, à un marin qui aurait exploré l'archipel artistique et littéraire, connaîtrait tous les dialectes des sauvages, tous les rites de l'anthropophagie spéciale et se nourrirait, en souriant, d'un petit pain et d'un verre d'hydromel. Ceux chez qui habite cette divine fantaisie, dont l'habit, couleur du temps, est tissé de sourires et de larmes, ne vieillissent pas en se desséchant, comme les autres hommes. Ils demeurent incompréhensifs, attentifs, bienfaisants et railleurs. La flamme, qui était aux regards de Banville, se retrouvait aux regards de Bergerat et s'allumait, chaque an davantage, au spectacle, demeuré merveilleux, de la vie. L'esprit est l'introducteur du bon sens.

Jean Ajalbert..., ce nom évoque pour moi tant de joyeuses parties de rires, de chansons, de bouteilles débouchées et vidées, de journées lumineuses, que je ne l'écris pas sans nostalgie. Nous étions, il y a quelque vingt-cinq ans, un groupe de jeunes gens des deux sexes, que les circonstances ont séparés, mais qui ne sauraient oublier ces heures d'or, insouciantes, pérégrines, londoniennes, guernesiaises, hollandaises, provençales, pleines de poésie et d'imprévu où sonnaient toutes les fanfares de l'insouciance. Nous avions nos défauts, certes — je parle pour les hommes, car il est entendu que les jolies femmes n'ont pas de défauts — et ce sont ces défauts qui nous ont dispersés et meurtris, en même temps que le fait d'avoir été trop précocement gâtés par la vie. Mais nous ignorions le vice et la méchanceté, nous aimions la poésie et la joie et nous étions sans maussaderie envieuse. Ajalbert me rappelle tout cela, quand il demande au sommelier, avec l'autorité du véritable connaisseur, si 1911 fut, oui ou non, une bonne année pour le Champigny. Un des premiers livres de ce vieux Jean avait pour titre *En Auvergne.* Je vois encore la couverture, avec le « En Auvergne » écrit en travers, comme dans une lettre à un copain. Mon père raffolait de ce bouquin, où il y avait de la mélancolie et du bleu grave, ainsi que dans les paysages de Vic-sur-Cère, décrits par l'auteur. Il en lisait tout haut une page saisissante et sobre, l'assassinat d'un petit berger. Edmond de Goncourt s'écriait : « C'est rudement bien, mon petit ! » C'étaient là, en effet de belles promesses, qui ont été tenues.

Après une journée passée aux Saintes-Maries, nous rentrions à Arles pour dîner et débarquions à l'hôtel du Forum. Pendant que les jeunes dames changeaient de corsages, et que leurs maris se lavaient les mains, je descendis subrepticement à la caisse, réunis le personnel et déclarai ceci : « Je suis un prince indien. Je voyage incognito avec ma suite. C'est donc moi la personne la plus importante. Mes ordres seuls comptent. Je dois passer avant tout le monde et je vous prie de vous en souvenir. » On s'assied à table, et, naturellement, je suis servi le premier. Vient un poulet, dont on m'apporte cérémonieusement les deux ailes, cependant que le garçon dépose, auprès de moi, la bouteille de champagne mollement étendue dans son hamac d'osier. « Quelle est cette plaisanterie ? demande Ajalbert. — Ce n'est pas une plaisanterie, monsieur. Nous nous occupons d'abord de la personne la plus importante. » Mon affreux truc une fois découvert, je passai illico à l'état de la personne la moins importante et n'eus plus que les bas morceaux, avec la chambre donnant sur la cour.

Henry Céard appartenait à la génération antérieure à la mienne, comme Hennique, Geffroy et Bourges. Je le connaissais depuis mon enfance alors que nous demeurions place des Vosges, et qu'il habitait rue du Trésor. Sa loyauté dissipa souvent des malentendus entre les trois célèbres écrivains dont il se trouvait être l'intime : Daudet, Goncourt et Zola. Sa loyauté et sa discrétion. D'une envergure d'esprit bien rare chez ceux de son temps, d'une érudition immense, connaissant, homme par homme, tous ceux qui ont tenu une plume entre 1850 et 1900, avec une mémoire des circonstances et des groupements extraordinaire,

Céard a relativement peu produit, ou, plus exactement, peu publié. Mais tout ce qu'il a écrit est significatif, issu d'une observation implacable, que l'humanisme distingue et ennoblit. Comprimée en lui par je ne sais quelle pudeur intime et les préjugés de sa jeunesse antilyrique, la poésie s'est dressée tout à coup à ses côtés, avec son corps souple et sa chevelure éblouissante. Il a longtemps vécu au bord de la mer bretonne, il y a écrit un livre amer et fulgurant ; mais les rythmes et les embruns de l'Océan, pénétrant en lui à son insu, l'ont emporté jusqu'au vers ïambique de quatorze pieds, avec, au sommet, l'écume déferlante. Ainsi que dans l'élan célèbre d'Arthur Rimbaud :

Elle est retrouvée !... Quoi ? L'éternité.
C'est la mer mêlée au soleil

Avec Céard s'est trouvé complété le grenier Goncourt, au moins dans ses éléments primordiaux et selon l'intention du vieux maître. Cela fait maintenant près d'une vingtaine de romans ou recueils ou nouvelles, que nous avons couronnés depuis 1903, depuis *la Force ennemie* de Nau. A vrai dire, je n'avais pas voté pour Nau. J'avais voté pour un livre de Camille Mauclair, intitulé *la Ville lumière*, que je trouvais mieux composé ; et pendant des années, régulièrement, je reçus la carte de Nau, auquel je ne voulais pas faire l'impolitesse de répondre : « Mais je n'avais pas voté pour vous ! » Comment vous en seriez-vous tiré à ma place ? Quelques-uns de nos lauréats ont conquis depuis une réputation méritée, notamment Proust, Claude Farrère et les frères Tharaud. D'autres sont demeurés en route. A tous le prix Goncourt a mis le pied à l'étrier. C'est en somme une utile institution et dont l'avantage, à mon avis, ira se développant sans cesse.

Elle fait des mécontents, parbleu ! Tout ce qui est vivant et actif fait des mécontents et c'est heureux. L'Académie Goncourt a ses détracteurs, quelques-uns d'un acharnement divertissant. Je vais tâcher de les ranger par catégories. Mais il est bien entendu qu'un même Acerbe peut loger dans deux de ces catégories, même dans trois.

1° Il y a celui qui nous reproche de ne pas interpréter, comme elles devraient l'être, les volontés testamentaires d'Edmond de Goncourt.

Ici deux subdivisions, que je désignerai, comme l'excellent professeur de philosophie A. Charpentier, à Louis-le-Grand, par

a) de ne pas interpréter ces volontés de façon conforme, quant à la composition de l'Académie ;

b) de ne pas les interpréter de façon conforme quant à

l'attribution du prix. Tantôt notre lauréat est trop jeune, tantôt il est trop vieux, tantôt il est soupçonné de « revenus suffisants ». Terrible grief, aux regards de ceux qui n'admettent de couronne que pour un purotin dûment certifié tel, que pour un indigent patenté.

Lorsqu'une allusion quelconque est faite à ces grognements fielleux, j'ai coutume de répondre : « Non seulement je m'en fiche, mais je m'en contrefiche ; et même je m'en hyperarchi-contrefiche. » Il arrive aussi qu'on nous reproche les opinions politiques ou religieuses du lauréat, considéré, par ses concierges et voisins de quartier, comme réactionnaire et homme de droite. Car il existe encore en France, en 1933, une critique radicale socialiste qui vitupère les tendances cléricales et néoroyalistes ! Inutile d'ajouter que je trouve ces tendances excellentes, mais qu'elles ne déterminent pas mes préférences artistiques et littéraires. Je ferai seulement remarquer qu'Edmond de Goncourt était nettement antirépublicain et détestait cordialement les politiciens. Il s'est exprimé là-dessus, devant témoins, non une fois, mais cinq cents fois. Il considérait le dogme laïque, le prétendu progrès, comme une farce (voir sa pièce *A bas le progrès !*) et la démocratie comme un fléau. Son héroïne de prédilection était la reine martyre Marie-Antoinette, à laquelle il a consacré un livre qui est un chef-d'œuvre.

2° Il y a celui qui nous reproche de ne pas publier tout de suite les parties réservées du *Journal* des Goncourt, où les amateurs de scandales espèrent trouver quelque divertissement. A quoi nous répondons qu'une semblable publication risquerait de blesser ou de mécontenter telles personnes, survivantes, qui maudiraient ensuite la mémoire de Goncourt, et de donner lieu à des procès au moins superflus. C'est affaire aux hommes compétents de décider dans quelle mesure et dans quel délai la publication intégrale est possible sans inconvénient.

Nous connaissons assez les sentiments d'Edmond de Goncourt, à cet égard, pour penser que notre réserve serait approuvée par lui. C'était l'homme le plus direct, le plus plein de tact, le plus réservé de la terre ; et la crainte d'avoir causé un tort, même indirect, à une famille ou à quelqu'un, le rendait positivement malade. Lorsqu'il lui arrivait, à propos de ce fameux *Journal*, de se voir reprocher une échappée de plume, il en était affligé pendant des semaines.

3° Il y a celui qui nous reproche d'être une petite chapelle littéraire, pleine de partis pris. C'est très faux. Nous n'avons qu'un parti pris : celui du talent, quel qu'il soit, sous quelque forme qu'il se manifeste.

4° Il y a celui qui nous reproche... mais vous connaissez la fable du *Meunier, son fils et l'âne* et l'impossibilité de contenter tout le monde et son père. Nous avons pris le sage parti de rire entre nous de ces querelles qu'on nous fait et de n'y jamais répondre. C'est le meilleur tour à jouer aux chercheurs de poux.

En fait, l'attribution du prix Goncourt a lieu de la façon la plus simple, et la plus tranquille, chaque année, dans le courant du mois de novembre, autant que possible, ou au début de décembre, afin que le lauréat ait le plein de son succès avant la période creuse du jour de l'an. A la précédente réunion, nous avons déjà parlé des livres qui nous paraissent les plus intéressants, discuté leurs mérites réciproques. Nous sommes dix votants. En cas d'équilibre des voix, celle du président compte pour deux. Mais il n'a guère à user de ce privilège, car ce cinq contre cinq est infiniment rare. En général, il y a plusieurs tours de scrutin. Quelquefois tout est réglé au premier tour. Aussitôt nous signons une lettre collective, annonçant à notre confrère un tel qu'il a obtenu le prix, et nous avisons du résultat les journalistes attendant à la porte de la salle du déjeuner, ou du dîner. Pendant une dizaine d'années, les feuilles dites de grande information — dont le métier est en réalité de taire les grandes informations et de grossir démesurément les petites — ont raconté que nous nous mangions le nez et les oreilles, à l'occasion de ce vote, qu'on entendait nos cris du corridor, les miens et ceux de Mirbeau notamment, que nous étions très excités, rouges, ivres, débraillés, etc. Ne sachant plus qu'inventer, un petit juif affirma que je portais, pour la circonstance, un « ignoble complet marron ». Ce complet fatidique est demeuré célèbre parmi mes enfants qui l'appellent abréviativement « ton ignoble ». La vérité est que toute discussion est bannie de cette courte et décisive séance et qu'elle n'aurait aucune raison d'être. Nous sommes, les uns et les autres, assez grands garçons pour avoir une préférence marquée et pour nous en tenir à cette préférence. J'ai vu tel ou tel d'entre nous chagriné de ce que son candidat ne décrochait pas la timbale ; mais cela sans aucune animosité, et il prenait très vite son parti de cette petite déception.

Il est seulement regrettable que cette solennité rituelle ait lieu dans un cabinet de restaurant, non dans un local approprié, dans un petit hôtel — comme celui qu'Edmond de Goncourt occupait boulevard Montmorency — et où nous rangerions nos archives. Cette perspective est aujourd'hui rapprochée, grâce à un aimable et lettré préfet de la Seine, M. Renard. Nous vivons ainsi en camp volant, tantôt au café de Paris, tantôt chez les Spénopogones, et notre Compagnie mériterait mieux que cela. Nous ne demandons pas une coupole. Un toit, qui serait nôtre, suffirait, sous lequel nous pourrions nous rencontrer et tenir séance au besoin, deviser à loisir sans être interrompus à chaque instant par un maître d'hôtel, qui entre ou qui sort. *Hoc erat in votis.* Si nous faisons de bons et heureux choix littéraires, la providence y pourvoira. Il serait bien souhaitable aussi que nous pussions disposer d'une caisse discrète, afin de soulager les infortunes, souvent terribles, des confrères tombés dans la débine, ou, si vous préférez, dans la mouise ou, si vous préférez encore, dans la purée. Il y a surtout, depuis la guerre, d'affreuses détresses d'hommes de lettres, auxquels personne ne s'intéresse et pour lesquels personne ne fait rien. Notre trésorier, qui aime sincèrement les pauvres bougres — et qui a peint leur situation comme personne —, grappille tant qu'il peut sur nos recettes imprévues, reproductions, etc., pour soulager les besoins les plus pressants. Mais son budget de sauvetage est pitoyablement limité ; il s'en plaint et nous nous en plaignons avec lui.

J'ignore ce que peut être la production littéraire dans les autres pays. En France, elle est nombreuse et riche en qualité. Il paraissait, bon an mal an, avant la guerre, une trentaine de romans intéressants et d'une petite ou grande originalité. Pendant la guerre — où ont été fauchés, hélas ! tant de jeunes et vigoureux talents ! —, puis depuis la guerre ont paru de nombreux ouvrages, traitant de la tragique épreuve, directement ou indirectement, et ajoutant ainsi une littérature à une littérature. Le besoin de se raconter, de s'extérioriser, de fixer ses impressions est devenu incontestablement plus fréquent. Le ton est devenu ou plus lyrique, ou plus amer. Le style paraît avoir gagné en raccourcis et en vigueur. En même temps, un certain genre abscons, intermédiaire entre le réel et l'abstrait, et qui n'est pas sans mérite, s'est développé dans ces régions que Sainte-Beuve appelait le Kamtchatka littéraire. Tout cela se décantera. Il me semble, à première vue, que la littérature d'analyse a pris le pas, actuellement, sur la littérature de composition et de synthèse, que le stendhalisme l'emporte sur le flaubertisme et le balzacisme. Or Stendhal est horriblement desséchant. Flaubert, c'est l'océan de génie et l'on doit s'y noyer (si l'on n'est bon nageur) ou s'y vigorifier.

L'influence des Goncourt eux-mêmes — puisqu'il est ici question de leur académie — semble aujourd'hui très réduite, alors qu'elle était active et ample, il y a vingt-cinq ans. Mais je suis tranquille sur leur compte. Il y a en eux, en dehors même du roman et de la critique d'art, où ils ont produit des chefs-d'œuvre, il y a une verve, une force historique, non encore reconnues et admirées comme elles méritent de l'être, par lesquelles leur gloire se rallumera. Je m'en suis rendu compte récemment, en écrivant un article sur le Grenier Goncourt pour *la*

Revue universelle de Jacques Bainville. J'ai relu, à cette occasion, la trentaine de volumes qui constituent l'œuvre des Goncourt, y compris le *Journal.* Les parties devenues caduques ne sont certes pas les plus importantes. L'ensemble de cet immense labeur m'est apparu avec ses proportions réelles, son architecture intérieure et aussi ses tendances parfaitement saines. J'ai aperçu, derrière lui, une lueur d'aube.

III

Duels

Lors des manifestations de la Comédie-Française j'eus l'occasion de me battre trois fois en duel ; avec le jeune et charmant Marcel Nadaud, avec mon excellent confrère Georges Claretie, et avec Henri Bernstein, auteur d'*Après moi*, la pièce chambardée. Vers le même temps, je fus passé à tabac par la police, assommé et aux trois quarts étranglé. Ce sont là de précieux souvenirs, auxquels je me reporte sans nulle acrimonie, on peut m'en croire, et même avec une certaine satisfaction, puisqu'en somme tout cela s'est bien terminé, je veux dire par un progrès de notre cause.

Le duel avec Marcel Nadaud — qui s'est fait depuis, comme aviateur et romancier, une jolie réputation, bien méritée — fut très bref. Nadaud est très grand, il tendait le bras et je le piquai à l'avant-bras. Le duel de Georges Claretie suivit. Les conditions en étaient sévères : échange de quatre balles au pistolet, à courte distance, et reprise à l'épée de combat. Ça se passait à Saint-Ouen, où il y a un vélodrome ou un hippodrome, je ne me rappelle plus exactement. J'avais comme témoins Frédéric Delebecque et Léon de Montesquiou et, comme médecin, mon bien cher ami, le génial guérisseur Henry Vivier, dont j'ai parlé au cours de ces souvenirs et qui mourut quelques semaines plus tard. Georges Claretie, dans un maillot de couleur sombre, mince, agile, plein d'entrain, prenait des contres de sixte puis chargeait avec une élégante rapidité. Je faisais de même de mon côté, compensant ma corpulence par la brusquerie du poignet : « L'épée est un art brutal, mon cher élève », avait coutume de dire mon maître Ayat, aussi fin psychologue que remarquable professeur. Finalement je touchai mon adversaire à la poitrine et la côte, heureusement, arrêta l'épée. L'après-midi du même jour, je dus me rendre au Palais de justice, où il y avait un procès des Camelots du roi (manifestations et bagarres), dans lequel j'étais témoin. Comme je sortais de la petite salle où nous étions consignés, mes pareils et moi, en attendant de déposer, je vis, filant devant mon nez dans la direction du tribunal, une chaise lancée d'une main sûre. D'autres suivirent. Les magistrats, blancs comme linge, quittèrent hâtivement le prétoire et il y eut une suspension d'audience, qui devint, grâce au chant d'assaut des Camelots, un charmant concert de chambre : « Messieurs, la Cour... » Je racontai ma petite affaire, puis m'en fus au journal, par un temps magnifique de mars, songeant à toutes ces sensations variées.

Le passage à tabac, moins agréable, commença dans la rue de Richelieu (j'avais été arrêté place du Théâtre-Français) et se poursuivit au poste de police, rue Villedo. J'étais aux mains d'une demi-douzaine de gardiens de la paix, que je réussis, en me roulant comme au jeu de l'ours, à faire tomber avec moi. Grotesque bouillabaisse de pieds, de torses et de mains, que colorait, sous un réverbère, le safran des imprécations. Comme je parvenais à me relever, un agent en civil — on dit « en bourgeois », nous imprimions « hambourgeois », naturellement — se mit gentiment à m'étrangler, à l'aide de mon propre cache-nez, manœuvré et tordu comme une vis de pression. J'arrivai au poste, étouffant. Là je fus jeté, comme un paquet de linge sale, dans une petite pièce obscure, à odeur de rat crevé, où mon bourreau recommença, m'envoya quelques coups de pieds qui ratèrent leur destination, puis disparut. Il fit bien. On me fit boire de l'eau à microbes, on me ranima et je déposai une plainte en règle, parfaitement vaine, entre les mains du commissaire de police, qui paraissait, à ce moment-là, fort ennuyé. Cependant, les Camelots du roi déjà prisonniers, apprenant ce qui était arrivé, faisaient un tapage infernal et cassaient tout dans la cambuse. On me relâcha ainsi que Pujo. Nous montâmes dans un fiacre poussif, qui passait par là, et en route pour l'imprimerie, où la nouvelle, déjà parvenue, de ma strangulation rythmée, répandait un certain émoi : « Mais vous êtes noir, mon pauvre ami », me dit Maurras. J'avais, en effet, la nuance gracieuse d'une boule d'ébène à la sauce tomate. Tout en me bassinant la figure avec une autre eau, qui valait celle du poste — mais que je ne bus pas —, Pujo, indigné, me consolait de son mieux : « D'abord, on va faire une affiche. Ensuite, si nous rencontrons Lépine (le préfet de police), qui avait certainement donné l'ordre de vous soigner, nous le fouterons dans le bassin du Théâtre-Français. » Ce que c'est que l'esprit de vengeance ! Cette perspective me ragaillardit. Malheureusement, on ne dénicha pas ce petit Lépine, qui avait eu le flair de s'esbigner à temps. Pujo et lui devaient se retrouver côte à côte au Comité de secours national, qui fonctionna au début de la guerre. Mais toutes ces histoires étaient oubliées.

Rentré chez moi à deux heures du matin, je m'entendis répéter par Pampille : « Mais tu es tout noir, mon pauvre ami ! » Là, par contre, je bus un bon verre de vin, accompagné d'un morceau de bœuf froid, qui n'était pas bien vilain, et que je n'avais certes pas volé ! Je restai, à la suite de ces exercices, couché deux jours, pendant lesquels je fis le plan de mon prochain roman. Le lit, la solitude, après les bains de foule et de bruit, quelles délices ! On réfléchit, on médite, au tic tac de la vieille pendule de famille, qui a mesuré tant d'heures de toutes couleurs ! Autour de vous, la maison continue son tran-tran quotidien, les gosses sortent et rentrent : « Chut, Philippe, papa dort. — Quoi qu'il lui est arrivé, dis, maman ? — Ce sont de méchants républicains, qui l'ont à moitié étranglé. Mais Pujo et les Camelots du roi les battront. — Comme à Guignol, maman ? — Exactement comme à Guignol. » Cependant que le père, le crayon à la main, prend des notes pour tel ou tel personnage fictif, telle ou telle circonstance dramatique ou romanesque où s'évanouit la circonstance réelle. Ce sont les petits bénéfices de la vie en partie double d'homme de lettres et de journaliste mêlé à l'action.

Cette année-là, en 1911, l'été fut très précoce, très chaud et nous résolûmes, ma femme et moi, de faire un petit voyage d'une huitaine de jours, tous les deux, au bord de la mer, en Bretagne. J'avais besoin de repos et surtout de cette incomparable musique que joue, dans les rochers, l'Océan. Je n'ai guère connu qu'Edouard Risler, exécutant du Beethoven ou du Chopin, qui lui fût comparable. Nous voilà donc à Concarneau, puis à Saint-Guénolé et à la pointe de Penmarch, puis à Douarnenez, puis à Quimper ; au-dessus de nos têtes, un ciel magnifique, d'un bleu fin et doux, distinct du bleu « léonard » de Touraine — où il a plus d'anges et de mystique — et du bleu voluptueux et profond de Provence ; dans nos cœurs la satisfaction d'échapper aux préoccupations politiques, polémiques et autres. A Quimper il y a un hôtel, dit *de l'Epée*, très agréable et « vieille France » ; dans cet hôtel, une salle à manger spacieuse ; dans cette salle à manger, des crêpes bretonnes. Aimez-vous ces dentelles grises, dans lesquelles les gens d'esprit cassent un œuf ? J'en raffole. Je trouve qu'il n'y en a jamais assez. Donc j'attaquais, nous attaquions une de ces charmantes filles du blé noir et de la rêverie celte, quand on me demanda au téléphone. « Aïe, aïe, qu'est-ce que c'est ! Encore un embêtement, sans doute. » Au pays de l'intersigne, on a le pressentiment aiguisé. Je passai dans le cabinet et entendis au bout du fil la voix grave de Lucien Moreau, m'annonçant la visite des témoins de Bernstein.

J'étais à cent lieues, très exactement, de cette vieille affaire et de toute affaire analogue. J'avais autant envie de me battre que de me suspendre au plafond par les pieds. Néanmoins, il n'y avait pas à hésiter. Je rentrai dans la salle à manger, où les crêpes avaient pris une mine mélancolique, et dis à ma femme : « Nous revenons à Paris. C'est fini. On ferme. — Encore un duel ? — Tu l'as dit. » Ce duel eut lieu au Parc des Princes (où je m'étais déjà battu, dix ans auparavant, avec Gérault-Richard) par une chaleur atroce, vers la fin de la journée. J'avais comme témoins Frédéric Delebecque et Lucien Moreau ; comme médecin un de mes amis, chirurgien de grande valeur, le docteur Pouliot. Mêmes conditions qu'au duel Claretie. Après le pistolet, sans résultat, l'épée. Je fus touché au front et au biceps, mon adversaire eut une blessure en séton à l'avant-bras. Je mourais de soif. Nous allâmes dîner dans un restaurant voisin de la Bourse, célèbre par ses rognons aux pommes de terre. Mon bras était violacé, et lourd comme du plomb. J'avais un peu de fièvre, et un magnifique orage éclata comme nous sortions de table, plongeant Paris dans une trombe d'eau. Le lendemain ou l'en demain (comme écrivait Faguet), nous repartions pour la Touraine, où ma pauvre maman se faisait de la bile, à cause des indiscrétions assommantes des journaux.

Laissez-moi déclarer ici, après ces histoires batailleuses, que personne n'aime la paix, la tranquillité civique, civile et familiale autant que moi ; que j'ai horreur de la publicité, de la réclame, en général de toutes les formes de la notoriété, qui est une des choses les plus dégoûtantes d'ici-bas. « Dégoûtante » en ceci qu'elle vous dégoûterait d'agir, si l'action n'était la conséquence directe de la conviction politique et religieuse. Il est des jours où j'envie le sort du gardien de phare qui vit, avec les siens, entre sa machine éclairante et tournante et la mer. Peste soit de la République qui force les royalistes, les amis de la tranquillité et de la prospérité française, à la combattre par la plume et par la parole ! Mais quand vous aimez votre pays, vos compatriotes, la raison, et quand vous voyez saboter tout cela par un régime imbécile et bavard, qui ne tire parti de rien, qui oublie tout, qui ignore la préparation, la prévision, la compétence, comment demeuriez-vous inerte sans remords ?

IV

Voyage dans l'Est
Les bandits en automobile

Il fut décidé que nous irions faire une grande course en automobile, dans la vallée de la Moselle et jusqu'à la frontière, en compagnie d'un officier de nos amis.

Cette promenade est demeurée dans la mémoire des trois survivants — notre Vaugeois nous ayant quittés pour l'autre vie —, comme quelque chose d'intermédiaire entre le réel et l'hallucination. Le temps était beau, avec un pâle soleil, emmitouflé dans des écharpes de brume flottante. L'officier qui nous accompagnait, intelligence lucide et caractère héroïque, est le même qui m'écrivait au moment de la déclaration de guerre, quelques mois plus tard : « Nous arracherons la victoire ! » Il fut en effet de ceux qui l'arrachèrent à un ennemi plus nombreux et supérieurement armé. Nous suivions à bonne allure la route argentée, à travers un paysage d'ondulations frileuses, au-dessus duquel tournoyaient, en croassant, des bandes de corbeaux. Des revêtements d'une neige craquante à l'œil et brillante couvraient les boqueteaux, comme griffés à l'eau-forte sur un ciel de lin et d'un violet tendre. Nous arrivions à Toul à midi et demi et entrions pour déjeuner dans la grande salle, où de nombreux officiers lisaient et commentaient *l'Action française*. Le nom de Maurras était sur toutes les lèvres. Tournant le dos à l'assistance, je suivais dans une glace, en face de moi, ces conversations qui m'amusaient. Nous ne fûmes heureusement pas reconnus. La course à travers la Voivre, d'Arteville à Toul, nous avait creusés. La servante apporta ce vin gris de Lorraine, où se rejoignent le goût de la framboise et celui du raisin frais, un beau pain à la mie épaisse, à la croûte bronzée, du saucisson. Parlant, à voix basse, de ce dont s'entretenaient les autres à voix haute, nous mangeâmes de bon appétit.

De Liverdun à Pagny, par Pont-à-Mousson nous suivîmes le cours de la Moselle, fleuve vif et léger, qui prêtait au paysage un avant-goût de printemps. Les neiges récentes l'avaient grossi et, de place en place, il charriait des branches dépouillées. Le jour commençait à baisser quand nous arrivions au village solennel de

Mars-la-Tour, qui marquait le terme de notre expédition ; car les officiers en activité n'ont pas le droit de franchir la frontière.

Descendus d'automobiles tous les quatre nous marchions vivement, en soufflant dans nos doigts, sous le ciel devenu glacé et grisâtre, le long de la large rue unique qui compose le célèbre hameau. A l'horizon lointain, vers le petit bois, on croyait apercevoir les flammes courtes des feux de salve. Ainsi se jouait de nous la lumière du jour disparaissant. Un peu avant le poteau tricolore, qui faisait face au poteau marqué de l'aigle, nous tournâmes à gauche dans le taillis. Le capitaine X... ouvrait la marche. C'était une sente ordinaire, de trois cents mètres à peine, bordée de petits chênes bas, que l'hiver avait épargnés. Tout à coup une voix dit : « C'est ici ! » A nos pieds se découvrait le ravin de la Cuve, où eut lieu, en 1870, la dégringolade meurtrière des Allemands. Aucun vestige ne subsistait du grand drame qui s'était joué là ; cependant on eût dit qu'il demeurait figé derrière le rideau opaque de l'air froid et qu'une simple incantation l'eût fait réapparaître. En prêtant l'oreille, on croyait percevoir, au fond du trou, les appels furieux, les décharges des fusils, les râles des mourants, le roulement désespéré des tambours. Cela sentait la poudre et le sang. Les hommes se découvrirent. Ma femme récita tout bas la prière des morts.

« La guerre est là », dit Vaugeois, résumant ainsi l'impression commune ; et il montrait le taillis, de son doigt frémissant.

C'est une vieille remarque que les grands cataclysmes historiques sont fréquemment annoncés par des événements scandaleux, dramatiques, sanglants, mystérieux, qui se dressent soudain sur la société, comme de hautes lames annonçant l'orage. Les sceptiques font observer que de tels faits divers surviennent aussi sans convulsions nationales subséquentes. Il y a eu des affaires du Collier sans révolution ultérieure, des affaires Victor Noir qui n'ont précédé aucune guerre. Evidemment, et pourtant la réflexion subsiste et elle s'applique aussi aux crises de plaisir et de débauche qui saisissent tout à coup un milieu, une ville, une province, où surviendront prochainement une banqueroute, un tremblement de terre, un ravage atmosphérique, géologique quelconque.

Quelque crime toujours précède les grands crimes.

Crime de la nature, crime de l'homme, c'est tout un. Nous ne connaissons pas l'essence de ce phénomène étrange, périodique, qui s'appelle la guerre, que l'humanité maudit avec raison et auquel elle s'adonne avec fureur, le plus souvent même au nom de l'humanitarisme. Car les peuples se jettent les uns sur les autres pour les motifs les plus divers, ce qui a laissé penser que ces motifs n'étaient que des prétextes pour une force obscure, indéfinie, au-delà même de la haine, de la rage, de la convoitise, de la finance, de l'économie politique, de l'expansion industrielle, de la rivalité politique, de l'incompréhension intellectuelle, etc. En réalité la cause de la guerre est aussi inconnue que celle du cancer. Est-elle dans les astres, comme le prétendent les astrologues, dans une loi cachée de la condition humaine, comme le soutiennent les théosophes, dans une rupture d'équilibre entre les nations, tenant elle-même à une rupture de psychologie entre chefs et conducteurs desdites nations ? Nul ne le sait. Nous n'en sommes encore qu'aux hypothèses.

En voici une : dans le courant de l'année 1912, se forma, agit, puis se dissipa une association de malfaiteurs, dite « des bandits en automobile », d'une audace extraordinaire, d'un caractère assez spécial, je veux dire nettement anarchique, qui répandit la terreur pendant plusieurs semaines, sema la mort violente, et disparut elle-même dans la mort violente, avec un courage stupéfiant. Comme directeur de journal et aussi comme psychologue, j'ai suivi cette affaire de près. Elle m'a passionnément intéressé, beaucoup plus que tous les mouvements révolutionnaires qui se sont succédé depuis et qui dégagent une certaine monotonie — à l'exception de la subversion bolchevique russe — par la disproportion entre les menaces et la réalisation, autant que par le poussiéreux de la doctrine. Ce brave Karl Marx est illisible et Kautsky aussi est illisible et Lénine lui-même, qui a fait scier, pendre, fusiller, déboyauter tant de gens, est une effroyable source d'ennui mêlé au sang. Quelle que soit la forme du collectivisme, il y a en lui un côté caserne, enrégimentement de l'esprit et du corps, servitude matérielle et mentale, dispensaire, distribution de paquetages, qui rebute le Latin que je suis et le passionné partisan de la liberté intérieure qui s'agite en moi, sous la reconnaissance, bien entendu, des effets et des causes. Les Robinsons de l'anarchie me paraissent fort supérieurs, humainement et inhumainement parlant, aux Ramollot et aux Ronchonnot de guerre civile, qui siègent dans les congrès du socialisme, quelle que soit la couleur de ce socialisme. Je mets à part le syndicalisme, mode de résistance à l'intolérable pression ploutocratique, que je trouve parfaitement légitime, corporatif, nécessaire et souhaitable, et qui ne se confond d'ailleurs nullement avec les somnifères théories des Kautsky et hégéliens du marxisme. Mais je ne développerai pas ce point, car je deviendrais, à mon tour, bien embêtant.

L'histoire dont je parle commença par une agression contre un garçon de banque, rue Ordener, continua par l'attaque, à main armée, d'une automobile sur une route en forêt de Sénart, puis d'une banque à Chantilly, par l'assassinat de diverses personnes, notamment d'un gardien de la paix place du Havre et d'un sous-chef de la Sûreté à Ivry, etc. Pendant quinze jours on n'y comprit rien. Les gens lisaient avidement les journaux, émettaient les suppositions les plus falotes, se barricadaient, la nuit venue, dans leurs maisons, surtout en banlieue. La police était sur les dents. Puis, peu à peu, on sut les noms des auteurs de ces attentats répétés, qui semblaient plutôt encore assouvir une rancune générale et féroce contre l'ordre social que rechercher une acquisition de capitaux aussi rapide et autrement brutale que le jeu de Bourse et de finance. Des portraits parurent, des silhouettes de fauves se précisèrent, ainsi que dans les romans de la jungle de Kipling. On parlait d'un bandit du nom de Bonnot, d'un autre qui s'appelait Garnier, d'un troisième nommé Carouy, d'un quatrième nommé Soudy, d'un cinquième du nom de Callemin, dit « Raymond la Science », d'un sixième appelé Monier, dit « Symentoff », d'un septième nommé Vallet. Ils étaient en tout une douzaine, qui abattaient les policiers et au besoin les passants, comme des pipes au tir de la foire. Ils ne se dénonçaient pas entre eux, ils ne se « donnaient » pas, comme dit l'argot. Ils ménageaient les femmes et les enfants : « Caltez, les gosses », avait crié Soudy aux gamins, lors du sac de la banque de Chantilly. On prêtait, à Raymond la Science, des théories philosophiques ; à Bonnot, un grand amour déçu. Des paris s'engageaient : quel est le chef ? Je croyais que c'était Bonnot. On m'a affirmé depuis que c'était le jeune Garnier.

Il est incontestable, si paradoxale que cette affirmation paraisse, qu'il y avait, chez ces bandits, un certain héroïsme. Leur tentative, bien entendu, était absurde. On ne change pas la société à dix, ni même à cent, ni même à dix mille, en tirant des coups de revolver. D'ailleurs ils n'avaient, à ce qu'il m'a semblé, aucun programme de remplacement. Leur vision demeurait paroxystique et suicidaire. Traqués et contraints de se cacher, ils ne pouvaient même pas profiter de l'argent qu'ils arrachaient aux bourgeois. C'est précisément cette insanité dans le projet, jointe à l'intrépidité dans les moyens, qui attira mon attention. Ces hommes-là se comportaient comme des individus chargés d'une électricité mystérieuse, extérieure, et qui la dépensaient au petit bonheur, ou plus exactement au petit malheur. Ils paraissaient des éléments de pile, des condensateurs d'un genre particulier, des accumulateurs physiques et moraux. Ils annonçaient, par leurs excès, leurs crimes, leur désespoir, quelque chose qui était inconnu d'eux et qui les dépassait.

J'ai assisté à la prise et à la mort tragique de Bonnot, dans une petite bicoque en planches, près de Choisy-le-Roi, à la prise et à la mort de Garnier et de Vallet, dans une villa près de Nogent-sur-Marne. Pour ces deux derniers, il fallut un siège en règle, de neuf heures du soir à deux heures du matin. J'ai vu des centaines de gardiens de la paix et de zouaves cerner ces cambuses, disposer des cordons Bickford et des cartouches de dynamite, donner l'assaut à ces rudes gaillards, qui ripostaient à coups de revolver, parmi les aboiements des chiens de police, la lueur farouche des torches secouées et les hurlements d'une foule barbare. Hagards, effarés, effarants, le préfet de police Louis Lépine et le chef de la Sûreté couraient çà et là, donnant des ordres contradictoires, bousculant leurs subalternes, risquant de faire sauter le viaduc de Nogent, de mettre le feu aux maisons de Choisy-le-Roi, mêlant au drame leurs marionnettes comiques, faisant venir des mitrailleurs, des lances à eau perfectionnées, des gaz asphyxiants (il y en avait déjà, mais assez inopérants, paraît-il), des dogues mal dressés et épouvantés. Il n'est pas bon que la défense de la société ait les dehors de la peur et même de la panique, alors que le désordre et le crime revêtent les apparences de la fermeté et du sacrifice de soi.

Garnier, solide gaillard de vingt et quelques années, type d'athlète féroce et hardi, avait tiré, tapi entre deux matelas, des coups de revolver sur ses agresseurs jusqu'à la dernière minute. Il fut extrait de la maison maudite, la chemise en lambeaux, demi-nu et par les pieds, sa tête ensanglantée ballottant entre les molosses hurleurs. C'était une vision à la Goya. Cependant qu'autour des journalistes les gardiens de la paix échangeaient leurs réflexions.

« L'as-tu vu ? (il s'agissait de Lépine). Il était tout pâle, il avait les foies.

— Faut bien soutenir sa vieille réputation (nous montrant) devant ces messieurs.

— Si c'est pas malheureux de nous mettre à cinq cents et avec des zouaves, contre deux gosses et une cambuse ! Pourquoi pas le canon ! »

Ces braves gens semblaient humiliés de leur rôle. Le fait est que le spectacle n'était pas étincelant et comportait plusieurs sortes de malaises. J'avais avec moi mon collaborateur Pierre Dumoulin, très bon journaliste, qui, depuis, fut tué à la guerre. Il expliqua aux subordonnés de notre étonnant préfet que tout cela était une conséquence de la République, mère du désarroi, de la pagaille et de l'anarchie : « Si ces gens-là — les bandits — n'avaient pas un peu forcé la note, ils auraient été ministres dans dix ans. Voyez Briand. » Les policiers riaient et l'un d'eux, en signe d'amitié, accepta même une tranche d'un saucisson, que j'avais eu la précaution d'emporter dans ma poche.

Carouy, arrêté, s'empoisonna dans sa prison. Un de ses copains, Kibaltchiche, dit « Le Rétif », a été depuis employé par le gouvernement des Soviets à Moscou, comme contrôleur ou sous-commissaire du peuple. Soudy, Callemin et Monier, dit « Symentoff », furent condamnés à mort et guillotinés.

J'assistai à leur exécution, désirant suivre cette affaire jusqu'au bout. La fatale machine était dressée sous les murs de la Santé, hauts et gris dans le petit jour. Au-dessus des bois, du bourreau, de ses aides, un merle, excité par tout ce fourbi et les fanaux que l'on promenait, se mit à chanter. Il avait une voix ravissante et pure, qui tenait de la femme, de l'eau et du cristal ; et on le distinguait entre les branches des marronniers, pareil à une navette terminée par un bec. L'exécuteur, montrant son outil, disait aux assistants : « N'est-ce pas qu'*elle* est bien ? Je l'appelle ma silencieuse. » En effet, il la fit fonctionner en pressant sur un bouton : le couperet descendit, sans bruit, dans les glissières, avec un luisant satanique. Le fourgon arrivait, pareil à un de ces omnibus de nuit qui transportent les voyageurs de l'hôtel à la gare, dans les bourgades reculées. Le peloton de cuirassiers mit sabres au clair. La petite porte basse grinça et s'ouvrit. Le premier qui parut fut Soudy ; Pierrot blême, lunaire, à la mâchoire tremblante ; il grelottait sous un linge rude, le pantalon flageolant comme les jambes : « Brr, il fait froid », gémit-il. L'aumônier lui montrait le crucifix. Saisi, basculé, tranché, ce fut l'affaire de quelques secondes. « Callemin », appela une voix dans l'aube sale. Celui-là, dans le jet cru d'acétylène, avait un masque de comédien, de lauréat du Conservatoire aux lèvres pincées. Il croisa les bras : « C'est beau, n'est-ce pas, un homme qui meurt ! » Le ton sardonique était affreux et fier. Bien qu'entravé, il courut presque se jeter sur la planche, ainsi qu'un plongeur dans le néant. Un coup sourd, accompagné d'un sifflement, et ce fut le tour de Monier, dit « Symentoff », silhouette de terrassier d'un pays de fièvre, jaune, maigre, mais résolu. Ses dernières paroles, très inattendues, furent exactement : « Adieu à vous tous, messieurs, et à la Société aussi ! » On sentait un homme perdu par les livres et les théories absurdes, nullement fait pour ce destin sanglant et baroque. Son exécution fut retardée de quelques secondes par je ne sais quel coincement du déclic. Ce bref délai parut à tous intolérable. Nous sortions de là, les uns et les autres, abrutis d'horreur et de dégoût. Le merle, cependant, continuait à chanter, donnant ainsi raison à Aristophane, qui fait des oiseaux un monde à part et indifférent, mais supérieur à l'humanité.

VII

LA PLUIE DE SANG

I

Poincaré

Pendant toute la durée de la guerre, Poincaré fut président de la République. Son rôle n'était certes pas agréable, ni commode. Il le compliqua encore par une fourberie naturelle, dont il y a je crois peu d'exemples dans l'histoire contemporaine et qui ne devait m'apparaître pleinement que plus tard. Thiers non plus ne manquait pas de duplicité. Mais l'ampleur de ses vues, sa connaissance des gens et non pas seulement des codes et statistiques le placent, à mon avis, fort au-dessus de Poincaré. La scrupuleuse intégrité de celui-ci, si rare dans la corruption démocratique, sa sécheresse, son côté pète-sec ont donné le change sur les tortuosités de sa nature peureuse et redoutant les responsabilités, parmi la soif ardente de l'ambition, du haut emploi, de la vedette. De moyens courts, il se trouvait ainsi au niveau d'une prudhommerie racornie, fréquente en France, de genre robin et petit rentier. Mais cette toise, pendant les hauts et les bas de la guerre, ne lui fit chez nous aucune popularité. Sa fuite à Bordeaux, qu'il eût été facile d'opérer plus dignement, son effacement constitutionnel, mais inopportun, devant un imbécile, reconnu comme tel, de la qualité inférieure de Viviani, sa peur, visible à l'œil nu, de Caillaux, son rôle incompréhensible vis-à-vis de Malvy, suspect et impopulaire dès les premiers mois de 1915, d'ailleurs impondérables et impalpables, que multiplia l'ambiance de fièvre, plus tard ses visites disgracieuses, constipées, roides aux armées, et comme on disait alors aux « poilus », volontiers goguenards, écartèrent de lui toute sympathie. Il avait arboré pour le front, en sa qualité d'ancien chasseur à pied, une casquette baroque, aussi légendaire, beaucoup moins héroïque, que celle du maréchal Bugeaud. Il disait de Joffre : « Il nous traite durement », et, à partir de son retour à Paris, il fut visible qu'il ne désirait plus que passer inaperçu et en dehors de cette grande affaire-là, qui lui avait donné chaud pour la République. Esprit étroit, caractère mesquin ou vindicatif, intelligence assez vive, mais remarquablement limitée, hypocrisie constante, tel a toujours été Poincaré. Comme il arrive avec le temps et le pouvoir, ses défauts se sont accentués aux dépens de ses qualités, qui sont une réelle puissance de travail et l'horreur des compromissions d'argent. Il m'a fait beaucoup de mal, après avoir sollicité et obtenu mon appui parlementaire en 1922 et en 1923 que je lui ai accordé sans réticence et largement, à une heure où il en avait besoin. Il a certainement souhaité, sinon voulu ma mort en 1927, à la suite des événements qui ont accompagné mes campagnes contre les assassins de mon fils, dont son beau-frère, le policier Lannes. Tout cela ne m'empêchera pas de lui rendre la justice qu'il mérite, strictement. Mais quelle sale et pauvre nature !

Il n'a, pour le reste, aucun talent, ni d'orateur ni d'écrivain. On ne peut l'entendre sans bâiller, et il n'est pas question de le lire. Les adulations dont il a été entouré, à un moment donné, lui ont fait perdre le sens de ses limites, courtes, je le répète, et d'autant plus que les événements auxquels il présidait de loin étaient plus grands. Ses *Mémoires,* dénués de tout frisson de pitié et même d'humanité, pendant la pluie de sang, ne s'attendrissent que quand il est question de ses petits chiens, et laissent voir un désir constant de se garer à droite et à gauche, profondément comique en l'occurrence. A part ça, ils n'ont ni goût ni sauce. On ne sait où l'on en est, ni quels sont les gens importants, princes, ambassadeurs, généraux, etc., qui viennent s'entretenir avec cette souche de bois en son palais de l'Elysée. Il en ressort cependant l'horreur et l'effroi de la seule personnalité politique et parlementaire intéressante de la guerre, de Clemenceau, ancien copain et même ancien ami. Clemenceau le rendait bien à Poincaré. Dans la visite que je lui fis rue Franklin, en 1925, il me tint sur celui-ci des propos d'une férocité et aussi d'une vérité transcendantales, articulés, comme il savait le faire, qui me remplirent d'admiration. Il y avait, dans les âpres et joyeux jugements de Clemenceau, un mélange de Luther et de Saint-Simon. Sa plume n'était malheureusement pas de même qualité.

II

Léon Daudet dépose devant la Haute Cour

Ce palais du Sénat, dans lequel je n'avais pénétré auparavant que de façon intermittente et incomplète, est une merveille. La grande galerie donnant sur la cour, les salons d'audiences, la bibliothèque, avec leurs plafonds caissonnés, leurs peintures, leurs bustes, leurs confortables fauteuils, composent une atmosphère somptueuse et courtoise d'autrefois, inclinent l'âme à l'indulgence et à la sérénité. Au lieu que le Palais-Bourbon, où se tiennent les séances de la Chambre des députés, avec sa disposition anguleuse et étriquée, ses couloirs mesquins et cirés, sa bruyante salle des Pas-Perdus, semble propice aux querelles, aux gifles, aux malentendus et à la haine. Les endroits historiques, les aîtres où se sont passés des événements ont une physionomie, comme les personnes. Habitant la Touraine en été depuis vingt ans, je n'aime ni l'humide château de Chenonceaux ni celui si sec de Langeais, qui sont des gîtes d'ennui riche et de maussaderie dorée, j'éprouve une terreur sacrée en visitant le tragique château de Blois, où il y a du sang sur tous les meubles, et je suis persuadé que le château de Loches, avec ses dispositifs de guet et ses oubliettes, a inspiré en partie la sage et tortueuse politique du roi Louis XI. Il y a des logis modernes, d'un blanc cru, qui prédisposent à la dispute de famille et à l'adultère. Certains manoirs, tristes et écartés, semblent disposés pour l'inceste ou un vice absorbant et secret... Bref, au Sénat, je me régalai de la succession de pièces vastes, cependant intimes, et de tapis amortisseurs qui conduisaient, en longeant la salle des séances, à la chambre de la commission d'instruction de la Haute Cour. J'arrivai ainsi à un corridor parqueté, au bout duquel il y avait une fenêtre donnant sur le jardin et le bassin, et devant la fenêtre un huissier assis. Cet homme affable me dit : « Attendez là... Ils ne sont pas encore réunis. » Puis il reprit la lecture du *Petit Parisien*.

Je m'assis. J'avais apporté une grosse serviette, bourrée de documents et de notes, que j'avais déjà transportée, comme un enfant bien nourri, chez le capitaine Bouchardon. Je la posai près de moi. Peu à peu, arrivèrent, en devisant, les membres de la commission, que je saluais à mesure, comme le candidat salue ses futurs examinateurs et qui me rendaient ma politesse. Je ne connaissais de vue que le président Monis, qui avait une physionomie fort intelligente, mais habile et réservée. Je lisais dans son regard, comme dans celui de ses collègues, une certaine méfiance. On leur avait assuré que j'étais un énergumène, un chouan forcené, dénué de tout esprit critique, et que je n'avais absolument rien dans mon sac, que des ragots de concierge. Quand ils furent entrés, ils délibérèrent et un bon quart d'heure se passa. Enfin une sonnerie retentit et l'huissier reçut l'ordre de m'introduire.

Les sénateurs étaient assis en demi-cercle, autour d'une table recouverte d'un tapis vert. Un fauteuil m'était réservé. A mes côtés se tenaient le greffier en chef, M. Bonet-Maury, au visage fermé comme par une persienne, en qui je crus reconnaître un huguenot du genre feutré, un autre greffier, plusieurs sténographes. On allait inaugurer le procédé moderne de la sténodactylographie, qui permet de recueillir et de photographier à mesure la déposition du témoin. Je prêtai le serment selon la formule d'usage et M. Monis m'avertit que je devais dire tout ce que je savais et qu'une enquête approfondie serait menée sur tous les points que j'indiquerais, de même que seraient recueillis tous les témoignages nécessaires. Le souci d'équité de tous ces messieurs était très visible et je tiens à leur rendre cet hommage que, pas une minute, ils ne songèrent à interrompre ni à faire dévier l'exposé que je leur fis de la gestion criminelle du ministre Malvy.

J'ai une grande habitude de la parole en public. Ce qui fait que, tout en exposant mon affaire, je puis observer et même analyser les physionomies de ceux qui m'écoutent. Les neuf commissaires suivaient attentivement mon récit, auquel je tenais à donner le plus grand caractère de précision possible, sans remarques à côté, ni digressions inutiles. Il était évident que j'avais devant moi des juristes consommés, en même temps que des hommes d'expérience, et auxquels on ne raconte pas d'histoires. M. Alexandre Bérard, qui avait collaboré occasionnellement au *Bonnet rouge*, et que j'avais attrapé naguère à cette occasion, me faisait l'effet d'un brave homme, mal renseigné sur les dessous de la presse défaitiste. M. Pérès, bien qu'impassible et impénétrable, demandait de temps à autre une précision, qui me prouvait ses scrupules de rapporteur. M. de Las Cases faisait de même, avec cette aimable urbanité qui est sa marque.

Une seule fois, quand je m'appuyai sur le rapport du général Nivelle en date du 28 février 1917 et sur celui du général Pétain, du 29 mai de la même année, le président Monis me demanda avec une certaine vivacité : « Comment ces documents sont-ils venus en votre possession, monsieur Daudet ? » Je répondis : « Par l'entremise d'un député. » Ce député était Barrès. Il murmura : « Je m'en doutais », ce qui fit sourire les personnes présentes. Ces rapports étaient d'ailleurs, depuis longtemps, le secret de Polichinelle et on en commentait les principaux paragraphes dans les salles de rédaction.

Tout de suite après, je traçai le tableau de cette opération, tragique quant aux intérêts de la Défense nationale pendant la guerre, qui pourrait s'appeler l'offensive de Malvy contre le deuxième bureau des renseignements à la Place de Paris, contre le commandant Baudier, le colonel Bourdeau et surtout le général Clergerie, coupables d'avoir arrêté maints espions et espionnes et d'avoir bien mérité de la patrie. L'attention des sénateurs redoubla. Le bruit de ces affreuses manœuvres était peut-être déjà parvenu à leurs oreilles, mais ils en ignoraient le détail, et les précisions que je leur fournis étaient réellement impressionnantes. Si blasé que je fusse sur cette partie de la bibliographie malvyste, ma voix tremblait d'une indignation contenue en la racontant. Peut-on rien imaginer de plus pathétique ? D'un côté, des soldats admirables — le général Clergerie est un de ceux auxquels nous devons la victoire de l'Ourcq, qui déclencha la première victoire de la Marne —, acharnés à leur indispensable besogne, qui est de réprimer l'espionnage ennemi. De l'autre une tourbe de chenapans, de coupeurs de bourses, d'agents allemands, de maîtres chanteurs commandés par Caillaux, Malvy et Leymarie.

Je résumai la situation, pour les commissaires, à peu près dans les termes que voici : « En somme, quand l'Allemagne a imposé la guerre à la France, une partie du personnel politique était, sous la tutelle de M. Caillaux, inféodée aux intérêts allemands ; et Malvy, au ministère de l'Intérieur, négocia, à mon avis du moins, ce qui, chez Caillaux était plutôt un penchant doctrinaire et une visée ambitieuse. » Plus tard, quand sa femme, sans doute à son instigation, eut assassiné Gaston Calmette, Caillaux aiguisa cette tendance germanophile par un ressentiment à la Coriolan qui borde, d'un liséré de trahison, une flaque sanglante. Les hommes sont complexes et la pensée criminelle prend parfois ses racines dans des sentiments, à l'origine normaux, que les circonstances ont rendus anormaux.

Ainsi se termina ma première déposition devant les commissaires de la Haute Cour. La glace était rompue. Ces messieurs avaient pu se rendre compte de l'importance de mes dossiers et de l'abondance de ma documentation. Tous avaient pris des mines absorbées, sérieuses, presque douloureuses, qui me firent bien augurer de l'impression produite. La thèse de calomniateur royaliste, poursuivant de sa haine, parce que royaliste, un éminent ministre républicain, ami du peuple, s'en allait en fumée.

Il y eut encore deux autres séances, où je déposai dans le même calme et la même attention de mes auditeurs. Le détail en serait aujourd'hui superflu et fastidieux. Je surveillais, tout en parlant, les visages. À certains moments, ils ne dissimulaient ni leur stupeur ni leur indignation.

Je terminai en répétant, une fois de plus, que je n'avais été guidé, dans mon accusation, que par la volonté d'épargner à la France ensanglantée une multitude de morts par surcroît, et de rendre possible la victoire militaire. Il est bien certain, en effet, que l'influence occulte de Caillaux, l'action officielle de Malvy et les manœuvres de la tourbe à leurs ordres ne laissaient aucune espérance de battre et de chasser définitivement l'ennemi. Le Boche Schiller a dit : « Pour que la cloche paraisse à la lumière, il faut que le moule s'en aille en morceaux. » Je dis, moi : « Pour que la victoire paraisse à la lumière, il faut que la trahison s'en aille en morceaux. »

Le président Monis me dit, de son ton appuyé, en me regardant bien en face : « Nous vous donnons acte de votre déclaration. » Puis je saluai les commissaires, rangeai mes papiers et me retirai. Le lendemain et les jours suivants, j'allai corriger et signer les feuilles sténo-dactylographiées de ma longue déposition. Elles formaient un volume de cinq cent vingt-trois pages grand format et le résumé que je viens d'en esquisser et celui que je fis plus tard en audience publique n'en donnent qu'un faible aperçu.

Toutes les personnes que je rencontrais et à qui je parlais favorablement des juges de la commission sénatoriale me disaient, en haussant les épaules : « Quelle poire vous faites ! C'est une comédie réglée d'avance. Aucune enquête ne sera menée jusqu'au bout et Malvy sera acquitté triomphalement par les camarades. » Car il y a en France un préjugé très fort contre la juridiction politique et il faut avouer que les condamnations de Lur-Saluces, d'André Buffet, de Paul Déroulède et de Marcel Habert créaient un assez fâcheux précédent. Mais nous n'étions pas en guerre à ce moment-là. Beaucoup de bataille. La parole ardente de Clemenceau, le 22 juillet 1917, les avait éclairés sur des abîmes qu'ils ne pressentaient pas. Enfin, le contact, la présence réelle, comme disait mon père, sont deux grandes choses. Ils avaient pu constater, *de visu*, mon absence complète de parti pris, d'emballement, mon vif désir de ne jamais forcer la note. Le sentiment qui m'animait, au cours de ces intéressantes audiences sénatoriales, était celui qu'a magistralement exprimé M. le procureur Mérillon quand il a dit, dans son réquisitoire :

Est-il possible en temps de guerre, quand la patrie est en danger, quand le peuple souffre et quand le sang coule à flots, de tolérer, sans qu'il soit puni, qu'un homme placé au premier rang des défenseurs du pays oublie son devoir, néglige ses fonctions, encourage et assiste les criminels qui font le jeu de l'ennemi et trahisse ainsi les intérêts mêmes dont il a la charge ?

Oui, cela était-il possible ?

La Haute Cour, tout en n'osant aller jusqu'au bout de ses attendus formidables, dans l'application de la peine, a estimé que non, que cela n'était pas possible.

Voici Viviani, avec sa face quadrangulaire, ses lèvres onctueuses d'animal fait pour parler, son allure de porteur d'eau endimanché. Il semble assez mal à son aise, désireux de n'être pas appelé chaque jour au Sénat par ses devoirs de témoin à décharge. Le bon juge qui fait l'appel, le papa Sénac, entre ses vastes favoris, lui donne du « monsieur le Président » gros comme le bras. Je regarde avec curiosité ce spécimen du parlement de 1914, chargé de toutes les erreurs, de toutes les faiblesses de l'avant-guerre, qui a un tempérament d'amoureux de collège, une voix chantante, et un moignon de caractère caché dans un étui verbal. Comme disait Bismarck de Jules Ferry, il m'apparaît très capable de tenir les rênes d'un grand désastre. Faut-il que la France soit solide pour avoir résisté à un pareil guide, à l'heure la plus tragique de son histoire ! Il n'a pas l'air d'un assassin comme Malvy, mais l'œil, privé de compréhension, est tourné vers l'admiration de soi.

Voici Briand, vieilli, ridé, sous sa chevelure foisonnante de photographe mystique. Son œil noir et brouillé, avec une gouttelette de pus, qu'il tente perpétuellement d'éteindre encore avec la fumée de sa cigarette, rit et même pouffe comme celui d'un enfant qui fait une niche, quand il rencontre les favoris du papa Sénac. Il est moins solennel, mais beaucoup plus intelligent que Viviani et il porte les traces de l'usure d'assemblée, tel celui qui, pendant tant d'années, a dû répondre aux interpellateurs, appeler « cher ami » son pire ennemi, répéter ce qu'il ne sentait pas, dissimuler ce qu'il sentait, et qui n'en a pas encore assez.

Je n'avais jamais vu Albert Thomas. Il était broussailleux et ses lunettes faisaient de son regard un miroitement indistinct. Assis de biais sur une table, plus malingre et étroit d'épaules que je ne l'imaginais, il avait un faux air de révolutionnaire russe en pénitence et tortillait ses doigts sans répit. Il avait fréquenté dans ses temps difficiles — je veux dire ses temps de professorat — un milieu républicain, radical et protestant que j'ai moi-même beaucoup fréquenté, un milieu de braves gens, mais puérilement sectaires et d'une étroitesse d'idées qui s'imaginait être émancipation. Thomas était issu du milieu Ménard-Dorian, comme Ignace est issu du milieu Lockroy. Quand on a atteint un certain âge à Paris, on retrouve partout sa jeunesse.

M. Ribot était voûté comme un vieux paysan, cultivateur du chardon libéral, dont les ânes font historiquement leur régal. Il ressemblait à une grande cédille, dont la boucle supérieure serait une touffe de cheveux argentés. Je retrouvais et saluais en lui le vide académique, le vide de *la Revue des Deux Mondes,* ce vide que mon père a peint immortellement dans *l'Immortel* et qu'il m'a appris, dès mon tout jeune âge, à sentir vivement. Le libéral, le conservateur, le salonnard, trois têtes également creuses sous le même bonnet, trois types conventionnels du néant. Je revois le salon Bulow — *horresco referens !* —, cette haine des réalités, gastronomiques ou autres, qui voue au désastre, et à son frère l'ennui, tous les successeurs politiques d'Emile Ollivier et de M. de Tocqueville. Qu'un homme ait pu, pendant soixante ans, charrier dans sa tête tant d'idées fausses, cela rappelle le mot de Scholl sur un bohème de ses amis : « Faut-il pourtant qu'il ait du linge sale, pour pouvoir en changer si souvent ! » Le linge de M. Ribot était blanc et amidonné comme celui de Bertin aîné, mais sa conception des hommes et des choses était, depuis plus d'un demi-siècle, au rebours du bon sens. Il avait prononcé le mot le plus épiquement faux de toute la guerre : « Nous respecterons, après les hostilités, le libre développement économique du peuple allemand. » Il n'en était pas plus fier pour cela, et, comme c'était un bon et gentil vieillard, il passait, autour du cou de ses interlocuteurs, un long bras tendre et caressant. Je l'avais vu, un jour de grande séance à l'Institut, encercler ainsi Francis Charmes, « le marchand de marrons », qui répandait une odeur de gruyère. Au Sénat, il enroulait Viviani, puis un officier, dont j'ignore le nom.

Paul-Prudent Painlevé et moi sommes destinés à nous rencontrer toujours et partout. J'en suis heureux, car cet hurluberlu dangereux — que la fantaisie politique fit, pour notre dam, ministre de la Guerre au printemps de 1917 — m'est un perpétuel sujet d'étude, un perpétuel objet d'amusement. Comme le papa Sénac faisait l'appel, mon nom précédait exactement celui de Painlevé — j'avais, s'il vous plaît, le numéro 1 et mon Paul-Prudent le numéro 2 —, de sorte que nous répondîmes « présent » presque en même temps, comme deux élèves de la même classe à la rentrée scolaire. Ça nous rappelait Louis-le-Grand. Lui me jetait un œil en dessous, un œil méfiant de ministre briseur de l'offensive d'avril 1917 à conspirateur de sa panoplie. Il voulait m'avoir et il m'a raté. Il se figure que je lui en veux. Quelle erreur ! Il a fait monter le tirage de *l'Action française* de cent mille à trois cent mille exemplaires. Il nous a fait une publicité que nous n'aurions pas eue pour un million. C'est un trésor que ce garçon-là. Je regrette seulement que son hideux aveuglement et sa fourberie aient coûté si cher à mon pays. C'est le seul point noir dans une camaraderie de bon aloi et qui durera autant que nous deux.

Il y avait encore là Hudelo, ancien préfet de police, grand, beau, solide, chauve, gaillard, le mensonge fait homme, un mensonge à la main largement tendue, à la voix chaudement cordiale, au regard ouvert et direct. Comme il y a des chafouins loyaux, il y a des géants hypocrites. Hudelo appartient à cette catégorie de Brodbignac. J'entends encore le procureur général Mérillon, excellent psychologue, lui crier, avec sa pointe d'accent méridional : « Monsieur Hudelo, je vous prie de ne pas jouer ici un rôle double, et de conformer votre langage en audience publique à votre déclaration devant la commission d'instruction. » *Alas, alas, poor Hudelo !* Tant que Malvy était ministre et Caillaux prophète de Malvy, Hudelo avait cru que là étaient le soleil, les honneurs et l'avancement. Mais, quand tout croula, dans le palais de trahison, Hudelo s'aperçut qu'il s'était trompé, et chercha, un peu tard, à rattraper la confiance de Clemenceau, en lâchant Caillaux et Malvy, sans trop les charger néanmoins, pour le cas où Caillaux et Malvy remonteraient de l'égout au pouvoir, ce qui est arrivé depuis. En démocratie, on ne sait jamais. D'où le « rôle double » que cherchait à exorciser le bon et loyal procureur Mérillon.

Un jeune officier était venu du front à l'appel, la tête bandée à cause d'une récente blessure. Il avait reçu, des mains des commis de Sébastien Faure, des brochures antimilitaristes et il comptait en témoigner. Mais rappelé à son régiment par la grande contre-offensive de Foch (18 juillet), il fut blessé à nouveau grièvement et le lieutenant d'Héricourt, aujourd'hui notre cher collaborateur, ne put rendre à la patrie le service d'arrière qu'il projetait. Ainsi voisinaient dans le grand salon, décoré de claires peintures représentant le jardin du Luxembourg, les camarades de Malvy, les amis de la France, et aussi ceux qui avaient mis en pratique le proverbe :

Amicus Malvy, sed magis amica veritas.

Parmi eux, ce bon et grand diable de Maginot, récemment décédé dans des circonstances plus que suspectes, engagé volontaire bien que député, blessé au feu, plein de patriotisme et de bravoure et qui n'avait pas hésité à me convoquer, afin d'avoir l'explication de l'Inexplicable. Je lui avait valu de l'embêtement. Je lui en avais fait mes excuses. Mais c'était pour le bien de la France, et l'héroïque Meusien qu'il était ne peut m'en vouloir.

L'appel terminé, le papa Sénac nous fit savoir que nous ne serions pas convoqués avant trois jours vraisemblablement — même les premiers témoins — vu la lecture du rapport, du réquisitoire et l'interrogatoire de l'accusé, mais que nous devions demeurer à la disposition de la Haute Cour. En fait, je ne commençai ma déposition que le vendredi 19 juillet, à quatre heures de l'après-midi, et je la terminai le lendemain samedi 20 à midi. Je demeurai ainsi au palais du Sénat, en permanence, le mercredi matin, le mercredi soir, le jeudi matin, le jeudi soir et le vendredi matin de neuf heures à midi et d'une heure à six heures. Témoin n° 1, ainsi que je l'ai déjà dit, j'avais comme compagnon d'infortune Paul-Prudent Painlevé, témoin n° 2, et les divers fonctionnaires du ministère de l'Intérieur, MM. Moreau, Perrette, Dumas, Séjournant notamment qui devaient déposer après Painlevé.

Représentez-vous deux vastes salons communicants, aux parquets cirés et luisants, donnant, l'un sur le jardin du Luxembourg — d'où ne montait aucun cri d'enfant, à cause du canon boche à très longue portée —, l'autre sur la bibliothèque. Dans l'antichambre, trois gardes de Paris ayant fait la guerre et décorés, deux ou trois huissiers du Sénat. Faisant la navette entre la salle des séances de la Haute Cour et notre cage dorée, un très aimable huissier-audiencier en robe.

M. Auguste Moreau — qui fit en somme pincer Duval et déclencha ainsi, en se cachant de Malvy, toute l'affaire du *Bonnet rouge* — demeurait philosophiquement assis sur un canapé. Il a une physionomie fine, résolue et intelligente. C'est le type du fonctionnaire qui prend sa fonction au sérieux. Comme il entendait mal, ses collègues venaient, à tour de rôle, lui parler très fort à l'oreille : « Ça ne va pas vite... Nous en avons bien pour deux jours... », etc. Il souriait et lisait un journal, allait regarder à la fenêtre, revenait s'asseoir. Cependant mon vieux Painlevé et moi arpentions en sens contraire, de façon à ne pas nous entrechoquer, les deux salons permis à notre attente déambulatoire. Partis chacun d'un point opposé, nous nous rencontrions forcément une fois dans chaque trajet de retour. Induit au calcul par son aspect et son émanation mathématiques, je songeais que nous devions ainsi, à raison de deux rencontres par cinq minutes, soit de vingt-quatre rencontres par heure, soit de cent quatre-vingt-douze par jour (huit heures en moyenne), nous frôler, de corps et de visage, cinq cent soixante-seize fois en trois jours. Dans la réalité, ce chiffre ne fut pas atteint, parce que je m'assis et que Painlevé s'assit deux heures environ chaque journée, ce qui donne lieu à une soustraction ou défalcation de rencontres importantes, que je vous laisse le soin de calculer.

Je suis plus corpulent que Painlevé, néanmoins plus agile que lui. Il petonnait, les mains derrière le dos, le nez au sol, assez embarrassé de son personnage et songeant à tout ça : à la scie de cette affaire Malvy, à la corvée imposée, au salon Greffulhe — où on le donnait, paraît-il, à tous les diables cornus et biscornus —, à l'interruption de l'offensive d'avril 1917, à la disgrâce du général Nivelle, à la disgrâce du général Mangin, à l'incarcération de l'ami Caillaux, à la condamnation de Leymarie, que sais-je encore ?... Je me disais, de mon côté, qu'avec un écart de vingt centimètres, de sa part ou de la mienne, nous nous serions trouvés nez à nez, genoux contre genoux, exactement interférés, pareils à deux locomotives qui se heurtent sur le même rail. Cet accident ne se produisit pas.

Le jeudi après-midi, Painlevé, qui avait pris, je dois le dire, son mal et mon contact en patience avec beaucoup d'abnégation, commença à donner des signes d'inquiétude. Il y avait eu le matin, dans *l'Humanité,* un article de Renaudel ou d'un sous-Renaudel — bien qu'il soit difficile d'être au-dessous de Renaudel — me traitant une fois de plus de « dément furieux » et de misérable capable de tout. Est-ce cet article, est-ce l'énervement du pied de grue, toujours est-il que Painlevé réclama l'huissier-audiencier et expliqua à cet excellent homme qu'il en avait par-dessus la tête de faire ainsi le poireau ambulant sur un parquet de cinquante mètres. L'huissier-audiencier agita ses manches flottantes, expliqua qu'il allait s'informer, revint en souriant avec une réponse négative : défense de s'absenter avant l'audition. Paul-Prudent, navré, reprit sa promenade un instant interrompue, mais je remarquai, lors de mon passage à sa périhélie, qu'il ronchonnait sourdement.

Nous n'avions que fort peu de distractions ; du mercredi au vendredi, il ne passa guère par nos salons d'attente que deux sénateurs pressés, qui serrèrent vivement la dextre tendue de Painlevé — comme on donne deux sous à un pauvre — et trois ou quatre officiers en tenue, égarés, venus pour l'audience publique, stupéfaits de trouver là leur ancien ministre de la Guerre transformé en contrôleur mobile des lames du parquet.

« Bonjour, monsieur le Président. (Car on est président du Conseil comme on est prêtre, *in aeternum.* Ce titre n'est jamais périmé. Caillaux prétendait exiger du capitaine Bouchardon que celui-ci l'appelât « monsieur le Président » à chaque phase de l'interrogatoire.)

— Bonjour, capitaine, ou commandant, ou mon cher ami », répondait Painlevé, d'un air puni. Mais il indiquait, par sa mine sombre et son silence, qu'il ne désirait pas continuer la conversation, qu'il en avait gros sur le cœur. Ses interlocuteurs n'insistaient pas.

Or voilà que le vendredi après-midi — il faisait ce jour-là un temps superbe —, une rumeur court soudain parmi les gardes de Paris et les huissiers. Je perçois ceci : « Mangin... vingt mille prisonniers... cent canons... En route vers Soissons... Quel bonheur ! » C'était la victoire, la grande victoire libératrice, la seconde Marne qui commençait ! Entendant ces mots magiques et n'en croyant pas nos oreilles, nous nous rapprochons, Painlevé et moi, de M. Moreau et de ses collègues, dont l'un court aussitôt aux nouvelles. Pas d'erreur. C'est officiel. Foch a ordonné la contre-offensive et Mangin a culbuté l'ennemi sur le flanc droit. Paris est sauvé pour la deuxième fois. C'est un immense succès, chargé d'espérances et qui va, dit-on, être poursuivi, exploité à fond par le généralissime des armées alliées.

Je regardai Paul-Prudent, qui me regarda. Il lut dans mon œil : « Eh bien, c'est Mangin, Mangin que vous avez brimé, disgracié, à qui vous avez retiré son commandement, avec défense de séjourner à Paris et aux environs, Mangin l'Enfonceur qui, une fois de plus, nous donne la victoire. » Il vit cela certainement, car il rougit, je fus sur le point de m'avancer et de lui dire : « Vous avez été bien dégoûtant, bien crétin, bien complice de Caillaux, Malvy et de la bande ; mais votre vergogne présente me plaît et je vous enverrai du pinard, quand vous serez à la Santé. » Puis je réfléchis qu'il ne comprendrait pas, qu'il croirait à quelque faiblesse de ma part, et je m'abstins.

MM. Moreau, Perrette, Séjournant, illuminés par la bonne nouvelle, riaient et se félicitaient comme des enfants, ainsi que les gardes et les huissiers. La victoire illumine tout, réconcilie les adversaires, rapproche les patriotes, efface les querelles, jette sur les hontes et les tares son manteau d'or semé de flammes rouges. Ah ! mon Dieu, que nous étions contents ! J'avais personnellement envie de chanter et de danser. Cinq minutes plus tard, le bruit courut que la Haute Cour avait levé la séance, en signe d'allégresse nationale. Le fait est qu'il y eut suspension et que des sénateurs parurent, bourdonnant, radieux, bras dessus, bras dessous. J'entendis le président Monis qui donnait des chiffres à un collègue, en ajoutant avec enivrement : « Et l'on ne sait pas tout ! Ce n'est qu'un début. »

Chacun saisissait le symbolique rapprochement de la justice enserrant Malvy et de la France refoulant l'ennemi. Les noms de Clemenceau, de Foch, de Mangin étaient sur toutes les lèvres. Songez donc ! Nous sortions du cauchemar sombre, qui pesait sur nous depuis le 21 mars 1918 et plus loin, depuis avril, mai et juin 1917, ce qu'on pourrait appeler le trimestre Caillaux-Malvy, le trimestre de trahison. Le cercle de fer allemand, concentrique au cercle de défaitisme et de honte, qui se resserrait depuis tant de mois, était enfin brisé. La patrie respirait librement, Foch avait réalisé le prodige de passer, en deux jours, de la défensive contre l'attaque boche — qui devait être la suprême attaque avant Paris — à la contre-offensive victorieuse. La situation était retournée d'un seul coup.

« Monsieur Daudet, c'est maintenant votre tour. »

Cet avertissement me réveilla du coup. Je tirai le rideau sur la nouvelle heureuse et ne voulus plus avoir présents à l'esprit que le crime et les criminels, causes, pour la France, de tant de maux. Quelques secondes après, je pénétrai dans la salle des séances, garnie jusqu'au faîte de physionomies curieuses, congestionnées pour la plupart à cause de la chaleur. Imaginez un fourmillement d'œufs rouges, quelques-uns pileux, les masculins, d'autres plus petits et d'un plus gracieux contour, les féminins. Le premier que je reconnus fut Lintilhac, avec lequel j'ai pris des bocks autrefois, au bar du *Journal*, en compagnie de Mendès, qui lui reconnaissait, quand il était ivre, des dons mystérieux de prescience et de divination littéraires. Le second fut Couyba, mon vieux « Couyba, passez à la porte » du cours d'histoire naturelle de l'autre Mangin, le botaniste. Tout en commençant ma déposition, je me remémorais la cour de Louis-le-Grand et les distributions de prix dans le grand amphithéâtre, bondé, comme celui-ci.

Puis mon regard tomba sur Malvy, que je voyais, pour la première fois, en chair et en os. Les cheveux rejetés en arrière, tels qu'après un shampooing soigné, les lèvres gonflées, l'œil brillant, le ministre d'Almereyda était noir, vous m'entendez, d'un noir animal, comme si on lui eût injecté de l'encre par les carotides. Je sentais que la fureur l'animait à mon aspect. Il songeait : « Ah ! si je te tenais dans un coin ! » Mais c'était moi qui le tenais. Mon ancien condisciple Guillain était assis derrière lui, comme le soigneur dans les combats de boxe. A ses côtés, maître Bourdillon, un aimable grand-père, dodu et chenu, qui semblait ennuyé de la corvée, comme s'il avait été désigné d'office. A peine avais-je recommencé à parler d'Almereyda, que Malvy, n'en pouvant plus, s'esbignait pendant quelques minutes, le temps de digérer sa haine, puis revenait s'asseoir, dégingandé. A un autre moment, comme j'évoquais la mort du malheureux étranglé dans la prison de Fresnes, le visage de l'accusé se contracta dans un rictus d'hyène en chaleur. La vraie nature, ardente et sombre, sournoise et sauvage, de l'amant et héritier de Nelly Béryl m'était apparue en un éclair. Vivrais-je cent ans que je n'oublierai pas ce retroussis de la moustache drue vers le nez, le blanc des incisives sous le bourrelet labial. Je songeais : « Quel bizarre système vaso-moteur et comme il eût intéressé Vulpian et Charcot ! » Car Malvy peut devenir aussi blanc comme un drap, quand il sent venir l'attaque directe.

Parfois, sous mon fouet, il se tournait, dans une attitude parlementaire, vers le président Dubost, tendait les bras, semblait dire : « Je vous en prie, faites taire cet énergumène ! » Il oubliait qu'il était devant la Justice et se croyait parmi ses camarades de la Chambre, au cours d'une interpellation. Mais le président Dubost ne semblait pas d'humeur à obéir aux injonctions de l'ancien ministre. Pas une fois il ne m'interrompit. Il devait, quatre ans plus tard (1921), le payer cher dans la petite souricière de la rue des Martyrs, où l'attira, par l'appât classique d'une jolie fille, la police de Sûreté, vengeresse de Malvy. Le banc des témoins était disposé de telle sorte que je lui tournais le dos, ainsi qu'aux magistrats, ce qui fit que, vers le milieu de ma déposition, je me libérai de cette bande de velours rouge et de ce petit escabeau, pour reprendre la liberté de mes mouvements. Je parlais haut, de façon à être entendu de tous les points de cette salle dont l'acoustique semble assez mauvaise, mais sans aucun effet oratoire ni estrambord, qui eût semblé déplacé. Painlevé est le seul à ignorer qu'un témoin ne peut lire aucune pièce à la barre.

Je suis sensible aux atmosphères. Quand je commençai, la moitié environ des sénateurs-juges m'était hostile, s'attendait à écouter un cagot royaliste et fanatique, un avale-tout-cru, un chouan effervescent. La seconde moitié était indifférente, mais me guettait aux bons endroits. J'avais, à ma droite, une sympathie chaude dans la personne du cher Dominique Delahaye, frère de Jules Delahaye, aussi bon, vaillant et perspicace que lui. Dans la première travée de fauteuils se tenaient assis les membres de la commission d'instruction, MM. Monis, Pérès, Ratier, de Las Cases, etc. Ils m'étaient chers comme des souvenirs déjà reculés. C'est un peu bête de s'attacher si vite à des personnes qui n'ont en somme qu'un rôle passager dans votre existence. C'est l'histoire des émotions en commun.

Malvy, quand on allègue contre lui un fait précis, a un système bien simple, classique chez les criminels, mais qui prend toujours : la dénégation. Il se dresse alors, comme un serpent brun, et siffle : « Je le nie formellement... ou absolument... ou complètement, monsieur le Président. » Puis il se rassied et renverse en arrière son torse long et maigre, en croisant les bras. Un peu plus, il aurait nié avoir connu Almereyda. Sa mimique d'ailleurs m'importait peu et ne me gênait nullement. J'étais résolu à parler avec une entière et tranquille liberté. Je m'attendais, vu les passions politiques déchaînées, à des interruptions de sénateurs amis de Malvy, qui ne se produisirent pas. Cette première séance dura jusqu'à six heures et demie du soir environ. Elle continua le lendemain à neuf heures. J'avais déjà pris mes habitudes, je savais que je pouvais compter sur le verre d'eau, que me tendait obligeamment un aimable huissier. Certaines ondes de sympathie commençaient à me venir des sénateurs, convaincus enfin que je n'avais fait que remplir mon devoir de Français, en dénonçant le ministre félon du *Bonnet rouge,* son maître Caillaux, et leur invraisemblable séquelle d'espions, de maîtres chanteurs, de souteneurs, d'exhibitionnistes et d'assassins.

Aux questions précises du procureur Mérillon, je répondis avec précision. J'avais demandé le huis clos afin d'apporter à la Haute Cour certains renseignements techniques. Ce premier huis clos me fut accordé. Il se passa bien. Quelques jours après, ma déposition étant achevée, deuxième huis clos, nécessité celui-là par une confrontation avec le colonel Goubet et Painlevé. Celle-ci ne tourna pas à ma confusion, comme l'espéraient déjà quelques adversaires trop pressés.

J'ajoute, pour être complet, que je dus répondre publiquement et pertinemment — ces deux adverbes joints... — à quelques questions saugrenues des sénateurs Bepmale et Debierre sur l'origine de mes dossiers. Ces messieurs, collés sous bande, n'insistèrent pas.

Bien entendu, au cours de ma déposition, des deux huis clos, de ma confrontation, j'omis un certain nombre de points importants et de ripostes faciles. C'est inévitable. Il en est de ces oublis comme des fautes qu'on se remémore, avec navrement, aux sorties du concours général ou du concours pour l'internat des hôpitaux. D'autres passages auraient dû être traités plus à fond, présentés autrement. L'accusé a, sur le témoin, l'avantage d'avoir devant lui ses dossiers ouverts, de pouvoir les compulser. S'il oublie quelque chose d'essentiel, ses avocats sont là pour le lui rappeler. Notez que je n'envie pas le sort de Malvy, il n'en est pas de plus abject. Mais le fait est que sa défense fut, sur certains points, d'une rare mollesse, sur d'autres complètement inexistante, au résumé piteuse et vague... « Je le nie formellement... Je ne l'ai jamais vu... Je ne sais pas de quoi il s'agit... J'oppose ma dénégation absolue, monsieur le Président ! »

Silencieuse et déserte pendant les séances, la grande cour du

Sénat reprenait toute son animation au sortir de celles-ci. Je retrouvais mon collaborateur Leroy-Fournier — un des meilleurs journalistes de ce temps et qui connaissait son Paris politique sur le bout du doigt —, Maurice Talmeyr, chargé de portraiturer la Haute Cour dans *l'Action française* — il s'en acquitta magistralement, comme à son habitude —, des confrères de toutes opinions. Ils m'assurèrent que l'impression était satisfaisante et que Malvy, malgré une campagne acharnée faite en sa faveur, serait certainement condamné.

VIII

DÉPUTÉ DE PARIS

Léon Daudet arrive à la Chambre

Le 16 novembre 1919, j'ai été élu, au scrutin de liste, député du troisième secteur de Paris (rive gauche et XVIe arrondissement). Entendons-nous bien, député ROYALISTE, et au cri de « Vive le roi ! ». Ce fut, chez les républicains, une stupeur générale. On n'imaginait pas qu'un tel événement fût possible. Le pauvre cardinal Amette, respectueux serviteur des décisions de Clemenceau, alors président du Conseil, et de son entourage, avait recommandé à ses ouailles de voter « sagement », c'est-à-dire pour la liste Millerand, dite d'union nationale, mais d'où les royalistes, ces pestiférés, étaient exclus. Fidèle interprète des désirs gouvernementaux, le cher Alfred Capus, alors directeur d'un *Figaro* encore influent, nous avait laissés tomber, mes amis et moi, dans un entrefilet assez perfide qui lui valut, de ma femme, cette remarque sévère : « Capus, je vous croyais un ami, vous n'êtes qu'un convive. » Comme bien d'autres, Capus, causeur incomparable, dramaturge amusant, écrivain délicat, était fourvoyé dans la politique ; et sa collaboration directoriale au *Figaro,* non encore saboté par le falot parfumeur François Coty, s'en ressentit. Mon élection, après une campagne électorale des plus vives, fut saluée par les cris de fureur de la presse de gauche, notamment de *l'Œuvre* de Gustave Téry, ancien normalien, tombé dans la crotte, aujourd'hui crevé, lequel ne me pardonnait pas d'avoir dénoncé ses louches allures du temps de guerre. A entendre ces aimables garçons, je ne pourrais siéger au Parlement, où mes collègues me couperaient la parole et me rendraient la vie impossible. Or, non seulement je siégeai sans discontinuer, au Palais-Bourbon, pendant quatre ans et demi, mais encore je dis à la tribune, et de ma place, exactement tout ce que je voulais dire, sans me laisser arrêter par aucune autre considération que l'intérêt primordial de la patrie. En outre, j'appris à connaître, incomplètement encore, mais de près, ces larves parlementaires que sont un Millerand, un Poincaré, un Barthou, qu'était un Briand ; ces êtres éloquents et gentils, mais inconsistants, dénués de caractère à un point inimaginable, que sont un Tardieu, un Boncour, un Herriot ; l'impossibilité où se trouvèrent et se trouvent les quelques hommes de valeur entre six cents, un Mandel, un Léon Bérard, un André Lefèvre, un Maginot, un Marin, un de Seynes, un Provost de Launay, un Magne, de frayer un chemin à des lois utiles concernant la Défense nationale, le budget, etc. Je pus constater le néant inouï de la Constitution, dénommée « la femme sans tête », si bien écrite par Charles Benoist, aujourd'hui royaliste, et des prétendus travaux parlementaires. Je me rendis compte que deux principes commandent aux assemblées démocratiques : l'ignorance et la peur. Or cette Chambre, dite « bleu horizon », et qui, par nombre de ses membres, sortait de la fournaise de quatre années d'une guerre atroce, était bien disposée, pleine de bonne volonté ; les députés des provinces recouvrées lui apportaient un élément d'enthousiasme qui eût pu donner des fruits admirables. La plupart de mes collègues, sur tous les bancs, étaient d'honnêtes gens, assez bêtes, mais bons. Qu'en conclure, sinon que le régime républicain lui-même, dans sa formule et dans les faits, est incompatible avec la prospérité, la conservation, le salut de la France. A l'heure où j'écris, tout homme de bonne foi doit conclure à l'antinomie fondamentale de la patrie et de la démocratie.

Cavour a dit, dans une formule fameuse, qu'il préférait une Chambre à une antichambre. Il signifiait par là son mépris des courtisans, chambellans et autres parasites de la monarchie. Or l'antichambre, si insupportable qu'on la suppose, n'a pas empêché Sully, Richelieu, Mazarin, Colbert, Louvois, Talleyrand, Villèle, et Cie. Elle leur a mis des bâtons dans les roues. En fin de compte, elle a dû leur céder. Au lieu que la Chambre ne peut supporter aucune supériorité au gouvernement, ne peut tolérer aucune continuité dans les déterminations graves, portant, au-dedans comme au-dehors, sur quarante, cinquante, soixante ans. A peine est-on entré dans ce club, matériellement amusant et bien tenu, qu'est le Palais-Bourbon, que l'on s'en rend compte.

Le 7 décembre 1919 donc, il faisait un joli temps d'hiver, gris et sec. Je me dirigeais vers la Chambre en suivant le boulevard Saint-Germain. Comme j'arrivais rue de Bourgogne, je vis passer à toute allure l'automobile du Père la Victoire. Il était rose et replet, sûr de soi, tel que trente-quatre ans auparavant dans les bureaux de *la Justice,* entre Pelletan, Müllem, Martel et Geffroy. Ce souvenir de ma jeunesse me poursuivit jusqu'à mon vestiaire, où je déposai réglementairement mon paletot, ma canne et mon chapeau. Il contenait, à l'intention de son destinataire, deux gros livres brochés en bleu : le règlement de M. Eugène Pierre, présent inestimable que je me promis de lire avec soin. La plupart de mes nouveaux collègues m'étaient inconnus. Le cher et naïf Barrès vint à moi et me dit de sa voix profonde : « Il s'agit,

Léon, de mettre en commun ce que nous avons de plus excellent. » Car il croyait encore — et dru — au parlementarisme et il s'imaginait qu'à peine en séance j'allais pousser, *more antiquo,* des « Vive le roi ! » à n'en plus finir. Telle n'était pas mon intention, mais je n'avais pas celle non plus de me tenir sagement à ma place, conformément au vœu de Son Eminence, le cardinal Amette.

J'avais retenu cette place à droite, bien entendu, parmi ceux de ma conviction ou du moins réactionnaires, qui étaient une trentaine environ. Je fis la connaissance de Xavier Vallat, grand blessé de la guerre, de Ruellan, de Le Cour Grandmaison, du docteur Molinié, du général de Maudhuy, du général de Castelnau, de Coucoureux. Provost de Launay me présenta Taittinger, qui avait la mine ouverte, rose et timide comme une jeune fille. Puis je serrai les mains d'Engerand, député du Calvados, esprit aimable, érudit et fin, de Méritan, d'Apt, en Provence, du poète exquis Xavier de Magallon, de Me Guibal, agréables et même charmants. Je retrouvai avec plaisir Eugène Magne, l'éloquent Nîmois, avec lequel je devais me lier d'amitié. Au milieu du brouhaha, des exclamations, des estrambords, je vis venir à moi un petit homme en soutane, replet, à la mine alerte, aux yeux rieurs, aux lèvres minces, qu'il humectait constamment de sa langue pointue : l'abbé Wetterlé. Il s'était détaché du groupe de ses copains, où il y avait deux autres prêtres : l'abbé Müller, rond et glabre comme une pomme de terre, que l'on sentait farci de méfiance, et l'abbé Hackspill, jeune, brun, aux yeux pleins de feu. L'abbé Wetterlé me dit confidentiellement, avec un fort accent alsacien : « Glemenceau va, paraît-il, nous vaire une atmonestation... enfin, oui, un petit laïus. Ce sera le glou de la zéance. » Par la suite je devais converser souvent avec ce chic bonhomme, qui avait siégé au Reichstag, connaissait les Boches à merveille et comparait les parlementaires de Paris à ceux de Berlin : « Brind, mais c'est Pülow, c'est exactement Pülow », répétait-il en croisant ses petits bras derrière son dos.

A ce moment, je me trouvais debout dans l'hémicycle et Paul Deschanel, président de la Chambre précédente, passa. Je l'avais souvent blagué, sans méchanceté et appelé Poldéchanelle, l'ayant connu dans les milieux républicains, où il avait joué les Chérubin, puis les Don Juan : « Bonjour Daudet », me dit-il en me tendant la main. Derrière lui venait François Arago, chef de l'Entente, c'est-à-dire de la majorité, influent, très brave type, conscient de son importance et qui m'expliqua qu'il s'était foulé le pied quelques jours auparavant. Puis, soudain, un silence. Clemenceau venait de faire son entrée. Il avait ses gants gris et, dans l'allure, de la grandeur. Il ne s'imaginait certes pas que, quelques mois plus tard, il entrerait dans l'obscurité par la porte large ouverte de l'ingratitude de ce peuple français qu'il avait sauvé. Il salua, en termes excellents, les représentants d'Alsace et de Lorraine.

La séance proprement dite commença. On vit monter à la tribune un gnome, chevelu et bossu, de conte allemand, avec une barbasse noire énorme, court sur pattes, pareil à ces « Putzemänner » qui, dans les légendes de Hartz, vont, la nuit, chargés d'une cruche aussi grande qu'eux, nettoyer les cabinets des fermiers bienfaisants. C'était Alexandre Varenne qui venait, comme on dit, tâter l'eau. A peine avait-il posé son poil recourbé sur le marbre de la tribune qu'une voix de stentor, celle du prince Murat, s'éleva : « T'as pas fait la guerre. Fous le camp, salaud ! » Interloqué, mon Alexandre tourna la tête et les capilles du côté de l'interrupteur grand, solide, au calme visage, puis dégringola de son perchoir, au milieu des rires, sans demander son reste. Ça commençait bien ! De mon côté, je hurlai de toutes mes forces : « La parole n'est pas à vous. La parole est à la France. » Ce qui n'avait pas grande signification, mais qui plut. Le tapage devint infernal. Un nouveau gnome apparut à la tribune, pareil à un oursin à lunettes : Albert Thomas. Ce fut mon tour de le gauler comme une noix. « Bonnet rouge ! » lui criai-je par deux fois. Il se tut, comme accablé, s'attendant à un étalage public de ses relations avec Almereyda. Pour la troisième fois, je repris : « Bonnet rouge ! » Alors Thomas fit son Varenne et descendit, sur ses petites guibolles, « grivelées comme saucisses », rejoindre les gaillards de gauche atterrés. Il prit le chemin de Genève aussitôt. Il y cueillit une prébende de 600 000 francs par an. Nous ne le revîmes plus parmi nous. Barrès me fit, en riant, des semblants de remontrances : « Il ne faut pas gâcher nos positions. » Hélas ! ces positions étaient nulles, et c'était l'étonnant Aristide Briand, broussailleux, pelliculaire, mais, à cette heure-là, furtif, qui avait raison quand il lui disait, en écendrant sa cigarette : « Nous gardons les cadres... » Les cadres, c'est-à-dire la Sûreté générale et les préfets, ses émissaires et ses esclaves.

Quelques heures après, je fis la connaissance de deux Mathusalem d'importance : M. Eugène Pierre, secrétaire général de la Chambre, alerte et blanc avec des pattes ligneuses et crevassées, qui buvait du lait comme une chatte et poussait le chauffage de l'Assemblée ; le grand-père Andrieux, ancien préfet de police, qui me rappela avoir fait la connaissance de mon père en ces mêmes bureaux, en 1867 ! Nous eûmes, César Chabrun et moi, à examiner, quant à la validation, les dossiers de la Corse, où seuls étaient contestés ceux d'un certain Caïtucoli. César Chabrun ressemblait plus à un chat qu'à un César. Il a passé depuis de la chaire de l'Institut catholique, où il professait, au radicalisme pur et simple, mais rassurez-vous, son cas n'est pas isolé.

Une des curiosités de la nouvelle Chambre était le vieil accoucheur Pinard, entraîné dans la politique par son ami Gaston Thomson, l'ex-féal de Gambetta. Pinard avait un long cou, prolongé dans le sternum comme feu le professeur Germain Sée, des yeux pochés et un bredouillement indistinct, tel qu'une conduite d'eau obstruée à demi. Thomson déclarait que son élection assurerait le relèvement de la natalité, tombée, après la guerre, assez bas. Il n'y parut guère. Les quelques interventions de Pinard à la tribune, et au sein de l'éphémère commission de la natalité, déchaînèrent, chez nos collègues, une hilarité formidable et digne de l'olympe de Rabelais, au chapitre de la cognée perdue de Couillatric : « Messieurs, affirmait Pinard, le bras tendu, un porte-plume au bout du bras, je me fais fort, avec ce simple objet, de faire avorter n'importe lequel d'entre vous. — Epargnez-nous », lui cria Vallat. Le vieux praticien lança à l'interrupteur un regard terrible, prit un temps, haussa les épaules et regagna son banc, d'où il se jeta dans les bras de Thomson éperdu. Une autre fois il nous déclara : « Je n'ai pas la prétention de vous apprendre comment on fait les enfants. — Ce serait, lui criai-je, de l'indiscrétion ! »

Jacques Bainville, notre plus grand historien depuis Fustel de Coulanges, connaissait bien la Chambre des députés pour avoir fait, dans les premières années de *l'Action française*, le compte rendu de ce que l'on appelait autrefois pompeusement les « débats parlementaires ». Conseiller sagace, en politique comme en finances, il me dit : « Le secret de l'influence, au Palais-Bourbon, c'est la présence. Soyez là et placez votre mot le plus souvent que vous le pourrez. » Je suivis cet avis et m'en trouvai bien. D'autre part, j'étais décidé à éliminer ces deux causes de fléchissement : le tutoiement facile et la poignée de main. En quatre ans et demi je n'ai pas adressé une seule fois la parole à Loucheur, qui pérorait à deux pas de moi, au milieu d'une cour de collègues, d'une petite voix blanche et précipitée, et que j'avais surnommé Tout-en-Or. Je vois encore un gentil garçon, député du Nord, du nom de Delessalle, je crois, qui l'écoutait comme le jeune lévite écoute le grand prêtre, avec une mine admirative et penchée. Ce n'était pas un mauvais type, ce Loucheur, et tout au contraire, avec sa face ronde, intermédiaire entre le doguin et la lune, sa taille cambrée, ses vestons épatants et son assurance de président de conseil d'administration. Mais quelle inconsistance, quel vide ! Lors de son premier topo, sur les milliards d'or que devait payer l'Allemagne en tant d'années — ô farce, ô illusion, ô irréalisme imbécile ! — il fit salle comble et, comme on dit au théâtre, joua à bureau fermé. Mais, au second topo, l'assistance, déçue, avait diminué de moitié, et désormais mon Tout-en-Or ne devait plus attirer, à chacune de ses interventions, que cent à cent vingt ou cent trente collègues, ce qui était encore bien joli. Il en était devenu mélancolique, le pauvre, et il disait tout bas aux secrétaires, en montrant les vides : « Je ne comprends pas. » Le secret de cette abstention était cependant bien simple : il ennuyait. Rien n'est ennuyeux comme les chiffres, sauf lorsqu'on passe à la caisse de son éditeur, en cas de succès d'un bouquin.

Autre déception, plus cuisante : Marc Sangnier, chef du *Sillon* condamné par le grand Pie X et bénit par le sinistre Pie XI, arrivait à la Chambre bleu horizon avec un vague succès périphérique d'orateur démocrate chrétien, de prédicateur laïque. Sa première intervention fut un four noir et qui faisait pitié. Au bout de dix minutes, tous les assistants s'esbignaient, d'abord en douce, puis carrément et Marc Sangnier demeura bientôt seul avec ses trémolos chevelus, en présence d'une douzaine de collègues qui faisaient leur correspondance, ou bâillaient à se décrocher la mâchoire. Les effondrements à la Chambre sont pires encore qu'au théâtre, on ne s'en relève pas. Or nous apprîmes plus tard que cet inconcevable farceur avait fait répandre à Rome le bruit qu'il pourrait être question de lui pour la présidence du Conseil ! Nous eûmes l'impression qu'au Vatican, en dépit de toutes leurs roueries, ils étaient, au Sacré-Collège, bien mal documentés sur la politique parisienne en particulier et la politique en général. Ce prétendu observatoire européen est dépourvu de lunettes d'approche. On s'en aperçut par la suite.

A l'extrême gauche siégeaient quelques communistes intimidés, entre le marteau et la faucille : Cachin, moustachu et sans méchanceté, incapable d'articuler un son et qui répétait le mot « soviet », en ânonnant, toutes les trois minutes. Vaillant-Couturier, qui avait juré, au cours des élections, de me couper la tête à notre première rencontre, ce qu'il ne fit pas, Dieu merci. Mais il nous cassait les oreilles de sa petite voix criarde et nous l'appelions le fausset de Moscou. Morucci, de Marseille, était charmant, poli, idyllique, dans un beau complet de la Canebière. Le seul orateur, et même tribun du groupe était Renaud Jean, brun, trapu, véhément. Je me rappelle aussi un pauvre garçon d'aspect neurasthénique, du nom de Lévy. J'allais oublier un pochard, au teint de brique, du nom d'Alexandre Blanc, toujours dans les brindezingues, et qui proférait, d'une voix de basse, des injures peu distinctes, et aussi un certain Laudier, que nous appelions le canard, à cause de ses coin-coin irrités. Celui-là faisait la transition entre les communistes et les socialistes dits d'« Amsterdam » ou encore de l'Internationale n° 2.

Parmi ceux-ci l'on distinguait Léon Blum, sorte de lévrier hébreu, minaudant et hautain, à la parole facile et pédante, ex-conseiller d'Etat et distribuant à ses voisins des tas de conseils. Type classique de dupeur du peuple, chéri des salonnardes et des salonnards qu'il épate avec des manchettes étincelantes et des prédictions de Grand Soir, Blum imposait silence à Boncour (Paul), avocat à la coule, tout en ronds de bras et qui porte, sur un corps de poulet dorloté par les belles, une tête à la Robespierre que couronne une ondulation platine argenté. Depuis lors, Boncour a joué, à la Société des Nations, les intermèdes de Briand et provoqué maintes pâmoisons de vieilles filles d'Australie, de Roumanie et d'Angleterre. A l'heure où j'écris, il est président du Conseil. Mais il est demeuré, à travers ces éphémères grandeurs, sous la coupe et le profil anguleux de Blum et rien n'est amusant comme de voir l'ex-collaborateur de *la Revue blanche* et l'avocat aux causes nutritives discuter en agitant leurs longs doigts de races différentes, en haussant et baissant leurs omoplates, tels deux joujoux parlementaires. Dans les couloirs des commissions, comme au Palais, Paul, dit Boncour, courait, très affairé, serrant des mains à la volée, puis soudain se figeait au chambranle d'une porte, dans une attitude 1792..., d'un 1792 retouché par Victorien Sardou.

Très 1792 aussi Herriot, citoyen laborieux, rond et subtil, orateur né, même tribun, se frappant la poitrine à tour de bras, chaleureux et sans mémoire, et dantonisant à tout propos. Mais un vivant parmi les spectres d'un radicalisme désuet. Il m'a toujours été sympathique, en raison de son feu, de son réel talent, oratoire et littéraire, de ses jugements brefs, et parfois assenés, sur des collègues. Homme de parti, il aura voulu jouer les hommes d'Etat. Il lui manque, pour cela, le caractère, et on le sent flottant, sous ses formules friables, comme un costaud de saindoux dans un caleçon de tulle illusion.

Nous causions un jour tous les trois, sur la banquette en velours d'un salon de la Chambre, Barrès, Herriot et moi. Nous parlions du danger que faisaient courir à notre pays la barbarie allemande et le chaos russe. Barrès, à ce moment-là, était tout au génie du Rhin. Il venait de publier un fort beau livre, ainsi intitulé, mais trop austère, recueil de ses conférences sur ce sujet à l'université de Strasbourg. Tout à coup Herriot, qui ne l'écoutait guère, nous dit : « La France est condamnée. C'est la grande et belle statue dressée à la pointe du monde occidental, au *finis terrae*, et que la poussée slavo-germanique, venant de l'Est, va précipiter dans l'Océan. » Il nous livrait là le fond de sa pensée.

Nous nous récriâmes : « Mais voyons, Herriot, c'est du renanisme, du Renan à Déroulède : *jeune homme, la France se meurt, ne troublez pas son agonie.* » Edouard Herriot nous lança un regard douloureux, sans affectation, se leva, alla, roulant des épaules, rejoindre ses copains. Barrès dit : « Il ne tient pas compte des sursots (des sursauts)... » Mais ces paroles l'avaient impressionné et il m'y fit, par la suite, souvent allusion.

A ce moment-là Herriot, qui faisait partie du « quart de brie » de gauche, n'avait à la Chambre aucune influence. Briand, encore bien réveillé, sourdement méprisé, mais intrigant, récupérait la sienne peu à peu, promenant de salle en salle (Millerand était alors [1920] président du Conseil) sa petite bosse monomoplate, ses pellicules et ses intrigues empoisonnées. Ignare à fond, mauvais bougre, fielleux, vanitorgueilleux, capable des pires intrigues et perfidies, tel se présentait alors celui qui devait se révéler bientôt comme le plus redoutable ennemi de son pays. On eût pu lui appliquer le mot de La Rochefoucauld : « La faiblesse est plus l'opposé de la vertu que le vice. » Tout en lui était veule, l'allure, le regard d'eau sale, avec un crapaud endormi au fond, la démarche hésitante, l'écendrement de la sibiche ou cigarette, le cheveu long et pelliculaire, l'insinuation grave et même « ah ! messieurs, combien grâve », avec un accent ciconflexe ; tout suait la vadrouille et le désordre de la chambre meublée, où le maquereau et croupier passe son habit taché et sa chemise souillée devant sa glace dépolie ; tout, dis-je, sauf la voix puissante, profonde, reprochante, insinuante à volonté, la contrebasse du cabot idéal. Je l'appelais, cette voix, son violoncelle, et il en tirait des effets tziganes à faire pâmer la dame du comptoir.

« Passionnément républicain, messieurs... C'est-il qu'vous voulez m'écouter, voui zou non... Eune seupposition que j'y dirais, à msieur Leudde Djordge (Lloyd George)... L'Amérique, messieurs, é s'enveloppe d'un nuage. Ah ! messieurs, la plus grave de toutes ces choses si grâves, c'est qu'la France, messieurs, é n'veut pas meurir, é veut vivre. » Je ne force nullement la note. Tous ces propos sont stéréotypés et quand notre Aristide 1921 — l'année de la résurrection, après l'éclipse que lui infligèrent Clemenceau et la louche tractation de guerre Mérode-Lancken —, du haut de sa sixième ou septième présidence du Conseil, nous modulait un « *vaudrouillando, ma non troppo* » de ce style, je lui éclatais régulièrement de rire au nez, ce qui le décontenançait.

« Msieur Daudais, libre à vous de vouloir tourner en ridicule le r'présentant d'votte pays.

— Hou, hou, à l'ordre, assez ! » me criaient mes stupides

collègues du centre, zélateurs du président du Conseil, quel qu'il fût.

Je riais de plus belle, sans répondre. Le courroux d'Aristide augmentait. Un jour, entre autres, ce fut curieux ; le questionnant, peu avant mon interpellation, sur l'assassinat, à peu près impuni, du commandant Montalègre en Haute-Silésie, point du départ du relèvement allemand, je le vis dressé à son banc, furieux, et qui prétendait me couper la parole. « Non, lui dis-je, quand j'aurai fini. » Car je connaissais ce truc d'assemblée, destiné à décoordonner l'orateur. Son orgueil de souteneur offensé lui remonta au front, rouge de colère. Il tendit le bras vers Péret, qui présidait : « J'veuz-y répondre. » Péret, ayant de moi un certain trac, fit signe que le règlement ne lui permettait pas de satisfaire à cette exigence : « Si, j'y veux répondre, insistait Briand. — Non, repris-je avec force, non et non. » Les cent députés présents suivaient ce débat avec curiosité. Alors je me mis à hurler mes arguments, sans tenir compte de sa rage impuissante et il finit par se rasseoir, tambourinant son pupitre de sa patte fine et crasseuse, tremblant de haine. Le surlendemain, un huissier, que je connaissais, me prit à part et me dit : « Méfiez-vous ! Hier Barthou et Briand, qui ne savaient pas que je les écoutais, ont dit en parlant de vous, à voix basse et en vous désignant, sans vous nommer. "Il faut nous débarrasser de *lui*, absolument, à 'tout prix'." » Je ris de bon cœur ! « Ils n'oseraient. » Je compris, par la suite, que la menace n'était pas vaine.

Une fois, un commencement de colloque tragique s'engagea entre Briand et son ami de jeunesse Gaborit, député de Seine-et-Marne, qui l'avait tiré d'affaire lors de l'alerte (1892) du Pré-de-Toutes-Aides à Saint-Nazaire. Imprudent et salace, Briand avait été condamné à un mois de prison par le tribunal de Redon pour outrage à la pudeur sur ledit pré, peine maintenue à Rennes, supprimée à Poitiers, grâce à Gaborit. Trente ans après — mieux que dans *le Vicomte de Bragelonne* —, une prise de bec amena Gaborit à dire au vieux copain ingrat, en le tutoyant : « Un homme ici doit tout à l'autre, Briand, et c'est toi. Un ne doit rien à l'autre, et c'est moi. » Rapide dialogue, qui laissa les auditeurs pantelants.

Fort amusante aussi la séance où je lus, à la tribune, à Briand, alors président du Conseil, un discours incendiaire de 1899, par lequel, agent provocateur, avocat d'Hervé et du « Pioupiou de l'Yonne », il appelait aux armes le prolétariat. Ignorants de tout, mes naïfs collègues croyaient que j'inventais ce texte de latrines. Cependant je guettais, du coin de l'œil, mon Briand à son banc de ministre, auprès de Laurent Bonnevay, son garde des Sceaux — célèbre par ses bombardements intestinaux — et qui jouait les désabusés : « C'était d'l'ireunie, msieur Daudais ! Vous en avez écrit bien d'autres. — Pardon, pardon, monsieur Briand, je n'ai jamais incité personne à tirer sur un général. » Mais quel étonnant aveu, le jour où ce « chien crevé », comme l'appelait Tardieu, ou ce « voyou de passage », comme le dénommait Clemenceau, me jeta ces paroles imprudentes, au sujet du 18 mars 1871 : « Peurtant, msieur Daudais, derrière la Commune, il y avait la République. » Les moules du centre n'en revenaient pas. Le jeune duc d'Audiffret-Pasquier en fut malade.

Pendant tout son ministère de 1921 — où Maurras, dans notre journal, saisit à la gorge le compère et complice d'Aristide, son mentor, Philippe Berthelot, de la Banque industrielle de Chine —, je ne cessai de harceler Briand, de le tourner en ridicule, de le mettre en contradiction avec lui-même, à l'occasion de l'engueuler : j'étais aidé dans ma besogne par Magne et Joly, députés de Nîmes, par Le Provost de Launay qui disait d'Aristide : « Il est le cataplasme verbal qui transforme l'abcès en grangrène. » Définition admirable ! Son point faible à ce cataplasme aristidien, c'était son ignorance totale, cosmique, universelle, en histoire, géographie, et le reste. Il prenait le concile de Trente pour une réunion de trente personnes, Aix-la-Chapelle pour une ville de la Prusse-Orientale, le cardinal de Richelieu pour un contemporain de Louis XV (confusion avec le duc). Ses bourdes étaient célèbres. Le jour où il monta à la tribune, répondant à une interpellation, avec un bout de papier water représentant un « document » qu'il s'apprêtait à citer, toute la Chambre éclata de rire : « Avez-vous un texte ? » s'écria Magne, reprenant le mot de Fustel. Les gens s'appelaient dans les couloirs : « Aristide va faire une citation. Venez vite ! »

Oui mais, quatre ans plus tard — alors que nous l'avions fait rappeler de Cannes, comme un malpropre, par une motion réunissant soudain la moitié de la Chambre, exactement 249 voix —, Briand, flanqué d'Austen Chamberlain extasié, Briand, feignant d'être subjugué par Stresemann, « msieur Stresemann », l'homme lige du Kronprinz, signait et paraphait l'effroyable traité de Locarno, qui abandonnait la Pologne à la revanche germano-russe, pour une illusoire acceptation de retour de l'Alsace-Lorraine à la France. Un an plus tard, le même Briand faisait entrer l'Allemagne à la S.D.N. où elle allait supplanter la Belgique au comité directeur de la damnée assemblée de Genève. Le bourreau remplaçant la victime, avec l'assentiment de la France que la victime avait sauvée de l'esclavage, ça c'était beau !

Quelques années auparavant (pas plus de neuf ans), en pleine guerre, Briand la Gouape, pour les beaux yeux, de la cour de Grèce, d'une princesse qu'il fréquentait, de Sophie de Hohenzollern et de son sinistre époux Constantin, avait laissé froidement massacrer nos marins au Zappéio, dans une embuscade criminelle. Il méritait la corde. Cet exploit lui valut la confiance de toute la crapule dorée et salonnarde de Paris, qui manigança, par la suite, chez nous, l'anéantissement méthodique de la victoire. Voir, à ce sujet, les mémoires du vieux Ribot, ceux de Lancken, ceux de Joffre, les papiers foudroyants de Stresemann, les *Carnets* de Gallieni, les *Propos* de Clemenceau, recueillis par Jean Martet, sans compter les éclaircissements que l'avenir apportera sur la conduite hideuse et les intrigues sans nom du futur chouchou du Vatican, artisan de la séparation, outil de la maçonnerie ; Briand fut béni, dans son cercueil, sous le triangle, par le cardinal-archevêque de Paris, Mgr Verdier, dont le nom, par ce haut fait, doit passer à l'histoire dans un reliquaire de honte.

Ici se pose une question politique de premier ordre et à laquelle la mort de Briand ne saurait valoir aucune prescription, car, dans quelques années, nos enfants seront vraisemblablement massacrés par la faute du misérable, malheureusement disparu sans châtiment. Comment se fait-il que, chassé du pouvoir en 1921 par la quasi-unanimité de la Chambre, à l'instigation des royalistes, Briand, auteur, quatre ans après, des effroyables fallaces de Locarno (1925) et de Thoiry, ait été maintenu ultérieurement au Quai d'Orsay, en compagnie de Berthelot, par ceux-là mêmes qui l'avaient vilipendé, honni, accusé publiquement de trahison, je veux dire par le Poincaré de 1922 et de 1923, le Tardieu de 1923 et de 1924 et leurs clans ? Comment est-il redevenu le maître, l'arbitre, l'indispensable, au moins dans les milieux parlementaires, celui à qui personne ne demandait de comptes, jamais, et qui engageait successivement la France dans les fers américains pour de nombreuses années, cependant qu'il rendait à l'Allemagne vaincue les motifs d'espérer et les moyens de combattre à nouveau ? Quelle fut la raison souterraine, cachée, secrète qui remettait nos destinées à ce chenapan, à cet ignorant infatué, universellement connu et coté comme tel, élevé, dans un ambigu de bistro et de lupanar, sur les genoux des filles, et traité de « vachéador » par le substitut Frémont, en pleine audience de tribunal, en 1892 ? C'est là un des problèmes les plus cocasses posés par la démocratie, héritière, à la fois, du 4 Septembre et de la Commune.

Ma réponse, la voici : Briand était un policier parvenu. Non point de la police régulière et en uniforme, qui veille à la circulation des rues et à l'arrestation, souvent dangereuse, de malfaiteurs. Mais un de ces ignobles indicateurs, agents provocateurs et avocats marrons que la Sûreté générale de la rue des Saussaies et la police judiciaire conservent précieusement, pour le cas de besoin, dans leurs garde-manger politiques. Ces gens durent pendant que les ministres passent. Chaque fois que j'ai jeté à Briand, au cours d'une séance de la Chambre, cette qualification de « policier », il a blêmi, il s'est troublé, finalement il a reculé, comme s'il s'attendait à me voir produire à la tribune la preuve de mon accusation. Au lendemain de l'assassinat de Plateau, héros magnifique de la guerre, par la fille stylée Berton, puis quelque dix-sept jours après, du petit amant de celle-ci, le commis de libraire Gohary dit « Armand », Briand, brusquement interpellé par moi à ce sujet — non comme ministre, il ne l'était plus, mais comme protecteur et commanditaire du *Libertaire*, qui vivait de ses libéralités —, se troubla, balbutia, se leva, se rassit, faillit se trouver mal, en proie à un trouble évident. Tous ses voisins et partisans en étaient gênés. Briand était un personnage de Balzac et qui traînait un passé de fumier — auquel il devait sa servitude et son ascension — comme un fœtus traîne un placenta difforme et contaminé. Tangent à toutes les infamies, sans y avoir positivement trempé, il en avait le reflet sur le visage, plus exactement sur la gueule.

Poincaré, qui l'exécrait et qui, au moment des tractations Mérode-Lancken, étant à l'Elysée, fit campagne contre lui avec Ribot, tomba publiquement, visiblement, sous sa coupe après l'affaire Philippe Daudet (novembre 1923) en raison de sa propre parenté avec l'assassin Lannes, contrôleur à la S.G., son beau-frère par son mariage avec la sœur de Mme Poincaré. Tardieu fit de même, alors qu'en 1921, 1922, 1923, 1924, à la campagne, il donnait couramment à Briand les pires qualificatifs.

On les vit l'un et l'autre, Poincaré et Tardieu, de 1926 à 1929, maintenir pieusement aux Affaires, où il faisait celles de l'Allemagne, cet Aristide que, dans le privé, ils accusaient de trahisons périodiques et d'avachissement chronique. Voir, à ce sujet, la collection de l'éphémère journal quotidien de Tardieu, *l'Echo national*.

Mais, pendant que j'étais député de Paris, Poincaré et Tardieu ne se chérissaient pas plus entre eux qu'ils ne chérissaient Briand. Un jour ils faillirent se colleter, en séance, à propos de je ne sais plus quoi. Tardieu racontait avec son sens aigu du comique — car il a beaucoup d'esprit —, sur l'entourage de celui que l'on appelait déjà « le nain de Lorraine », des histoires à mourir de rire, que nous nous repassions les uns aux autres, dans la vaste potinière de la Chambre. Je me rappelle notamment celle d'un vieux plaidoyer contre « une gourgandine internationale », ainsi qualifiée par Poincaré.

Le grand salon de la correspondance à la Chambre, muni de

confortables fauteuils, était chauffé de bûches gigantesques. Au cours des discussions fastidieuses et réglées d'avance, concernant le budget par exemple, nous nous retrouvions là, groupes par groupes, écoutant les potins des uns et des autres, les symptômes de la folie du pauvre Deschanel, atteint de *schlafrauech*, ou sursaut du sommeil ; ceux de la neurasthénie de Péret, qui se faisait remplacer à la présidence ; ceux de la manie aiguë de Viviani, lequel rôdait comme un vague fantôme. Aristide passait, au milieu de sa cour, suivi de maître Paisant à la figure vultuée, aux yeux clignotants, du pseudo-dandy Loucheur, frétillant dans un veston-carapace bien boutonné, d'un certain Lefebvre du Pré, catholicard et tartuffisard aux longues moustaches effilées, à la mine funèbre, de Chabrun (César) à la tête de chat dans la braise, et de Sangnier, gonflé de harangues rentrées, depuis son four noir, non digéré. Nous regardions évoluer ces fantoches, en les assaisonnant de nos meilleurs à-peu-près — Vallat est un maître du genre — et de remarques sans mansuétude.

Ensuite venait le sombre, mélancolique et fumeux Cachin, que les uns, les plus méchants, voulaient envoyer en Haute Cour, sans raison, les autres conserver comme ilote ivre, un pauvre ilote à la langue mal pendue ; puis le lamentable Lévy ; puis le robuste Renaud Jean, puis Vaillant-Couturier, au cheveu romantique, toujours glapissant, le cher garçon, les uns et les autres abandonnés, reniés, bien entendu, par leurs collègues en révolution et grand-soir, les S.F.I.O. (Section française de l'internationale ouvrière, ah ! sapristi !). Vaillant-Couturier est un artiste, un peintre de talent, égaré, comme Gide, par l'exaltation brutale de Moscou.

Compère Morel, du Gard, surnommé « Mon Père Corel », avec l'air mystérieux de celui qui porte une oie dissimulée dans son panier, s'entretenait avec Marcel Sembat, rieur dans sa barbe, et Léon Blum aux pattes de faucheux. Peu d'hommes plus charmants que Sembat, myope, barbu, subtil, marié à un peintre d'un grand et moderne talent, Mme Agutte, qui devait le suivre de près dans la mort. Il avait le cœur délicat et la passion de la montagne. Il se plaignait de s'essouffler vite, et quand, vieil élève de Potain, je lui disais « prenez garde », ayant remarqué ses pâleurs soudaines, il me traitait de morticole en riant. Il m'interrogeait sur Maurras, qu'il admirait, et je l'interrogeais sur Jaurès, dont il parlait délicieusement. Un jour que je le contredisais, pendant qu'il était à la tribune, il me dit avec gentillesse : « Daudet, vous êtes inconséquent. Vous vous plaignez, dans votre journal, que je ne parle pas assez souvent, et si je parle, vous m'interrompez. » Je l'aurais embrassé.

Dès le début, quatre de mes collègues républicains attirèrent sérieusement mon attention et ma sympathie : André Lefèvre, qui fut ministre de la Guerre succédant à Clemenceau dans le cabinet Millerand (1920), Georges Mandel, ancien chef de cabinet du Père la Victoire, Ignace, ancien sous-secrétaire d'Etat du même à la Justice et Le Provost de Launay.

André Lefèvre, patriote et chimiste, avait un visage déterminé, bilieux, garni d'une barbe brune en pointe, qu'il lissait volontiers en parlant, où saillaient les maxillaires inférieurs. Savant estimé, il avait attrapé une maladie de foie à manier les explosifs pendant la guerre et il était atteint de ce mal accablant : le prurit généralisé. Je lui avais passé une ordonnance à ce sujet de mon vieil ami le docteur Lamarre, de Saint-Germain, qui recommandait, à dose minime, le *Rhus toxicodendron*. Esprit scientifique hardi, ingénieux et vif, Lefèvre était demeuré républicain à l'école de son maître. Naquet ne voulait pas voir l'antinomie de la démocratie et du patriotisme. Suivait l'évocation de 1792. Nous discutions souvent là-dessus, car je l'avais pris en amitié, en raison de son patriotisme intransigeant et de son sens élevé des choses. Il était méfiant et renseigné. Un jour, il me signala comme suspect — au point de vue national — un personnage influent et subtil que je considérais au contraire comme un bon Français. Appelons-le X... Nous parlions de lui, dans un bureau de la Chambre, quand, par le plus grand et le plus comique des hasards, X... entra, nous vit, devina quelque chose dans l'air : « Bonjour Daudet, bonjour Lefèvre. » On se serra la main. Je dis à Lefèvre : « Il aurait été épaté si vous l'aviez arrêté séance tenante. — Mais non, me répliqua Lefèvre, pas du tout. »

Lefèvre était dur dans le service, mais compatissant, profondément humain, qualité qui, à mes yeux, prime tout. En outre désintéressé, vieux garçon, comme tel un peu amer, et ami des idées. Je lui disais : « Mais lisez donc Maurras, comme vous liriez un bouquin de chimie. » C'était un dévot, un des derniers, de l'insanité démocratique. Vint une amnistie. Je croyais à l'éponge. Je lui demandai, en dehors de l'amnistie, quelques grâces : « Combien ? me dit-il de sa voix brève. — Douze, si vous êtes pingre, vingt, si vous êtes généreux. » Il rit : « Douze, je suis pingre. » Mon beau-frère Jacques Allard, médaillé militaire, croix de guerre, les Eparges, aviateur et tout le tremblement, chroniqueur parlementaire à *l'Action française*, eut la liste des bénéficiaires de la grâce. Il rendit visite à quelques-uns... dans d'innommables bouges. N'en parlons plus ! Or, malgré cette leçon, plutôt comique, je demeure partisan, à certaines heures, d'un vaste lavage de la dalle souillée. Mieux vaut se tromper, dans l'indulgence quant aux « petits », au-delà qu'en deçà. Quant aux meneurs, l'implacabilité.

En vain Lefèvre, *grand* ministre de la Guerre — j'y insiste — et qui avait le don de la parole, prodigua-t-il ses avertissements, concernant l'Allemagne, à la Chambre bleu horizon. Elle l'écoutait d'une oreille distraite. L'homme excellent, martyrisé dans son cœur de père, qu'était le général de Castelnau, s'écria un jour : « Laissez-nous souffler, que diable ! » Lefèvre s'avança vers moi : « Vous avez entendu, quelle folie ! Pendant que nous soufflons, les Allemands *jouent.* » C'était lui qui avait raison. Il se montrait fort irrité contre notre collègue Fabry, colonel en vedette de la guerre, rédacteur en chef, sous Bailby, à *l'Intransigeant*, chu tristement dans l'électoral et le parlementaire et qui pourtant eut un beau jour, à la tribune, une étonnante sortie sur « le feu ». En l'écoutant, on entendait la bataille. Mais, comme député, il était obéissant aux « autorités », à Millerand, à Briand, à Leygues, et nul, totalement nul en ses votes, topos et jugements.

Georges Mandel est une forte personnalité, une des plus fortes que j'aie rencontrées. A travers Clemenceau, il a été, en 1918, le maître de l'administration du pays. Sa lucidité, son implacabilité, son érudition politique, son vouloir ont permis à son grandiose patron de veiller au grain en première ligne, cependant que lui, Mandel, assurait savamment l'arrière. Son physique anguleux, mince et bref, sa parole nette, scandée, d'apparence stérile, de fond subtil, sa vision, elle aussi linéaire, ont joué un rôle essentiel dans le refoulement de l'ennemi au-dedans, donc dans sa déroute à la périphérie. Sa vaste culture est égale à sa compréhension immédiate et à son cran. Un député du Nord, censé socialiste, le harcelait dans un moment où il avait besoin, à la tribune, de tous ses moyens : « Monsieur, mon cher collègue — Mandel est toujours courtois —, répliqua-t-il, vous étiez moins faraud quand vous veniez, en 1918, chaque semaine, à la présidence du Conseil, réclamer votre prébende. » Chez cet implacable, aucun orgueil, aucune vanité, aucune pompe. Mais — c'est sa force — ceux qui ont été ou sont avec lui savent pourquoi compter sur lui. De tempérament opposé au sien, j'ai toujours aimé son âme sévère, ses yeux froids, son dévouement passionné à la chose publique, son honnêteté sans faste.

Avec Ignace, nerveux, brun, long, dégingandé, courageux, j'avais eu autrefois des démêlés à l'occasion du divorce qui conclut mon premier mariage (1894). Secrétaire de Lockroy, successeur de Payelle, depuis directeur de la Cour des comptes, Ignace, avocat de talent, avait secondé Me Cléry contre moi, auprès de l'ignoble président Baudouin. Mais tout cela était loin, dissipé en fumée, et je sus gré à tous ceux qui m'avaient permis d'asseoir ma vie dans ma véritable union, religieuse et non plus seulement civile, avec ma petite cousine deux fois germaine, lumière de ma liberté et de mes travaux. Nous nous retrouvâmes, au service de la patrie, Ignace et moi, avec plaisir. Son vestiaire était contigu au mien. Il me confia, dès la première séance, son navrement de n'avoir pu obtenir de Clemenceau l'exécution par les armes de Caillaux. Nous regonflâmes, comme dans *l'Après-midi d'un faune* de Mallarmé, des souvenirs divers. Il avait horreur de Poincaré, que *l'Action française* soutenait alors et, au moment de la discussion de la Ruhr, il se promenait debout dans l'hémicycle, une main à la tempe, car il entendait mal, et me glissait dans l'oreille : « Oignez vilain, il vous poindra. » Je pensais alors qu'il exagérait. J'ai reconnu depuis la justesse de son appréciation, inférieure certes à la réalité. Le pseudo-juriste Poincaré était bien pire qu'un vilain : un être mesquin, double, méchant et vil. Mais n'anticipons pas !

Le Provost de Launay, esprit droit, cœur franc doué pour la parole comme personne, était trop modeste et montait à la tribune rarement, toujours de haut, toujours à bon escient, d'une voix lente et merveilleusement timbrée. Il eût été l'homme du parti bonapartiste — étant nationaliste consulaire —, si le pauvre prince Victor avait eu pour deux sous de sens politique. Mais, bien guidé autrefois par Paul de Cassagnac, il était revenu depuis aux idées absurdes de son Plonplon de père et à sa confiance dans l'avenir du radicalisme. C'est ainsi qu'il accueillait à Bruxelles tous les bonshommes de gauche et s'entretenait gravement avec eux des destinées du pays. On m'a dit qu'il faisait même ses choux gras de Hanotaux, dont la vision politique a toujours été fausse et servile et duquel Deluns Montaud, homme de valeur lui, déclarait péremptoirement « une âme de larbin ». C'est tout à fait mon avis. Dans un parti, à la tête d'un parti, il faut quelqu'un, qui soit écrivain, orateur, vivant, libre d'attaches. Le Provost de Launay eût joué ce rôle, si son prétendant l'avait compris. Nous fûmes bientôt — et nous sommes demeurés — amis. Il me disait en riant : « Dire qu'il y a quelques années ma plus chère idée était de vous tuer en duel. »

Autre collègue tout à fait charmant et même exquis, Léon Bérard, mais officiel et, comme tel, contraint d'affirmer, en toutes circonstances, la valeur, au moins parlementaire, d'un Millerand, d'un Briand, d'un Poincaré, d'un Viviani et autres personnages inconsistants, portés aux nues par une presse servile grâce aux fonds secrets, lors de leurs apparitions périodiques sur l'écran du régime. Léon Bérard, comme son homonyme feu Victor Bérard, est un lettré de grande envergure, et tel que le ministère de l'Instruction publique n'en avait jamais eu de comparable à sa tête. Car l'illustre Berthelot, père des explosifs et de la synthèse chimique, qui fut ministre de l'Instruction publique, n'avait aucun goût littéraire. Sa correspondance avec Renan est insipide et pitoyable. Quant à Lockroy, journaliste et gendre de Victor Hugo, il fut un grand maître de l'Université qui ignorait tout des humanités, et je lui fis, avec son premier secrétaire Gustave Ollendorff, son discours au concours général, qu'il lut aux jeunes élèves en trémulant. De toute la douzième législature, 1919-1924, que je suis en train de raconter ici, surnage seulement, avec la discussion sur l'occupation de la Ruhr, le débat sur les humanités, que conduisait Léon Bérard avec un tact, une bonhomie, une compétence admirables. Il n'en demeura rien de la suite, bien entendu, que le souvenir d'heures délicieuses.

Je dois dire que les premières semaines, et même les premiers mois, de mon métier de parlementaire m'amusèrent — au sens enfantin du mot — beaucoup. Rentré chez moi, après des séances agitées, où j'avais joué ma partie avec entrain, je racontais ces potins d'assemblée — car ce n'est pas autre chose — à ma chère Pampille, légèrement sceptique, ou à mes amis, et nous tirions des plans pour les séances suivantes. Dès le début nous nous étions affirmés, nous gens de droite. Nos collègues avaient compris qu'il allait falloir compter avec nous et de tous côtés nous venaient des propositions d'entente et de combines, que nous étions résolus à repousser. Clemenceau se retirant, un cabinet Millerand lui succéda, conformément aux règles du jeu éternel, qui avait fait de Millerand « Bataclan » — du nom du caf'conc' où il exposa son crottin de programme — le maître de la situation, et Millerand appela au ministère de l'Intérieur, comme son ami et chouchou, sous je ne sais quelle influence, peut-être par un effet de sa propre stupidité, un fils et petit-fils de Boche, Théodore Steeg. C'était détruire, dès le début, la portée des élections nettement réactionnaires du 16 novembre, et ramener dans la place l'ennemi.

IX

VINGT-NEUF MOIS D'EXIL

I

Installation à Bruxelles

Réfugié à Bruxelles le 1er août 1927, j'y fut rejoint, le surlendemain, par ma femme et mes deux jeunes enfants. Après quelques jours passées à l'hôtel Gallia, boulevard des Arts, à la fois familial et grandement confortable — dont l'aimable propriétaire, M. Navyr, nous fit les honneurs avec beaucoup de bonne grâce —, nous nous installions à la porte de Tervueren, au quartier dit d'Etterbeek, dans un bel hôtel mis à notre disposition par une grande dame belge, la gracieuse et bienveillante Mme de R..., descendante des Marnix de Sainte-Aldegonde. Pendant deux ans et demi nous avons séjourné en cette vaste demeure, remplie de tableaux et d'objets précieux, ayant, devant nos larges baies vitrées, les arbres majestueux du parc du Cinquantenaire, dans une atmosphère de tranquillité et de labeur, qui m'a permis d'écrire une dizaine de volumes, de préparer trois séries de conférences et aussi de connaître ce merveilleux peuple belge que je n'avais vu jusqu'alors qu'en passant... Mais n'anticipons pas...

La liberté physique, morale, intellectuelle est le plus grand des biens. Après des semaines de prison, en compagnie de criminels et de voleurs, dans la puanteur et dans la crasse, après cinq semaines de fuites et de cachettes, où je connus, innocent, les affres d'un coupable, cette Bruxelles d'été me fut une volupté incroyable, un délice. Aller et venir ; prendre le bon de l'air, comme nous disons en Provence, d'un air léger et frais qui n'appartient qu'aux Flandres ; parcourir, un jour, les rues calmes, aux larges pans d'ombre et de lumière, le lendemain, les allées soleilleuses de la forêt de Soignes ; regarder les pimpantes Bruxelloises passer dans les rues, sous leurs chapeaux serrés à la mode ; monter dans un tramway, y lire mon journal ; en descendre ; flâner aux devantures, tout cela me semblait neuf, rafraîchissant, exquis. J'avais dix-huit ans et même un peu moins. Je jouais au ballon avec mes enfants et ma femme. Nous courions joyeusement dans les avenues menant aux musées. Je retrouve mes souvenirs d'écolier en vacances, et nous faisions des fameuses parties de rire avec Joseph Delest, lequel avait heureusement passé la frontière de son côté et attendait la venue de sa femme et de ses deux vaillants garçons.

Tout de suite, les *Cahiers mosans*, dont s'occupent, avec talent et persévérance, Paul Dresse et Raymond Janne, m'avaient demandé de faire une conférence à Spa. Conférence littéraire, bien entendu. Car très résolu à continuer mes campagnes quotidiennes dans l'*A. F.* avec la même virulence que lorsque j'étais dans mon bureau de la rue de Rome, je n'étais pas moins décidé à ne manifester aucune activité politique en Belgique même et, bien entendu, à ne créer aucune difficulté, d'aucun ordre, au noble pays dont j'étais l'hôte. Il y a, à Bruxelles, un groupement important d'Action française, je veux dire de Français et de Belges, qui suivent les doctrines de Maurras et commentent le journal. Je n'y ai jamais mis les pieds, m'excusant auprès de nos amis et leur exposant de vive voix ce que je viens de dire. J'étais ailleurs averti que l'ambassadeur de France Herbette, le pauvre diable qui a eu récemment à Paris, pendant un séjour, la fin lamentable que l'on sait, était prêt à me chercher des poux et à tracasser le gouvernement belge à mon sujet. Mais il n'en eut pas le prétexte.

Je n'avais jamais encore eu l'occasion de visiter Spa, où séjourna Guillaume II pendant la guerre européenne. C'est une ville d'eaux ravissante et luxueuse, située à l'entrée des Ardennes, entourée de vallonnements sauvages et nuancés, aux courbes harmonieuses. Il y a là des domaines et des villas de toute beauté, dominant des forêts à la Shakespeare et que l'on sent prêtes à se mettre en marche, comme dans *Macbeth.* Ces installations princières et d'un goût sobre, sans nulle flamboyance, rappelant les demeures écossaises, semblent propices à la poésie et au rêve. Parmi elles, celle des parents de Paul Dresse (son père fut jeté en prison par les Allemands pendant l'occupation) et de l'aimable bourgmestre, le baron Crawhez, me remplirent d'admiration. Nous déjeunâmes dans la première avant la conférence et nous dînâmes dans la seconde. Bien qu'on fût au mois d'août, il y avait un joli feu de bois dans les vastes cheminées.

Tout se passa le mieux du monde. Des Camelots du roi étaient arrivés de Paris pour faire discrètement la police de la salle, certains bruits bizarres étant parvenus à nos services de renseignements. Je sus plus tard, de très bonne source, que ces bruits étaient fondés. Voici ce qu'on me raconta : des inspecteurs de la Sûreté générale avaient l'intention de passer la frontière, avec une forte automobile, de soulever un incident violent pendant que je parlerais et, à la faveur du brouhaha, de m'enlever de vive force ! Le duc d'Enghien, au petit pied, quoi ? Mais le baron Crawhez, ayant eu vent de ce complot, vint à la conférence avec son écharpe ; sa présence et celle, vite éventée, des Camelots firent réfléchir « ces messieurs », qui demeurèrent cois et inodores. Le public me manifesta chaleureusement sa sympathie.

La Sûreté française ne prévoyait pas les conséquences d'une telle violation de territoire qui, aux yeux du peuple indépendant qu'est le peuple belge, fut apparue comme une intolérable injure. Il est heureux, pour les argousins, que le beau projet ait fusé.

Mais je veux dire ici un mot de Guillaume II qui s'était adjugé à Spa le domaine charmant de Neubois, où l'on voit encore son abri blindé. Je n'ai pas visité cet abri du « valeureux poltron de neveu », comme disait spirituellement le roi Edouard VII. Mais j'ai écouté avec amusement les récits que l'on m'a faits du séjour de ce type extravagant, et certainement pas mal timbré, au milieu de sa cour d'officiers et de chambellans, qui s'étaient abattus, comme des sauterelles, sur les villes de Spa et des environs. Il a laissé ici le souvenir d'un fantoche tragique, arrogant au début, et se proclamant « le maître du monde », devant les fournisseurs ébahis, puis assez sombre et mélancolique, à mesure que les affaires se gâtaient. On sait que, dans la dernière partie de la guerre, Hindenburg, lui aussi « villégiatubelligérant » à Spa, et Ludendorff ne permettaient plus à « l'incomparable écervelé » de Bismarck la moindre intervention dans les choses militaires, ni dans les plans d'état-major. Il était au rancart, un rancart somptueux, où il trompait sa soif de commandement, en creusant une tranchée dans son parc !

Or la tranchée la plus violente fut celle qui le prit aux entrailles, quand arriva la grande débâcle de novembre 1918, où s'écroula, d'un coup, la fameuse discipline de fer, non seulement à Berlin et en Allemagne, mais aux armées et en territoire occupé. La peur livide des défaites homériques, la peur verbeuse et agitante de Panurge, entra dans l'âme du Hohenzollern, avec les images d'émeute et de révolution, feuilletées dans les albums de sa jeunesse, et qui l'avaient incliné au « socializmus » au moment de son accession au pouvoir suprême. O mémoire ! Hanté par les souvenirs de 1848 et 1871, et désireux de se débarrasser de son rude tuteur de Varzin, le jeune souverain, que le cancer du larynx paternel venait de placer sur le trône, était à la recherche d'un statut ouvrier international. Il eut l'idée falote d'en demander la recette à Jules Simon, à Burdeau et à Tolain, vieil abruti, ignoré de tous, sénateur par-dessus le marché, que lui avait recommandé je ne sais plus quel diplomate. Burdeau, mon ancien professeur de philosophie à Louis-le-Grand et qui tomba depuis sous les coups de Drumont, avait traduit Schopenhauer, parlait fort bien l'allemand, mais, en fait de législation ouvrière, n'avait d'yeux que pour la finance, où il avait fait ses débuts à

Lyon, sous la direction du trop célèbre Donon, du *Globe*. Il était prodigieusement comique — et Bismarck ne s'y était pas trompé — de faire appel à ses lumières. Quant à Jules Simon, fort malicieux et hypocrite, mais aussi éloigné que possible de toute question concernant les travailleurs — c'était un disciple de Cousin et un libéral tartuffiant et proboche, avec une petite voix flûtée — il déclara qu'il n'avait jamais bien compris pourquoi « l'incomparable écervelé » l'avait mandé ainsi en tiers à Berlin. En revanche, il avait trouvé « ce jeune homme » très joli et très désireux de placer un mot de l'argot parisien d'alors, au milieu des plus graves considérations.

Ces récits de ma jeunesse respublicaine, et hugotiforme en diable, me hantaient, tandis que je considérais, sous la pluie fine, l'aboutissement du règne de Sa Majesté Hourlouberlou premier, et que je me rappelais la prédiction fatale de Bismarck, si prodigieusement réalisée. Le rude « Vieux » disait aussi qu'une guerre est toujours chose grave et qu'il ne faut pas s'y engager à la légère. Il ajoutait que rien n'était plus menaçant, pour l'Allemagne au zénith de 1880, qu'une guerre de coalition. S'il fallait résumer ce règne de Guillaume II, de façon lapidaire — au tout premier lapidaire ! — je l'appellerais : mésaventures de Touchatout. J'ajouterais, en souvenir de la falote mission Burdeau-Simon-Tolain, que quiconque se laisse prendre à la chandelle fumeuse du « socializmus » s'y brûle les doigts et, dans le cas des Hohenzollern, la couronne. Mais il y avait certainement, dans Guillaume II, l'étoffe d'un remarquable jobard, d'un jobard de ses propres lubies. Ce sont les plus dangereux de tous.

Sa fuite de Spa, en quatrième vitesse, fut, paraît-il, tout à fait joyeuse, surtout pour les Belges, auxquels ses grands airs n'en imposaient guère, et qui n'oubliaient pas les incendies, les massacres horribles et les rapines des soudards casqués de ce louftingue. Il me semblait que j'allais le voir passer à nouveau, la mine défaite, au milieu d'un état-major désemparé, et qui n'avait plus qu'une idée : ficher le camp au plus vite et, pour le coup, sans demander son reste, afin d'éviter « les rebrézailles ».

Quelques semaines plus tard, *les Amitiés françaises* me demandaient de faire une conférence *littéraire* à La Louvière, district industriel sis dans la grande banlieue de Bruxelles. A l'annonce de cette conférence, les socialistes et « gardes rouges » de l'endroit menèrent grand tapage et déclarèrent, par voie d'affiche, qu'une pareille injure aux travailleurs ne serait pas tolérée. Motif de cette interdiction : 1° j'avais assassiné Jaurès ; 2° j'avais insulté ces respectables républicains, qui s'appellent Briand, Poincaré et Barthou. Ces griefs avaient un parfum bien singulier, bien saugrenu, bien spécial, et qui nous donna beaucoup à réfléchir, à Delest et à moi. Toutefois, pour la même raison que j'ai dite plus haut, je décidai de renoncer à la conférence. Les organisateurs, se jugeant lésés, firent un procès en dommages-intérêts au parti socialiste de La Louvière et le gagnèrent haut la main. Minuscule en soi, cette affaire fit le tour de la presse belge et indépendante, et suscita des commentaires fort peu aimables pour les tyranneaux de La Louvière. Je trouvais personnellement la chose plutôt comique et il ne me vint pas une minute à la pensée d'en rendre responsable M. Vanderwelde, alors ministre des Affaires étrangères, homme d'une vive intelligence et que je sais fort au-dessus de pareilles misères. D'ailleurs, quelque temps plus tard, Léon Blum, relevant son jupon, venait faire une *conférence socialiste* à la maison du Peuple de Bruxelles, avec ce sans-gêne et ce mauvais goût qui lui appartiennent en propre.

Dans les premiers temps de mon séjour, des inspecteurs de la police française venaient questionner mes servantes à mon sujet : « Vou qu'il est votre patron ? » Je donnai l'ordre de répondre, sans se fâcher, que j'étais tantôt à Paris, tantôt à Marseille, tantôt à Lyon. Ce qui fit que dans ces trois villes, et notamment à Marseille, il y eut plusieurs alertes me concernant. Ensuite, j'eus la visite d'un rédacteur de *l'Œuvre*, que je commis la sottise de recevoir et qui me prêta le dessein de rentrer en France, clandestinement, par des propriétés à cheval sur les deux frontières. C'est alors que je résolus de fermer ma porte à tous les interviewers venus de Paris.

Bientôt la police de Paris se lassa et me ficha la paix. Elle n'eut pas tort, car nos amis de Belgique, tenus au courant, commençaient à mal prendre la chose et cela, à la longue, aurait fait du vilain.

La ville avait beaucoup changé depuis mon premier séjour à Bruxelles, quarante-six ans auparavant, en compagnie de Georges Hugo. C'était notre premier voyage non accompagné : nous avions chacun deux cent cinquante francs en poche, nos billets une fois pris, et nous nous faisions une fête de visiter les musées, en compagnie de Rops et de Gouzien, venus pour une sorte de combinaison musicale, que devait organiser, à Anvers, Peter Benoît. L'objet principal de notre voyage était une représentation de *Sapho* au théâtre Molière (que dirigeait alors le bon Alhaiza), avec la délicieuse Mlle Sylviac, dans le rôle de Fanny Legrand. J'aime mieux vous dire tout de suite que Georges, alors âgé de dix-huit ans, était fort épris de Mlle Sylviac, laquelle ignorait tout de cette passion et ne se douta jamais que Georges avait mis un bon quart de notre viatique dans le bouquet qu'il lui offrit. Car c'était un prince, ce cher Georges, par le sentiment et les manières, en même temps qu'un très grand artiste. Alhaiza nous invita au souper, qui fut très gai et aussi « très famille », et où l'on but à la santé d'Alphonse Daudet, du « vieux père », comme nous l'appelions tendrement, Georges et moi.

Nous étions descendus au Grand Hôtel, boulevard Anspach. Mais le critique de *l'Indépendance belge*, Frederix, qui était célibataire et ressemblait à Coquelin aîné, exigea affectueusement que nous prissions logis chez lui, je ne me rappelle plus dans quel quartier de Bruxelles. Je ne le recherchai pas au cours de mon exil, pas plus que l'ancien hôtel des Berardi, qui nous avaient aussi accueillis si gentiment. Je ne remets que rarement les pas dans les pas. C'est trop mélancolique.

Quelques années plus tard, mariés tous deux, Georges avec Mlle Ménard Dorian, moi avec la sœur de Georges, nous venions à Bruxelles et à Anvers, en compagnie de Paul Mariéton, qu'émerveillait à bon droit le musée Platin, et, de là, nous gagnions la Hollande. C'est dire que j'aurais eu à Bruxelles plus d'un souvenir de jeunesse, si j'avais voulu m'y attarder. Mais ma pensée était accaparée, en août 1927, par ma mère privée de ma personne et de celles de ses petits-enfants, et par mes amis de *l'Action française* auxquels me lie, depuis vingt-deux ans, une profonde affection sans nuage et une collaboration quotidienne. Je savais qu'ils viendraient me voir fréquemment et que la distance de trois heures et demie, qui nous séparait, était faible. Je savais aussi que, chaque semaine, j'aurais un courrier de cabinet et que je serais ainsi tenu au courant des affaires de notre chère maison. Tout de même, ce n'était plus la même chose, et je redoutais que l'exil n'estompât, ou ne diminuât, une énergie, ou résistance morale, qui, dans les pires circonstances, ne m'a jamais abandonné. Je redoutais le piège euphorique de l'acteur devenu spectateur et qui regarde, de loin, les copains se débrouiller.

Tu l'as dit, ô Lucrèce, si cher à Maurras et qu'après le suave Virgile je goûte bien aussi, dans sa saveur amère et forte...

Suave mari magno, turbantibus aequora ventis,
E terra magnum alterius spectare laborem.

Tout de suite, je réglai ma vie et mon labeur : le matin lecture des journaux belges. Ensuite, travail jusqu'au déjeuner. Après le déjeuner, causerie et lecture des journaux de Paris, et du courrier. Promenade à pied d'une heure et demie environ. Retour pour le thé et travail jusqu'au dîner. Après le dîner, jeux, causerie ou lecture en commun. Deux mois après notre arrivée, ma chère belle-mère Léon Allard (sœur d'Alphonse Daudet et qui avait épousé le frère de ma mère) venait nous rejoindre dans l'exil, dont elle *tirait* les vingt-sept mois en notre compagnie. Sa servante, Louise, depuis quarante-cinq ans dans la famille, cuisinière sans rivale, et nos trois servantes nous avaient accompagnés à Bruxelles, ce qui faisait une maisonnée de neuf personnes, administrée et dirigée, comme elle sait le faire, par la mère du petit Philippe.

L'amusant hebdomadaire bruxellois, *le Pourquoi pas*, écrivait récemment, à ce sujet, que les Bruxellois, m'ayant vu vivre, et de près, pendant deux ans et demi, s'amusaient beaucoup des légendes répandues, à mon sujet, par mes ennemis de tout poil. Moi aussi je m'en amuse beaucoup et quand je lis, sous la plume d'un indicateur de police, ou d'une sous-raclure de lettres, ou d'un dégueulasse d'encrier quelconque, ou d'un cafard, que je mène une vie de bâton de chaise, que je fréquente les dancings et que je hante les restaurants de nuit, à Paris ou à Bruxelles, j'avoue que je suis malade de rire. Il y a bien vingt-huit ans sonnés que je n'ai mis les pieds, ni à Montmartre ni dans un établissement dit « de plaisir » à Paris ni ailleurs et que je me couche à dix heures et demie du soir, sauf quand je dîne chez des amis. C'est à cette régularité de vie que je dois d'avoir suffi à une production littéraire assez considérable, ainsi qu'à des efforts politiques constants. Je goûte les plaisirs de la table, c'est une affaire entendue ; mais les choses sont arrangées de telle sorte que c'est chez moi et chez mes amis qu'il m'est donné de les goûter le mieux du monde et dans l'atmosphère d'hommes spirituels en veston et de gracieuses femmes en grande toilette qui me plaît le plus. Cela m'ennuie de passer un habit ; mais le spectacle de la beauté et de l'élégance féminines est indispensable à l'élan poétique de mon pauvre esprit. Puisse le R. P. du Passage, mon sévère censeur des *Etudes*, me le pardonner.

Donc, en 1884, il n'y avait encore, à Bruxelles, aucune trace de cette avenue de Tervueren, créée, avec tant d'autres belles et utiles choses, par le souverain de génie que fut Léopold II, et dont les mérites extraordinaires ne devaient être reconnus qu'après sa mort. On raconte que son frère, le comte de Flandre, avait juré de ne jamais passer par là dans ses promenades à cheval, parce que ce serait hideux... « Ce sera fort beau », répondait le roi, de sa forte voix. En fait, c'est une route magnifique, qui va, en droite ligne, de Tervueren à la rue Royale, par le Parc et la rue de la Loi. Il faut voir cela par une belle matinée d'été ou d'hiver, sous le ciel rose en été et « curaçao » en temps de frimas, qui est celui des Pays-Bas, ou encore au crépuscule d'été, dans le déliement d'une journée chaude. L'avenue est bordée, de chaque côté, par de véritables palais, d'un ordre et d'une propreté incomparables, avec garages, cours intérieures, jardins, route tournante pour l'arrivée des automobiles, construits dans une pierre tantôt extrêmement blanche, tantôt légèrement teintée de rose, quelquefois en marbre blanc, ou veiné. Cette grande respiration de Bruxelles a beaucoup plus d'ampleur et de majesté, à mon avis, que l'avenue Louise, fort élégante elle aussi et qui va du pittoresque quartier de la porte de Namur au bois de la Cambre.

On sait que c'est aussi le roi Léopold II qui dota la Belgique du Congo, en utilisant le génie de Stanley, froidement méconnu des Anglais. J'ai vu cela de près, mon père étant fort lié avec Stanley, époux de la ravissante Mlle Tennant, qui venait souvent à la maison et qui nous recevait, à Londres, dans l'hôtel et musée africain du 2, Richmond Terrace.

Une de nos premières visites à Bruxelles fut précisément pour le musée du Congo de Tervueren, qui est le modèle du genre et un centre d'études ethnographiques incomparable. Nos enfants ne se lassaient pas de contempler les vitrines, où sont réunis les armes, les flèches, les bois précieux, les constructions des termites, celles des fourmis géantes. Nous y prenions autant de plaisir et d'intérêt qu'eux. En face de notre demeure, sise au 3 de l'avenue de l'Yser, se trouvaient aussi les admirables musées du Cinquantenaire, que les étrangers ont le grand tort de ne pas visiter, car on y apprend beaucoup en peu de temps. C'est un fait que les Belges et les Hollandais devancent, et de loin, pour l'agencement de leurs musées, soit picturaux, soit ethnographiques, les Français, les Anglais, les Allemands et les Italiens. Ils ont le sens de cette forme spéciale de l'enseignement artistique ou scientifique par les yeux : et notre Louvre n'est qu'un fouillis, par rapport aux musées de Bruxelles, d'Amsterdam et d'Haarlem. J'en dirai autant de la National Gallery de Londres.

A partir des premiers beaux jours, ma promenade quotidienne, et dont je ne me lassais pas, consistait à descendre l'avenue de Tervueren jusqu'aux charmants étangs de Woluwe et au-delà. De chaque côté des longs terre-pleins, plantés d'arbres déjà grands et nombreux, passaient à toute allure les automobiles et les motocyclettes. Il n'y a pas de limitation de vitesse à Bruxelles, j'ignore pourquoi, et les chauffeurs, publics et privés, font couramment du quatre-vingts à l'heure dans la rue de la Loi, la rue Belliard et sur les boulevards spacieux qui ceinturent la ville. Aussi les accidents sont-ils très fréquents. Nous ne prenions jamais une auto sans que je dise au chauffeur : « Pas trop vite hein, vieux, madame a peur. » Mais il savait bien que c'était moi qui « craignais », comme on dit en Avignon, et il riait de bon cœur.

Je connaissais de réputation la bonhomie de la population belge, mais je ne l'avais pas mise à l'épreuve. Le Belge, dans toutes les classes, est naturellement bienveillant et rend service à son prochain, dès qu'il le peut. Les commerçants sont particulièrement affables et empressés. Il sont aussi très honnêtes, et même si un monsieur présomptueusement inexprimé — c'est mon cas — veut acheter une volaille, du gibier ou un fruit, ils ne cherchent nullement à le tromper, ni à l'estamper. Il en est de même à Paris et en province chez les fournisseurs attitrés. Mais à Bruxelles, la règle est la même, pour le voyageur et le passant, que pour le client fidèle. Fernand Neuray, à qui j'en parlais, me disait : « C'est exact et c'était encore plus saisissant avant la guerre. Pendant l'occupation, c'était un plaisir, et constant, que de jouer des tours au Boche oppresseur. D'où une légère démoralisation, heureusement en train de disparaître. »

J'eus très vite l'occasion de remarquer que l'horreur et le mépris de l'Allemand étaient demeurés extrêmement vivaces dans toutes les classes de la société. Les Boches ont été en Belgique, dès le début et pendant quatre années, non seulement féroces, mais imbécilement odieux, principalement avec les petites gens. Aux Bruxellois fortunés, ils se contentaient de voler l'argenterie, les chevaux de course, des caves entières de vins fins, bien entendu des objets d'art et des tableaux. Cela avec un tranquille cynisme. Il y aurait un volume à écrire avec le récit de ces rapts. Aussi il faut voir comment sont accueillis, à Bruxelles, les projets de rapprochement allemand, et d'alliance allemande ! Une grande partie de la sympathie que nous témoignaient les fournisseurs, employés de tramway, chauffeurs, marchands de journaux, etc., tenait à ceci que l'on me savait irréductible, quant à l'amour et à la fréquentation de ces métaphysiques égorgeurs d'enfants et fusilleurs de femmes. Quand nous allâmes à la mairie de notre quartier, Delest et moi, afin de faire légaliser nos permis de séjour, les employés, prévenus, sortirent de leurs bureaux pour nous serrer vigoureusement la main.

Un jour, dans un grand bureau télégraphique de Bruxelles, l'affable employé, qui recevait ma dépêche, me demanda combien j'avais publié de volumes en un an de séjour dans sa ville : « Six, répondis-je. — Ah ! fit-il, donc le Portugais a gagné son pari. » Il était venu, quelques jours auparavant, de Lisbonne, un collègue des postes auquel on avait donné un dîner. La conversation était tombée sur moi, et le compatriote de Camoens avait déclaré : « Je sais que Daudet a écrit ici, en un an, six volumes. ». Le chiffre avait paru exorbitant ; d'où le pari que venait de gagner le Portugais.

Je n'adressais pas mon article directement rue de Rome. Je me servais d'un intermédiaire, un collaborateur, qui reçut ainsi quelque neuf cents articles de moi pour notre quotidien et pour *l'Action française agricole.* Il s'en égara deux en tout, encore je ne sais si ce fut en cours de route ou à l'imprimerie. Ils étaient d'ailleurs sans importance.

Je commençai d'écrire mon roman *le Napus* vers le 15 août, à peine ma table dressée, et je le terminai le 10 octobre. Jamais je n'avais eu plus de facilité, ni d'entrain au travail. Alors qu'en prison — comme m'en avait averti Pujo — j'avais du mal à écrire mon article pour l'*A.F.* Vanzetti, un des deux anarchistes italiens dont l'électrocution a fait tant de bruit par le monde, a dit, avec raison, que pour écrire, et même pour penser, il faut la liberté physique et morale. Il eut ce mot effrayant : « Depuis sept ans, je n'ai pas pu penser. » N'ayant aucune notion précise quant au fond même du débat, je n'en trouvais pas moins affreux les atermoiements, *exquisita supplicia*, de la justice américaine ; et la situation de ces deux malheureux me hantait. En France, une pareille cruauté des autorités n'eût sans doute pas été tolérée. Depuis lors, j'ai lu, dans les journaux, des récits épouvantables sur la façon dont sont traités les prisonniers dans les geôles américaines, et qui expliquent ces révoltes sanglantes, ces massacres périodiques des gardiens, ces incendies. La civilisation n'est douce nulle part. Mais il me semble que c'est aux Etats-Unis qu'elle se passe le plus d'humanité, et selon une cadence inquiétante. Il est vrai qu'en France les mœurs dégénèrent aussi avec une étrange rapidité. Il n'en va pas de même en Belgique. Bruxelles est, à tous points de vue, une ville propre. La prostitution y paraît fort limitée et le souteneur, maître du pavé dans maints quartiers de Paris, ne s'y rencontre pas. J'ai exposé, dans *Paris vécu*, le rôle, à mon avis prépondérant, de la traite des Blanches, sous toutes ses formes, dans la dégradation et déchéance de certains quartiers de Paname, notamment des Grands Boulevards.

Des déversements de filles et de leurs « petits hommes » se sont opérés d'abord dans le quartier du faubourg Saint-Martin, et, en face, dans la rue de la Lune ; puis dans le quartier de la rue de la Victoire et de la Bourse, puis dans celui de la rue de Provence et de l'Opéra, puis dans celui de la rue Godot-de-Mauroy, de la rue Daunou, de la rue du Faubourg-Saint-Honoré, etc. L'énorme abcès du Montmartre du plaisir a poussé des infiltrations, qui ont germé en propagations purulentes, depuis la rue Drouot jusqu'à la Madeleine. Rien de tel à Bruxelles. J'ignore si l'on y trouve, comme à Paris, une police des garnis et une police des mœurs qui surajoutent, chez nous, leurs plaies ignobles à celles qu'elles sont censées panser. Mais je ne le crois pas. A Bruxelles, on entend parler de vols, de rixes, non de ces rafles qui sont dans notre capitale les « garde-manger » de la police politique, et des moyens de chantage pour indicateurs puissants.

On sait ce que sont devenus les « passages » des boulevards, à Paris. A Bruxelles, les passages du centre, les galeries Saint-Hubert et autres, ont conservé leur aspect convenable, décent, commercial et sont bordés de magasins luxueux de maroquinerie, de coutellerie, de modes, etc., fréquentés par les élégantes. Il y a, pour les honnêtes femmes, à Bruxelles, une sécurité de la rue qui n'existe plus, de longue date, à Paname. Je suis d'ailleurs certain qu'un préfet de police habile pourrait, chez nous, nettoyer cela vivement. Il est beaucoup plus important encore de traquer le souteneur que la fille. Car l'homme qui vit du trafic de la femme est promptement sur la pente du crime. La traite des Blanches, la propagande par les journaux de faits divers, illustrés ou non, devraient être poursuivies sans merci. Cela vaudrait mieux que de persécuter ces honnêtes travailleuses que sont les braves marchandes des quatre-saisons.

Ce que dut être Bruxelles du temps de la splendeur des Flandres, dans le courant des XVe et XVIe siècles, on en a une idée par cette place et l'hôtel de ville, que j'ai savourés par tous les temps — sauf celui de pluie —, par la brume légère, la neige et le soleil. Ces colonnades et ces rinceaux dorés, ces pignons à jour, ces motifs ornementaux, l'harmonie des proportions, la qualité de la lumière, montante ou descendante, la diversité des façades procurent à l'œil, et, par lui, à l'esprit, un véritable enchantement Au printemps, les marchands de fleurs, de toutes couleurs et de toutes nuances, font leurs étalages dans ce quadrilatère historique, où se tiennent aussi des concours, et qui vit le roi Albert et la reine paraître au balcon de la Maison commune, lors de la déroute allemande. C'est bien là un décor de victoire et de libération. Il n'en est de comparable, à ma connaissance, dans aucune autre ville de l'Europe. Notre place des Vosges elle-même ne vaut pas cela. On sait que Victor Hugo s'y était installé, lors de son arrivée à Bruxelles. C'était tout à fait « un coin pour lui » — comme eût dit Flaubert — et dont il eût pu tirer de beaux dessins. On raconte que, tout fumant d'une colère sacrée, il écrivit là *Napoléon le Petit* et le plan des *Châtiments*. Son ami le bourgmestre d'alors, De Brouckère, montait lui dire bonjour, en passant. Mais, ultérieurement, le poète se fixa place des Barricades, au n° 4. Plus de cent fois, descendant du Cinquantenaire, j'ai passé devant cette maison, dédoublée, semble-t-il, depuis l'époque, et que contemplait avec émotion — comme le trépied de son arrière-grand-père — mon fils aîné Charles Daudet. Je me représentais Hugo, avec son grand front, son regard altier, sa démarche solide, sortant de cette demeure entre ses deux fils,

Charles et François, beaux tous deux, et Henri Rochefort, toujours blagueur, toujours anecdotique, toujours amusant comme ceux de cette époque bavarde et frivole. Je me représentais aussi la ravissante Mme Charles Hugo, née Alice Lehaene, emmenant promener, dans leurs petites voitures, ses deux tout jeunes enfants, Georges et Jeanne. L'hallucination était telle que je finissais, positivement, par les voir et par m'écarter pour les laisser passer !

De la place des Barricades, demeurée telle qu'il y a soixante ans, on peut descendre, par une rue en pente, vers le Jardin botanique, lequel, pour la mélancolie éparse dans la science et à côté d'elle, rappelle, un peu et beaucoup, notre Jardin des Plantes. J'imagine qu'Hugo y allait souvent. C'est un endroit propice à cette rêverie flottante qui lui inspirait ses plus beaux vers, mêlés d'aspects précis et de sentiments vagues, mais amples et normaux. Si l'on continue à descendre, on arrive à la gare du Nord, à l'embouchure de la rue Neuve et du boulevard Adolphe-Max. La rue Neuve est parcourue, à chaque heure du jour, par une foule d'acheteurs de toutes conditions, qui se rendent dans les grands magasins et les boutiques bien achalandées, notamment les pâtisseries et les confiseries. Les gâteaux sont ici très variés et excellents ; le pain, dit de ménage, est remarquable, et de pâte aérée. Une gourmandise nationale est la cramique, intermédiaire entre la brioche et le pain, et qui fait merveille dans le chocolat et le café au lait.

En suivant la rue Neuve, on arrive au théâtre de la Monnaie, universellement célèbre pour l'excellence de son orchestre, et certainement supérieur à l'Opéra de Paris, singulièrement tombé depuis trente ans. C'est là que j'ai eu la joie, étant exilé, d'entendre et de voir madame la comtesse de Ségur (Cécile Sorel) dans *Sapho*. Que mon pauvre père n'était-il là ! A parler franc, jamais aucune actrice, et pas même Sarah Bernhardt dans *Phèdre*, ni Mme Bartet dans *Bérénice*, ne m'a donné cette double impression, plastique et intellectuelle, qui est, je pense, le comble de l'art. Je connais la pièce par cœur. Mon père me l'avait dictée, refaite en entier d'après le canevas, plutôt informe, du bon Belot, au château de Saint-Estève, en Provence, chez nos amis Parrochel. Par un miracle de transmigration, ou, si l'on préfère de métempsycose, Mme Sorel est entrée dans la personnalité intime de cette Fanny Legrand qui a hanté, comme Manon Lescaut, deux générations de jeunes hommes et d'hommes faits. Mon émotion était vive. A chacune de ses répliques je voyais, j'entendais Alphonse Daudet essayant la phrase, sa courte pipette à la main, s'animant, réfléchissant, l'œil vers le ciel d'un bleu chaud, ardent, passionné, cherchant le terme juste, intense, parlé, non écrit qui assure la vie et le mouvement. J'attendais la plume levée, devant la page blanche sur laquelle tombaient ainsi deux lumières, celle du soleil, celle d'une prose poétique et poignante :

« Tu y es, Léon ?

— Oui, papa.

— *Vois-tu, m'ami, ce qui est beau, c'est d'être simple et droit comme toi... et droit comme toi... d'avoir vingt ans et de bien s'aimer...* Tu trouves que ça va ?

— C'est le texte même de ton livre. Mais ça va très bien. Tu ne trouveras pas mieux. »

Grand improvisateur, et de tour librement classique, mon père avait subi l'influence de Flaubert, dont la forme est bien moins naturelle et vivante que la sienne. Flaubert lui avait persuadé que le premier jet n'est pas le bon. Or, c'est le contraire qui est vrai, et remettre cent fois sur le métier son ouvrage (selon le précepte absurde de Boileau) est le plus sûr moyen d'engendrer un monstre de retapages, sans chaleur et sans vigueur.

Dans la scène de la rupture à Châteauneuf, la grande comédienne aux belles épaules et aux bras ronds, visibles sous sa cape tragique, atteignit positivement au sublime. Elle eut un succès extraordinaire et fit salle comble deux soirs de suite. Elle eût fait salle comble pendant un an, car, en sortant de là, je n'avais qu'un désir : la réentendre et la revoir. Tous les spectateurs pensaient comme moi. Elle est une comédienne incomparable et, à la ville, une délicieuse femme, de la plus rare finesse et compréhension. Si j'avais écrit pour le théâtre, je n'aurais pas voulu d'autre interprète. J'ajoute que son aimable mari était excellent dans l'oncle Césaire, dont j'ai bien connu aussi l'original.

Toutefois ce retour vers le passé ajouta, à la mélancolie de l'exil, celle du souvenir de mon père, disparu si tôt, après tant de souffrances héroïquement supportées. Toutes les nostalgies s'attirent et se rejoignent. C'est Henri Heine, je crois, qui en a fait la remarque amère.

La salle de la Monnaie n'avait pas changé depuis l'époque (1912) où ma femme et moi, venus pour rendre visite à M. le duc d'Orléans, assistions à une représentation du *Tannhäuser.* Elle est, cette salle, de style ancien, exactement Second Empire, avec des fauteuils, des loges, des avant-scènes et des draperies rouges, un lustre central et un plafond peint ; et la figuration dans *Carmen*, par exemple, y est aussi peu moderne qu'à Paris, Toulouse et Montpellier. Il y a de quoi faire sourire Hébertot, le maître de la mise en scène dite « aux trois arts », picturale, architecturale, sculpturale, surprenante par la couleur et la ligne. Telle quelle, cette grande corbeille rouge, remplie jusqu'aux bords de femmes en grand décolleté, est un ravissement pour les regards.

C'est ici l'occasion de dire un mot de la rare beauté des Bruxelloises, différente de celle des Parisiennes et des Londoniennes, mais également impressionnante. Elle peut se ramener à deux types principaux : la brune, aux yeux noirs, ou cerclés de bleu d'acier, où subsiste quelque chose d'espagnol, mais de jambes plus longues et de torse moins roulant sur les hanches *(salero)* que l'Espagnole. La blonde, tirant sur le jaune argenté, avec une peau d'une blancheur mate, qui correspond au type flamand. L'une et l'autre ont le corps plein, et cependant harmonieux, le sein ferme et rond, et se relient ainsi aux formes classiques. On imagine ce que donnent, sous les lumières, dans un éclairage estompé ces épaules, ces cous, ces poitrines, ces dos et ces bras. Maxime Del Sarte disait que c'était une féerie et c'est en effet le terme qui convient. Chose curieuse, ni chez Alfred Stevens ni chez Rops, deux grands artistes cependant, je ne trouve ce galbe, à la fois splendide et suave, qui distingue les belles de Bruxelles. Le premier peint des silhouettes plus que des figures, légèrement démodées, de son temps ; le second burine court des bestiales au masque dur et osseux, des animaux de plaisir court. Moi je vois la Belge autrement, et sur un plan plus élevé, qu'elle sorte de la mer du Nord et des plaines mystiques des Flandres, ou qu'elle vienne de la migration méridionale et chaude.

On parle toujours, à propos d'elle, de Rubens, qui a rendu, en effet, l'éblouissant éclat de sa chair et l'entrain à la vie maternelle ou voluptueuse, avec cette fougue géniale, laquelle amplifie, sans trop l'approfondir, ce qu'elle rencontre. Le type féminin des Flandres était sans doute, à son époque, tel qu'il la peint. En ce cas, il s'est modifié et affiné, car, chez beaucoup de jolies femmes de Bruxelles, la force est tempérée par la souplesse ; et le sourire, moins angélique que chez la Londonienne, moins railleur que chez la Parisienne, respire la douceur, la confiance, et la santé.

Quand les femmes sont belles, les hommes sont ardents, dit le proverbe provençal. Le fait est qu'à la belle saison les amoureux foisonnent, quand vient le soir, dans les parcs et squares nombreux de Bruxelles, dans les allées et les pelouses du bois de la Cambre. Autour du lac, au Cinquantenaire, au square Marie-Louise, ce ne sont que chuchotements, enlacements et soupirs. *Tunc Venus in sylvis.* Ne te fâche pas, censeur sévère ! Si tu veux une forte natalité, il faut en vouloir les préludes, et la nature fait bien ce qu'elle fait. A Bruxelles, comme à Paris et à Marseille, les amoureux s'embrassent dans la rue et personne n'y trouve à redire. Voilà qui est parfait.

Toutefois, puisque nous sommes sur ce chapitre des dehors

pittoresques et sentimentaux (mettons même légèrement sensuels et rejoignant, par là, une certaine métaphysique), je ne saurais trop recommander, aux amateurs de chefs-d'œuvre naturels et spontanés, la rue Haute, de la porte de Hal, où elle commence, jusqu'au moment où elle disparaît dans le centre de la ville. C'est une promenade qu'il faut faire par une soirée tiède, de préférence chargée d'électricité orageuse, alors que les caboulots et bastringues regorgent de consommateurs, hommes et femmes, tenant des enfants dans leurs bras, attablés devant une chope de bière, un café ou une limonade. On songe à la phrase de Rimbaud dans *Une saison en enfer,* je crois : « Un soir d'été, dans une ville du Nord, j'ai rencontré toutes les femmes des anciens peintres. » C'est tout à fait cela. Les Jan Steen, les Breughel (il habita cette rue qui devait être alors telle qu'elle est aujourd'hui) foisonnent. Les attitudes et les lumières, jaunes, rouges, vertes, bleues, estompées ou crues, paraissent venir de la Renaissance et de plus loin. On dirait que le temps, avec sa faux brinquebalante, a passé, sans les bousculer, à travers les choses et les gens. Rien de crapuleux ni d'odieux. Quelques pochards traditionnels, ainsi que dans les villages bretons d'il y a quarante ans (aujourd'hui seuls les touristes s'y saoulent avec des cocktails), vautrés dans le ruisseau ou sur le trottoir, mais auprès d'une flaque, ou d'une fontaine, comme par la nostalgie de l'eau fraîche. Des sons d'accordéons, de gramophones, ici et là des pistons criards déchirent les oreilles. On voit, en enfilade, du trottoir jusqu'au fond des brasseries, des commères en cheveux, soutenant, sur leurs gros bras nus, un marmot tôt éveillé, tôt rendormi ; puis des garçons et des filles essoufflés par la danse, qui se bécotent et rebécotent, par-dessus leurs chopes, en haletant ; puis des familles de grands-parents, parents, petits-enfants, silencieux et béats, autour d'une combinaison ou charcuterie appétissante, tête de veau à la tomate, porc à la gelée, saucisse aux lentilles ; puis des marins, venus d'Anvers pour une petite bombe raisonnable, ou des soldats aux regards candides ; puis des employés retraités jouant aux cartes. Il n'y a ni dispute ni querelle, puisqu'on est là pour s'amuser ; mais parfois une cascade de gros rires, suivis d'un silence à peu près complet. Sur la chaussée, où défilent en rangs, à certains anniversaires, de bizarres sociétés musicales, passent au ralenti quelques automobiles et des voitures de livraison. Les gamins courent après, les bras levés, en poussant de grands cris. Leurs mères les rappellent et les talochent. Tout cela sent l'épluchure et le poisson pas frais.

Mais attention ! Voici un chef-d'œuvre d'un peintre qui n'est pas encore né, mêlé de Renoir, de Manet, de Goya, personnel cependant, et qui aura ainsi raté son modèle : une forte fille, bien balancée, de peau crayeuse, aux yeux verts, aux cheveux crêpelés presque rouges, portant, sur un corsage noir décolleté, un châle de soie blanche à la sévillane. Le torse était d'un galbe irréprochable, aussi visible sous l'étoffe que si elle avait été nue, le regard perdu dans un rêve mi-doux, mi-cruel. Elle était seule et n'attendait plus rien, ni personne, comme veuve d'un ardent souvenir.

Une autre beauté m'est apparue dormante, au marché Sainte-Catherine-les-Halles de Bruxelles — par une matinée de printemps, auprès d'une bannerée de fruits d'or et de pourpre. La face était un peu lourde, mais régulière, mal lavée, attrayante tout de même par la fraîcheur des lèvres écarlates et de l'épiderme rosé, mais poussiéreux. Le bras, replié sous la nuque, était beau et pur, tel que d'une porteuse d'amphore. La jambe droite, gainée d'un bas rose, reposait mollement sur la jambe gauche, ainsi que dans un sonnet de Ronsard ou de Scève. Baudelaire en eût été fou et elle l'eût consolé de sa Négresse. Une mouche étant venue se poser sur le petit nez droit de la belle assoupie, elle la chassa, sans déclore ses paupières, d'un revers de sa lourde main aux ongles noirs.

Troisième saisissante figure de femme à la grande kermesse d'été de Bruxelles, non loin de la gare du Midi, dans une baraque de danses, censées orientales. Celle-ci avait un type du XVIIIe à la Fragonard, quant au corps recouvert d'une sorte de maillot collant de soie verte, et une physionomie douce, fine et grave, que démentait un regard dramatique, comme tourné en dedans. Les jambes étaient nues ; ses pieds fins, nus dans des pantoufles percées. Elle tournait un piano mécanique, aigre et criard ; puis s'interrompait pour donner l'électricité à la pauvre petite scène minable ; enfin elle montait se mêler aux danses, plutôt macabres, où figurait une sorte d'androgyne, et finalement faisait la quête. Comme il n'y avait qu'un rang de chaises, la plupart des spectateurs restaient debout, sur le sol de terre battue. Le rapprochement du beau et du pauvre dans cet être gracieux, et comme perdu dans une misère à entrechats, était tel qu'il éveillait le désir chez les rudes commis voyageurs puant l'oignon et le vin, lesquels lui soufflaient des compliments hideux dans la figure. Or, comme l'une de ces brutes la serrait de trop près, le petit garçon de sa jolie maman, qui faisait, avec des cymbales, l'homme-orchestre, descendit dare-dare de l'estrade branlante, prit le bras du mufle, l'écarta de la belle, et nous montra la scène du doigt, comme pour dire : « Occupez-vous un peu plus du spectacle. » Rien de plus délicat, de plus émouvant, de plus pur, que le geste protecteur de ce jeune enfant. Je pensai qu'il avait dû assister, entre ses parents, à des scènes d'une jalousie crue.

Quelques jours après, passant devant la baraque, vers la fin de la journée, je vis que celle-ci était fermée. Je la contournai, par l'étroit intervalle qui la séparait d'un manège de chevaux de bois contigu. Devant la roulotte, bien modeste, avec les petits rideaux et le pot de fleur classiques, il y avait une table dressée, minable elle aussi, et, autour de la table, la jolie femme qui pleurait, la tête dans ses beaux bras étendus, entre l'homme, de mine furieuse, en bras de chemise, et le petit garçon éploré. De tels spectacles valent tous les cinémas du monde.

Depuis le Moyen Age, la Belgique est le pays des kermesses. Elles ont là une saveur et une couleur qui ne se retrouvent en aucun autre pays, et qu'ont bien rendues un Georges Eekhoud, un Camille Lemonnier, un Verlaine aux chevaux de bois :

Le plus gros soldat, la plus grosse bonne
Sont sur vos dos comme dans leur chambre,
Car en ce jour, au bois de la Cambre,
Les maîtres sont tous deux en personne.

A partir de la belle saison, il y a une kermesse, chaque semaine, dans chaque quartier de Bruxelles. Nous y menions nos enfants et nous y prenions, pour des motifs différents, autant de plaisir qu'eux ; car c'est dans l'amusement, en commun, des grands et des petits, qu'apparaissent le mieux les caractères nationaux.

Dans la rue Haute, et tout le long, se jettent perpendiculairement des ruelles et affluents misérables, mais de style ancien, et qui appartiennent carrément à l'eau-forte, à la morsure du cuivre. Je n'en connais d'aussi belles qu'à Marseille et à Toulon ; mais ici, à Bruxelles, elles ne sont point avilies par la débauche et l'on y voit seulement à cru les nécessités immédiates de la vie étroite ; la pauvre boulangerie, la pauvre mercerie, la pauvre épicerie, les produits de troisième qualité, la convoitise des yeux d'enfants qui ont faim. Il y a même, pour ceux qui sont moins dénués, des petites devantures de jouets rudimentaires, cheval de carton, pépette sans bras ni jambes, ouau-ouau dans sa niche, etc. Au soir tombant, les silhouettes de ménagères et des gosses s'effilochent, deviennent des apparences de purgatoire et vaquent à des occupations imprécises, aussi vaines que celles des vedettes de cinéma, des manieurs d'argent, ou des faiseurs de lois. On pressent là une philosophie nouvelle et qui pourrait aller plus loin que celle de William James ou de Bergson : cette philosophie de la misère, à côté de laquelle a passé Proudhon, inventeur de ce titre magnifique. Mais il y faudrait la plume de Bloy, car la misère touche d'assez près à la théologie. Le bien-être et le confort nous masquent Dieu.

C'est dans cet étonnant quartier que se parle le marollien, argot proprement bruxellois, mêlé de locutions proverbiales, d'une vigoureuse saveur, et auquel je trouve de singulières analogies avec l'argot lyonnais. Cette ressemblance m'est apparue un jour que j'avais à la fois, sur ma table, un numéro de *la République lyonnaise*, avec une page de considérations de Gnafron, d'un impayable comique, et un fascicule de *la Revue belge* (fort bien faite, entre parenthèses), contenant des récits marolliens de toute beauté. Mais il n'existe pas, à ma connaissance, un dictionnaire de l'argot de la rue Haute, correspondant au travail de Puits pelu (Clair Tisseur), pour l'argot lyonnais.

Il est curieux qu'à Lyon et à Bruxelles existent ainsi des survivances, linguistiques et phonétiques, qui ne se trouvent pas à Paris. Il y a bien un parler argotique de Paris, accompagné d'un accent traînard et négligent, « non mais aleurs, de quoi, de quoi, c'est malheureux tout d'même ed'voir ça... » qui ne manque pas d'agrément pour les amateurs. Je vous avouerai, en confidence, que je le parle dans la perfection. Mais il est beaucoup plus ventilé, beaucoup moins clos et spécialisé que le marollien et que le « chignol ». C'est plutôt un ton qu'un idiome. Je vois encore le premier jour de notre année de volontariat, à la caserne de Babylone, un bleu de Ménilmuche, répondant à un sergent-major, qui en demeura ébahi : « C'qu'il paraît, vieux, qu'tes corsico. En c'cas reteurne dans ton île frusquer la pâtée à tes cochons. » Cette petite blague lui valut huit jours de boîte pour commencer : « Porquoi qu'tas dit ça, eh moule ? » lui demanda ultérieurement un copain. Le bleu répondit : « Por rigoler, donc. »

La nationalité belge (voir à ce sujet le très beau livre de M. Godefroy Kurth, qui porte ce titre) est un rassemblement d'essences très diverses, fusionnées dans deux langages, mais unifiées quant au caractère général, qui se définit d'un seul mot : l'indépendance. Le Belge, autant que j'en ai pu juger en deux ans et demi de séjour à Bruxelles, n'aime ni les idées toutes faites, ni les attitudes convenues, ni les énumérations de vérités premières. Wallon ou Flamand, il tient à penser par lui-même et il rejette l'opinion imposée. J'ajoute que c'est là sa grande force et son grand attrait. Ce lien commun entre les deux rameaux d'une race solide, et profondément honnête, me laisse à penser que la difficulté bilinguistique qui a pris, depuis la guerre, une certaine acuité, se résoudra peu à peu dans la typification essentielle que je viens de dire. Nous avons vu cela, nous, Français, pour la langue d'oc et aussi, défilé pire, pour la langue bretonne. Les affinités psychiques et de tempérament ont effacé les barrières du langage.

Une de mes marches favorites — je travaille beaucoup en marchant — consistait à aller attraper la chaussée de Wavre, dans les environs de la rue Wiertz, où se trouve le musée de ce nom, et à la suivre dans sa longueur. Elle est, comme la chaussée d'Ixelles, d'autre façon, ancienne et curieuse, boutiquière, avec des couloirs et des pavés de cour qui rappellent la rue Vieille-du-Temple et la rue du Faubourg-Saint-Martin. Elle aboutit à la porte de Namur, qui est un des endroits les plus vivants, animés et gais de Bruxelles et dont la transformation envisagée a été accueillie, dans la presse locale, par des protestations indignées. En effet, ce serait dommage de changer l'ordonnance de cet aimable et allègre carrefour, d'où l'on peut, soit descendre vers la porte de Hal (à Bruxelles, comme à Montmartre, on monte ou l'on descend tout le temps), soit aller, par le boulevard circulaire, vers la rue de la Loi, la grande artère qui fait communiquer le parc du Cinquantenaire avec la rue Royale, soit descendre au cœur de Bruxelles par la rue de la Montagne, la rue de la Madeleine, et tout un lacis de voies transversales, antérieures au roi Léopold II. Car il y a deux villes dans une seule : celle avant Léopold II ; celle pendant et après lui. Il a été, dans une certaine mesure, la « reine Victoria » de la Belgique, et son règne, soutenu par un effort industriel et d'expansion incomparable, continué, sur un autre plan, par l'héroïsme sagace du roi Albert, est certainement sorti des brumes parlementaires et de la calomnie imbécile pour rayonner au soleil de l'histoire.

J'allais souvent bouquiner, dans la rue Goudenberg, parallèle à la rue de la Montagne, dont la sépare un square en rocailles, chez Lamertin, où se trouve un commis-libraire érudit et qui connaît, sur le bout du doigt, sa bibliographie scientifique. C'est un métier bien utile aux chercheurs que celui de commis-libraire et, vu l'importance, de plus en plus grande, que prennent actuellement le livre et le périodique, indispensable à la culture générale. Car la production, en lettres comme en sciences, comme en philosophie, augmente sans cesse, et il faut une forte mémoire pour noter tout ce qui paraît. Quand je me trouve dans une maison telle que Lamertin, qui centralise aussi des ouvrages de médecine et de physiologie de langue allemande, j'ai envie de tout acheter. Lamertin c'est un peu notre Maloine, et ce genre encyclopédique est, à mon avis, la librairie de l'avenir.

Tandis que j'en suis sur ce chapitre, sachez que, pendant mon séjour à Bruxelles, je recevais de France, en moyenne, une trentaine de volumes de littérature, et cinq ou six volumes de sciences, ou de philosophie par jour. Je ne vous dirai pas que je lisais tout. Mais ma femme, qui a un sens critique extraordinairement développé, ouvrait au moins tous les ouvrages littéraires et me signalait les plus originaux. Pour les ouvrages de science biologique ou médicale, j'ai, d'eux, une grande habitude, qui me permet d'aller tout de suite à l'essentiel. En outre mon courrier me guide et mes lecteurs me signalent ceci ou cela, ce dont je les remercie. Mais que d'importants travaux doivent cependant passer inaperçus ! Pour prendre un seul exemple : il y a deux ans que je veux faire un ou deux articles sur l'esprit universel qu'est M. Sageret, et je n'en ai pas encore trouvé le loisir ! C'est honteux. A distance on se rend mieux compte de l'étonnante activité mentale de nos compatriotes, activité qui n'a d'égale que leur atonie politique. Voilà un travailleur comme Alfred Mortier ; c'est un érudit de grande classe et d'une érudition très vivante. Sans sa traduction de *l'Anconitaine* de Ruzzante, mise à la scène par Copeau, je ne me serais pas désaltéré à sa délicieuse fontaine de la Renaissance. Or, qui parle de lui dans la grande presse ? Personne, jamais.

Lamertin, Dewitt, Castagne, tels étaient les trois aimables libraires auxquels j'avais recours à l'occasion. Mais si je voulais faire venir un ouvrage de Paris, les libraires parisiens me le faisaient attendre huit jours. Il faudrait à Bruxelles, comme à Paris, un office bibliographique. Jacques Hébertot devrait bien songer à cela. Un office payant, bien entendu, avec des fichiers en allemand, anglais, italien, espagnol, tenus à jour. C'est le diable — le croirait-on — de se renseigner, en Belgique même, sur l'œuvre complète d'un poète, cependant européen par le génie, tel que Verhaeren. Sans l'obligeance de Charles Bernard, je ne m'en serais jamais tiré ; même remarque quant à Bloy ; ce sont ses admirateurs et catéchumènes, au premier rang desquels cet étonnant René Martineau, qui m'ont documenté. J'ai chez moi une bibliothèque assez complète, en tout cas fort nombreuse. L'exil m'en séparait.

C'est par là que m'est venue tout à coup une violente irritation et indignation, qui m'a travaillé pendant six mois. Les politiciens qui m'avaient emprisonné, puis contraint à l'exil, pour me faire taire quant à l'assassinat de mon fils, me gênaient en outre dans mon labeur, m'empêchaient de rendre les menus services que, sur ce plan-là, je puis rendre aux écrivains de mon pays, jeunes et vieux. Car il est aussi intéressant, pour moi, de signaler un jeune de talent que de révéler au grand public (et à un public aussi ardent que le nôtre) un écrivain âgé et méconnu. Mais nos hommes politiques sont bien incapables de comprendre ce sentiment-là. Pour eux la France est un thème à topos parlementaires et électoraux ; et son prestige, un moyen de parvenir.

II

Hiver

Le plaisir de l'hiver rude 1928-1929, ce fut la formation d'une stalactite géante qui, du second étage, descendit (en se nourrissant de neige et de frimas) sur la plus vaste de nos trois terrasses. D'abord composée d'une seule branche, grosse comme la trompe d'un éléphant moyen, elle s'augmenta bientôt de deux lobes, qui complétaient la ressemblance pachydermique. Elle formait des godrons, et chaque semaine on constatait son progrès : « Tombera, tombera pas. » Le froid durant et même empirant, sous un ciel d'une luminosité ironique, notre amie gelée atteignit des proportions imposantes, comme si l'éléphant eut été atteint d'éléphantiasis. Bien entendu la terrasse était condamnée, et nous attendions la chute du monstre translucide, irisé de reflets admirables et roses, au premier dégel. Celui-ci vint, triste et boueux, transformant le parc du Cinquantenaire en une immense jarre de sorbets de café au lait. Pourtant la stalactite tenait bon. À peines quelques petits suintements, comme d'une sorte de rhume de la trompe.

« Comment va-t-elle ? demandions-nous aux servantes dès l'aube, car nous nous intéressions à sa santé.

— Pas mal, monsieur. Elle semble même un peu plus solide qu'hier. »

Puis le froid revint et cette fois notre phénomène cristallin avait quatre mètres de haut et une collerette de givre à la Catherine de Médicis. L'éléphant s'était mué en grande dame du XVIe siècle, avec un semblant d'yeux, de nez et de bouche. C'est par cette bouche que ça claqua. Un beau soir, on entendit une sorte de coup de canon. C'était la moitié de la stalactite, peuchère, qui venait de s'effondrer sur le macadam de la terrasse ! Il en résulta douze tronçons, qui ne fondirent qu'en quinze jours. Là-haut, le chapiteau (elle était devenue, après la rupture, carrément architecturale) tint encore environ trois semaines. Puis il y eut un craquement formidable, un jet de poussière blanche ; et cette formation de la nature froide, qui nous avait été aimable et redoutable, s'en alla en eau printanière.

Maintenant, et pour passer à un sujet moins grave, je vous dois un mot sur les merles des arbres et jardins du Cinquantenaire, qui venaient, à certaines heures, rendre visite aux exilés.

Le merle est un personnage très singulier. C'est un bel artiste du chant, et presque égal, dans ses bonnes aubes, au rossignol. Il est au moins aussi curieux que la pie, et beaucoup plus familier qu'elle. Il s'intéresse à la toilette des jolies femmes, jusqu'à l'indiscrétion ouverte et emplumée, et au labeur des hommes. Il est bon époux et bon camarade, laissant leur part de mie et de croûte à sa compagne et aux copains. Pendant que j'écrivais, un des merles de Tervueren, rebondi, jovial et attentif, venait m'épier pendant des heures. Il se demandait : « Qu'est-ce qu'il fait, ce gros-là ? Il trempe un bec qui n'est pas le sien dans une petite bouteille noire et ensuite il promène ce bec sur une brique blanche. » Occupation baroque et incompréhensible à ses yeux et peut-être à ceux de la Sagesse éternelle, qui enveloppe l'homme et les animaux. La vigilance et l'activité du merle ne cessent ni en été, pendant les fortes chaleurs, ni en hiver pendant les grands froids. Il s'est adapté à toutes les saisons, toujours vif, toujours sautillant sur ses pattes agiles, et pointant, d'un œil rond, à droite et à gauche. Je me rappelai que Judith Gautier avait un merle mélomane et apprivoisé, qui sifflait le leitmotiv de *Siegfried* et haranguait une carpe, non moins débrouillée que lui, installée, au frais, dans l'évier de la cuisine.

III

Vacances

LES PLAISIRS DE LA PLAGE.
L'HEURE DU BAIN ET CELLE DES BELLES

Dans l'été de 1928, nous avons résolu d'aller, en famille, nous installer au Zoute, sur la mer des Flandres, qui est maintenant, et avant Ostende, la plage fréquentée de Belgique. Ainsi fut louée, par nous, la villa des Hirondelles, parfaitement tenue par M. et Mme C... où nous sommes demeurés six semaines, dans un site admirable, avec une cuisine parfaite et un calme absolu. Ce sont là des avantages sérieux. Il nous est arrivé toutefois un incident : notre mélodieux petit chardonneret Ariel, cher à toute la maisonnée, s'en enfuit un beau matin, tandis qu'on nettoyait sa cage. Nous l'entendions, pauvret repenti, implorer son retour du haut des fils télégraphiques, où il risquait, à chaque instant, d'être électrocuté. Le troisième jour de sa disparition et de ses amers regrets, M. C..., en secouant, dès cinq heures du matin, les arbres chargés de pluie, fit choir et recueillit Ariel et nous le rapporta, au milieu d'un délire de reconnaissance. Le fugitif avait l'air bien penaud, ayant goûté, avec la liberté, la perspective de la persécution par ses pairs et de la mort. Il fallut des jours de chènevis et de colifichets pour le consoler.

C'est une plage de cette mer du Nord que chanta Henri Heine et dont les ondines sont poudrées, à la mode, d'un sable ocreux.

Ce n'est pas Ostende, dans sa robe de pierre du Second Empire, avec son immense et magnifique orbe marin, aujourd'hui dépassée, sinon délaissée. C'est la grande plage à la mode, avec une promenade plus belle et plus large que toutes celles de la Côte d'Azur et de la côte bretonne, environnée de dunes de sable comme Scheveningue, mais qui ne possède évidemment ni la forêt de pins de La Baule ni la lande et les marais guérandais du Pouliguen. Par contre, son ensoleillement, baigné d'azur, est unique, et capable de revigorer un mort, ou un lecteur d'Abel

Hermant et d'Estaunié. Je ne vois guère que Théodore de Banville pour rendre le poudroiement léger de bleu, d'argent, de mercure et de rose, qui enveloppe, de ses vaporisations, cette ligne immense et parabolique, tendue entre la terre et l'eau, puis entre l'eau et le ciel. Théodore de Banville est, comme Heine, et en moins désolé, le transcripteur, dans le monde moral, des magnificences de la nature. Il y joint un sourire sans amertume. La renommée, qui l'a contourné, comme un serpent, piquera un jour sa mémoire de son venin de reviviscence. Car il ne faut pas croire que la gloire *post mortem* soit un plaisir de tout repos. En avant les petits papiers et la liste des petites amies !

Aux heures du bain, et en dehors d'elles, cette plage est le paradis des enfants et des tout jeunes gens. Elle est de sable, bien entendu, et merveilleusement surveillée. A une cinquantaine de mètres d'encablure, veille une barque de sauvetage, toute « parée », comme disent les marins bretons. Sur la plage même, se tiennent, entourés de ceintures de sauvetage, des gardiens prêts à toute éventualité. Ils ont, dans leur équipement, une trompe pour rappeler les baigneurs aventureux. Ces précautions sont indispensables. J'ai vu de mes yeux, sur une plage, que je ne nommerai pas, de la côte bretonne, un garçon de vingt ans pris dans un courant perfide, à très courte distance du rivage, et roulé immédiatement par le flot, cependant que l'on donnait l'alerte, destinée à lui porter secours. Il disparut, tandis qu'on mettait la barque de sauvetage à la mer ! Ici, rien de tel ne serait possible, et le dispositif, que je viens de dire, devrait être imité dans toutes nos stations balnéaires.

Les enfants, qui se dégoûtent de tous les jeux, et notamment des plus compliqués, ne se lassent pas de creuser des trous dans le sable, ni de se sécher au soleil, ni de patauger dans le jusant. Quand on leur en demande la raison, ils répondent : « C'est trop amusant. » Bien entendu, au bout de quelques jours après l'arrivée à la mer, ils sont couverts de coups de soleil, gémissants, et prêts à jurer qu'ils prendront désormais mille précautions. Le coup de soleil, c'est le baptême d'Apollon. Crème de concombre, vaseline et jambières de toile. Au bout de douze heures, il n'en est plus question, et les plaisirs, désormais « vaccinés », de l'eau et du feu astral peuvent recommencer. Ici, au risque de passer pour un empêcheur de se baigner en rond, je dirai que je suis loin de considérer, à tous âges, le « coup de soleil » comme inoffensif. La façon dont l'épiderme humain réagit contre lui, par la couleur rouge et le brunissement, m'a donné beaucoup à réfléchir, et je me demande si du soleil, comme d'ailleurs de l'iode, il ne convient pas de se méfier, dans un temps physiologique et thérapeutique aussi prompt à la prolifération cellulaire que le nôtre.

Pour vous dire mon avis tout net, je pense qu'il y a eu, depuis quelques années, abus de l'héliothérapie et de l'iodothérapie. Fréquents sont les cas de cancer consécutifs à une action intensive des rayons ultraviolets. Quant à l'iode, sur lequel on s'était jeté comme sur un moyen de pansement, et aussi comme sur un moyen de traitement dans la diathèse diabétique, c'est un remède, mais aussi un caustique et donc un venin. La mer, en conséquence, ne saurait convenir à tous les tempéraments. Mais elle fait merveille dans la jeunesse, et, plus tard, dans l'état de dépression nerveuse non encore accentuée. Elle et le champagne font bon ménage.

La femme est poétisée par l'eau, comme d'ailleurs par l'élément en général. Je veux dire la femme non sportive et qui garde, dans l'exercice physique, le souci de la grâce, de la parure et du charme exquis de la toilette. Les peignoirs de bain ne sont plus blancs : ils sont bariolés à la sauvagesse, ocellés à la façon de pelages de tigresses et de panthères, et jetés, comme des capes, sur les épaules humides et les reins ruisselants. Les tableaux de Gustave Moreau avaient prévu cette heureuse transformation, qui tient aussi au choc en retour des colonies, à la « nègrerie » transférée aux Blanches. Il n'y a rien de plus divertissant à l'œil que ces gentils fauves, bondissant et se séchant sur les sables roses, harcelés — sous l'œil de maris évidemment moins esthétiques, mais débonnaires — par des enfants ivres de mouvements, d'air, d'eau et de sel. Les gâteaux appétissants ne manquent pas, quelques-uns débordant de crème fraîche.

Dans mon heureuse enfance, à Piriac, alors petit port de pêcheurs bretons, que découvrit Alphonse Daudet et qu'il enseigna à Zola et à Charpentier, c'était plus simple ; on avait droit, au sortir du bain, à des tartines de beurre salé. Mais quelle jeunesse d'après-guerre, ou de pendant-guerre, s'en contenterait ! Arrière, vieux parents, vieille « géné » !

Après le grand coup de Trafalgar de midi, et celui, encore très respectable, comme ardeur et lumière, de trois heures et demie, le bleu du ciel tourne au violet, le gris de la mer s'étoile de rose ; et les lignes d'amusement des enfants, fatigués de se grouper, se divisent, s'individualisent, changent la géométrie et le parquetage de la plage chaude et ensablée. C'est le moment où quelques parents vivaces s'essayent à la paume et à la balle « au chasseur », au milieu des gouvernantes de linge frais et de voile, ou des simples bonnes esquintées et filtrant le sable à travers leurs doigts, à la nonchalante. Ceux qui sont allés à la pêche, avec des filets luxueux, reviennent en ne rapportant rien, bien entendu, encore moins à la mer du Nord qu'à l'Océan, où je n'ai aperçu, pour ma part, que des carapaces de homards vides et des crevettes aussi anéanties que des auditeurs de Doumic et de Poincaré. Il faut être pêcheur habile, et de père en fils, pour « trouver quelque chose » au bord de la mer. Les citadins en sont incapables. D'un trou d'eau où vous n'avez découvert qu'une « coque » adhérant passionnément à la roche, et qui ébrèche votre couteau perfectionné, un marin vous tire, avec ses doigts énormes, une langouste pour vingt personnes ; et c'est tout juste si, comme dans *le Robinson suisse*, il n'a même pas, avec elle, une salade de laitue à la mayonnaise et douze œufs durs.

Ici on ne vas pas tirer les casiers comme à Piriac, à quatre heures du matin. Les marins sont remplacés par des baigneurs et des pédicures, et les homards ne hantent pas les sables. Mais il y a de tout autres plaisirs, d'un ordre non moins esthétique — sinon gastronomique — dont nous reparlerons bientôt.

Onze heures du matin. Le soleil des Flandres éclaire à pic la mer grise, que moirent, à perte de vue, ses ensablements orangés. Un souffle délicieux court, vole et frivole au-dessus des grands damiers de poudre blanche que limitent et protègent, contre la morsure de l'eau et du vent, des rangées de pieux et de brise-lames, rejoints et serrés, comme dans les estampes d'Hokusaï. Une suavité flotte dans l'air, dénuée de cette odeur de brome et d'iode que les varechs innombrables prêtent à l'océan breton, et qui donnant de la force aux forts, extermine les tuberculeux, et fait éclater les congestifs. La mer du Nord a des ondines autrement voluptueuses et inoffensives. Je parle de celles qui habitent dans ses profondeurs et qui n'en sortent que rarement, quand un grand poète, un Henri Heine ou un Verhaeren, les appelle à la façon d'un charmeur d'oiseaux, leur jetant des rythmes au lieu de miettes. Mais il est d'autres ondines, les baigneuses, et c'est d'elles que je veux vous parler, écartant l'homme, lichen morose, et les enfants papillons diaprés.

L'aspect général de cet enclos d'eau, vu la luminosité particulière à la côte belge, qui sculpte et peint au lieu de dessiner, est celui d'une kermesse de tableaux flamands. C'est un papillotement chromique de jaune, de rose, de noir, et de vert, ainsi que d'une palette tournante, et appartenant tour à tour à Breughel, Steen, Téniers, Goya, Manet et Monticelli. Ces ébats de formes féminines, conduisant des rondes d'enfants, fuyant devant un triton velu qui asperge, se poursuivant d'une « coupe » hardie et rapide, revenant sur elles-mêmes comme des anguilles glissantes, composent un spectacle tout différent de celui, d'ailleurs délicieux, de La Baule, par exemple. Nous sommes ici entre les feux croisés du jour étincelant et du prisme, sans aucune atténuation d'ombre ni de pénombre. Au-delà de ces jeux, éclaboussés d'or et du pourpre, ce que le Provençal appelle « lou trélus », l'étincellement à plat de l'eau calme, le miroir de nickel liquide, à peine embué par la chaleur.

Une Allemande sort de l'eau, sculpturale, et va s'asseoir sans nonchalance, dans un de ces grands pliants de toile, dits « transatlantiques », qui, pareil au roseau, plie et ne rompt pas. Aucun doute, c'est une Walkyrie de Wagner qui a défublé son casque à l'hôtel et suit maintenant, d'un regard vert et rêveur, le jaillissement des fléchettes d'eau, de pulvérulence ensablée et de vent.

Mais voici, plus près, une Flamande, de visage régulier et grave, une « Alfred Stevens », avec cette chevelure d'argent, à peine touché d'or, qui caractérise cette belle race. Ses jambes longues, fuselées, ont cependant cette vigueur musclée des populations marines et campagnardes qui indique qu'une goutte d'essence masculine est mêlée à l'exilir féminin, pour la robustesse et l'endurance. Ses chairs sont pleines et bronzées, par Apollon qui s'y connaît, d'un bronze léger, colloïdal, lequel, pour un rien, virerait au rose. Le regard, et non l'œil — selon la distinction d'Eugenio d'Ors —, est exactement du bleu du ciel, d'un bleu illimité, avec, au centre, une fulgurante prunelle d'un jet noir. Elle ne s'assied pas. Elle s'allonge, avec un mouvement de tigresse, dans le sable ardent, creusant, de ses petits pieds aux ongles brillants, une chaufferette d'été. Puis elle rit aux anges et s'endort.

Chez l'Anglaise, au contraire, c'est une goutte d'essence féminine qui vient hyperféminiser la femme, et la transporter, grâce à Shakespeare et à Spenser-poète, à Byron, à Keats, dans la catégorie de la fée. Contrairement à une légende imbécile, celle-ci a une gorge un peu lourde, mais très bien attachée, des bras grêles, mais harmonieux, un cou délicieux, et cet élancement général du corps souple, comme pour un envol dans la spire du vent. Elle ne s'assied ni ne s'étend. Elle est sportive, et jetant sur ses épaules un peignoir chatoyant comme un oiseau de paradis, elle remonte le promenoir en plein air, vers la chaussée des élégances, où l'attend sa raquette en bois courbé de dix livres sterling, auprès d'un mari à mine de commodore, rose et appétissant, tel un jambon d'York.

Les heures ont tourné. Le soleil vient de descendre, marche à marche, précautionneusement, puis très vite, dans l'abîme gris, aussitôt irradié. Sur la linea, le long de la mer, dont l'orbe, courant jusqu'à l'horizon, se confond avec celui du ciel, dans une pâmoison d'azur et de rose, les belles baigneuses vont se montrer, dans des atours parfois adorables. La mode est aux turbans, qui enserrent et cernent les jolis visages, joignant leur bleu à celui du soir, ou leur vert à celui de la nuit commençante. Elle est, la mode, aux écharpes d'une gaze vaporeuse, pareille à une brume d'où émergent les épaules rondes, polies et douces, incomparables de la Française — n'est-ce pas, Falconet, Houdon et Lancret ? —, ces épaules qui ont la courbe elliptique du beau et le miroitement nacré de la clarté lunaire. Elle est aux châles à la sévillane, enveloppements de soie terminés à angle aigu, qui accompagnent et harmonisent la marche et donnent une gentille carrure aux mouvements écartés des bras. Elle est aux mules d'argent et dorées, qui sèment le dallage tiède de vers luisants. Les orchestres commencent à jouer, d'autant meilleurs qu'ils sont viennois — du moins tel est mon goût — et l'enchantement des czardas hongroises et des polonaises de Chopin vient remplacer celui des couleurs, avec un tout autre cortège de songes. C'est l'heure où les glaces napolitaines, elles aussi sans rivales, disposées par tranches bariolées sur leurs petites soucoupes blanches, font signe à une soif qu'elles n'étanchent pas, mais qu'elles transposent dans la sensation du froid et du gel, comme d'un fiévreux logé au Spitzberg.

Tels sont nos plaisirs occidentaux, aux bords de la Flandre occidentale et j'en prendrais volontiers la défense, aux côtés de mon cher Henri Massis. Mais la terre est en deux parties et que sépare précisément la gravitation de la lumière. Voici comment je m'en suis rendu compte : c'était midi incandescent, l'heure à pic, l'heure perpendiculaire du retour du bain. Parmi la foule que je vous ai dite, passa, tout à coup, une Japonaise vêtue d'une robe blanche bridée « à la grecque », qui tenait une ombrelle d'osier et de papier d'une main, de l'autre poussait une voiture d'enfant. Sa démarche, le geste dont elle s'abritait, la cadence qu'elle donnait au petit véhicule, l'intensité du regard lointain, perdu là-bas, vers l'autre moitié du globe, l'émanation même de son silence et l'immobilité de son minois de geisha, toute son ambiance et tous ses rythmes différaient absolument de ce qui l'entourait. Elle avançait, la petite fleur humaine, à la façon d'un mirage vivant, apporté de l'Extrême-Orient par la brise. Fendant ainsi l'espace et le jour, elle était une silhouette de compréhension, l'image de l'immuable parmi le mobile embrasé, et de la quiétude au sein d'une agitation chatoyante.

Alors je pensai à vous, Outamaro, à vous le Racine pictural des Japonaises, à tous ces délicieux papillons féminins que vous avez piqués dans vos albums, d'une pointe sûre, et j'entendis la voix d'Edmond de Goncourt : « Vois-tu mon petit, toute la grâce féminine est répartie entre Outamaro et Watteau, et, je ne sais pourquoi, ils se rejoignent et se complètent. »

IV

En Angleterre

LONDRES. WESTMINSTER OU LA GLOIRE A L'ÉTROIT.
OXFORD STREET. DANS LE STRAND.
DEVANT LE BUSTE DE MACAULAY. WHISTLER A LA GALERIE NATIONALE.
PUROTINS ET DORMEURS. CAUSERIE DANS ABBEY GARDEN.
AU MUSÉE D'HISTOIRE NATURELLE

A l'automne de 1928, j'allais, en compagnie d'un de mes enfants, revoir Londres et la campagne anglaise, parcourues par moi tant de fois, de 1885 à 1914, et où j'avais passé, notamment en 1896, avec mes parents et mes amis Georges Hugo, de si belles heures, et si joyeuses. C'était maintenant le tour de mon jeune compagnon d'admirer la cité de Shakespeare, ses musées, ses aspects grandioses, et cette nation britannique qui a toujours exercé sur moi un attrait si profond, tant par la beauté de ses femmes que par sa propension naturelle au lyrisme, jointe au sens aigu de la nature et du comique. Je constatai que Londres n'avait pas changé et que son charme, étrange et populeux, était demeuré tel que l'ont exprimé, entre autres, Daniel Defoe, Quincey et Dickens. Londres absorbe et transforme toutes choses, selon sa formule immuable, qu'il est malaisé de dégager.

On m'avait dit : « Vous *la* trouverez transformée depuis la guerre. Vous ne reconnaîtrez pas Piccadilly, ni le Strand, ni les bords de la Tamise, que vous aimiez tant. » J'étais sceptique, car Londres n'est pas une ville ; c'est un élément, un drame de Shakespeare, et rien de tout cela ne change. J'ai revu Londres, inchangée, intacte ; je l'ai parcourue dans tous les sens, à pied et en *bus*, retrouvant le passé et ma jeunesse à chaque tournant de rue et de square, sans mélancolie, vous pouvez m'en croire, car il faut être un pauvre niais, ou une vieille poétesse, pour s'attendrir sur l'écroulement de sa propre vie. C'est ainsi qu'à « de Vere Garden », par une belle matinée estivale, quand les pelouses londoniennes sonnent la fanfare rustique du vert, avec ses douceurs stridulantes et ses chatoiements, soudain rayés de jaune éclatant, j'ai revu la demeure d'Henry James, où ce sybarite, inquiet et scrupuleux, trempait ses tartines dans un thé exquis. C'est ainsi encore qu'à Richmond Terrace j'ai cru apercevoir Stanley, le Stanley de printemps, — du « mai des Blancs », comme nous disions, — avec son veston clair choisi par sa délicieuse femme, sa moustache blanche irritée. Puisse la société de 1895 me pardonner, avec son rigorisme falot, étendu même aux plus délicats lettrés ; mais j'ai été poursuivi, vers Haymarket, par la silhouette de Wilde, dandy en « raglan flottant », comme Brummell, en frac noir d'un drap hautain et souple, dont il citait le prix avec une extase ostentatoire, étant snob et au-delà. *Alas, alas, poor Oscar !*

Dans le Strand enfin, j'ai aperçu Borthwick, hâtant le pas vers un bar qu'il affectionnait et que j'ai cru presque retrouver. Actif directeur du *Morning Post*, Borthwick — depuis lord Gleanesk — avait la silhouette, le parler bref et concis de Magnard, le podestat du *Figaro*. Ni pour les uns ni pour les autres de ces revenants ne croyez à la moindre hallucination. Les images de ceux qui ont passé demeurent et gravitent autour de nous, comme nous demeurerons et graviterons, nous aussi ; et le monde extérieur, que nous ne voyons pas, est aussi puissant et concentré que le monde intérieur, que nous voyons. Cela se sent, surtout à Londres, qui est comme la superposition de milliers de foules et de centaines d'individualités, dans un espace immense, mais toujours trop étroit. Qu'un si grand peuple, si rêveur et si actif — si rêveur parce que si actif —, soit allé s'entasser, de cette façon-là, sur les bords de la Tamise, dans un site qui n'a rien de spécialement enchanteur, ni comme climat ni comme position, et y ait fondé ce comptoir de l'univers, dans le passé, le présent et l'avenir, ce conglomérat de labeur, ce carrefour de toutes les diversités de la terre, ce rassemblement de pionniers, de commerçants et de marins, voilà qui annonce des lois souterraines, articulées avec de sourds miracles, et dont nous n'avons pas la moindre idée.

La peinture traditionnelle que les Français se font des Anglais est aussi inverse et ridicule que celle que les Anglais, et notamment les Londoniens, se font des Français. L'Anglais m'apparaît, dans les spécimens que j'ai connus et aimés, comme secret et sentimental, profondément et amèrement railleur, nullement exact ni ponctuel, et d'un commerce sûr. Il a d'autres manies que le Français, mais également dominatrices. L'ensemble de la nation, hommes et femmes, devant les événements publics, est plus frivole encore que chez nous, où cependant règne une légèreté, une mobilité aristophanesque d'assemblées d'oiseaux. Mais l'Anglais est un oiseau migrateur, au lieu que la majorité des Français est sédentaire, attachée à son arbre intime, à son paysage familier. Le va-et-vient formidable de Londres est constitué par des gens de tous âges et de toutes conditions, qui vont porter un paquet à quelqu'un ou rapporter un paquet de chez quelqu'un, au milieu d'une fièvre et d'une trépidation peu en rapport avec l'importance de ce *circulus*. Chez nous aussi, vous voyez de vieilles dames se faire écraser et broyer pour monter cinq minutes plus tôt dans un autobus qui les emmènera gronder leur bonne, ou porter une boîte de bonbons à leurs petits-enfants. Mais la hâte de la bousculade parisienne n'a pas la même qualité de rapide échange et de néant « indispensable » que celle de Londres.

J'ai mon idée sur les grandes affaires commerciales, bancaires, industrielles : c'est qu'elles sont plus en l'air, plus instables, éphémères, giratoires et mobiles que les imaginations des poètes et les hallucinations des opiomanes. Les hommes d'affaires, anglais ou français, prétendus très sérieux, *very earnest* que j'ai rencontrés étaient d'ailleurs infiniment plus occupés de leurs petites amies, de leurs automobiles, de leurs yachts et de leurs vaines amusettes, ou de leurs sports, plus vains encore, que de leurs occupations, censées vitales, et de leurs travaux occupant des centaines ou des milliers d'employés, de gérants, de subalternes et d'intermédiaires. Mais, parmi tant d'enfantillages — pour appeler les choses par leur nom —, la race anglaise tient le record ; et je n'en veux comme preuve que la quantité inouïe de raquettes, de ballons, d'instruments de golf que des marmots à cheveux blancs et des petites filles ultra-nubiles baladent, emmènent, trimballent et entassent, pointent et dressent sur les plates-formes des autobus et des trains et sur les ponts et dans les salons des bateaux. On dit que le sport est bon pour la santé, et j'ai horreur des paradoxes farcis, à la façon de M. Bernard Shaw... dont j'ai lu récemment quelques aperçus beaucoup moins bêtes que je ne l'eusse supposé. Mais je pense, au contraire, que l'excès sportif est cause de beaucoup de teints pâles et de dos voûtés, remarqués par moi dans les rues de Londres. Le « stropiat » du sport doit être fréquent et il est vraisemblable que, chez le coureur dans le stade, comme chez le jeune chien, le cœur doive être anormalement tendu.

A Londres, c'est comme à Paris — tranquille petite ville de province à côté de Londres, mais avec plus d'embarras de voitures —, les gens lisent les journaux en marchant ou dans les transports. Mais alors que le Parisien lit les faits divers, accompagnés de photographies ignobles qui transforment en morgues les premières pages du *Matin et Cie*, le Londonien lit et déguste les annonces. Dans un journal anglais de cinquante pages, il y a environ quarante pages d'annonces, le reste étant disposé par petits paquets consacrés chacun à un événement, non plus atroce, mais insignifiant : *Vieille demoiselle trouvée pendue à Portsmouth... villa dévalisée dans le Surrey... chien de police poursuivant une « girl »... recteur mystérieusement disparu.* Le Londonien se repaît des annonces et laisse de côté ces nunus.

J'ai suivi quotidiennement, tandis que j'étais en exil, deux ou trois journaux anglais, plus exactement, londoniens. En dehors du *Times* — monument du papier imprimé, comme la colonne de Trafalgar Square — et qui eut des correspondants célèbres, depuis Walter Oliphant jusqu'à Blowitz ; en dehors du *Morning Post*, où sont les annales de la bonne société et passent des études intéressantes ; en dehors du *Punch*, assez rigolo — mais moins que notre *Charivari* —, la presse anglaise *ne dit rien sur rien*. On croirait que, sur l'immense étendue de l'Empire britannique, il ne se passe jamais absolument rien. Pendant trois mois, la presse londonienne a vécu sur le scandale policier d'Hyde Park, lequel n'était qu'une bien petite affaire, en regard des crimes effroyables accomplis, en France, par des policiers. La vie et l'activité intellectuelle en Angleterre semblent réfugiées dans les revues. Le quotidien y est un instrument commercial.

Notre Panthéon parisien, avec l'innommable Zola et l'outre vide de Jean Jaurès, est à la fois grotesque et honteux. L'abbaye de Westminster, où dorment toutes les gloires authentiques de l'Angleterre, est une grande chose. Mais ce qui m'a frappé, à ma dernière visite, c'est que le réceptacle de tant de sépultures magnanimes, et dans tous les ordres d'idées, est devenu trop étroit. Les rayons du « soleil des morts » y sont interceptés. Il faudrait élargir ces nefs où se superposent, dans un arrimage confus et auquel ne préside aucune méthode, les ossements des fondateurs et des mainteneurs de la puissance, de l'énergie et de la rayonnante imagination britanniques. On ne superpose pas des hommes de génie comme des boîtes de thé ou des planches de citronnier. En outre, la plupart des sculptures, qui ont mué en marbre et en bronze ces effigies vénérables, n'émanaient pas d'un génie ni même d'un talent conformes à leurs admirables modèles. Mais cela, c'est la faute du temps, et on ne suscite pas officiellement des Rude, des Carpeaux, ni des Rodin. Je me suis posé brusquement, en sortant de Westminster, cette question : « Y a-t-il eu un grand sculpteur anglais, un animateur britannique de la pierre dure ? »

La sculpture est une affaire de soleil. La sculpture est comme la lumière ; elle tourne. La peinture aussi dépend de la lumière, mais par le prisme, et d'une autre façon que la sculpture ; celle-ci, c'est le drame figé, même s'il ne s'agit que d'un simple buste. Il y a, à Londres, un soleil spécial, entre mai et septembre, un soleil tirant vers le rose à neuf heures du matin et à cinq heures du soir, mais que n'ont certes par reçu sur leurs rétines les tailleurs de statues de Westminster. Les derniers flots dorés de la Renaissance sont venus mourir ici — ou revivre par l'immortalité — dans Shakespeare et les poètes dramatiques de la période élisabéthaine. Ils n'ont baigné ni la pierre anglaise, ni les marbres transplantés, pendant ni après la Renaissance. Un critique comme Ruskin était beaucoup plus enregistreur et interprète du passé qu'un révélateur du présent. Je pense, d'ailleurs, qu'il a eu encore plus d'influence esthétique chez nous que dans son pays d'origine (*la Bible d'Amiens*), et cela grâce à ce cher Marcel Proust. C'est l'aléa de la postérité. Tel artiste de tel pays, après soixante-dix ans passés, est adopté et magnifié par tel artiste d'un autre pays, qui lui amène ses propres admirateurs. Les transmissions et métastases esthétiques sont infiniment subtiles et variées. *Le Neveu de Rameau* de Diderot est revenu en France grâce à Gœthe.

La « politique d'abord » a inspiré les emplacements de Westminster ; William Pitt accueille les visiteurs, à droite, en entrant, et Beaconsfield les accueille à gauche. Il est impossible de conjecturer, d'après son effigie, ce qu'était physiquement Pitt, et c'est dommage ; car il a traversé cette terre comme un météore, dans un sillage de flammes et de phosphorescences. En ce qui concerne Disraeli — dont la ressemblance avec Lord Dufferin, ex-embassadeur d'Angleterre à Paris, est frappante —, j'ai lu beaucoup de travaux le concernant, mais je ne puis me faire une idée complète de lui. Ses romans sont insignifiants, si on les compare aux innombrables chefs-d'œuvre de cette littérature anglaise que notre brave Taine a si complètement manquée. Je pense que Disraeli était un de ces hommes, chargés de potentiel et fascinants, auxquels la mort arrache, puis enlève presque tout. Il fait partie des grands hommes que le temps a effacés. C'est une gloire de lune et non de soleil.

En 1885, j'était venu à Londres tout jeune homme, pour la première fois, et j'avais assisté, en compagnie de Lockroy, à l'inauguration de la première exposition des Indes, par la reine Victoria, cette souveraine extraordinaire et rayonnante, peinte à miracle dans un ouvrage récent de M. Strachey. Je la vois descendant de voiture, d'un corps pesant comme un socle, et se dirigeant vers les petites boutiques de l'« exhibition », au milieu d'un corps d'hommes compassés, aux mines graves. Un an après, je la vis encore, de très près, à une soirée au ministère des Affaires étrangères, où on lui présenta Charles Floquet, alors président de la Chambre, et le gendre de Victor Hugo. Elle ne leur accorda pas la moindre attention, et ceux-ci en parurent surpris. Son effigie, dans le grandiose monument qui s'élève maintenant à Londres, est ressemblante, mais à la façon d'un portrait de Bonat. Son vrai peintre, son vrai sculpteur, c'est M. Strachey. J'omets de dire que cette exposition hindoue était piètre et fort éloignée des magnificences qu'on admire à South Kensington. Mais même à South Kensington, section indienne, on ne remarquera pas ce classement méthodique, cette érudition, cette minutie studieuse, ni cet esprit de synthèse qui distinguent le musée colonial hollandais, ou le musée belge du Congo. On s'attendrait, à Londres, à quelque chose de plus complet et de plus somptueux. Vous me direz que nous n'avons, en France, aucune monnaie du musée hindou de South Kensington, ni aucun musée indochinois que le médiocre Guimet. Sans doute, et c'est extrêmement fâcheux. Mais il est étonnant que ses possessions indiennes, si riches en manifestations artistiques de toutes sortes, ne soient pas plus complètement représentées dans la magnifique capitale de l'Empire. Il y aurait là un enseignement psychologique et philosophique de premier ordre, une école pour tous les étudiants et professeurs des facultés et peut-être un renouveau de l'art britannique.

En science, en art, en politique, l'Angleterre, ou mieux, l'Empire britannique, semble actuellement comme la France elle-même, au ralenti ; surtout si on la compare à l'Angleterre d'il y a un demi-siècle — entre un demi-siècle et trente ans — et où foisonnaient, dans tous les ordres d'idées, les hommes de très grande valeur, de premier plan. Une certaine routine, je pense, en est la cause, qui fait qu'en Angleterre, présentement, comme en France, tout est au moindre effort et à l'acceptation des idées antérieurement reçues. C'est même là le seul point commun que nous ayons avec nos amis et alliés. Ça changera, ça passera, parbleu, et il n'y a pas lieu de s'en préoccuper outre mesure. Mais, il serait vain de le dissimuler, l'atmosphère de Londres 1928 est, artistiquement et littérairement parlant, fort au-dessous de l'atmosphère de Londres 1895 ; de même que Paris 1928 ne vaut pas, toujours artistiquement et littérairement parlant, Paris 1895. En ce qui concerne Londres, j'ignore les causes de l'amoindrissement. Je les connais en ce qui concerne Paris, où la démocratie, la presse et les académiciens ont créé à la longue, une ambiance de médiocrité générale. Mais encore une fois, cela changera.

Je me rappelle un très vieux « beau » de Londres, sorti de

Thackeray, M. Hamilton Haydée, disant à Stanley, à l'inauguration du « Bath Club » par l'amiral Maxwell, dans Dover Street : « Vous, Stanley, vous serez à Westminster... — Alors, répliqua le héros selon Carlyle, je demanderai à garder mon chapeau et mon manteau, à cause du froid. » Aujourd'hui Stanley repose, en effet, à Westminster, mais sans son manteau ni son chapeau. Sir James Paget, le grand chirurgico-médecin, lui aussi, est à Westminster, dont je vois encore le charmant et accueillant visage et le bon sourire, dans la salle à manger, où ses trois sœurs, vieilles filles toutes semblables, faisaient les honneurs de la maison. *Pagets disease*, la fameuse maladie des os ! Mais, au fait, la grande maladie des os, c'est le squelette, c'est la mort... « Ses légers ossements », disait Chateaubriand, en parlant de Mme de Beaumont.

Certains quartiers de Paris et de Londres sont invinciblement liés aux écrivains qui les ont célébrés, aux peintres, aux graveurs qui les ont représentés par le pinceau et le burin. Je ne puis longer les quais, vers Notre-Dame, sans penser aussitôt à Méryon, fils du médecin de lady Stanhope, sans revoir ces belles planches d'un « noir » unique, véritable joyau, de ténèbres, sur lesquelles plane l'aura du génie, le malaise puissant qui assure l'immortalité au même titre que la joie sans cause d'un Monet ou d'un Renoir, pour des spectacles des champs et de banlieue. La place de la Madeleine, c'est pour moi — et bien que le café Durand n'existe plus — la page célèbre de *Sapho*, où Jean Gaussin apprend qu'il est épris d'une « fille » à artistes. C'est ainsi qu'*Oxford Street*, à Londres, éveille toujours, dans ma mémoire, la douloureuse évocation de Quincey : « Oxford Street, marâtre au cœur de pierre, toi qui as écouté les soupirs des orphelins et bu les larmes des enfants, j'étais enfin délivré de toi ! Le temps était venu où je ne serais plus condamné à arpenter tes interminables trottoirs, à m'agiter dans d'affreux rêves ou dans une insomnie affamée. Anne et moi nous avons eu nos successeurs, trop nombreux, qui ont foulé la trace de nos pas ; héritiers de nos calamités, d'autres orphelins ont soupiré ; des larmes ont été versées par d'autres enfants ; et toi, Oxford Street, tu as, depuis lors, répété l'écho des gémissements de cœurs innombrables. »

Rarement pareils accents ont été proférés au sujet d'une de ces rues de grande ville, qui sont comme un déversement continu de détresse, de gêne, de hâte, d'espérance, d'illusion vaine, où la débauche est si proche, en même temps, de l'extrême candeur.

C'est ce qui fait l'immortalité de la mince figure de la petite Anne, laquelle sauva Quincey de la syncope, en lui versant ce verre de porto épicé qu'elle était allée chercher chez un pharmacien de Soho Square. Marcel Schwob était convaincu que ladite pharmacie existait encore et que le potard accepterait l'idée d'une plaque commémorant l'une des plus fameuses rencontres sentimentales de la littérature anglaise. Nous aperçûmes beaucoup de petites Anne, ayant la mine, confuse et pâle, de la chère petite amie de Quincey. Mais le « chemist » de Soho — ceci se passait en 1893 — crut qu'il avait affaire à un maboul, quand l'auteur du *Livre de Monelle* lui exposa gentiment sa requête. Schwob aimait ce genre de plaisanterie innocente, et aussi celui qui consiste à demander à un concierge si une personne, morte dans l'immeuble quinze ans auparavant, « est toujours là ». Francis Thompson a écrit au sujet de Quincey : « ... maître d'un style grandiose, inégal, séduisant et irritant, auteur de seize délicieux et intolérables volumes dont quelques-uns ne peuvent jamais mourir, dont beaucoup ne peuvent jamais vivre, voilà Quincey ». C'est, à mon avis, beaucoup trop sévère, non quant au style que je ne saurais apprécier, n'étant pas né en terre britannique et n'ayant pas d'ascendants anglais. Mais la personnalité érudite, railleuse et pathétique de Quincey m'apparaît comme une des plus curieuses de la littérature de tous les temps, et je regretterai toujours de ne pas l'avoir connu, de même que je suis inconsolable de n'avoir point passé, ne fût-ce qu'une soirée, avec Shakespeare. C'est un évocateur prodigieux, ce Quincey. En quelques lignes, il restitue l'ambiance romaine ou grecque. Dickens, dans ses romans, a peint une foule d'aspects de Londres, de ses rues, de ses squares, de ses quartiers riches et pauvres. Dans Oxford Street, je ne pense pas à Dickens, je pense à Quincey.

Et aussi à Daniel Defoe. Dans sa *Grande Peste de Londres*, il peint la cité déserte, où s'amoncellent les charniers, la terreur que les morts inspirent, les charrettes où, sous un entassement de cadavres un ivrogne continue à jouer de la flûte ; et rien de tout cela ne se trouvait dans Oxford Street, quand je l'arpentai, il y a quelques jours. Cependant, c'est à ce souvenir littéraire qu'allait ma pensée, en même temps qu'à mon cher mangeur d'opium. Car l'étonnante magie de Londres est d'ouvrir toutes les possibilités imaginatives, par le contact de ses réalités. Positivement elle est grisante, et je comprends à merveille l'espèce de passion qu'ont pour elle ses habitués. A peine l'a-t-on quittée qu'on a envie d'y revenir. Elle partage, pour moi, cet invincible attrait avec Marseille, bien que dans un style tout différent. Si j'avais les moyens, comme disent les bonnes gens, je prendrais mon petit déjeuner à Londres, avec un thé, des rôties brûlantes, des œufs au lard — ce lard anglais feuilleté, godronné, qui est une merveille —, une petite friture de la Tamise gaillardement tordue sur elle-même, tant soit peu de confiture ; j'irais faire un bon tour dans Piccadilly et dans Oxford Street ; puis « zou » ou, si vous préférez, *forward*, je me rendrais en avion — sans me tromper de porte, je vous prie de le croire —, directement à Marseille et chez Pascal, où je « m'appuierais », comme dirait Briand, deux ou trois rougets ornés de leur propre foie, peuchère, et une bourride lactescente et parfumée, suivie, selon le conseil excellent de Maurras, d'un gigot d'agneau aux petits pois.

Car de tels contrastes urbains, spectaculaires et gastronomiques, éveillent la compréhension ainsi que le discernement et font passer, comme disait Villiers de L'Isle-Adam, le temps de la vie.

Or, tandis que je déambulais d'un bon pas — j'ai fait, ce jour-là, mes trente kilomètres à pied dans Londres, avec un plaisir sans cesse renouvelé —, j'aperçus, à un tournant d'Oxford Street et d'une petite voie perpendiculaire, le spectacle suivant : un guignol français, de style ancien, d'un rouge aux filets d'or effacé, où se démenaient, avec le commissaire du Second Empire, un Polichinelle de l'exposition universelle de 1867 — un caniche noir, vivant, jappant et remuant la queue ! Le castelier, ou le guignolard, à votre choix, était un Parigot parigotant, dont le langage « anglais » divertissait énormément les passants et eût certainement paru, à Francis Thompson, encore très inférieur au style de Quincey. Attiré par ce rassemblement, un policeman de très haute taille, comme le hussard du général Hugo, dans la pièce dite « caramba », vint examiner sévèrement le moulinet illégal du bâton de Polichinelle, usé comme si un enfant, le prenant pour un sucre de pomme, l'avait sucé.

Par le dépaysement, ce spectacle qu'on peut croire banal, était beau ; qu'on peut croire simple, était complexe et m'induisit en toutes sortes de réflexions sur l'originalité soudaine, explosive, de la vie, quand elle se manifeste sur deux plans, différents et entrecroisés, de lieu et de temps. Dans mon enthousiasme, je donnai un shilling au bonhomme en lui disant : « Quel chic chien vous avez là ! Vous devez bien l'aimer. » Il me regarda avec surprise et me répliqua : « *Il* n'est pas à moi. » Cette fois j'évoquai le rire pouffé d'Oscar Wilde, s'il avait entendu une telle réponse, si peu conforme à toutes mes déductions intimes.

De dix pas en dix pas, des mendigots à têtes d'affamés, quelques-uns pourvus d'une vieille casquette de porteur d'on se sait quoi, présentaient, au flot des passants hâtifs, des affiches de couleur célébrant des nouvelles telles que celle-ci : « Vandales auprès d'une statue... Un Nègre qui ne manqua pas de bonnes raisons... Monsieur Briand parlera seul... » et autres fariboles du même tonneau. Parfois un badaud achetait le journal et, sans se laisser attirer par l'événement en vedette, courait aussitôt aux annonces. Taine en aurait conclu que beaucoup de personnes, à Londres, cherchent une place. Ce fut aussi mon impression. J'eus même, petit à petit, la conviction que mon compagnon de voyage et moi étions à Londres les deux seuls badauds qui parcourions Oxford Street, et la ville en général, pour nous amuser.

Les horloges marquant une heure après *noon*, nous résolûmes d'aller déjeuner dans le Strand, où sont de petits bars pas vilains du tout.

Le « Strand » — qui rejoint West End à la Cité — est, à Londres, une de mes rues préférées. Je suis, naturellement, badaud. J'aime les lambeaux de conversation qu'échangent les gens en marchant. A Paris, les « peursonnes », comme dit Briand, s'entretiennent volontiers de leurs petites affaires, en arpentant les compites et quadrivies entre la Madeleine et la Bastille et entre Montmartre et Montrouge. A Auteuil et à Passy, ainsi qu'à Vincennes, à partir de l'avenue Daumesnil, et à Saint-Mandé, les passants, je ne sais pourquoi, se taisent. A Lyon, personne ne dit un mot dans la rue, jamais, nulle part. A Marseille, tout le monde parle, s'esclaffe et crie partout, tout le temps. A Londres, enfin, on n'entend les gens s'expliquer leurs caractères et les difficultés de la situation que dans le Strand et dans Oxford Street.

En outre, on mange très bien dans le Strand. Il y a là des petits bars de tout premier ordre, où l'on prenait un repas délicieux, avant tout ça, pour la somme de douze ou quinze francs. Aujourd'hui, il en coûte six fois autant. Cela tient à ce que le shilling d'argent vaut six francs en boutons de culotte, censés relevés et stabilisés par Poincaré. Mais je m'expliquerai longuement sur l'étendue *réelle* de la dépréciation de notre monnaie fictive. Aujourd'hui je me contenterai de faire savoir aux amateurs qu'une livre (ou *pound*) est toujours, à Londres, 20 shillings d'argent, alors qu'elle équivaut à 124 francs de boutons de culotte, dits « francs français ». Il est indispensable, quand on circule en Angleterre, d'avoir cette notion présente à l'esprit.

Le bar choisi était voisin du théâtre Adelphi, qui faisait de très belles affaires avant l'invasion du cinéma. Mon compagnon, fort jeune et de bel appétit, et moi sommes entrés presque jusqu'au bout du tube faisant face au comptoir, où étaient attablés des gentlemen assez douteux, parlant à voix basse, le coude contre le coude. Je vous ai déjà dit que j'ai l'ouïe susceptible et « presbyte ». Je perçois ce qui se dit à distance plus facilement que ce qui se dit à proximité. A la gracieuse servante qui s'empressait, je demandai deux plats classiques : sole frite et *steak and kidney pie*. Il est absurde de ne pas boire une pinte de stout quand il ruisselle de quatre robinets, pareils chacun à la tête du cygne de Léda. Cependant, avec la sole et le *pie*, je préférai une bouteille de saint-émilion. Je signale ici à mon ancien collègue Comberouze, charmant homme et maire de cette illustre localité, que le saint-émilion est, à Londres, excellent et courant. Bien meilleur qu'à Paris, où il est trop souvent truqué. Mon pauvre petit collaborateur, Pierre Dumoulin, qui fut tué à la guerre, me fit connaître, en 1913, un saint-émilion comme je n'en ai jamais bu depuis, pourpre et fruité, merveilleux. Evidemment, celui du Strand ne valait pas celui-là ; mais il était encore très louable.

Maintenant, tenez-vous bien : je n'ai jamais mangé de meilleures soles qu'à Martigues, qu'au Croisic et que dans le Strand. Les trois types en sont différents. A Londres, leurs soles « strandaises », d'une fraîcheur absolue, apparaissent, quand on fend la pâte légère et exquise de la friture, ainsi que des parquets luisants et cannelés. Elles fondent dans la bouche, avec cette saveur alacre et marine, cette consistance ferme que n'offrent ni la triste plie ni la lamentable limande. J'aurais voulu avoir auprès de moi M. Gazagnes, le cuisinier incomparable de l'Hôtel moderne, à Martigues ; M. Maurice, le maître du Bourg-de-Batz, et M. Paul Bouillard, du filet de sole bruxellois, les trois professeurs de sole de France et de Belgique, pour leur demander en quoi consiste le tour de main, spécial et « solaire », des bars du Strand, en cette matière si délicate. En outre, la sole du Strand, accompagnée d'un simple citron, est large comme une pleine lune et exceptionnellement charnue. Elle a un « ourdi », juste comme un parquet.

Mais ce qu'on ne peut manger que là, précisément, où nous étions, ce qu'aucun chef, ce qu'aucune cuisinière ne peut préparer même en Angleterre, ailleurs que dans le Strand, c'est ce petit dôme de pâte grise — comme une pâte de clafoutis — tirant sur le caoutchouc, brûlante, et d'où s'échappent, à l'incision, des morceaux, succulents et poivrés, de bœuf et de rognon. Le spectacle en est gentil au possible, comme chaque fois qu'une pâte se fend, pour livrer ses documents les plus secrets. Le goût en est un délice, par le contraste des consistances. Si abondamment servi que l'on soit — et les portions sont imposantes —, on en reveut, on en redemande, on n'en a jamais assez, et le glouton y trouve son compte, comme le gourmet et le gourmand.

L'addition, après un fruit quelconque, était, pour deux personnes, de dix-huit shillings (saint-émilion compris), soit environ cent huit francs français. Nous avions pris le menu, moyen et habituel, d'un commerçant anglais, qui déjeune en allant à ses occupations, après s'être préalablement lesté, quatre heures auparavant, de thé, de lard et d'œufs, de beurre et de confiture. « Ces gens-là, mon ami, disait Drumont, ont bon appétit. » La consommation de stout, au lieu de saint-émilion, m'aurait rabattu environ quatre shillings et demi, soit vingt-six francs. Je donne ces détails sordides et vulgaires, pour montrer où en est un pays de boutons de culotte, par rapport à un pays de monnaie d'argent.

Cependant que nous dégustions ces bonnes choses qui, selon le mot de Bismarck, « coûtent cher », les deux « potes » du bar proprement dit poursuivaient leur conversation secrète. Il y avait un vieux, une espèce de « Fagin » de Dickens, qui faisait la leçon à un jeune, ébahi et déférent. Il s'agissait d'une opération risquée, car le jeune hésitait et finit, pour se donner une contenance, par allumer une petite pipe noire, qui aurait fait envie à Delest, du temps que nous étions à la Santé. C'est à la Santé justement que j'ai appris à reconnaître la dégaine et la physionomie internationale des voleurs, ces excellents Européens, ennemis des frontières — et des douanes —, amis de la paix, de « c'te paix ». Quand ils eurent fini leur consommation et leur combine, les deux copains s'essuyèrent la bouche d'un même mouvement glissé du bras ; puis l'un tira de sa poche un paquet de livres sterling et en détacha une, avec une adresse de prestidigitateur, qu'il souffla vers la dame du comptoir. Celle-ci, grasse avec un visage pleurard, daigna sourire.

Dans l'entre-temps, me trouvant un peu serré par la soif, comme disait mon cousin Timoléon, j'avais fait venir une demi-saint-émilion, en surcroît, ce qui avait attiré l'attention d'un des *scoundrels*, en français « *lascars* », le plus âgé. Il se demanda si j'étais « à faire » et examina mon accoutrement. Sa conclusion fut que je n'en valais pas la peine, et je me sentis humilié.

Ce récit ne vaut, je m'en rends bien compte, que pour les véritables amateurs de sole frite et de rognon. Mais il comporte aussi un enseignement quant à la monnaie.

Le buste de Macaulay à Westminster n'a pas de valeur artistique et donc il ne représente, du grand historien, qu'une effigie privée d'âme. Cependant je serais bien demeuré une heure à méditer devant ce navet consacré à un homme de génie, comme devant l'abîme entrouvert du grand passé de l'île mystérieuse et qui s'est composé, pour son usage personnel, toute une civilisation à part. Cette nation, que l'on dit d'affaires, est extraordinairement riche en poètes éthérés, pareils à des oiseaux d'azur et d'or, comme les martins-pêcheurs de la Camargue. Cette nation, que l'on dit flegmatique et froide, a produit l'analyste le plus fougueux et aussi le plus lucide qui soit, dans la personne de Macaulay. Il n'y a rien, à ma connaissance, dans la littérature dite posée, tissée d'événements précis et de textes, qui atteigne, dans les temps modernes, à tant de pénétration des causes, à tant d'horreur du méfait et du crime, à tant d'esprit de justice et, par moment, de grandeur. Notre Michelet est un « écrivain » incomparable, et il a des tableaux, des récits de toute beauté, même quand ils sont erronés ou absurdes, comme celui des journées de Thermidor. Taine, qui s'est souvent inspiré de Macaulay, n'a pas le souple et sagace instrument ni l'expérience politique de l'Anglais. Taine est un homme de cabinet et d'académie, qui veut, malgré tout, garder un certain ton docte et ne pas se tacher avec la sauce horrible des cataclysmes, déchaînés, comme par un enfant qui tape son assiette avec sa cuiller.

Mommsen enfin raconte, de haut et de loin, les événements (si semblables à ceux du monde actuel) de la Rome antique ; et certes il a des vues d'ensemble et de puissants développements. Mais tout cela ne vaut pas Macaulay, et de l'étude, assez griffue, que Francis Thompson a consacrée à ce visionnaire, je ne veux retenir que ce jugement sagace : « Ce génie était si semblable à un prodigieux talent. » Ce qui est sûr, c'est qu'il vous emporte avec lui, tel un aigle, dans sa vision implacable et brûlante, et qu'il n'est pas un trait des grands personnages peints par lui, gravés par lui qui, selon le conseil d'Hokusaï dans sa quatre-vingtième année, ne soit vivant. A côté de lui, Thiers, par exemple, en dépit de ses qualités très réelles, a l'air d'un empaillé, d'une momie. C'est que Macaulay avait la double qualité de saisir l'enchaînement des faits au milieu de la poussière des circonstances, et de tenir compte des personnalités, comme agissant en grande partie sur ces faits.

Il y a, en effet, deux sortes d'historiens : ceux qui se complaisent aux grandes synthèses, permettant d'embrasser toute une époque, tel notre glorieux Fustel de Coulanges ; ceux qui ont besoin de figures pour concrétiser leur pensée, que celle-ci soit favorable ou hostile auxdites figures. Macaulay participe des deux genres et des deux méthodes. Il n'admet pas, comme Charles Bovary, que ce soit « la faute de la fatalité ». Il est bien malheureux qu'il ne soit plus là pour grouper les origines diverses de la guerre européenne et faire un portrait en pied de Guillaume II.

Je ne connais pas assez la politique anglaise d'il y a un siècle et davantage — et à vrai dire, elle ne m'intéresse pas assez — pour que je recherche si le portrait du grand William Pitt par

Macaulay est exact, ou non, dans ses détails. Ce que je sais, c'est que tous les ressorts moraux d'une nature exceptionnelle, et politiques d'homme d'Etat sont passés en revue, à propos de Pitt, par son historien, avec une connaissance merveilleuse des hiérarchies, comme dit Maurras. Dans l'étude déjà citée, Thompson indique le rôle que jouèrent dans sa vie brillante, son stage au Parlement, comme représentant d'Edimbourg, ses relations avec l'*Edinburgh Review* et avec « le cercle d'Holland House ». Pour peindre les hommes et leurs agissements — j'entends les hommes qui ont compté et les agissements d'une certaine importance —, il est bon de les avoir fréquentés, coudoyés, entendus parler et discourir, et de les avoir combattus. Je sais qu'avant d'avoir siégé au Parlement, et bien que j'eusse fréquenté, dans ma jeunesse, les plus notoires politiciens de la République, je ne me rendais pas un compte exact du vide inouï des ces risibles fantoches.

Or, chez Macaulay, et principalement dans ses *Essais*, cette hésitation est très sensible. Si bien que, souvent, il empoigne un imbécile et se repaît de sa sottise, en le traînant devant tous les miroirs de sa connaissance, et de son expérience, puis, changeant de ton, le crible de coups de botte au derrière et le gifle sur l'occiput et sur la nuque, en représentant les cironstances funestes à l'Angleterre, à la société, à la cause de l'Ordre dont ce « numéro » — comme on dit au régiment — a été la cause. Ce n'est fichtre pas là de l'histoire compassée, solennelle, ni salonnarde, et l'on y sent sourdre ces lueurs chaudes, concentrées, métaphoriques qui sont aussi chez Carlyle, bien que beaucoup moins coordonnées, et, partant, moins significatives, que chez Macaulay. Quand celui-ci dépiaute un mauvais juge, un ambitieux sanguinaire, une canaille dorée, un ignorant lâché dans une haute fonction d'Etat, il n'en reste ensuite absolument rien. Tout semble compassé et frigide, à côté de ces pages brûlantes.

Le génie de compréhension de cet homme extraordinaire et sensé franchit aisément les nationalités. Il s'est attaqué à maints personnages de la Révolution française et, notamment, à l'un des plus représentatifs, bien que beaucoup le croient, à tort, de second ordre, à Barère. Cette eau-forte de l'effroyable Barère, document copieux et creusé — il occupe, si j'ai bonne mémoire, une cinquantaine de grandes pages de la traduction de Macaulay par Guillaume Guizot — est le réquisitoire le plus terrible qu'on ait écrit, avant Taine et Gaxotte, sur ces torves et tortueux bandits, qui mirent notre pays à sac et l'Europe à feu et à sang. Macaulay montre successivement, dans Barère : le raté ambitieux, le lâche, la bête féroce, le débauché et le vicieux. Imaginez le fouet de Juvénal, le fer rouge de Tacite, les brodequins de Saint-Simon, le couteau à scalper de Swift, et vous aurez une idée de la façon dont est « servi » et présenté le sinistre compère de Fouché et de Collot d'Herbois. Le monstre est campé : on le voit, on le touche, on le sent, et toute la puanteur, et toute la sanie de l'époque, à la fois la plus horrible et la plus bête de notre histoire, s'étale là, sur la pelle enflammée de Macaulay. On comprend, en lisant cela, qu'il fixait de véritables hallucinations, mais documentaires et serrées, comme des pièces d'état civil.

Je me réveillai de cette songerie devant le navet inexpressif, dû au ciseau d'un certain Burnard. Le soir tombe vite à Westminster, même en été, en raison sans doute de la fatigue qu'infligent toutes ces visites aux morts illustres. Je me rappelai le récit que nous avait fait autrefois Meredith (qui n'aimait guère Macaulay, je ne sais pourquoi) à Marcel Schwob et à moi : le corps du souverain décapité reposait dans un catafalque, au sein des ténèbres, en ce même lieu solennel, ou dans un site voisin. Un homme entra, dont on voyait à peine le capuchon rabattu, et pas du tout le visage. Cet homme s'approcha, regarda, soupira et dit très bas, mais quelqu'un l'entendit : « Cruelle nécessité. » C'était Olivier Cromwell.

Je serais désolé de faire la moindre peine aux conservateurs du Louvre français et de la Galerie nationale à Londres, mais il faut bien que je leur dise que l'arrangement de leurs musées est inférieur, de cent pour cent, à celui des musées de Hollande. On dirait qu'ils n'ont aucune notion de l'importance *intellectuelle* — pour l'ensemble de la nation — des chefs-d'œuvre dont ils ont la garde, et qu'ils ont fait au petit bonheur, un rassemblement de toiles, d'après leurs dates et l'importance ou la nationalité des peintres.

Il est douloureux de comparer les salles de la « Galerie nationale » et celles du Louvre de Paris, aux salles des musées de La Haye, d'Amsterdam et de Haarlem. Chez ces dernières, il y a une âme. Chez les premières, il n'y a même pas une classification. La chose est d'autant plus déplorable que la « Galerie nationale » de Londres, si elle ne possède pas des « ensembles » picturaux comparables au Prado de Madrid et à Amsterdam, a cependant des toiles merveilleuses, et, pour quelques-unes, des toiles maîtresses ; et qu'il en est de même pour notre Louvre, abandonné à des conservateurs qui ne savent certainement pas le premier mot de leur métier, je le dis sans ambages : qu'ils aillent prendre des leçons chez Eugenio d'Ors à Madrid ; chez Rusinol, au musée de Sigers ; chez Lunz, à Amsterdam, et chez Charles Bernard à Bruxelles.

Cela dit, j'ai été saisi, à la « Galerie nationale » de Londres, par la magnificence des deux toiles de Whistler intitulées : *Nocturne en noir et or* et *Nocturne en bleu et argent*. J'ai vu, autrefois, chez Whistler, ces splendeurs. Je ne m'étais pas douté, je l'avoue, de l'importance extraordinaire qu'elles prendraient avec le temps. Whistler était un créateur de génie et un critique d'art inégalé, ou, plus exactement, auquel on ne saurait comparer que Baudelaire. Les deux tableaux, que je viens de dire, ont la marque des chefs-d'œuvre authentiques. Ils anéantissent tout autour d'eux. Cela de deux façons : en rendant plus visibles des défauts, ou manques, de leurs voisins ; en imposant à l'œil, comme un sens nouveau de la beauté. Il y a, dans le voisinage immédiat des *Nocturnes*, de fameux morceaux de Manet, traités en bleu cru et à plat et qui paraissent rudes ; et une *Annonciation*, bien connue, de Rossetti, qui semble pâle, exsangue et pauvrement composée.

Ces deux tableaux de Whistler, remplis des intentions les plus fines et les plus délicates — car ce maître faisait exactement ce qu'il voulait —, donnent cependant une haute et sereine impression de simplicité, selon les deux fameux principes, formulés par le « Nocturnier » lui-même : 1° L'APPLICATION, EN ART, EST UNE NÉCESSITÉ, NON UNE VERTU ; 2° SEUL LE TRAVAIL PEUT EFFACER LES TRACES DU TRAVAIL. Il s'agit des bords de la Tamise, vus sous deux aspects différents, avec des apparences, ou fantômes, de mouvements dans la nuit, tels qu'ils sont ou seraient, au souvenir d'un observateur doublé d'un poète. Whistler était Américain, mais il vivait en Angleterre, et quelquefois venait en France, où il était lié avec Mallarmé. Sa silhouette de Méphisto sagace, avec sa petite mèche blanche d'oiseau prophète, a été dessinée tant de fois qu'il serait superflu d'y insister. Son rire était plus singulier encore que ses traits, accoutumés et pliés au sarcasme ; et composé de deux ou trois rires de climat différent, chargés l'un de surprise, l'autre d'ironie acerbe, et le troisième du plaisir égoïste de la compréhension. Ces trois rires, en un, annonçaient le précieux démon à des kilomètres. Chacun s'écriait : « C'est Whistler ! »

Il était sévère pour Turner, qui a une place à part — c'est de beaucoup le mieux servi à la « Galerie nationale » — et que j'ai trouvé tout de même, cette fois-ci, un peu bien vaporeux et irisé, pour un rêverie assez sommaire. Toutes les perspectives de Turner sont en fuite et en vitesse — alors que celles de Poussin ont quelque chose de posé et de rassurant pour l'esprit —, et l'œil se lasse vite de courir après. Il s'est à craindre que Turner, en dépit de l'intensité de sa palette, pour le jaune et l'orangé, et de sa verve floconneuse, ne soit, en somme, une originalité surfaite, et ce que j'appelle, faute de mieux, un « rare pour tous », l'équivalent de ce qu'est, en littérature et en poésie, notre brave Paul Valéry.

Il est excellent qu'il y ait, dans un musée, un tableau de maître heurtant, et qui fasse se cabrer le vulgaire. D'abord parce que le beau non conventionnel, et même le beau individuel, a le don d'éveiller les jeunes talents (et une grande nation ne saurait consister simplement en armateurs, en commerçants et en financiers, si précieux et indispensables que soient ces trois genres) ; ensuite, parce qu'un tel tableau insolite soulève les réflexions cocasses des badauds et celles, plus cocasses encore, des amateurs. Telle est la toile aux âcres couleurs, aux formes tordues et goudronnées, du Greco, représentant Notre-Seigneur Jésus-Christ au jardin des Oliviers ; toile aussi étonnante, dans le musée londonien, que l'est au sud torride de l'Espagne, la casemate de Gibraltar. Ce brave Greco vivait dans un cauchemar chronique, et il a peint des hallucinations qui nous hantent, qui traversent, comme des flèches, toute une vie d'hommes. Mais il est certain que Greco, vu en Espagne, dans la lumière particulièrement crue de cet admirable pays, où tout est intense, jusqu'à l'extrémité de la vibration et, en pans coupés, est plus compréhensible qu'à Londres, entre le raisonnable Reynolds et une longue lady sinueuse, et hardiment chapeautée, de Gainsborough.

Quant à ce dernier, il me fait toujours penser aux vers charmants de Théodore de Banville, le plus aérien de nos poètes, et, perché sur une branche à la nervure exquise :

Miss Helen, versez-moi le thé
Dans la belle tasse chinoise
Où les poissons d'or cherchent noise
Au monstre rose épouvanté...

Il n'y a cependant rien de tel dans les toiles adorables de Gainsborough ; mais elles relèvent du même esprit de finesse ; celle notamment représentant « eune jeune dame du monde », dirait Gavroche, dans un costume de soubrette et balayant. Ce tableau rit à travers les âges.

Quant au méli-mélo dont je parlais en commençant, il est plus sensible encore dans les salles dites de l'Ecole anglaise, à la « Galerie nationale », que nulle part ailleurs. Tout cela a été livré d'abord au hasard de l'accrochez-moi-ça, puis à une accoutumance pire que ce hasard, et à une inertie pire que l'incurie. Je songeais à la façon dont sont groupés les Hals, dans leur nouvelle installation d'Haarlem, au milieu de meubles et d'objets qui les expliquent et les commentent. Je songeais à la présentation de la

Ronde de nuit à Amsterdam ; et au délicieux musée de La Haye parcouru tant de fois avec Byvanck, qui m'en faisait admirer l'ordre et la méthode.

Le musée va de plus en plus — qu'il s'agisse de peinture, de sculpture, ou d'ethnographie — vers la reconstitution synthétique d'un milieu, d'une atmosphère, d'une époque. Il importe que le visiteur soit enveloppé par les œuvres saisissantes, ou simplement belles et par les chefs-d'œuvre, comme nous sommes enveloppés, tout à coup, par un spectacle enchanteur et naturel, une femme gracieuse, ou majestueuse, un paysage ensoleillé, un arbre rempli d'oiseaux, une troupe militaire au pas cadencé. Il importe surtout que le jeune homme, qui vient là pour apprendre et s'éveiller à la beauté et à la création artistique, ou à la recherche scientifique, ou aux voyages, soit guidé par une sagacité invisible, mais présente, qui ait disposé « les pièces », toiles et représentations, de telle sorte qu'il en reçoive la commotion au point le plus délicat, et aussi le plus vif, de sa personnalité en formation.

Je me hâte d'ajouter qu'à Londres même il y a deux types de tels musées : le « British » bien entendu, et le prodigieux musée d'histoire naturelle de South Kensington. Je vous y mènerai, mais, auparavant, je ne saurais trop vous répéter à quel point Whistler est « un grand des grands » — comme disait Nadar —, et, pour le coup, un évocateur des splendeurs secrètes inscrites dans les aspects les plus simples. Cette poésie latente de la vie anglaise, avec sa mélancolie éparse et rattachée, telle que la brume, à ses arbres plus anciens et d'un vert plus accentué que les nôtre ; cette douceur poignante, qui est dans les yeux des jolies Britanniques, comme dans un tournant d'Abbey Garden, ou dans un de ces cottages de banlieue, qui ont l'air d'attendre un retour ; cette poésie nostalgique et diffuse, Whistler l'a su rendre avec précision... c'est là le miracle... comme un orfèvre et un sertisseur ; chacune de ces miniatures — ou presque — en bleu et argent, en noir et or, s'épanouit comme une vaste fresque dans la pensée. Whistler fait de l'immense avec du petit et met, dans un regard, une destinée.

Je crois avoir déjà dit que je n'aime pas les palaces ni les caravansérails. D'abord la cuisine, faite pour trop de palais insensibles ou inéduqués, n'a plus de goût. Ensuite tout y est dépersonnalisé, banal dans le genre riche et, au résumé, peu confortable. Il existe à Londres, dans la région de Piccadilly et d'Hyde Park, à mon avis délicieuse, des hôtels de modeste apparence, mais qui sont la perfection même pour le silence, le service et la table ; où l'on n'est ni un numéro ni un colis ; où les maîtres d'hôtel vous disent bonjour et vous apportent à temps le vin choisi ; où la femme de chambre sourit gratuitement quand on la rencontre dans l'escalier ; où le « bureau » vous remet vos lettres tout de suite ; et je n'en finirais pas d'énumérer les divers agréments d'une telle hospitalité. A ce genre appartient l'hôtel Jules, dans Jermyn Street, tenu par un très aimable Français que connaissent bien les gourmets londoniens et où le cuisinier est maître en son art. Pour vous en donner une idée, je vous dirai que je n'ai jamais savouré de meilleur bouillon de bœuf froid, pris en gelée, que là. Le gibier — saison des grouses — était aussi réussi que celui troussé par le maître de Gordes (Vaucluse), ou par celui du mont Ventoux, ou que celui que rôtissait, hélas ! le bon Léon Déan de la rue Pléney, à Lyon. La salle à manger est spacieuse et même somptueuse, et des gentlemen corrects, accompagnés de ravissantes dames en grand décolleté viennent y souper, dans le plus grand silence, sans jamais saucer avec le pain, comme nous faisons, et rangeant avec soin, sur leur fourchette, les petits légumes, méthodiquement poussés par le couteau d'argent.

Ici je vais vous faire une confidence : je n'ai jamais pu apprendre à manger de façon très convenable, en dépit des leçons d'une mère attentive et chérie. J'ai hérité cela de mon pauvre père, qui prenait l'os du poulet — horreur ! — à pleines mains et faisait même « chabrol », en versant du vin rouge dans son bouillon. En outre, je bois à grandes lampées et vide mon verre instantanément ; au lieu qu'un Anglais de bon ton trempe ses lèvres dans son verre et renouvelle l'opération à intervalles espacés. Enfin je ris fort, j'apostrophe les autres convives, bref je me comporte à la française, et même à la parigote, ce qui faisait dire à Henry James que les dîners, en France, ont toujours un peu l'air « séances de la Convention ». « Sauf, répliquait Alphonse Daudet, en riant, qu'on ne s'y coupe pas la tête au dessert. » Il me serait donc malaisé, si j'en avais la moindre envie, de celer ma nationalité dans une salle à manger comme celle de l'hôtel Jules, ou de Browns Hotel, ou de Berkeley Hotel, ou d'Albemarle Hotel, délicieux chacun dans son style et à sa façon.

Or, la remarque en fut souvent faite, mais elle est vraie, Londres est la ville des contrastes inattendus. Par une de ces merveilleuses journées de l'été écoulé, où Piccadilly était aussi ensoleillé que la Canebière, nous avons croisé sur le trottoir, près de l'entrée d'Hyde Park, deux femmes. La plus âgée, qui soutenait l'autre, était habillée d'une sorte de papier d'emballage noir et chaussée de souliers de la même substance, il est vrai privés de lacets. Je n'ai vu de semblables croquenots qu'à Alfred Jarry, un jour que nous attendions ensemble Fasquelle, dans le petit salon de la célèbre librairie. Mais ceux de Jarry étaient retenus par des ficelles, comme une pièce de Scribe ou de Sardou. La plus jeune femme était plus surprenante. Elle se dressait, tel un tronc d'arbre, sur des pieds géants, chaussés à la Little-Tich (j'ai lu récemment que le pauvre garçon était mort, situation peu conforme à son allure). Elle avait des bas jaunes, une jupe *courte* (il faut bien suivre la mode) d'un vert cadavérique et putrescible, un corsage d'un marron nauséeux et taché de rondelles poisseuses, comme si elle l'avait acheté avec du sucre. Son chapeau était d'une hauteur inusitée, formé de détritus de jais et de rubans de couleur, jetés là comme d'une fenêtre. Elle tenait à la main un parapluie — par ce temps radieux — qui avait l'air aussi d'une seringue, et Pourceaugnac eût pu s'y tromper. Quant au visage, imaginez un poisson de forte taille, un turbot, cabossé, repoussé, comme à coups de talon — elle avait dû être piétinée la veille, — avec, dans les yeux, une expression féroce et venimeuse, un jet de vitriol à la Hogarth. J'oubliais de vous dire que ces deux sorcières bringuebalaient un cabas de cuir noir, où nous supposâmes aussitôt un cadavre d'enfant nouveau-né.

C'est vraisemblablement de telles rencontres qu'est né, il y a plusieurs siècles, le clown, ce personnage étrange et profond, pétri de misère, de difformité et de rire, et qui traverse l'incomparable dramaturgie anglaise, au milieu des rugissements et des pâmoisons de partenaires des deux sexes, auxquels il ne prête aucune attention. Certes on croise à Paris, dans les rues du centre, des purotins au dernier degré de la purée, de la moisissure, de la mayonnaise d'abandon, et qui donnent envie de vomir en pleurant, ou de pleurer en vomissant. La société parisienne a connu Faguet, nu et crasseux dans sa redingote élimée, une cravate bleue remplaçant le col, et dévorant, comme un affamé, la morne tambouille de la maison Buloz ; et Faguet, lui aussi, était un clown désaffecté. Théodore de Banville disait de Mourot, le secrétaire hideux — au physique et au moral — d'Henri Rochefort, qu'il avait l'air d'avoir été « vomi par un chien ». Mais rien de tout cela ne vaut certains fantômes et déchets humains de la rue de Londres, que symbolise le fameux *enter the ghost.* D'ailleurs Hogarth est là, peintre de certaines hideurs qu'aucun humain n'a flairées ni senties aussi profondément que lui, Hogarth l'extracteur des poisons et venins sécrétés par l'homme maudit de Dieu et du diable, Hogarth l'évocateur des larves vicieuses des salons, des rues et des comptoirs de Londres.

Une autre fois, toujours par un matin doré où le ciel semble tinter comme une richesse, comme un océan de guinées, nous avons vu le réveil tardif des dormeurs « à la pelouse » de Saint

James Park. Il est affligeant, mais nécessaire, de dire qu'ils avaient tous, les gras et les maigres, des bobines d'assassins ; cheveux emmêlés, barbes pouilleuses, regards en trous d'eau sale, affaissement général de l'être à la dérive et dans lequel il n'y a plus que la faim, la soif, un bout de désir et quelque rage. L'animalisation, par la détresse et la misère, fait de l'homme un bipède fort au-dessous de l'animal. Un d'entre eux était assis sur un banc, ayant à côté de lui une rondelle de quelque chose qui avait pu être, un mois auparavant, du saucisson. Il ressemblait précisément au pauvre défunt Faguet. Il y avait, autour de lui, une aura de désespoir et de suicide. Emu, mon jeune compagnon lui remit quelques shillings. Il ouvrit, pour les recevoir, une main lépreuse ; mais son visage, poché et ciré, n'exprima aucun sentiment et il continua à se demander, de l'eau, de la corde, du couteau ou de l'écrasement, lequel était le moins désagréable. Car, comme disait André Gill, « on a le choix ».

Ces dormeurs me rappelaient le poème de Walt Whitman, *The Sleepers*, qui est ce que ce solitaire exalté a écrit de mieux. On m'a assuré qu'il y avait, parmi eux, de bien braves types, des chômeurs, des sans-travail. C'est fort possible. Pourtant ils ressemblaient étrangement, pour le regard et le teint verdâtre, à nos sinistres voisins (hein ! vieux Delest ?) du quartier des « mains rouges », à la Santé. Du point de vue littéraire, je ne connais que deux hommes qui aient rendu la détresse de la grande ville et la solitude par cette détresse : Quincey et Baudelaire. *Les Misérables* de Victor Hugo n'ont pas l'odeur de la misère. Ceux de Dostoïevsky sont puants et tragiques à souhait ; mais ils sont hantés par de grands rêves, comme leur descendant, Jude l'Obscur. Quant à Gorki, du moins à travers la traduction, ça sent le chiqué. Ah ! pardon, j'oubliais Jehan Rictus. Oui, celui-là a peint les malheureux de Paris et extrait l'alcool de leurs os usés, l'eau-de-mort.

Abbey Garden, cette ancienne et délicieuse petite rue est située derrière Westminster, à peu près de la même façon que la rue Chanoinesse est située derrière Notre-Dame de Paris. Elle est bordée, sur un côté, de véritables petits cottages, semi-rustiques, semi-citadins, d'une grâce qui a défié le temps. Chacune de ces paisibles demeures, coloriées en brun-rouge et en gris, à la façon de Vermeer, et ornées de balcons fleuris, est environnée d'un jardinet, qu'un mur vétuste et bas sépare de la rue. Il y a là le cadre d'une douzaine de romans à la Thackeray, mi-ironiques, mi-sentimentaux, et aussi d'un drame secret, cryptique, cruel et suave, à la Maeterlinck. C'est l'endroit des confidences rapides, et scellées d'un baiser brûlant, auquel songent sans cesse, ensuite, des amoureux séparés par l'étendue des mers.

Les amateurs de Londres, les vrais, connaissent Abbey Garden et m'en voudront de la signaler ainsi, de même que les amants sincères détestent qu'on célèbre publiquement la discrète beauté qui les enivre.

Il n'y avait personne dans la rue. C'était le crépuscule doré de Londres. On entendait la rumeur de mer que fait le roulement des véhicules et, de temps en temps, le carillon du Parlement. La Tamise voisine nous envoyait un souffle frais. Mon ami, que je vous ai déjà présenté, me dit :

« Bon petit site, n'est-ce pas ? J'y viens rêvasser de temps en temps. Je pense que c'est le voisinage des cloîtres qui pousse ici à la méditation. Certes Londres est une des merveilles de l'univers, je pense là-dessus comme vous, mon cher Daudet. Mais quelle pompe aspirante et foulante ! Voici maintenant que l'Ecosse elle-même se plaint d'être aspirée par elle. Edimbourg — il prononçait « Idimeboro » — a perdu ses industries de luxe ; la campagne écossaise se vide. Bref, c'est ici comme partout : l'urbanisme attire et dévore. Il rejette ces cosses vides : les chômeurs.

— Vous avez cependant de fameux déversoirs, avec votre empire colonial.

— Sans doute, mais l'Empire, je veux dire le sentiment d'extension dominatrice, a cessé d'être un stimulant, un grand but pour l'imagination britannique. Voyez, depuis quelques années, il n'est plus question de Kipling. Le commerce est une nécessité ; mais ce n'est pas un grand but. L'Italie, actuellement, a un grand but. Vous autres, gens d'Action française, avez un grand but [1] positif. L'Allemagne a un grand but, qui est le rattachement de toutes les terres de langue allemande. L'Amérique a un grand but, qui est de nous ravir la domination des mers. Nous, Britanniques, manquons d'un grand objectif national ; c'est ce qui fait notre pénurie actuelle de poètes et d'essayistes, genre où nous excellions il y a encore une trentaine d'années, sous la grande souveraine. C'est ce qui est grave dans notre cas, parce que le socialisme international se donne, lui aussi, comme un grand but. »

J'objectai :

« Il n'y a pas que les buts d'extension. Il y a ceux de résistance. Vous allez en avoir un fameux, dans la résistance à l'extension formidable des Américains.

1. Je rappelle que mon ami, bien que conservateur, n'est pas de l'alliance d'Action française.

— Ce qui est défensif n'est pas entraînant, même s'il s'agit d'une question vitale. Non, ce qu'il nous faudrait maintenant, c'est quelque chose comme les croisades, ou encore comme la Renaissance. La Grande-Bretagne est un pays de navigation. Il lui faut un souffle dans les voiles... et cependant, ajouta-t-il avec un sourire, nous nous ennuyons beaucoup en mer, nous aussi, et il m'arrive, si je me déplace (il appelle « se déplacer » aller aux Indes ou en Australie) de regretter le temps des sous-marins et mines boches, qui donnaient à la traversée un intérêt appréhensif.

— Il en est des croisades et de la Renaissance comme de l'arrivée sur terre d'un homme de génie ou d'un dévastateur. Cela ne se décrète pas. C'est providentiel.

— On le dit, mon cher Daudet. Ce sont peut-être, bien au contraire, des aboutissements d'une volonté personnelle, cheminant à travers des énergies qui s'ignorent, et que cette volonté illumine tout à coup... »

Comme nous devisions ainsi, debout sur nos jambes, s'il vous plaît, à la façon de deux chevaux arrêtés à la porte d'un marchand de vin, la petite porte basse d'un des petits cottages d'Abbey Garden s'ouvrit, laissant passage à une jeune personne en toilette claire. Coiffée en dehors de la mode, avec des bandeaux ondulés et châtains qui faisaient valoir son délicat visage d'un ovale parfait, elle était éclairée d'yeux rieurs, prolongés en queue d'hirondelle, ardents, dorés et doux. Son corps, d'une harmonie parfaite, plein où il fallait, mince et fuselé pour le reste, se devinait, sous sa robe d'étoffe rouge pointillée de blanc. Il émanait d'elle cette confiance, cette pureté n'appartenant qu'à celles qui n'ont pas encore connu l'homme, qui ne se sont pas blessées à son égoïsme dur, à son incompréhension des nuances de l'âme.

« Charmante ! me dit mon ami, célibataire, et même adorable. Celle-ci aussi pourrait être un but, pas pour un peuple, mais pour un monsieur. »

Déjà la jeune fille — Anglaise ou Française ? c'était malaisé à déterminer — était arrivée, sur ses jambes longues et ses pieds fins, au tournant ensoleillé d'Abbey Garden. Le rouge de sa robe se fondait dans celui du crépuscule, par une harmonie à la Gainsborough. Sa ravissante figure bien chapeautée, comme à frottement, se tourna vers nous, toujours souriante, avec la sveltesse d'un oiseau ; puis... frrrrt... elle disparut subrepticement pareille à la Galatée de Virgile, mais sans avoir lancé, hélas ! aucune pomme.

« Une ville n'est complète, fis-je pour rompre le silence qu'amène l'apparition furtive de la beauté, que si elle laisse le temps de regarder les femmes dans la rue. C'est le seul reproche que je me permette de faire à Londres. Les jeunes femmes y sont trop pressées et y circulent trop en « bande ». A Paris, à la sortie des ateliers, en été, nous avons, dans les quartiers du centre, une véritable pluie de roses et de lis, ainsi que dans les sonnets de Ronsard. Les unes courent et rient en jacassant. Mais la plus jolie du groupe, c'est un fait, s'arrange toujours pour se montrer à part, statuette sortie de la vitrine, sirène séparée de ses compagnes, pour se regarder et mirer dans une glace, dans une devanture, pour se pomponner. La coquetterie est une parure, et d'autant plus étincelante et émouvante qu'il n'y a pas d'autre parure. »

Tout en devisant ainsi, nous avions quitté Abbey Garden, contourné une autre rue, traversé un calme jardin, où un arroseur à chapeau de fumier, empêtré de son tuyau, avait l'air de charmer un serpent gigantesque. La Tamise était devant nous, ainsi qu'un pont de fer, où passait une foule de gens qui n'étaient certes pas tous des millionnaires. mais tous extraordinairement pressés. Etait-ce la hâte d'en finir avec leur besogne, avec la gêne et la dèche, ou avec la vie, on ne savait pas.

« Je crois plutôt, me dit mon ami, qu'ils courent au métro ou à leur *bus*. Mais, après tout, peut-être avez-vous raison et sont-ce des membres du Suicide-Club. Toutefois, ils sont bien nombreux. »

Le Musée d'histoire naturelle, vraiment admirable et par le nombre et par la qualité des pièces, et surtout par leur présentation, est placé sous le signe de *Darwin* et d'*Huxley,* les deux fondeurs de l'Evolution. Le premier, avec son grand front et ses yeux enfoncés, plus méditatifs, encore qu'observateurs ; le second avec sa bouche sarcastique et l'attitude repliée qui était, paraît-il, la sienne. Il manque Herbert Spencer, avec son visage sérieux et consciencieux de recteur de province, dont on nous représentait les *Premiers Principes* vers 1885, à Louis-le-Grand, comme le dernier mot de la philosophie évolutionno-transformiste, c'est-à-dire fondée sur la biologie. Que reste-t-il de toutes les hypothèses, de tous ces rapprochements ingénieux, de ces prétendues « lois » de différenciation et de réintégration, de la sélection naturelle, de la sélection sexuelle, du mimétisme lui-même et de ses applications sociales ? Peu de choses évidemment, et au point de vue sociologique et au point de vue philosophique en général, et philosophico-biologique en particulier. Mais ce n'en fut pas moins un moment important de la science anglaise, et dont elle peut être justement fière.

Le rôle éducatif — c'est-à-dire essentiel — d'un musée tel que celui-ci est considérable. J'imagine qu'on doit y donner des conférences, non seulement aux étudiants, mais aux jeunes écoliers anglais, et éveiller ainsi leur curiosité, cet esprit d'investigation qui fait ensuite les grands savants, honneur et parure de leur pays. Je me rappelais, en parcourant ces salles, ce que Darwin dit quelque part, dans sa belle *Correspondance,* au sujet des pauvres instruments imparfaits à l'aide desquels il mena à bien ses travaux sur les plantes grimpantes et aussi sur les vers de terre, merveilles d'exposition, d'imagination et de dialectique. C'était, ce Darwin tant honni, un vaste esprit synthétique, et c'est cet esprit qui anime le Musée d'histoire naturelle de Londres. La salle des coraux, celle des poissons, les salles d'insectes — qui pourraient être encore développées — ouvrent, aux regards du visiteur ce grand livre de la nature, devant lequel le plus cultivé, le plus instruit se frotte les yeux, comme le plus savant, ne sachant s'il faut l'examiner de tout près, ou d'un peu loin, ou, alternativement, de près et de loin. C'est pour cette dernière alternative qu'avait opté Darwin, alors qu'Huxley demeura l'homme des monographies (insectes et crustacés notamment), mais d'une autre manière, moins pittoresque, plus serrée, que notre Fabre de Sérignan.

Les collections de fauves et de singes anthropoïdes empaillés, d'antilopes, d'élans, de toutes les fureurs, de toutes les fantaisies, de toutes les grâces de la faune se succèdent dans d'immenses vitrines, avec des étiquettes et désignations suffisamment détaillées. Cependant ce mode de présentation est actuellement dépassé par le musée du Congo de Tervueren à Bruxelles, et surtout par le musée de présentations « scéniques » zoologiques, dont Mgr le duc d'Orléans a fait don, par testament, au Muséum de Paris. C'est ainsi qu'au musée du Congo on trouve groupés, quant à cette contrée si originale, des spécimens de bois, de termitières, de termites — ô Maeterlinck ! —, des armes, des canots, des idoles ; des verroteries, des instruments de musique ; et aussi des mannequins et des statues dans l'attitude du combat, du repas, de la danse. Rien de plus suggestif ni de plus instructif, dans l'ordre anthropologique et ethnographique. Quant aux faunes africaines et polaires du duc d'Orléans, ce sont des conceptions géniales, des réalisations sans analogues, et capables d'enflammer pour l'exploration, la zoologie, la biologie, de jeunes imaginations, même dispersées. C'est à cet effet, utile et grandiose, que ce prince, extraordinaire par l'âme, le cœur, la sagacité, consacra son cruel exil. Je suis convaincu que ces collections, reconstituées au Jardin des Plantes, amèneront à Paris un renouveau des études zoologiques. Elles montrent, de toutes manières et par analogie, comment le duc d'Orléans aurait utilisé les ressources infinies de la France, s'il avait régné. Car les beautés de la science, comme celles des arts et des lettres, sont, pour une bonne part, affaire d'impulsion, de répartition, stimulation centrale et politique ; et il est remarquable que le règne de la reine Victoria ait été, pour la Grande-Bretagne, une période de belles œuvres, de solides travaux dans tous les domaines. C'est ce qui fait l'atmosphère intellectuelle, l'ambiance du Musée d'histoire naturelle de Londres.

J'y suis resté, cette fois, près de six heures d'horloge, ne sentant pas la fatigue, attiré par la curiosité, de vitrine en vitrine, retrouvant mes premières sensations de jeune étudiant, cette griserie de la connaissance que Renan, qui l'a bien décrite, appelait plaisamment son « encéphalite ». Je venais d'avoir le premier accessit d'histoire naturelle au concours général, ce qui n'était pas, à mes yeux, une petite affaire, et je trimbalais avec moi, à travers les salles du Muséum, le traité de botanique de Van Tieghem, dont je faisais mes délices. Il est bon que, dans la jeunesse, on ait cet appétit de savoir, qui n'a que trop de tendances à se recroqueviller par la suite, quand on a compris que l'objet de la connaissance se sauve perpétuellement devant nous.

Et, justement, comme je regonflais ces souvenirs divers — selon le mot de Mallarmé —, j'aperçus trois tout jeunes gens, de jeunes écoliers anglais, assis dans un coin du sous-sol du musée, près des coraux, et mangeant avec avidité quelques sandwiches. Leurs yeux brillaient de contentement ; j'entendis qu'ils s'entretenaient non de fariboles, mais des vitrines et des merveilles qu'elles contenaient. L'un dit — entre deux bouchées — qu'il y avait des îles entières « faites de ça » (en corail) et les deux autres petits copains hochèrent la tête, gravement.

Maintenant, quand je visite un beau musée, tel que celui-ci, je me rends parfaitement compte que toutes les thèses biologiques, toutes les sciences qui relèvent de la vie, et qui étudient la vie organique, sont de vastes interprétations, des poèmes, des façons différentes d'éclairer le mystère. Ces interprétations, appuyées d'exemples — que l'on croit décisifs et qui ne le sont pas — commencent par susciter des rébellions de la part des doctrinaires de la génération précédente, des objections qui fondent peu à peu. Mais, dans l'entre-temps, l'éclairage a changé de place, il a tourné comme celui du soleil, imperceptiblement, puis plus vite ; et, tout à coup, des faits nouveaux surgissent et grandissent, qui ne cadrent plus avec l'interprétation ancienne et qui minent et ruinent l'hypothèse déchue. Les constatations que l'on croyait les plus sûres, les expériences jugées certaines, tout cela s'efface et recule, sans qu'on puisse même dire que les successeurs prennent le contre-pied des prédécesseurs : ce serait trop simple. C'est l'aspect *interne* des sciences de la nature qui change, en même temps que leur ambiance.

C'est ainsi que, de l'évolutionnisme darwinien et spencerien on s'apercevra, d'ici peu, qu'il s'est comme évanoui dans les airs. Alors il faudra procéder à un nouvel arrangement du cher Muséum d'histoire naturelle de Londres.

Le Jardin zoologique de Londres, le « Zoo », comme on dit, est digne de la ville extraordinaire, et il est, lui, remarquablement aménagé. Au lieu que notre magnifique Jardin des Plantes, avec ses collections, son passé glorieux, sa lumière peinte par Balzac et Michelet, de façon inoubliable (*le Père Goriot, Ma jeunesse*) donne une impression de dépérissement. Il faut espérer que l'étonnant musée animé du duc d'Orléans, légué par lui au Muséum, va rajeunir un peu cette institution si importante, à laquelle préside avec autorité mon ancien maître Mangin. Ah ! quel professeur, celui-là, et comme il sait infuser à ses élèves le goût de la science ! Je n'ai connu pour l'égaler que le papa Baillon, à l'Ecole de médecine, Farabeuf et Mathias Duval. A cette époque lointaine, je fréquentais, trois fois par semaine, le Jardin des Plantes et l'amusant petit laboratoire de Gréhant, où fonctionnait un vieux, très vieux garçon, qui avait été le préparateur de Claude Bernard : le père Clam.

L'aquarium de Londres est aussi beau que ceux d'Anvers et d'Amsterdam. Mais je me suis toujours demandé pourquoi quelques notions élémentaires, concernant la structure des poissons, souvent rares et exceptionnels, et des crustacés exposés, ne sont pas affichées auprès des cellules de verres et d'eau où se meuvent les échantillons de la faune marine.

Encore une fois, un aquarium est un enseignement et non pas un divertissement. Les étiquettes, d'ailleurs peu visibles, portant le nom savant et le nom vulgaire de l'animal ne suffisent pas. L'ichtyologie a été complètement transformée par les pêches des grandes profondeurs, qui ont ramené des êtres qu'on ne soupçonnait pas, en dépit de tous les poncifs courants sur l'impossibilité de vie dans les abîmes de la mer. En fait la vie est partout, se glisse partout, sous des formes extrêmement diverses, et il y a une vie minérale (comme le prouve le cas du radium) qui nous ménage encore bien des surprises.

Celui qui a aménagé le « Zoo » de Londres devait avoir une prédilection pour les singes « hamadryas », car il les a littéralement gâtés, mettant à leur disposition un paysage scénique, comme il y en avait un, autrefois, à Hambourg. Ces animaux au visage bleu et au derrière rose et enflé, telle une groseille à maquereau, sont parfaitement hideux. Je n'ai connu que certains membres de la chambre criminelle de la Cour de cassation pour donner une impression aussi répugnante, bien que je croie les hamadryas moins serviles. J'ai eu, de nouveau, le sentiment que ces caricatures atroces sont des rameaux humains dégénérés, à la suite de je ne sais quels cataclysmes et migrations, et non pas des premières esquisses de l'homme. Le darwinisme, le transformisme étaient des vues singulièrement trop simples et que les travaux actuels sont en train de bousculer. On en revient à la fixité des espèces, et je pense que, d'ici une vingtaine d'années — plus tôt peut-être —, la notion, autrement féconde, de *transmutation* aura remplacé celle de *transformation.*

En outre, la nature, dont on a tant célébré la longue patience, est pleine de sauts et de soudainetés. Elle peut être impatiente et improvisatrice, comme nous.

Quant au palais des serpents, infiniment plus vaste et peuplé que celui de Paris, même remarque que quant à l'aquarium. Les spécimens rares voisinent avec les espèces communes, comme les livres dans les boîtes des quais de Paris ! A quelqu'un voulant étudier de près ces animaux, il serait difficile de s'y reconnaître. Il n'est pas de question plus intéressante, en biologie, que celle des venins, qui donne lieu à toutes sortes de considérations de grande importance. Aucune mention n'est faite de la spécificité des venins, sur les cages des reptiles qui les sécrètent. Ainsi l'imagination des étudiants n'est pas attirée sur une partie de la chimie organique de première importance et sur ses rapports avec la morphologie animale. J'ai entendu, naguère, Brown-Séquard raconter que son attention avait été attirée sur les produits des glandes à sécrétion interne par le venin des serpents. C'était à l'époque où les mandarins, les officiels, les « verts » de science — il y en a comme des « verts » de lettres, et la médecine aussi a ses absurdes Doumic — assuraient que Brown-Séquard était un vieux fol et que ses « calembredaines » ne reposaient absolument sur rien. Aujourd'hui, tout est à l'opothérapie et aux rapports du grand sympathique et des glandes à sécrétion interne.

Mais le plus beau rassemblement du « Zoo », c'est sa collection de bêtes fauves, de rhinocéros, d'hippopotames et d'éléphants. Il y a là, dans de grandes cages, dans des « box » bien aménagés, des tigres aux pelages somptueux et des lions auxquels il ne manque que des licornes pour symboliser la gloire britannique. Jamais ces bêtes si souples, aux mouvements si harmonieux, n'auront assez d'espace pour se montrer au sculpteur avide de mouvement, dans toute leur plasticité naturelle.

Eprise, je pense, d'un lion aussi majestueux que dans La Fontaine, une tigresse gracieuse, ocellée de jaune, avait rythmé son pas sur le sien et l'accompagnait dans les huit de chiffres qu'il ne cessait de décrire en grondant. Il avait l'air à la fois flatté et fâché, comme un mari jaloux suivi de sa compagne, comme une espèce d'Othello du désert ; et il arpentait son petit logement — c'est une façon de parler, car il n'y avait aucun meuble, et cela se voyait assez —, avec une fatuité griffue.

C'était l'heure du repas du soir et de la triste bidoche, adhérente aux os du cheval, qui constitue la pitance des fauves. Dans la grande cage centrale, cinq ou six lions et tigres reçurent leur ration, parmi lesquels le pacha que je viens de dire. Visiblement il désirait « boulotter seul » et son amoureuse, convaincue du fait, alla porter plus loin sa tigrerie et ses babines. Elle-même emportait, dans sa gueule, un débris assez semblable à ceux que, sous le nom de « civet », on servait chez la pauvre princesse Mathilde, aux environs de 1900.

Tout à coup, le pacha-lion s'étrangla. Il s'étrangla parce que, dans son lot de viande, se trouvait un « tirant » filandreux, dont une extrémité pendouillait entre ses gencives, cependant que l'autre plongeait dans son œsophage. Son premier sentiment fut de stupeur. Son second, d'irritation. Son troisième, de colère. Son quatrième, de résignation. Son cinquième — nous l'avions chronométré —, de fureur. Oubliant qu'il avait des griffes, il enfonça sa patte agile dans sa gueule douloureuse, se déchira les gencives et déchaussa ses « léonines », je veux dire ses canines de gauche. Il devint sanglant, bavant, écumant, avec des expressions de physionomie humaine, d'un horrible aspect. Tassés au fond de la cage, ses copains, et notamment la belle tigresse, le considéraient avec dégoût : il était vaincu. On attendait sa mort par étouffement. C'était un spectacle lamentable. Aucun médecin, humain, ni lion, n'aurait osé approcher du fauve, hors de lui, qui poussait des rugissements sans équivalent dans aucun dialecte du monde, attestant sa douleur et sa honte.

J'avais suivi des yeux la tigresse, qui l'avait accompagné dans sa parade. Elle était devenue indifférente ; et se frottait, lascive, au pelage d'un jeune mangeur, demeuré, jusque-là, dans les fonds, mais qui, maintenant, jouait au « monsieur ». Tous les autres fauves s'étaient écartés, avec une distinction de gens du monde qui se séparent d'un accident grotesque ; et il ne restait plus, auprès du mangeur étranglé, qu'un petit jaguar, rose et niais, intéressé comme un badaud dans la rue.

Pendant une demi-heure, devant le public hilare et qui l'exaspérait, le lion étouffa, éructa, rejetant des paquets d'écume, auxquels se mêlaient des filets de sang. Puis, tout à coup, il trouva le

« filon », c'est-à-dire le bon macaroni viandu qui le débarrasserait du paquet engagé dans son pharynx et que, d'un coup de patte hardi, il tira hors de l'hiatus de son gosier. Ainsi reconquit-il l'air, l'oxygène divin, d'un seul coup ! Ah ! comme il fut heureux, et comme il l'exprima, de son mufle dressé vers la lumière ! Je l'aurais volontiers embrassé ; mais c'eût été, à coup sûr, dangereux.

La tigresse amoureuse avait regardé ça de loin. Quand les péripéties furent heureusement dénouées, elle poussa, vers le ciel, un miaulement de chatte géante, qui signifiait : « Avec toi, à jamais, et tant que tu voudras ! » Les bêtes ne sont pas si bêtes que l'on croit.

V

Vacances en Écosse

AU PAYS DU RÊVE. CAMPING. L'AUBERGE ÉCOSSAISE.
LA VILLE DES FANTÔMES

Dans le mois d'octobre 1929, pour récompenser un jeune lauréat de ses succès à la distribution des prix, je fis avec lui un voyage en Ecosse, cependant que sa maman et sa sœur allaient respirer l'air de France. Il y avait trente ans que je n'avais vu Edimbourg, Inverness, et cette extraordinaire contrée féerique, qui dépasse en splendeur ce que l'on peut imaginer. Nous rapportâmes, mon compagnon et moi, une impression vive et profonde de notre course, rapide mais complète, à travers les Highlands et jusqu'à l'étonnante région d'Oban et du Caledonian Canal. D'où les quelques notes qu'on va lire ; il est à remarquer que, favorisés par le ciel, nous n'avons eu qu'un jour de pluie sur le lac Katrine.

Vers ma trentième année, ayant écrit *le Voyage de Shakespeare,* je pris le train pour Edimbourg, Aberdeen et Inverness, afin de voir, après le pays d'*Hamlet,* celui de *Macbeth.* C'était la première pointe de l'automne ; la pluie était tendue comme un rideau, détrempait tout, on ne pouvait circuler qu'en voiture (les autos commençaient à peine), et je n'eus, des paysages et des gens, qu'une vision très incomplète. Je m'étais toujours promis de parcourir la région des lacs, le pays de Burns et de Walter Scott. J'ai pu réaliser, cette année 1929, mon vieux désir et je dirai tout de suite que les impressions ressenties ont dépassé mes espérances. Du point de vue sensible et lyrique, l'Ecosse est comme un monde à part, où la longueur d'onde est double, de ces vibrations qui nous mettent en communication d'ambiance avec les sites et les coutumes. Du point de vue intellectuel, l'Ecosse aide beaucoup à comprendre ce peuple anglais, qui s'est battu à nos côtés, qui a sauvé avec nous et avec les Belges la civilisation des qualités — et non pas seulement quantitative —

et de qui la plupart de nos écrivains, historiens et philosophes, ou essayistes, n'ont fourni qu'une image conventionnelle et, à mon avis, entièrement fausse.

J'ai déjà dit ici, à maintes reprises, ce que je pensais de la *Littérature anglaise* de Taine et de son extraordinaire nullité. Taine, qui était un historien perspicace, un bon écrivain de second ordre, un professeur, non un artiste, a tracé de la littérature anglaise, et, à travers elle, du peuple anglais, un portrait qu'ont reproduit servilement la plupart de nos concitoyens, en se plaçant au point de vue ethnique, économique, mondain ou simplement paysagiste, cursif et pittoresque. A la suite de Taine, le Britannique est apparu, avec des variantes, essentiellement pratique, homme d'affaires, retranché dans un égoïsme farouche, froid, compassé, distant et sec. C'est du même ordre de remarques qu'est sortie la peinture de l'Anglaise anguleuse, rêche, rébarbative, aux longs pieds et à la poitrine plate. Jules Verne, dans ses aventures, en effet extraordinaires, a traduit, pour le gros public français, ces erreurs en langage courant, et le reporter Philéas Fogg, sous vingt transformations et costumes, a passé longtemps pour l'Anglais type, méthodique, positif au plus haut point et qui ne rate jamais son train, ni l'occasion de se pousser dans le monde. La réaction contre ce poncif a été faible. Coulevain a écrit *l'Ile inconnue,* Mme Bulteau (« Fœmina ») un ouvrage assez pénétrant sur l'âme des Anglais ; mais l'immense majorité des Français, même après les contacts de la guerre, en est demeurée aux poncifs et aux niaiseries courantes, au sujet de nos amis et alliés d'au-delà du canal.

Or, après une longue expérience et des séjours nombreux en Angleterre, je suis arrivé à une conception toute différente de cette nation, qui a donné au monde civilisé quelques-uns de ses plus grands poètes, parce que, précisément, sa principale caractéristique est, chez les hommes comme chez les femmes, une sorte d'insouciance rêveuse, une espèce d'état intermédiaire entre la terre et le ciel, entre ce que nos sens perçoivent et ce que notre imagination construit. Le romancier anglais Hilaire Belloc appelle cet état, d'un mot celte et difficilement traduisible, le *glamour.* Rossetti, de son côté, a écrit dans *Sœur Hélène* son plus beau poème : « O ma mère, mère Marie, trois nuits sans dormir, entre le ciel et l'enfer. » Je ne dis point, ce qui serait absurde, que la vie de *tous* les Britanniques relève de cette conception pathétique ; mais, chez la plupart d'entre eux, elle en est fortement teintée ; et c'est par le sentiment qu'ils ont de cette sensibilité et sentimentalité suraiguë que leur pudeur mentale, beaucoup plus que morale, se rétracte et se clôt brusquement. Ils ont peur d'être amenés à se livrer sans la réciproque et d'être ainsi dupes de leur élan.

Dès qu'avec ses antennes de grand civilisé et d'homme qui court le monde à la recherche d'impressions nouvelles, l'Anglais a senti la sympathie d'un prochain, même étranger — la sympathie *vraie* et sincère —, il s'abandonne à sa nature expansive et ironique, expansive en hauteur et en aspirations songeuses, ironique sans méchanceté. Beaucoup moins conformiste que le Français, il promène, sur les travers, les ridicules, les conventions courantes, le « prudhommisme », un œil amusé et amusant. Le petit journal charivaresque, le *Punch,* et ses succédanés de toutes formes et de toutes couleurs expriment bien ce besoin de « joke », de ce qu'on appelait naguère chez nous la facétie.

C'est chez les poètes et les romanciers qu'il faut chercher les définitions les plus profondes et les plus justes de leur ethnicité, de leur psychologie nationale. La reine Mab de Shakespeare et de Shelley, c'est-à-dire la fantaisie, à l'état constant, représente, symbolise, personnifie et l'*humour* et le *glamour.*

Nous étions perchés sur un grand mail-coach à quatre chevaux, qui fait le service entre Stronachlacher sur le lac Katrine et Inversnaid sur le lac Lhomond. Le robuste cocher portait, sur le veston rouge des estampes anglaises de 1840, un ample caoutchouc vert, étincelant sous le ruissellement de la pluie. Il encourageait ses nobles bêtes (l'Ecosse est la patrie des chevaux rebondis et des chiens chevelus aux yeux aimants) de la voix et du geste, faisant claquer son fouet géant. Trente hommes, femmes et enfants, rassemblés ainsi, à deux mètres du sol, sous des manteaux, des bâches et des parapluies, et *ignorants de leurs bagages* hissés dans le fourgon pêle-mêle, auraient, en France, plus ou moins maugréé et grogné. Quand je dis en France, j'ajoute aussitôt : sauf en Provence, où l'on se distrait, comme en Ecosse, de presque tout, et où l'on rit des difficultés comme des facilités de la vie courante. Mais en Bretagne, par exemple, qui est aussi un pays où l'on rêve éveillé, la dispute en diligence est de règle, comme dans un tramway de la banlieue de Paris, le dimanche soir. Eh bien ! sur notre coach, tout le monde s'amusait follement. Un vieux gentleman, que la baleine de mon riflard arrosait copieusement quant au cou et aux oreilles, déclarait : « C'est la douche à bon marché. »

Un autre, porteur d'une de ces figures en toile cirée, qui signifient de longues navigations et qui savait rallumer sa pipe par le vent et l'averse, se lança dans une série de remarques comiques sur l'attelage et la circonstance de « vieille monnaie d'Irlande », qui donna le fou rire à tous les voyageurs. Nous traversions une forêt de chênes mouillés, aux branches dégoulinantes, et qui, en nous frôlant, nous aspergeaient. La vie n'en paraissait que meilleure à deux jeunes filles aux joues roses comme la pulpe de la rose, et qui riaient et s'esclaffaient en verre brisé, sous leurs plaids à carreaux jaunes et roses.

Mais, brusquement, la pluie cessa et un arc-en-ciel formidable, un véritable anneau de Saturne, sortit de la brume d'eau entre la colline et les bois. En Ecosse, quand il pleut, on a droit à un arc-en-ciel immédiat. Les rires tombèrent et un frisson d'admiration muette, presque d'extase, figea tous ces visages aux yeux agrandis. Mab passait...

Est-ce un lac proprement dit, est-ce un estuaire *(firth)* prolongé à l'intérieur des terres en serpentements, en clairs, en miroirs de toutes formes et d'un même reflet ? On ne sait ; et nous ne tenons pas à le savoir ; tout ce parcours, d'Oban à Ardrishaig, à travers les Hautes Terres, est délicieux et épars, comme un songe heureux. Il a plu vers l'aube ; les routes, que franchit l'auto, sont encore humides, sous un grand arc-en-ciel, plein des promesses, non tenues, d'après le déluge. Remplaçant la colombe de l'arche, un peuple d'oiseaux pépie et chante et se querelle, dans les futaies de chênes et de châtaigniers, où brillent les perles de la présente averse. Un soleil, à peine embrumé, rosit les verts profonds, innombrables, aux nuances délicates, ou vigoureuses, de cette campagne montagneuse et splendide, à laquelle rien, à ma connaissance, ne saurait être comparé. Sur les pentes gazonnées qui coupent et séparent les régions forestières, paissent des troupeaux éparpillés (en catalan on dit « en escamote », je ne sais s'il est un terme anglais correspondant) de moutons frisés, noirs et blancs. Ce sont les dominos du paysage, des dominos, dirait Pascal, qui marchent et qui vont où ils veulent aller.

Nous montons, nous descendons, nous contournons, ou nous longeons, cependant qu'à chaque virage apparaît — comme un gracieux sourire de femme — l'étincellement de cette onde vierge, gélide, rose et verte, elle aussi, et sur laquelle la brise douce — oh ! douce — hérisse un friselis de moire argentée. Le concert polyphonique de la gent ailée est devenu extraordinaire. C'est la béatitude ; c'est la grande euphorie jusqu'au bout des plumes ; c'est l'hymne de reconnaissance au paysage. La vie poétique de l'oiseau est certainement beaucoup plus intense que la nôtre, et, quand elle rencontre celle du végétal, alors c'est un enivrement.

A un coude du chemin, voici, près de l'eau brillante, une rive en forme de clairière ovale, ombragée — mais pas trop — par des chênes aux nodosités noires, d'un noir d'eau-forte à la Seymour-Haden. Sur cette rive, une belle tente blanche, et, près de la tente aux six piquets, une magnifique auto, confortable, luisante et allongée, l'animal nouveau de la vitesse, flexible à souhait, un chez-soi roulant. La table est dressée, sans serviteurs, avec ce luxe d'argenterie et de verrerie qui est la marque des Britanniques « bien dans leur peau ». Le père a les cheveux gris et la figure tannée d'un colonial en retraite, ou tout à la limite de la retraite. Sans crainte de l'humidité rhumatismale, il est là, heureux, souriant, sans veston, avec une chemise de toile au col échancré, qui fait ressortir son cou bronzé. La mère est une très jolie femme au tournant de la vie ; ses cheveux sont poudrés et ondulés, encadrant un visage jeune et frais, respirant la santé, à la Gainsborough. Elle a un collier de perles somptueux, non ostentatoire. Les deux jeunes garçons, des adolescents entre dix-sept et vingt-deux ans, bien peignés, frais et blonds, se ressemblant et ressemblant à papa et à maman, brillent de sérénité et de contentement. Ils brillent, dans la belle lumière d'eau et de ciel, comme les cuillers, comme la truelle à poisson, comme le lac, comme les perles, de toute la jeune vie jaillissante qui est en eux.

Aucun doute..., c'est la grande partie, celle dont on a parlé tout l'hiver, à laquelle on s'est préparé par des lectures et des causeries, les souvenirs vivaces des grands-parents et du vieux cousin écossais. Foin de la vie de château, des cérémonies et des manières ! La vie de camping, au grand air des Hautes Terres, c'est bien plus amusant. J'ai fait stopper l'auto. Discrètement nous contemplons, mon jeune compagnon et moi, ce beau spectacle si fragile : une famille de braves gens contents. Avec amertume, je songe à mon Philippe, victime de la méchanceté des hommes et de l'infamie sanglante des institutions, qui aurait l'âge et l'allure de ces jeunes Anglais, et qui avait un tel désir de « camping » ! « Avec amertume » est inexact car, même dans le malheur, il faut aimer le bonheur d'autrui, surtout s'il est, comme celui-ci, simple et grandiose, pour tout dire familial.

Les hôtes de la rive nous ont aperçus. Avec cette gentille et ouverte cordialité, qui fait partie du climat de la grande île pathétique, et qui se rencontre ici dans toutes les classes, ils nous adressent des bonjours joyeux, montrant le ciel, l'eau, le *breakfast.* Mimique, qui signifie : « Ça va, ça va ! Il importe de saisir l'heure parfaite. » Car ce diable d'Horace, même au pays de Burns, aux heures sereines ou suaves, n'est jamais bien loin. Et voilà ! Ces contents de leur sort de l'estuaire de Tay et nous ne nous rencontrerons plus jamais. Mais nous avons échangé, pendant quelques secondes, le meilleur ici-bas après l'amour : la sympathie vraie.

Une heure plus tard, nous étions égarés, Dieu merci, dans ces vallons, devenus plus profonds, et ces montagnettes devenues plus hautes, comme quand on approche d'un grand chenal, ou de la mer. C'était la *mistake,* le fourvoiement, l'embrouille, ou, comme nous disons dans le Midi, avec un radical très voisin, la mistoufle. En même temps, le soleil d'argent s'estompait dans une sorte de brume humectante, et voilà que les oiseaux, vite consternés, s'étaient tus. Par bonheur, il y avait près de là une ferme, un grand gaillard, tête nue, vêtu de brun et de rouge, qui regardait sa barrière également rouge, les bras croisés. Notre chauffeur lui demanda son chemin, dans une langue anglaise fort compréhensible. L'autre le considéra, comme s'il lui eût parlé turc ou javanais. Le chauffeur, étonné de cet étonnement, reprit sa question trois ou quatre fois. Au bout de ce temps, la lumière se fit dans l'esprit du rustique — comme dit notre cher La Fontaine — et il répondit, avec volubilité, dans un langage que je ne pus identifier, mais où le chauffeur, avec une attention prodigieuse, finit par saisir une indication. Une heure après, nous arrivions au petit port d'Ardrishaig, où nous devions prendre le bateau pour Gouroch... Mais le « camping » déjeunatoire de nos chers amis inconnus des bords du Tay, et la mistoufle-*mistake* nous avaient, comme on dit, donné la dent. Une petite auberge était là...

Il faut d'abord que je vous fasse un aveu : je n'aime pas les palaces et j'aime les auberges. Ce goût, qui est allé s'accentuant, comme tous les penchants, m'est venu de mon père et de mon oncle Léon Allard. Ils m'emmenaient, de temps en temps, quand j'étais enfant, canoter avec eux sur la Seine et l'Orge, à Champrosay, et nous prenions notre *breakfast* — composé de hareng, pain et beurre, et vin blanc — dans une auberge de mariniers. Les verres étaient grossiers et denses, et j'avais droit au reginglard « jusqu'aux palmes », marquées en relief. Mais il n'y a plus de verres « à palmes » et j'ai, depuis longtemps, dépassé ces limites.

Ensuite, je connus l'auberge bretonne, à la pointe de Piriac, où l'on dînait, par les coups de vent, sur les bancs de bois de la salle étroite et longue ; par les beaux jours, en plein air. Je vois encore le fin matelot breton, mort depuis noyé, le beau Vincent, promenant son neveu, âgé de trois ans, sur ses épaules solides et disant à la gentille Joséphine : « C'est-il pas malheureux, ma sœur, d'avoir un frère aussi saoul comme moi ! » Mais j'ai surtout gardé le souvenir impérissable des auberges provençales et tourangelles, qui m'ont vu, avec ma femme et mes enfants, assidu à leurs modestes, mais remarquables festins, pendant tant d'années ! A Maussane, au pied des Baux, c'était l'aïoli paré de ses enchantements, le « sucre fin », comme disait Reboul le Nîmois, accompagnant, de sa tonalité verte, la morue, le haricot vert et l'escargot de choix. A Saint-Règle, près d'Amboise, c'était l'abri tutélaire de chèvre, sa bouteille de vouvray, glacé à la cave, son pain exquis, dont la croûte craquante tintait contre la dent.

Ce préambule était nécessaire avant de chanter, en prose malheureusement, l'auberge d'Ardrishaig, petit port maritime, au bord du *loch* Crinan et du Crinan Canal, où l'on s'embarque, sur un magnifique steamer, pour Gouroch. Comment avons-nous découvert, ou, en meilleur français, dégotté cet endroit charmant ? Je ne saurais vous le dire. Nous avions faim, creusés par une longue course en automobile, et nous avions la perspective d'environ cinq heures de traversée. C'est ce qui nous fit gravir avec allégresse la trentaine de marches menant à la salle à manger, où nous attendait, la serviette blanche au bras, une jeune servante ou *maid,* blonde et rose, en jupe courte et bas bleus. Il y avait sur la table, à ce moment-là, un huilier, deux assiettes, deux couverts complets et un flacon de Worcester Sauce, flanqué d'un ravier de beurre frais. Mon jeune compagnon et moi expliquâmes à cette charmante enfant que nous avions très faim *(very hungry)* et qu'elle eût à faire arriver, par un amour de petit monte-plat, bordé de bleu, lui aussi — simple coïncidence — les meilleurs produits de l'art culinaire de sa maman. Celle-ci, à l'étage inférieur, éprouvait quelques distractions, du fait de marins tannés et rudes qui ingurgitaient du porto... ou, plus exactement, du simili-porto ; car ce vin merveilleux se truque, comme le bordeaux chez nous.

Une demi-heure se passa, où nous eûmes le temps d'examiner à loisir des gravures fixées au mur rose, et qui représentaient des *« peursonnes »*, comme dirait Briand, des Etats-Unis d'Europe, installées sur un *mail-coach* de 1860. Il est intéressant de constater à quelle profondeur a pénétré l'art spécial des artistes de ce temps lointain, dans les îles Britanniques. Il y en a autant, de ces estampes colorées, qu'il y avait chez nous d'assiettes de campagne avant 1914. Mais on est vite las de les admirer ; et nous fûmes heureux de voir apparaître le poisson frit, les fèves appétissantes *(beans)* et la salade, peu assaisonnée, qui commençaient notre balthazar. Je vous dirai, sans vanité, que même en une contrée d'huile très médiocre, je suis capable de sauver une salade, de la rendre comestible, sinon exquise. Comme j'achevais cette opération, à l'aide de parcelles de gruyère et de lard, je vis arriver un nouveau convive.

C'était un commis voyageur d'une soixantaine d'années, à l'air triste et affamé, aux yeux clairs, honnête et déçu par un demi-siècle de contestations avec des clients chiches et parcimonieux. Il jeta sur nous un long regard, et sur nos cravates, se demandant si nous achèterions, *inter pocula,* des objets de mercerie. Sa conclusion fut négative. Alors, il s'assit, et, à l'aide de quelques mouvements du nez et de quelques plissements des lèvres — comme je l'enviais ! — se fit comprendre de la petite servante. En lui marquant une grande déférence dont nous fûmes quelque peu jaloux, elle lui apporta des céleris crus, de la moutarde et un petit pain croustillant. Nous n'en avions pas eu autant. Il s'agissait évidemment d'un habitué, alors que nous étions de simples passants, des nomades.

Le commis voyageur avait faim, et il jouissait d'un râtelier bon marché, qui accompagnait de craquements de porcelaine chacune de ses bouchées. Après avoir mangé ses fèves, son pain, son beurre, et bu son thé, il revint au positif de la vie en faisant ses comptes. De temps en temps, il dirigeait vers nous un regard inquiet, se demandant si nous n'allions pas lui chiper les trois livres, six shillings et quelque pence qui constituaient son bénéfice « d'un long jour de sueur », comme dit Hugo. Mais il se rassura, par degrés, devant les bons sourires que je lui prodiguais par-dessus la théière, et mon empressement à lui transmettre un trop-plein de *beans* demeuré dans mon personnel et très individuel ravier.

Le dessert vint — il arrive toujours — composé d'une banane et d'un minuscule pot de crème. La jeune fille aux bas bleus avait commencé à lui servir son pauvre régal ; mais il lui prit le pot des mains et arrosa sa banane à sa manière, qui était un tortillon en huit de chiffres. Pendant ce temps, nous avions demandé des pêches, des biscuits, des confitures et une double et triple portion de crème, qui plongea dans un certain émoi l'aimable petite servante. Il n'est pas d'usage à Ardrishaig, de doubler et tripler ainsi les portions. Une certaine réprobation apparaissait sur la toile cirée servant de visage à notre Gaudissart morose. Bien que séparé de nous par la table, il s'assura encore, à deux reprises, que son portefeuille était bien à sa même place, dans sa poche.

Le monte-plat allait et venait. On entendait son « clic clac » et le bruit de la corde contre le mur. Après le fragment de gigot à la menthe, fort bon ma foi, nous avions droit à une tasse de café chaud. Mais le patron, qui expliquait aux matelots son caractère, son tempérament et ses projets, n'était pas pressé de le servir. Le voyageur de commerce se demandait pourquoi nous attendions, sans mouvement ni récrimination, ce supplément dispendieux. Après quelques minutes de réflexion, il reprit, dans sa poche intérieure, ses pounds, ses shillings, ses pence, et recommença son addition. Un pli sur son front soucieux signifiait : « On ne sait jamais... »

Lorsque, la séance enfin levée, nous nous tournâmes vers nos bagages, il inspecta anxieusement les siens, composés de deux sacs noirs et d'une sorte de petite cantine. Comme nous tournions le bouton de la porte, il respira longuement : « Enfin, seul ! »

Je ne crois pas au spiritisme et les histoires de tables tournantes m'ont toujours fait l'effet de phénomènes d'autosuggestion. Mais il est des sites et des heures où les morts, sous une forme indéterminée, différente de celle de la mémoire, sont particulièrement près de nous. Non pas seulement ceux qui nous sont chers, mais d'autres, que nous n'avons pas connus et dont la pensée flotte autour de nous. D'ailleurs, il doit y avoir des ondes du temps, comme il y a des ondes de l'espace, et certains états, organiques ou moraux, où nous sommes susceptibles de les capter.

L'Ecosse est, comme notre Bretagne, le pays de ces évocations mystérieuses. J'ai habité naguère, avec les miens, une propriété bretonne, appelée *Ar Zonj*, ce qui, en langue celte, signifie *les Songes*. Elle était entourée de deux parcs, dont le second communiquait avec la lande. Entre les deux, un champ d'asphodèles, une sorte de vague phosphorescence. Une allée proche de la maison était bordée de très grands arbres. Sur la cime de l'un d'eux, un hêtre de deux siècles au moins, se tenait, immobile et silencieux, un hibou grand comme un enfant. Il était toujours là, fidèle au poste, à cette même heure, comme l'annonciateur d'une nuit de présages, comme un intersigne emplumé. Un sentiment analogue de présences invisibles saisit le voyageur qui, vers le bas crépuscule de l'été, parcourt en automobile les environs d'Edimbourg. Les routes sont sinueuses, montantes et descendantes, fertiles en points de vue de toute beauté, depuis le fameux château qui domine la glorieuse cité, jusqu'à des aspects de vallonnements sauvages et comme abandonnés. La couleur est entre l'ocre enfumé et le vert déflagrant et puissant. Mais, à mesure que la lumière baisse, la fumée augmente et le vert s'assombrit. Les silhouettes des arbres ont la courbe du vent, qui doit souffler ici rudement en automne et en hiver. Une majesté, une solennité d'un ordre presque surnaturel, flotte autour de ces collines qui se succèdent pendant des kilomètres, tandis que s'illuminent au loin les mille feux de l'étincelante Princess Street.

Marie Stuart, la reine persécutée, la reine martyre, est là.

Macbeth est là, accompagné de Banquo, et les trois sorcières ne sont pas loin. Shakespeare — je l'ai souvent noté — est le plus grand peintre de paysages, par les circonstances et le dialogue, que la terre ait porté. Il évoque l'endroit par la parole humaine, quelquefois par une action bienfaisante ou terrible... Vous vous rappelez l'arrivée de Duncan et de Banquo au château de Macbeth, hanté par l'ambition meurtrière :

Duncan dit : « Ce château est sis en un lieu plaisant. L'air, par son souffle léger et doux, s'y recommande à nos sens apaisés. »

Banquo répond : « Cet hôte de l'été, le martinet qui hante les temples, montre, par son logis préféré, que l'haleine du ciel y souffle un parfum caressant, amoureux. Il n'est frise, saillant, arc-boutant, coin, vantail, où cet oiseau n'ait suspendu, avec son nid, le berceau de sa progéniture. Là où il fréquente et pullule, j'ai remarqué que l'air est délicat. »

Quand le bon Porel, qui avait le sens de Shakespeare comme personne, faisait répéter *Macbeth* à l'Odéon, il ne manquait pas de faire remarquer à ses comédiens « la plantation du décor en quelques vers » ; et c'est là-dessus qu'arrive Lady Macbeth, habitée par la mauvaise pensée, comme le vieux mur par le martinet, ami de l'air salubre. Lorsqu'il y a bien des années j'étais venu une première fois en Ecosse, montant jusqu'à Inverness, cité de rêve elle aussi, c'était l'automne et l'impression poétique était toute différente, par l'état hygrométrique de l'atmosphère. Mais l'été convient certainement mieux à ces paysages et miroitements.

Même si l'on ne savait pas que de grands drames sentimentaux et politiques se sont joués à Edimbourg, on aurait cette impression fantômale de glissement de formes fugitives ; de chuchotements le long du petit cimetière en contrebas, où l'on accède par un porche en ruine ; de reviviscence d'être transmués en songe. La campagne immédiate est extraordinairement silencieuse et la ville elle-même, quand la nuit est décidément venue, est peu bruyante. Ce qu'il reste de l'activité diurne est concentré autour du ravin historique et de la luxueuse voie qui le longe. Aucun bruit dans les larges avenues de la ville neuve. Aucun bruit dans les rues étroites, plongeantes ou grimpantes, de la vieille ville. Ce calme parfait est comparable à celui qui succède à une grande querelle apaisée ; et en effet, ce n'est pas la discorde qui a manqué ici, sous toutes ses formes, et les plus sauvages.

Oui, le fantôme, le « ghost » des dramaturges élisabéthains, le « gespenst » des contes allemands, le « barban » des récits provençaux fait sûrement partie de la population d'Edimbourg, bien qu'il ne figure pas sur le cadastre. C'est lui qui donne à cette ville d'université, de philosophie, de haute culture, campée sur son promontoire, au milieu de ses collines rondes, ce caractère étrange, insaisissable, pathétique, dont on demeure ensuite tout imprégné. Le Latin exclusivement latin, dont le sang n'a pas d'alliage nord, doit se sentir ici pas mal dépaysé. Alors que le Latin mâtiné de Breton — c'est mon cas — et comme tel assez enclin aux songes, éprouve ici l'attrait puissant de ce qui a été et qui pourrait bien être de nouveau, du disparu devenu ambiance, de l'ombre portée de ces tombeaux, sur lesquels ne se lit plus aucun nom.

Ces sensations se seraient évanouies, si nous étions descendus dans un hôtel caravansérail, comme il y en a aujourd'hui dans presque toutes les grandes villes, et qui uniformisent le voyage. Mais la chance heureuse nous avait conduits dans un délicieux petit hôtel *De Vere*, confortable, simple et, pour tout résumer, de style parfaitement écossais, situé dans le square d'Eglinton Crescent. Je ne saurais trop vous le recommander.

VI

Comment finit l'exil

Lorsque Poincaré, trahi par sa prostate, dut renoncer pour un bout de temps au pouvoir, il fut question d'un cabinet de gauche, avec Daladier comme président. Représenté aux lecteurs des journaux conservateurs, comme une hydre et un imbécile, Daladier est un très gentil garçon et un lettré avec lequel, à la Chambre, je n'avais eu que de bons rapports. En outre, c'est un Provençal du Vaucluse, même un félibre convaincu ; et, séparés par la politique, nous sommes rapprochés en Mistral, Aubanel et Roumanille. Or, un de ses amis personnels me fit savoir que, s'il réussissait à former un cabinet, il me rappellerait aussitôt en France. C'est un fait que les radicaux subissent beaucoup moins la pression de la police de Sûreté générale que les prétendus modérés. Je n'en tire aucune conclusion. Je le constate. Daladier eut-il l'imprudence de faire connaître son dessein à quelques suppôts de « ces messieurs » ? Toujours est-il que la presse domestique des feuilles de grande information le combattit avec une violence inusitée, et l'accabla et ce fut, en novembre 1929, Tardieu qui prit la présidence du Conseil.

J'ai connu Tardieu encore clemenciste à la Chambre des députés. Je lisais son *Echo national* qu'il appelle « mon cauchemar », d'abord assez déterminé, puis louvoyant, et qui, finalement, sombra. Je ne le croyais pas mal disposé à mon endroit, mais je n'attendais rien de lui, et je pensais qu'il serait renversé rapidement, en raison même de sa volonté, publiquement exprimée, de faire quelque chose. Les majorités, issues des boîtes, n'autorisent que l'inaction chronique.

Il faut dire que, depuis dix-huit mois environ, la Société des gens de lettres, à l'instigation de Daniel Halévy et de Fernand Vandérem, avait adressé une pétition en ma faveur, aux pouvoirs publics. Lesdits pouvoirs n'avaient même pas répondu un mot à cette demande d'un comité qui représente six mille écrivains. Ce qui montra, entre parenthèses, le cas que les larves de la politique font des revendications des hommes de lettres. Mais voici qu'en novembre 1929 Georges Lecomte, ex-président de ladite Société et membre de l'Académie française, publia, dans *la Dépêche* de

Toulouse, un article « pro Daudeto » qui fit grand bruit et fut reproduit dans un nombre considérable de journaux de France et de l'étranger, notamment de Belgique et de Suisse. Ecrit dans une langue persuasive et vigoureuse, pleine de fermeté et de tact, cet article créa un courant que je pourrais comparer à une débâcle de mes nombreux ennemis et adversaires, lesquels, telle l'ex-gracieuse, mais démodée Mme Gyp, demandaient que je fusse maintenu indéfiniment hors de mon pays. En même temps, l'assassinat de Philippe revenait sur l'eau à propos de récents crimes impunis, où transparaissaient des manigances et des faux témoignages de toutes formes et de tous calibres. *Le Journal de Genève* (M. Pierre Bernus), *la Gazette de Lausanne, la Nation belge, la Gazette de Bruxelles, la Suisse* (Lucien Fabre), *le Populaire* (Frossard), *la Lumière* (M. Boris) se signalèrent à cette occasion par la carrure et l'indépendance de leurs déclarations et je leur en exprime ici publiquement ma sincère reconnaissance. Une centaine environ de confrères, que je ne puis malheureusement énumérer ici, prirent en main la cause de l'enfant martyr et du père exilé. Il y eut bien, de l'autre bord, quelques aboiements de chiens pisseux de peu d'importance, juste assez pour donner toute son ampleur à la campagne ardente de protestation.

En somme, j'étais infiniment mieux traité que mon illustre et malheureux prédécesseur Victor Hugo, lequel était demeuré banni, d'abord jusqu'à l'amnistie (1859), puis en exil volontaire (jusqu'à Sedan), sans aucun effort collectif de ses confrères ni de ses collègues de l'Académie pour faire comprendre à Napoléon III l'ignominie et la bassesse d'un pareil traitement, vis-à-vis du grand poète. Cette indifférence des hommes de lettres vis-à-vis du cas Hugo était, dans ma jeunesse, une de mes stupeurs. Mais, en sens inverse, ce soulèvement soudain des plumes françaises, belges et suisses, en ma faveur, m'a joyeusement surpris. Je ne m'y attendais pas du tout. Notez que je n'ai rien d'un pessimiste, mais je crois à la profonde indifférence et sottise humaine. La protestation d'un Duhamel — qui est à l'antipode de mes idées —, celle de Dorgelès, celle de Pierre Benoit, celles des auteurs si divers qui s'inscrivirent au vaillant petit hebdomadaire *d'Artagnan*, celle surtout des écrivains de l'équipe magnifique du *Crapouillot* (Galtier-Boissière, Farnoux-Reynaud, Rouveyre, etc.) me causèrent un très grand plaisir. Malheur aux époques où les écrivains se taisent ou lèchent des pieds de ministres, tels des Lavedan, des Doumic, des Chaumeix et Cie ; malheur aux temps où l'on aperçoit, aux poignets et aux chevilles, les marques des fers politiques, décorations, emplois, places et autres. Une certaine révolte des consciences vaccine contre les écarts révolutionnaires.

Un beau matin de décembre, peu après l'article de Lecomte, en ouvrant *la Nation belge*, je lus (troisième page, dernière heure) que Mandel, Marin, Herriot et Daladier étaient allés demander à Tardieu ma rentrée en France. Je dis à ma femme : « Cette fois, ça y est, tu peux commencer à faire les paquets. » Je connais Mandel de longue date. Il est, de loin, le plus intrépide et en même temps le plus adroit des hommes politiques de sa génération et de la République ; le plus adroit, parce que le plus intrépide. Clemenceau, qu'il amena au pouvoir, avec une patience et une finesse extraordinaires, et qui connaissait les hommes, avait été bien inspiré en mettant en lui sa confiance. Du moment qu'il prenait ma cause en main, celle-ci devait triompher.

Le tour de force, c'était d'avoir amené Herriot et Daladier à se joindre à lui. Dix minutes avant l'arrivée des quatre impétrants (pour employer le style « gendarme »), Tardieu déclarait à quelqu'un qu'il ne croyait pas à une telle démarche. On frappe. L'huissier apporte les quatre noms. Tardieu, étonné, dit à Herriot, avec qui j'ai souvent été désagréable, et même un peu plus : « Comment, vous Herriot, que Daudet a maltraité, vous me demandez son rappel ! » A quoi Herriot : « Précisément, nous vous demandons de rappeler, non un *ennemi*, mais un *adversaire*. c'est la tradition républicaine. » Herriot avait raison. Je n'ai d'ennemis que ceux — autochtones, ou étrangers — de mon pays, que les assassins de mon enfant et ceux qui ont voulu les absoudre. Je me suis fâché avec Herriot à un moment, mais je dois avouer que son attitude, en la circonstance de mon retour, fut tout à fait celle d'un « monsieur ». Quant à Daladier, je n'ai jamais eu pour lui, d'homme à homme, un mot, ni un sentiment désagréables. Dans ma jeunesse (quand je collaborais à *Germinal*), j'étais radical, comme lui, comme eux deux. J'ai grandi dans le milieu radical. J'aurais pu être le chef de cabinet de mon maître Burdeau. La destinée en a décidé autrement. Mais j'aimais beaucoup Edmond du Mesnil, directeur du *Rappel*, le père Schœlcher, Georges Périn, d'autres encore et ce n'est qu'en 1904 que, sous l'influence de Maurras et de Vaugeois, je suis venu, comme antidreyfusard et nationaliste, après *la Patrie française*, à la monarchie et, de là, à la chouannerie sans mélange. Herriot avait donc la vérité avec lui, quand il disait de moi : « Adversaire, oui. Ennemi non. » Il est un bleu, je suis un blanc, et voilà tout.

A partir de ce moment-là, tout se précipita, comme dans les contes de fées, ou les pièces de Shakespeare.

La veille de Noël, il y avait chez nous le traditionnel réveillon. Je n'y croyais pas encore tout à fait ; mais la soirée se ressentit des nouvelles qui commençaient à affluer. Puis brusquement

(Lucien Dubech, notre grand critique dramatique et littéraire, en tête) déferlèrent les télégrammes de félicitations. Quelle avalanche ! Le bureau de poste d'Etterbeek faisait le va-et-vient avec l'avenue de l'Yser. Chose charmante, et qui montra bien la puissance de sympathie du peuple bruxellois, tous nos fournisseurs (à commencer par notre chère marchande de journaux de l'aubette du Cinquantenaire) nous manifestèrent leur sympathie. Nous avons eu là, ma femme, plongée dans ses dix-huit caisses de livres, et moi, des heures inoubliables, délicieuses, parfaites.

Le jour de l'an premier 1930, la mesure de grâce étant acquise et certaine, les Camelots du roi, qui m'avaient délivré et *sauvé* de la Santé — où je devais trouver la mort —, puis caché, puis fait passer en Belgique, venaient à Bruxelles prendre livraison de leur colis « Léon ». Il y avait là, entre autres, autour de Maurice Pujo, les vaillants entre les vaillants, si chers à mon cœur : Maxime Real del Sarte, récemment frappé d'un deuil cruel, et qui avait amené sa fifille, amie chérie de la mienne ; Lucien Lacour et sa vaillante et délicieuse femme ; Calzant, qui renversa précisément le cabinet du bon Herriot ; Pierre Lecœur, mon collaborateur de dix ans et qui a ma confiance entière ; Guignard, qui se paya la tête de Pioch dans une circonstance mémorable. Au-dessus de nous, les ombres chères de Philippe, de Plateau, de Berger, de Jean Guiraud. Le menu était bien réussi : civet de lièvre, avec une sauce chocolatée et crémeuse à souhait. Dinde rôtie aux marrons. Pâté de foie gras. On but à la France, au duc de Guise, à Madame, au comte de Paris, ultimes espoirs de la patrie.

Le lendemain matin, zou, en route pour Paris ! Mon cœur bondissait dans ma poitrine. Mais je lui disais : « Tiens-toi un peu, que diable ! On nous regarde, et les photographes sont là. » Parmi eux, Régnier d'*Excelsior* et du *Petit Parisien,* à qui sa loyauté et le secours apporté par lui aux marins bretons, peu auparavant, avaient valu le privilège unique de souper et de rire avec nous.

Au départ de la gare du Midi, à Bruxelles, de nombreux amis nous attendaient et nous firent des « au revoir » (non des adieux, juste ciel !) bien touchants. A Aulnoy, des délégations nombreuses de la région Nord, venues avec des bouquets fleuris, entonnèrent en chœur l'émouvant *Vivat Semper.* Je refoulais mes larmes tant bien que mal. Un fonctionnaire, fort correct, vint m'annoncer que Doumergue me donnait droit à l'accès de mon pays, sinon au partage de sa brandade. Puis ce fut l'arrivée épique à la gare du Nord, avec ma femme bien-aimée à mon bras... Une vraie descente dans le Maelström, parmi des dizaines de milliers de royalistes et de patriotes, qui poussaient de véritables hurlements. Je me faisais l'effet d'un bouchon sur les vagues de la pointe du Raz.

Quelques minutes après, je revoyais, après tant de mois, abondamment fleuri, le tombeau de Philippe, au Père-Lachaise, et je pouvais prier près de mon enfant.

On m'avait dit : « Vous ne reconnaîtrez point Paris. En deux ans et demi, il a changé du tout au tout. La circulation est devenue impossible dans le centre ; la rive gauche elle-même est submergée par les automobiles. Il n'y a plus qu'à émigrer en banlieue. » Cette perspective me paraissait affligeante ; car la banlieue de Paris, du fait des lotissements, a perdu presque tout son charme d'antan ; et il en est de même de la grande banlieue. C'est ainsi que la forêt de Sénart, où j'ai passé une partie de ma jeunesse, à chercher des cèpes et des clavaires, en compagnie de mon père et de Nadar, s'est transformée en une sorte de guinguette semée de « bouchons » sans intérêt. De même, plus près de Paris, Bourg-la-Reine et Sceaux perdent, d'année en année, leur caractère XVIIe siècle, « Révolution française », qui faisaient leur agrément singulier ; et le ravissant parc de Sceaux, bien que subsistant encore, au milieu d'une petite ville transformée, a l'air d'un anachronisme sur le point de disparaître. De même la prolongation de la Bièvre, que chanta pittoresquement Huysmans, aujourd'hui recouverte, a perdu son odeur de cuir et le bruit de ses moulins à palettes.

Or, j'ai bien reconnu Paris et je ne l'ai pas trouvé transformé. Il y a l'élargissement et la prolongation du boulevard Haussmann, mais ils étaient tellement annoncés et attendus qu'ils ne sauraient plus surprendre qu'un habitant de l'Illinois ou du Massachusetts. Tout le reste est demeuré en place, sans la moindre modification, entre le Père-Lachaise et Montparnasse, comme entre Montsouris et la Bastille.

On ne doit pas s'étonner qu'il en soit ainsi quand on envisage que certains quartiers de la capitale n'ont pas bougé depuis le XVIIIe siècle, d'autres depuis le XVIIe, d'autres depuis le XVIe, le XVe, le XIVe ! C'est un des attraits de ma vieille ville que cette immutabilité à travers les vicissitudes des âges. Je ne dis pas de mal des quartiers neufs, des nouvelles constructions, des transformations, de ce qu'on appelle les embellissements. Mais la durée, qui dégrade à la longue, commence, elle aussi, par embellir, et elle prête, aux palais abandonnés ou transformés en magasins, comme au Marais, un charme mélancolique et souvent exquis. Cela n'est point particulier à Paris. Voyez à Bruxelles, où le neuf, le quartier de Tervueren, par exemple, s'est mieux fondu dans l'ensemble qu'en n'importe quelle autre grande ville, l'agrément incomparable des anciens quartiers, et la splendeur unique de la place de l'Hôtel-de-Ville et des demeures dorées des corporations. Seulement les Bruxellois, qui circulent là-dedans tous les jours, n'y font pas plus attention que les Parisiens aux quartiers de Notre-Dame et de Ménilmontant.

Ma première sensation a été que les rues du centre étaient moins encombrées qu'à mon départ, en juin 1927. Il est vrai que mon chauffeur et ami, celui-là même qui m'a fait sortir de la Santé, le 26 juin 1927, m'a fait prendre, de la rive gauche à la rue de Rome, un trajet extrêmement calé par l'Elysée, la place Beauvau, la rue d'Astorg, etc., et la rue de l'Arcade, qui m'a évité les arrêts mortels de la rue Royale et du bas du boulevard Malesherbes. Mais il y avait tout de même une grande amélioration. On m'en a expliqué la cause : on a commencé, dans cette partie de Paris, à appliquer l'ordonnance Chiappe [1], qui interdit le stationnement. Cette mesure a fait crier le commerce, à qui elle semblait, au premier abord, devoir porter préjudice. Or ce commerce n'a pas intérêt à ce que les artères du commerce de luxe deviennent totalement impraticables, ni à ce que le public se détourne ainsi des magasins somptueux qui les bordent. C'est pourtant ce qui était en train de se produire. Depuis que cette mesure, en somme sage, est en voie d'application, les rues, avenues et boulevards qui convergent vers l'Opéra, la Madeleine, Saint-Augustin, la Trinité, etc., apparaissent comme désengorgés. Le changement est sensible et heureux.

Je souris quand je lis, dans les journaux, des plans néo-urbains de grande envergure, destinés à modifier Paris de fond en comble, à l'américaniser. Il y perdrait son principal attrait, qui est de mélanger certaines perspectives, de labeur et de repos, à l'histoire. L'équilibre d'une grande ville, c'est d'être reliée, dans le temps comme dans l'espace, d'éveiller à chaque pas de grands, et même de précieux petits souvenirs. C'est ainsi, non autrement, qu'elle féconde l'imagination des artistes, des écrivains, des historiens, même des savants. Car les titres ont un pouvoir évocatoire, et le Jardin des Plantes de Paris a accentué, sinon suscité, une pléiade de naturalistes, et de biologistes qui y respirèrent l'atmosphère particulière de l'observation, de l'investigation, de la découverte. Quand je commençais mes études médicales, il y a de cela bien des années, je fréquentais, au Jardin des Plantes, le plus ancien laboratoire de Claude Bernard, enfoui dans la verdure (il doit exister encore, bien que très délabré), devenu le laboratoire du papa Gréhant. On y respirait l'air de la recherche. On avait tout le temps l'illusion qu'on allait trouver quelque chose,

1. Préfet de police de l'époque.

tant la pensée de l'auteur de l'*Introduction à la médecine expérimentale* était demeurée flottante entre les murs décrépits.

La superposition d'événements disparates est le privilège de certains « enclos » parisiens. Je ne traverse jamais la cour du Louvre, sorte de salon majestueux, à ciel ouvert, sans évoquer le règne des Valois, le tocsin tout proche de Saint-Germain-l'Auxerrois, puis à bien des années de distance, la fuite de l'impératrice Eugénie au 4 septembre ; mais je me rappelle aussi que c'est là qu'en regardant des enfants, jouant à s'appeler à travers une poutre, « ce petit secco de Laennec », comme disait Chateaubriand, découvrit l'auscultation médiate. Sur ce vieux banc, en été, les amoureux parisiens viennent aussi découvrir l'auscultation médiate des palpitations de leurs jeunes cœurs. Il en est de même au Jardin des Plantes, car là où il y a poésie, il y a, ou il y aura, science et réciproquement.

Je ne vous dirai pas que je n'ai pas été ému en retrouvant ce cher Paris, où je suis né, et qui s'est identifié à ma substance de telle façon que ses aspects me poursuivent par mes songes, ainsi que dans mes rêves éveillés. Mais, à côté du Paris éclairé, brillant, pimpant, avec le collier ruisselant de la Seine autour du cou, et la magnifique pendeloque de Notre-Dame, il y a ce Paris à part, singulier, enténébré, menacé, des quatre années de guerre et des nuits de gothas, qui était une ville à part, devinée, reculée au fond des âges, quasi moyenâgeuse, et qui rappelait les estampes, devenues rarissimes, du génial Méryon. Or ce Paname-là m'est revenu à l'esprit avec une étrange virulence, alors que je n'y avais guère songé, depuis 1919, ni en exil. Certaines impressions marquent en nous, avec une profondeur que seule nous révélera la mémoire, et dans des circonstances données. Car cette faculté, à cheval sur l'intelligence et le sensible, n'est pas la même dans la joie ou dans la peine, et ses colorations varient sans cesse. C'est tout un côté, à mon avis important, que Bergson a laissé de côté, dans son meilleur ouvrage : *Matière et Mémoire*. Elle plonge, la mémoire, jusque dans les grandes profondeurs de l'organisme et elle est la première avertisseuse de ses troubles. C'est l'appareil le plus délicat de l'idée et dont tout le reste est imprégné.

La nuit était tombée quand nous sommes passés devant le Palais-Bourbon, encore partiellement éclairé. Je dis à ma femme : « Là j'ai perdu quatre ans et demi de mon existence, non au point de vue psychologique, certes, mais au point de vue de la politique nationale, encore que je sois intervenu à la tribune, ou de mon banc, un nombre incalculable de fois. » Puissantes pour l'incurie, l'inertie, les faiblesses, les abandons, les assemblés sont impuissantes pour l'action heureuse, une, décisive. C'est vrai, qui dit assemblée, dit éparpillement ; qui dit débat, dit soit inaction, soit diminution de l'action ; mais il faut avoir passé par là pour savoir de quoi il retourne. Je me suis toujours demandé pourquoi Clemenceau, en prenant le pouvoir au 16 novembre 1916, avait conservé le parlement, qui était pour lui un *impedimentum*, non une aide. Il pouvait, s'il le voulait, garder les commissions, mais supprimer les séances publiques, et celles de huis clos, encore plus dangereuses, en raison des fuites possibles.

Quelques jours après je faisais, toujours avec le fidèle ami et Camelot du roi qui m'avait emporté loin de ses murs, le 26 juin 1927, le pèlerinage de la Santé. On assure que les criminels reviennent toujours sur le lieu de leur crime, après un temps plus ou moins long.

J'ignorais, avant de « tirer » treize jours de cellule à la Santé, à l'âge de soixante ans, et pour crime de paternité, ce que recèlent de tristesse et d'horreur crasseuse et moisie, ces murs hauts, épais, de couleur sombre, que domine une puissante cheminée à chapeau. Je ne connaissais ni la couleur verte, végétale et chlorophyllique, des assassins, des « mains rouges », qui aurait enchanté Renoir, ni les complets bleu tendre, acajou et rose, des voleurs, qui prenaient leurs mornes ébats, le matin de sept heures et demie à huit heures, devant ma cellule. Les vitres cannelées leur prêtaient les aspects tremblotés et goudronnés les plus cocasses et leurs conversations étaient pittoresques, parfumées du pur accent de Paris. Ils s'entretenaient de notre cas :

« Tu sais pas, vieux. C'qu'il paraît que Daudet est là. C't'écœurant, ma parole. C'est tout d'même pas un homme comme nous (*textuel*).

— Il z'y est arrivé la même chose qu'à Veultaire... Et pis qu'on y a tué son fils. »

Cette confusion avec l'affaire Calas nous avait beaucoup plu, comme simplification, à Delest et à moi, et nous philosophâmes là-dessus longuement. Voltaire a pénétré, comme Hugo, en se déformant, mais très profondément, dans les couches populaires à Paris, où il a gardé une allure méritée de justicier, « d'un chouette type qui s'est mêlé de trucs qui ne le regardaient positivement pas, mais qui regardaient "l'heumanité" ». Chez les êtres les plus dégradés, il subsiste un sentiment de l'honneur amoindri en raison des circonstances, mais qu'on retrouvera quand il le faudra.

La seule faute impardonnable, et qui mérite, selon la loi de la jungle, le coup de surin ou de « rigolo » mortel, c'est de « donner » le copain aux bourriques ou aux « bourres ». La Santé est, à ce point de vue, un centre redoutable de vendettas. Il faut entendre les conversations clamées, par les crépuscules tièdes, de fenêtre grillagée à fenêtre grillagée, et d'un bout de la cour à l'autre. Autant que nous avons pu en juger, les prisonniers parlent un langage clair et usent peu de l'argot, que connaissent et comprennent les gardiens. Mais ils entremêlent le réel d'imaginaire et le possible d'invraisemblable, dans une sorte de « grille » vociférée, où le poste récepteur élimine le fictif du poste émetteur. C'est ainsi qu'un prisonnier A crie à un prisonnier B, situé dans une cellule de même étage, à cent mètres de lui : « Demain, vieux, c'est qu'on se débine à la six (six heures du matin) ! » Cela pour amorcer et retenir l'attention des gardiens. Puis, aussitôt après, une phrase expliquant qu'un tel, de telle division, tel numéro, a trahi. A celui qui va sortir, le moment venu, de châtier le Judas. Avec un peu d'habitude on arrive à se reconnaître parfaitement dans cette trame verbale, mêlée de fictif et de réel.

Ces souvenirs me revenaient en foule et avec une extraordinaire précision, tandis que je contournais la prison d'où j'étais sorti, grâce aux Camelots du roi, en pleine innocence, le 26 juin 1927, à midi et demi, après treize jours d'incarcération. Je note ces détails pour les superstitieux. Le nombre 13 s'est bien comporté dans mon évasion. C'est au gouvernement et à la police qu'il a joué un tour... et quel tour !

Je suis passé et repassé devant le petit restaurant *A la bonne santé*, d'où l'on nous apportait de si bons plats. Jusqu'au changement inopiné des patrons, changement qui jeta l'alarme chez nos amis, la cuisine était remarquable, et nous parlons encore, avec Delest, de certaine côtelette de veau à l'échalote, arrosée d'un corton vraiment pas vilain, et qui aurait réveillé un mort, même étranglé, comme Almereyda, à l'aide d'un lacet. Nous faisions, Joseph et moi, durer les repas le plus longtemps possible, car on ne peut pas travailler en prison, attendu que la liberté est indispensable à l'esprit. Pujo m'avait prévenu : « Vous ne pourrez rien faire. » J'écrivais mon article quotidien, et c'était tout. Mais Joseph Delest connaît une vingtaine de milliers des plus beaux vers de la langue française, et il me les récitait, pendant que nous nous promenions dans le préau. Entre-temps nous voyions, collés aux vitrages, comme des têtes de poulpes, les trognes, écarquillées et dévalées, des tueurs de leurs semblables. Il y en avait un inoubliable, qui demeura pendant treize jours, debout, farouche, accoté au mur, dans la même position. Nous nous demandions : « Quand dort-il ? Quand mange-t-il ? etc. »

Un jour, un soir plutôt, une petite poupée de verre tomba du troisième étage à nos pieds. Une voix nous cria : « Petit cadeau ! » C'était un détenu qui partait le lendemain. Au lavabo, habillé en monsieur, « avec une canne et un chapeau », il raconta à Joseph qu'il avait garé « deux petits millions » — on ne disait pas encore deux *unités* — et qu'il allait « se payer, vieux, un *yotte* et une villa à la mer. » Il ajouta qu'il nous invitait et que l'installation serait « à hauteur ».

Tous ces incidents, tous ces propos me revinrent en un clin d'œil avec une remarquable précision. J'arrivai ainsi à la rue Jean-Dolent, qui fait le tour d'un des côtés de la prison. Jean Dolent était un penseur, des environs de 1892, dont Eugène Carrière avait fait le portrait, qui rédigeait des aphorismes curieux, mais dont on n'aurait jamais supposé qu'il dût donner son nom à une sorte de chemin de ronde. Par le chemin de Jean Dolent, j'arrivai, en me repérant, à cette partie de la Santé qui vit, avant la guerre, le drame suivant : un des comparses de la bande Bonnot (il s'appelait quelque chose comme Lacombe, mais je ne réponds pas du nom) arriva à s'échapper de sa cellule, sise au troisième étage, et à descendre, par les tuyaux, dans une courette, d'où il regagna la toiture. Il était agile comme un chat. Une fois là, et campé, il poussa des hurlements terribles, et alerta ainsi tout le personnel de la prison, auquel il annonça solennellement — il était dix heures du matin environ — qu'à midi précis, il se jetterait en bas et se tuerait.

L'alarme fut donnée aussitôt. On comptait sur Lacombe pour mettre la main sur quelques complices de second rang. Le directeur de la prison vint, dans la cour, le haranguer, de bas en haut, cependant que tous les détenus, goguenards, accrochés à leurs hautes fenêtres, suivaient le dialogue comico-tragique.

« Mon ami, vous ne ferez pas ça.

— Je le ferai, monsieur le Directeur ; mais j'ai encore quelque chose à dire, que je ne puis dire qu'au procureur de la République. »

On téléphona au procureur de la République, lequel accourut, en automobile. Le « desperado » se tenait toujours debout, sa silhouette se détachant sur le ciel bleu, dans une attitude mêlée de causerie et de défi.

« Voyons, Lacombe, ce que vous faites est insensé. Votre cas n'est pas aussi mauvais que ça.

— Il est pire que celui de Carrouy et de Bonnot, monsieur le procureur de la République. Je vous ai demandé de venir pour vous dire gentiment que je vous... (ici le mot classique).

— C'est entendu, et je ne vous en veux pas. Mais descendez, je vous en prie, et nous examinerons votre affaire avec la plus grande indulgence. »

Ici, rire homérique, partant des grillages. Une voix forte dit : « On sait cesse que c'est. »

« Oui, reprit Lacombe, on sait cesse que c'est. Copains, il est midi moins un quart, il n'y a plus que quinze minutes.

— Voulez-vous, mon ami, que j'aille chercher, ou qu'on fasse venir, monsieur le Procureur général ?

— Quoi qu'j'y dirais de plus ?... » fit Lacombe qui avait allumé une dernière pipe et soufflait sa fumée vers le ciel, avec une superbe négligence.

Brusquement, il y eut ce petit déclic qui annonce l'heure, et midi sonna, ou plutôt frappa, dans l'or et l'azur du jour, ses douze coups fatidiques. Alors, Lacombe, tel un plongeur, éleva ses deux bras au-dessus de sa propre statue aux jambes rejointes, et piqua une tête sur le pavé : « Il éclata, messieurs, comme une grenade », nous dit le gardien.

« Mais Grenade à l'Alhambra... » fit Delest.

Ce dont les Parisiens ne se doutent pas, c'est qu'il y a là, à la Santé, une énorme bombe chargée qui, en cas d'alerte révolutionnaire, éclaterait, comme en 1792, sur la société. Douze cents bêtes fauves, tigres, hyènes et chacals, arpentent ces cellules étroites, en ne rêvant que revanche, saccage, massacre, rapts et viols. Nous avions, au-dessus de nos cellules, Joseph et moi, un type inconnu, qui, pendant nos treize jours de détention, ne cessa de marcher, de long en large, jour et nuit ! Où trouvait-il la force nerveuse nécessaire à cette pérégrination ? D'autres, quand un gardien pénètre dans leur bauge, lui jettent au visage tout ce qui leur tombe sous la main. Ces gardiens sont de fort braves gens, chichement payés, et dont la vie est menacée à tout instant. L'homme dévoyé est pire que les pires conclusions des pessimistes, de Schopenhauer et d'Hartmann à Leopardi.

Lasciate ogni speranza, voi ch'intrate.

Oui, mais, à cinquante mètres de la Santé, de la lugubre Santé, il y a la maternité, où un essaim de surveillantes, d'infirmières courageuses, travaillent à mettre au monde de pauvres enfants, dénués de tout, et à relever des mères qui, sans elles, seraient mortes avec ceux qu'elles portaient, de misère, de froid, ou de pire. C'est ce qui donne, à ce quartier de Paris, son double caractère d'abjection et de grandeur, de fatalité et de providence. Quand je passe devant la maternité, je pense à Pierre Budin, à Mme Henry, à Mlle Hénault, à leur dévouement, à leur générosité sublimes.

TABLE DES MATIÈRES

III. L'ENTRE-DEUX-GUERRES

IV. SALONS ET JOURNAUX

V. AU TEMPS DE JUDAS

VI. VERS LE ROI

VII. LA PLUIE DE SANG

VIII. DÉPUTÉ DE PARIS

IX. VINGT-NEUF MOIS D'EXIL

Dans la collection Les Cahiers Rouges

Joseph d'Arbaud	42	*La Bête du Vaccarès*
Jacques Audiberti	187	*L'Opéra du monde*
Marguerite Audoux	79	*L'Atelier de Marie-Claire*
Marguerite Audoux	78	*Marie-Claire*
François Augiéras	216	*L'Apprenti sorcier*
François Augiéras	234	*Un voyage au mont Athos*
Marcel Aymé	23	*Clérambard*
Marcel Aymé	240	*Vogue la galère*
Charles Baudelaire	172	*Lettres inédites aux siens*
Béatrix Beck	92	*La Décharge*
Béatrix Beck	93	*Josée dite Nancy*
Jurek Becker	253	*Jakob le menteur*
Julien Benda	247	*La tradition de l'existentialisme*
Julien Benda	127	*La Trahison des clercs*
Emmanuel Berl	236	*La France irréelle*
Emmanuel Berl	166	*Méditation sur un amour défunt*
Emmanuel Berl	80	*Rachel et autres grâces*
Tristan Bernard	196	*Mots croisés*
Princesse Bibesco	115	*Catherine-Paris*
Ambrose Bierce	47	*Histoires impossibles*
Ambrose Bierce	68	*Morts violentes*
André Breton, Lise Deharme, Julien Gracq, Jean Tardieu	52	*Farouche à quatre feuilles*
Charles Bukowski	164	*Au sud de nulle part*
Charles Bukowski	204	*Factotum*
Charles Bukowski	108	*L'amour est un chien de l'enfer t.1*
Charles Bukowski	121	*L'amour est un chien de l'enfer t.2*
Charles Bukowski	60	*Le Postier*
Charles Bukowski	153	*Souvenirs d'un pas grand-chose*
Charles Bukowski	188	*Women*
Anthony Burgess	191	*Pianistes*
Michel Butor	199	*Le Génie du lieu*
Erskine Caldwell	17	*Une lampe, le soir...*
Henri Calet	161	*Contre l'oubli*
Henri Calet	169	*Le Croquant indiscret*
Blaise Cendrars	01	*Moravagine*
Blaise Cendrars	120	*Rhum*
Blaise Cendrars	72	*La Vie dangereuse*
André Chamson	61	*L'Auberge de l'abîme*

David Garnett	195	*La Femme changée en renard*
Gauguin	156	*Lettres à sa femme et à ses amis*
Maurice Genevoix	02	*La Boîte à pêche*
Maurice Genevoix	218	*Raboliot*
Natalia Ginzburg	139	*Les Mots de la tribu*
Jean Giono	179	*Colline*
Jean Giono	205	*Jean le Bleu*
Jean Giono	34	*Mort d'un personnage*
Jean Giono	71	*Naissance de l'Odyssée*
Jean Giono	229	*Que ma joie demeure*
Jean Giono	155	*Regain*
Jean Giono	222	*Un de Baumugnes*
Jean Giono	208	*Les Vraies richesses*
Jean Giraudoux	46	*Bella*
Jean Giraudoux	203	*Églantine*
Jean Giraudoux	181	*La Menteuse*
Jean Giraudoux	103	*Siegfried et le Limousin*
Ernst Glaeser	62	*Le Dernier Civil*
William Goyen	142	*Savannah*
Jean Guéhenno	117	*Changer la vie*
Yvette Guilbert	214	*La Chanson de ma vie*
Louis Guilloux	134	*Angélina*
Louis Guilloux	76	*Dossier confidentiel*
Louis Guilloux	05	*La Maison du peuple*
Kléber Haedens	35	*Adios*
Kléber Haedens	89	*L'été finit sous les tilleuls*
Kléber Haedens	235	*Magnolia-Jules/L'Ecole des parents*
Kléber Haedens	97	*Une histoire de la littérature française*
Knut Hamsun	53	*Vagabonds*
Joseph Heller	44	*Catch 22*
Louis Hémon	19	*Battling Malone, pugiliste*
Louis Hémon	55	*Monsieur Ripois et la Némésis*
Hermann Hesse	82	*Siddhartha*
Panaït Istrati	30	*Les Chardons du Baragan*
Henry James	255	*Les Journaux*
Pascal Jardin	102	*La Guerre à neuf ans*
Pascal Jardin	211	*Guerre après guerre*
Marcel Jouhandeau	223	*Les Argonautes*
Marcel Jouhandeau	170	*Élise architecte*
Ernst Jünger	157	*Le Contemplateur solitaire*
Franz Kafka	230	*Journal*
Franz Kafka	10	*Tentation au village*
Paul Klee	150	*Journal*
Armand Lanoux	220	*Maupassant, le Bel-Ami*
Jacques Laurent	202	*Croire à Noël*
Jacques Laurent	41	*Le Petit Canard*
Le Golif	59	*Cahiers de Le Golif, dit Borgnefesse*

Paul Léautaud	126	*Bestiaire*
G. Lenotre	231	*Napoléon - Croquis de l'épopée*
G. Lenotre	99	*La Révolution par ceux qui l'ont vue*
G. Lenotre	100	*Sous le bonnet rouge*
G. Lenotre	213	*Versailles au temps des rois*
Primo Levi	85	*La Trêve*
Suzanne Lilar	131	*Le Couple*
Pierre Mac Orlan	11	*Marguerite de la nuit*
Vladimir Maïakovski	112	*Théâtre*
Norman Mailer	184	*Les Armées de la nuit*
Norman Mailer	81	*Pourquoi sommes-nous au Vietnam ?*
Norman Mailer	36	*Un rêve américain*
Curzio Malaparte	165	*Technique du coup d'État*
Eduardo Mallea	206	*La Barque de glace*
André Malraux	28	*La Tentation de l'Occident*
Clara Malraux	238	*Nos vingt ans*
Heinrich Mann	13	*Professeur Unrat (l'Ange bleu)*
Klaus Mann	177	*Mephisto*
Klaus Mann	178	*Le Volcan*
Thomas Mann	03	*Altesse royale*
Thomas Mann	244	*Les maîtres*
Thomas Mann	133	*Mario et le magicien*
Thomas Mann	25	*Sang réservé*
François Mauriac	37	*Les Anges noirs*
François Mauriac	237	*Le Mystère Frontenac*
François Mauriac	38	*La Pharisienne*
François Mauriac	227	*La Robe prétexte*
François Mauriac	176	*Thérèse Desqueyroux*
André Maurois	232	*Le Cercle de famille*
André Maurois	180	*Les Silences du Colonel Bramble*
Paul Morand	90	*Air indien*
Paul Morand	83	*Bouddha vivant*
Paul Morand	113	*Champions du monde*
Paul Morand	48	*L'Europe galante*
Paul Morand	04	*Lewis et Irène*
Paul Morand	67	*Magie noire*
Alvaro Mutis	167	*La Dernière Escale du tramp steamer*
Alvaro Mutis	163	*Ilona vient avec la pluie*
Alvaro Mutis	159	*La Neige de l'Amiral*
Vladimir Nabokov	06	*Chambre obscure*
Irène Némirovsky	122	*L'Affaire Courilof*
Irène Némirovsky	51	*Le Bal*
Irène Némirovsky	63	*David Golder*
Irène Némirovsky	87	*Les Mouches d'automne*
Gérard de Nerval	226	*Poèmes d'Outre-Rhin*
Paul Nizan	50	*Antoine Bloyé*
François Nourissier	07	*Un petit bourgeois*

René de Obaldia	08	*Le Centenaire*
René de Obaldia	151	*Innocentines*
Edouard Peisson	183	*Hans le marin*
Édouard Peisson	212	*Le Sel de la mer*
Sandro Penna	239	*Un peu de fièvre*
Joseph Peyré	40	*L'Escadron blanc*
Joseph Peyré	152	*Matterhorn*
Joseph Peyré	98	*Sang et Lumières*
Charles-Louis Philippe	57	*Bubu de Montparnasse*
André Pieyre de Mandiargues	118	*Le Belvédère*
André Pieyre de Mandiargues	119	*Deuxième Belvédère*
André Pieyre de Mandiargues	26	*Feu de Braise*
Henry Poulaille	219	*Pain de soldat*
Henry Poulaille	65	*Le Pain quotidien*
John Cowper Powys	96	*Camp retranché*
Bernard Privat	221	*Au pied du mur*
Raymond Radiguet	200	*Le Diable au corps*
Charles-Ferdinand Ramuz	66	*Aline*
Charles-Ferdinand Ramuz	43	*Derborence*
Charles-Ferdinand Ramuz	246	*Le garçon savoyard*
Charles-Ferdinand Ramuz	104	*La Grande Peur dans la montagne*
Charles-Ferdinand Ramuz	215	*Jean-Luc persécuté*
Charles-Ferdinand Ramuz	241	*Joie dans le ciel*
Jean François Revel	75	*Sur Proust*
André de Richaud	22	*La Barette rouge*
André de Richaud	86	*La Douleur*
André de Richaud	20	*L'Étrange Visiteur*
Rainer-Maria Rilke	24	*Lettres à un jeune poète*
Marthe Robert	94	*L'Ancien et le Nouveau*
Auguste Rodin	245	*L'art*
Mark Rutherford	111	*L'Autobiographie de Mark Rutherford*
Maurice Sachs	73	*Au temps du Boeuf sur le toit*
Vita Sackville-West	141	*Au temps du roi Edouard*
Claire Sainte-Soline	250	*Le dimanche des Rameaux*
Leonardo Sciascia	128	*L'Affaire Moro*
Leonardo Sciascia	110	*Du côté des infidèles*
Leonardo Sciascia	109	*Pirandello et la Sicile*
Jorge Semprun	144	*Quel beau dimanche*
Victor Serge	58	*S'il est minuit dans le siècle*
Friedrich Sieburg	135	*Dieu est-il Français?*
Ignazio Silone	210	*Fontamara*
Ignazio Silone	21	*Une poignée de mûres*
Osvaldo Soriano	233	*Quartiers d'hiver*
Philippe Soupault	70	*Poèmes et poésies*
Roger Stéphane	209	*Portrait de l'aventurier*
André Suarès	136	*Vues sur l'Europe*

Pierre Teilhard de Chardin	168	*Écrits du temps de la guerre (1916-1919)*
Pierre Teilhard de Chardin	248	*Genèse d'une pensée*
Pierre Teilhard de Chardin	249	*Lettres de voyage*
Paul Theroux	182	*Voyage excentrique et ferroviaire autour du Royaume-Uni*
Roger Vailland	192	*Bon pied bon oeil*
Roger Vailland	84	*Éloge du cardinal de Bernis*
Roger Vailland	147	*Les Mauvais coups*
Roger Vailland	154	*Un jeune homme seul*
Vincent Van Gogh	105	*Lettres à son frère Théo*
Vincent Van Gogh	148	*Lettres à Van Rappard*
Vercors	158	*Sylva*
Paul Verlaine	146	*Choix de poésies*
Frédéric Vitoux	194	*Bébert, le chat de Louis-Ferdinand Céline*
Ambroise Vollard	197	*En écoutant Cézanne, Degas, Renoir*
Kurt Vonnegut	198	*Galápagos*
Jakob Wassermann	160	*Gaspard Hauser*
Mary Webb	54	*Sarn*
Kenneth White	56	*Lettres de Gourgounel*
Walt Whitman	106	*Feuilles d'herbe t.1*
Walt Whitman	193	*Feuilles d'herbe t.2*
Émile Zola	162	*Germinal*
Zola, Maupassant, Huysmans, Céard, Hennique, Alexis	129	*Les soirées de Médan*
Stefan Zweig	64	*Brûlant secret*
Stefan Zweig	12	*Le Chandelier enterré*
Stefan Zweig	91	*Érasme*
Stefan Zweig	31	*La Peur*
Stefan Zweig	14	*La Pitié dangereuse*
Stefan Zweig	186	*Un caprice de Bonaparte*

Cet ouvrage a été réalisé par la
SOCIÉTÉ NOUVELLE FIRMIN-DIDOT
Mesnil-sur-l'Estrée
pour le compte des Éditions Grasset
en octobre 1997

Imprimé en France
Dépôt légal : octobre 1997
N° d'édition : 10486 - N° d'impression : 39842
ISBN : 2-246-11412-8
ISSN : 0756-7170